现代传播系列丛书

电视节目制作技艺

(修订版)

Techniques of TV Program Production

李晋林 著

中国广播电视出版社
CHINA RADIO & TELEVISION PUBLISHING HOUSE

图书在版编目（CIP）数据

电视节目制作技艺 / 李晋林著. —修订本. —北京：
中国广播电视出版社，2008.10（2013.8重印）
（现代传播系列丛书/王文科主编）
ISBN 978-7-5043-3948-5

Ⅰ.电… Ⅱ.李… Ⅲ.电视节目—制作 Ⅳ.G222.3

中国版本图书馆CIP数据核字（2008）第096806号

电视节目制作技艺（修订版）

李晋林　著

责任编辑	王本玉
封面设计	郭运娟
责任校对	谭　霞
出版发行	中国广播电视出版社
电　　话	010－86093580　010－86093583
社　　址	北京市西城区真武庙二条9号
邮政编码	100045
网　　址	www.crtp.com.cn
电子信箱	crtp8@sina.com
经　　销	全国各地新华书店
印　　刷	廊坊报业印务有限公司
开　　本	787毫米×1092毫米　1/16
字　　数	360（千）字
印　　张	18.75
插　　页	8（面）
版　　次	2008年10月第2版　2013年8月第3次印刷
印　　数	11001－14000册
书　　号	ISBN 978-7-5043-3948-5
定　　价	38.00元

（版权所有　翻印必究·印装有误　负责调换）

现代传播系列丛书

主　编　　王文科

副主编　　陈少波　　王志华

序

　　新中国成立后,尤其是改革开放的二十年中,我国的新闻传播事业得到了迅猛的发展。传统的报纸、杂志等媒体不断地推陈出新,新兴的广播、电影、电视飞速发展,以网络为代表的电子媒体迅速崛起,构筑了当下多种媒体并存、相互促进、百花争艳的立体传播态势。但是,新闻传播的理论研究一直滞后于新闻传播实践。

　　改革开放以来,我国引入西方的新闻传播理论仍无法摆脱西方传播理论的框架。近年来,虽然许多理论工作者为此做了许多的工作,但还远未能从根本上建立起符合我国国情的、具有自身特色的新闻传播理论体系。

　　这是一件必须完成的艰苦工作。它至少有以下两重意义:

　　一是社会主义国家的新闻传播实践必须有更为科学的新闻传播理论,必须有符合我国实际的传播理论来指导。西方传播学理论的形成、发展有其自身的历史、文化背景。它是西方特定的哲学思想、社会文化发展的结果,是对这种思想、文化影响下的新闻传播实践研究的结果。因而,在西方传播学理论的构架中,它所包含的许多社会、政治、文化的价值评判标准很难适用于我国。学理的内容可以借鉴,但不能套用,更不能照搬,否则我们将在实践中犯大错误。

　　二是新中国建立以来的新闻传播实践需要认真地梳理、总结。只有清醒地认识历史,才可能准确地把握将来。我们党历来重视舆论宣传工作。在几十年来的新闻传播实践中,我们形成了许多优良的传统,也走过不少弯路。所有这一切,都需要我们以严谨的态度,科学地、全面地进行整理、分析。这同样是促使我国传播事业持续、健康、稳定发展的重要保证。

　　由浙江传媒学院(筹)(原浙江广播电视高等专科学校)组织编写的这套《现代传播系列丛书》,可以说是在这样的背景下,试图通过研究媒体传播的具体现象来丰富我国自己的新闻传播学术宝库。

　　立足本土文化关怀,以西方传播学理论为借鉴,努力在东西方文化的交流中形成叙述的宏大文化背景,对当下传播现象进行多元文化的探究,从而显现出一种难得的开放性,这是该丛书的首要特点。

　　文化是一个民族的根本。新闻传播尽管在我国也有悠久的发展历史,但它从出现的那一刻起就体现出自身的独特之处。《现代传播系列丛书》一方面力争将自己的研究对象放入深厚的文化传统之中加以审视,从本土文化传承中寻求特定问题的解释,并以此来观照西方传播学理论,审视中国对西方传播理论的引进;另一方面,又以西方传播理论来反观中国新闻传播的历史、现状和将来。在不同文明和文化的碰撞中,形成一个开放的多元的文化价值关怀体系。

开放性还体现在丛书作者们对研究对象的把握上。首先,从媒体来说,丛书包括了传统的纸质媒体,新兴的电子、数字媒体,还包括古老的人际传播。从内容来看,既有对观念的探讨,又有对具体形式、方法的研究;既有历史的钩沉,又有现状的剖析。但从整体来说,丛书所关注的主要对象和所涉及的主要内容都集中在广播电视的传播方面,而我国近二十年来的广播电视又处于刚刚开始、迅速发展的阶段,因而这套丛书最重要的是一种跟踪式的研究,甚至是一种原生态的描述。在多元文化中观照,但并不急于给出结论。在丛书作者们看来,与其在一个不成熟的时间里给出一个不成熟的结论,还不如让历史自己去回答人们的质疑。

其次,本丛书还试图突破当今传播形势下的单媒体的孤立、深入的研究,突破传统研究中那种对传播手法、形式、理念等没有热情的人机之间的对话形式,以宽阔的专业视角、清晰的人文理念关注当下的传播。

面对当今多种媒体并存、互相促进、共同发展的立体传播态势,任何纯粹单一媒体的研究都无法真正反映其本质,无法预测其将来的走向。如电子媒体的出现,并没有像当初人们所预言的那样,是谁吃掉谁的问题。相反,它们之间却日益显现出良好的合作方式和前景。事实上,之所以有这种预言,就是单一媒体研究的局限所致。因此,这套丛书立足传播事实,对所有媒体、事件都给予了充分的关注,目的就在于能从全局出发,尽可能真实地反映当代传播实况。

在对具体内容的把握中,作者们更加注意传播手段之外的人文主义精神,他们追求的是科学和人文的结合、技术与艺术的统一的学术坐标。

丛书的作者来自两个方面:一是具有较深学养的院校专业教师和研究人员;二是具有丰富实践经验的一线工作人员。它的构成不仅仅说明丛书理论和实践的紧密结合,理论为实践服务,重视突出实践,也为丛书的可读性提供了保证。该丛书可以作为大专院校相关专业的教材,也可以成为从业人员的进修读物。

当然,对新闻传播理论的认知还在不断向前发展,丛书难免存在种种不足。但我相信,这只是一个开始。同时也希望能有更多的同志投入这项工作,以尽快建立起具有中国特色的新闻传播理论体系。

何梓华
2001 年 12 月

(注:为本书作序者系中国新闻教育学会会长,教育部新闻学教学指导委员会主任、教授)

前　言

　　数字技术的革命浪潮冲击着世界，也同样冲击着中国；从几十年前就已经开始，却不知道到哪一天才能够结束。在前两次技术革命中，将声音和色彩融入艺术创作中的人都已经被记入了艺术史，而直到今天，数字技术还是一个正在发展中的视听元素，它被用作制作手段所能达到什么程度还是个未知数。每个行业的发展都有五个阶段：成长期、蜂涌期、淘汰期、成熟期、衰退期，而数字影视制作行业目前还正处在成长期，我们还大有可为。

　　影视节目制作是一门技术，也是一门艺术。影视节目制作过程中的艺术创作和技术处理两个部分是一个不可分割的整体，互相依存，互相渗透。以往电视台的制作技术人员大多数是学无线电等理工专业，不能很好地艺术处理节目，而电视节目的编导又不懂技术，不知怎样更好地通过技术手段实现自己的艺术创作。随着电视技术的发展，电视设备的高度集成和功能的增强，往往需要一个人掌握多方面的知识，独立完成多方面的工作。电视台需要"T"型人才，即一专多能，具有综合素质的人才。这就要求搞艺术的必须懂技术，全面发展。

　　影视节目制作是一门实践性很强的学科。为了适应当前影视数字技术的发展、制作软件的应用与更新，对多次重印的《电视节目制作技艺》一书进行了修订，在第五章第二节补充了剪辑技巧；又补写了新的一章（第八章）《数字影视节目制作》，并介绍了相关制作软件的应用。虽然一个制作软件的操作知识会很快过时，软件固有的功能和操作方法很快也会发生变化。但是后期制作的基本理论和思路不会过时，它不会随着软件的更新而变化。因此，学习的目的是以不变应万变，以影视制作的技术与艺术知识为基础，以影视节目制作的基本思路和流程为线索，归纳常用软件的典型功能，介绍实现方法，大家在学习中不要死记某一个软件和设备的操作使用，而是领会有什么功能，怎样实现，根据影视制作的基本工艺流程，来掌握软件和设备的使用程序。

　　掌握工具是基础，知道如何利用工具创作是最终目的。我们在学会制作一部片子，很重要的前提就是要熟练掌握我们的制作工具，能够了解制作软件的功能以及制作技巧和使用方法。但制作工具的掌握，并不意味着你就能创作出好的片子，原因何在呢？因为你并不懂得该寻求什么。当你看到一个好的镜头，就觉得它的确很舒服。然而你说不出它为什么好，你也说不出作者是怎样把它创作出来的。也许你知道用什么软件和方法可以做到，然而这些都是技术细节，并不能帮你做出好的作品来，正像一个尽管知道达·芬奇用的是什么颜料和画笔,却画不出像《蒙娜丽莎》那样的名画一样。这就是我们没有掌握制作的创作思路,缺乏艺术表现能力。所以在学习创作过程中,我们既要学习工具的使用,也要掌握一些简明的创作思路和指导原则。

我觉得作为影视制作人员应该对影视制作过程中的一些基本思想观念有清楚的认识,处理好技术与艺术、艺术与商业、理论与实践、分工与合作、目的与手段、视听与文学的关系。

第一,技术与艺术:我们经常会争论技术和艺术哪个更重要,我觉得两个同等重要。电影电视的发明本身就是技术的,它的发生发展过程就是一部技术史,影视如果离开技术谈艺术是不现实的,技术的进步推动艺术的革新,艺术受技术的发展而变化。好莱坞电影的技术性就强于艺术性,它利用先声夺人的高科技数码视觉效果冲击着人的感官,同样带给我们艺术的享受。同样,离开艺术谈技术也是没有意义的,艺术是灵魂,如果没有内容的技术堆砌也是不能打动和吸引观众的,我们创作的目的就是要达到艺术的表现。

第二,艺术与商业:商业电影可以带来票房,商业电视可以带来效益,艺术电影可以作为经典,可以收藏,可以津津乐道。我们为了生活必须注重商业,获取经济利益;我们为了创作必须讲究艺术性。做任何事情必须要有前提,要知道自己在做什么,为了什么。当然,也有一些优秀作品能很好地将艺术与商业完美统一起来,那当然是再好不过了。艺术和商业就如同绘画与设计的关系。目前,媒体的商业竞争激烈,既注重社会效益,同时也很注重经济效益。因此,在创作过程中,我们不要一味地把玩艺术,可以将艺术性与商业性有机融合在一起。

第三,理论与实践:有位电影大师说:"理论学得很好的人,往往拍不出片子来;只有拍片子,你才能学会电影。"

影视艺术属于经验艺术学范畴,经验源于实践创作过程中的不断积累,实践又是检验理论、完善提高理论的最重要标准,经验又是创新智慧之源。理论不能不学,它是我们实践的基础和指导,但只是掌握理论,不去很好的实践,不可能掌握影视制作的精髓。

第四,分工与合作:影视行业不同于其他报纸、杂志等媒体,一个人、一支笔或一台照相机就可以完成工作,而是需要一个团队的分工与合作来完成作品。影视的综合性创作生产流程决定了必须依赖于相关专业之间的横向互补。影视制作的每个工种、每个人都需要和其他工种的人合作,所以你必须了解整个制作程序和各个工种,学会与别人配合和沟通。同时,还要能很好地完成自己的本职工作。这就是我们经常说的"T"型人才,既要对影视行业各个方便有较全面的了解和掌握,又要有一技之长,学有专攻。但不同的行业要求也不同,广电行业是程式化的,而影视广告公司却更偏重于精致性,对人才的知识结构需求也不太相同。

第五，目的与手段：在制作过程中，我们应该很清楚地知道我们要达到什么艺术创作目的，通过哪些手段能更好地实现、更好地为主题服务。有的人经常会把手段当作目的，拿一些特技手段作为噱头，哗众取宠，往往导致作品缺乏品位。

第六，视听与文学：影视作品就是要尽量地利用视听的元素去表现，画面感（构图、色彩、运动、剪辑）强的片子会更吸引观众，而不是像文学通过文字和语言来表达思想。如果一味的依靠解说词、对白等语言来表现，片子将会索然无味，也失去了影视的本质特征。比如《007》系列影片视听元素应用很好，但你见过007的小说吗？它要变成小说可能就没什么好看的了，但有些经典的文学作品改编成电影也未必好看。影视就是要寻找那些画面感强的题材和内容。把文字转变成画面和声音绝对不是简单的翻译，而是进一步的创作，所以，在影视创作过程中，我们要树立视听的思维，而不是停留在文字的思维上。

本书既可供全国大专院校电视节目制作相关专业作为教材，也适合全国各省、市、县电视台、制作公司等影视节目制作人员参考。

作者

2008年6月

目 录

第一章 电视制作概况 / 1
 第一节 电视制作的回顾 / 1
  一、直播与录播的回顾 / 1
  二、电视制作手段 / 2
  三、电视制作方式 / 4
 第二节 电视演播系统 / 5
  一、电视演播中心 / 5
  二、电视制作系统 / 6
  三、电视制作人员 / 8
 第三节 电视节目的制作过程 / 9
  一、前期筹备阶段 / 9
  二、前期摄制阶段 / 10
  三、后期制作阶段 / 11
 第四节 数字化电视制作 / 12
  一、影视制作程序的数字化 / 12
  二、影视制作方法的数字化 / 12
  三、影视节目发行的数字化 / 13

第二章 电视节目制作技术基础 / 14
 第一节 电视制作技术的发展 / 14
  一、TV的三大制式 / 14
  二、高清晰度电视（HDTV） / 15
  三、数字化问题 / 15
  四、计算机网络化 / 16
 第二节 电视信号 / 16
  一、射频信号 / 16

二、视频信号 / 17
　　三、音频信号 / 21
 第三节　数字技术 / 21
　　一、数字化的理论 / 22
　　二、视频和音频信号的数字化 / 23
　　三、压缩技术 / 24
　　四、存储技术 / 25
　　五、数字信号的传送 / 26

第三章　电视节目的前期拍摄 / 28
 第一节　电视摄像机 / 28
　　一、摄像机的基本性能 / 28
　　二、摄像机的构成 / 30
　　三、摄像机的调节 / 34
　　四、摄像机安装设备 / 38
　　五、摄像机使用 / 39
 第二节　摄像艺术 / 41
　　一、镜头和景别 / 41
　　二、固定镜头的构图 / 44
　　三、运动画面 / 47
　　四、光线和色彩 / 48
　　五、后期编辑对拍摄的要求 / 50
 第三节　前期拍摄 / 52
　　一、前期拍摄的注意事项 / 52
　　二、声音的录制 / 53
　　三、光线的运用 / 55

第四章　编辑技术 / 57
 第一节　磁带录像机 / 57
　　一、录像机的发展 / 57
　　二、以录像带为基础的录制与储存系统 / 60
　　三、录像机的操作控制功能 / 64

四、主要的数字录像机格式　/ 66

　　五、录像机的维护　/ 76

第二节　磁带录像机编辑　/ 77

　　一、磁带录像机编辑系统　/ 77

　　二、磁带录像机编辑方式　/ 85

　　三、电子编辑机的使用　/ 90

第三节　非线性编辑　/ 99

　　一、以计算机、光盘为基础的录制和储存系统　/ 99

　　二、非线性编辑概述　/ 100

　　三、非线性编辑系统的基本构成　/ 104

　　四、非线性编辑系统软件操作流程　/ 106

　　五、非线性编辑系统产品简介　/ 111

第五章　电视节目的后期制作　/ 114

第一节　后期制作的流程　/ 114

　　一、整理素材　/ 114

　　二、演播室录制　/ 115

　　三、画面编辑　/ 115

　　四、字幕、动画与特技　/ 117

　　五、配音、混音　/ 118

　　六、播出带的合成　/ 119

第二节　画面剪辑技巧　/ 120

　　一、幻觉　/ 121

　　二、剪辑的流畅与跳跃　/ 123

　　三、"技术废片"的艺术利用　/ 129

第六章　电视特技　/ 133

第一节　电视特技概述　/ 133

　　一、特技的作用　/ 133

　　二、特技的分类　/ 133

第二节　视频切换系统　/ 136

　　一、视频切换系统　/ 136

二、视频切换系统的技术要求 / 138
　　三、模拟特技 / 140
　　四、视频切换台及其应用 / 148
 第三节　数字特技 / 151
　　一、概述 / 151
　　二、数字特技效果 / 154
　　三、特技制作要点 / 157
　　四、特技制作系统 / 157
 第四节　电脑特技 / 163
 第五节　虚拟演播室技术 / 165
　　一、概述 / 165
　　二、虚拟演播室技术 / 166
　　三、虚拟演播室系统的发展 / 169
 第六节　电视图形、图像处理 / 172
　　一、电视字幕 / 172
　　二、计算机图形与图像处理 / 175
　　三、计算机动画 / 179

第七章　演播室和现场摄制 / 183
 第一节　演播室制作系统 / 183
　　一、控制室 / 183
　　二、演播室 / 186
　　三、演播室视频系统 / 188
　　四、演播室音频系统 / 191
　　五、演播室灯光系统 / 197
 第二节　演播室节目制作 / 199
　　一、演播室摄像 / 199
　　二、演播室灯光照明 / 202
　　三、演播室音响 / 205
　　四、舞美布景和道具 / 207
　　五、服装、化妆 / 209
　　六、上镜人 / 210

七、演播室电视直播程序　/ 210
　第三节　现场节目摄制　/ 214
　　一、现场摄制（实况转播）系统　/ 214
　　二、现场节目制作　/ 216
　第四节　电视导播　/ 218
　　一、导播在摄制中的工作　/ 218
　　二、导播的艺术切换　/ 220
　　三、导演的术语　/ 222

第八章　数字影视节目制作　/ 224
　第一节　数字影视节目制作概述　/ 224
　　一、数字视频信号　/ 224
　　二、电脑中视频的帧和场问题　/ 226
　　三、数字图像格式　/ 227
　第二节　数字合成概述　/ 230
　　一、什么是合成（Composition）　/ 230
　　二、抠像（Keying）　/ 231
　　三、调色（Color Correction）　/ 233
　　四、文字特效（Text Effect）　/ 241
　第三节　After Effects 合成软件的操作流程　/ 242
　　一、素材导入（Project）　/ 243
　　二、新建合成（Composition）　/ 246
　　三、素材添加到时间线（Time line）　/ 247
　　四、给图层添加特效（Effect）滤镜　/ 249
　　五、生成影片（Make Movie）　/ 251
　第四节　前期拍摄与后期合成对画面的色彩控制　/ 254
　　一、数字摄像机菜单调整对画面的色彩控制　/ 254
　　二、合成软件 After Effects 对画面色彩的控制　/ 257
　　三、正确处理前期拍摄与后期调色中
　　　　画面色彩控制的关系　/ 262
　　四、画面的色彩监控　/ 264
　第五节　数字影视制作中存在的一些问题　/ 268

第九章　电视节目专题制作 / 272
第一节　电视新闻节目制作 / 272
一、电视新闻报道方式 / 272
二、现场报道 / 272
三、电视新闻直播 / 273
四、电视新闻节目制作 / 273
第二节　电视专题节目制作 / 276
一、电视栏目 / 276
二、电视纪录片 / 277
三、电视专题片 / 278
第三节　电视现场节目制作 / 279
一、综艺节目 / 279
二、体育节目 / 280
第四节　电视广告与片头制作 / 282

参考书目 / 284

第一章 电视制作概况

第一节 电视制作的回顾

电视制作(Television Production),广义上讲包括制成一个电视节目的全过程;狭义上讲,人们有时专指电视节目的后期制作。电视台的片尾可以看到"制作"字幕,这里的"制作"常常指的是电视节目后期制作过程中,使用编辑机、特技机、字幕机等制作设备,配合编辑、记者完成节目制作的技术人员。

电视台主要由节目制作和节目播出两大部分组成。节目制作主要完成各类节目带的制作任务;节目播出主要将节目制作部门完成的节目带顺序播出。

电视制作,包括节目生产过程中的艺术创作和技术处理两个部分。电视制作的全过程常常可以分为构思创作、拍摄录制和编辑混录这三个制作阶段。我们沿用电影制作的观念,电视节目制作通常分成前期制作和后期制作两个基本过程。前期制作包括构思、采拍,是指在台内演播室中进行节目摄录和对现场或野外素材摄录;后期制作包括编辑、合成,是指对前期拍摄的节目素材进行电子编辑、加特技效果、叠加字幕或图形、配音配乐以及播出节目带复制等一系列加工处理。这种阶段的划分并不适合电视直播、转播等把前期拍摄、编辑混录与播出同步进行的过程。还有一些纪实性、突发性的新闻报道也不存在前期构思的问题。但是,这种典型的程序或阶段仍有其实用价值。

一、直播与录播的回顾

录像机的出现解决了电视节目的存储和复制问题,提供了电视节目的简单传递交流手段和方便地实现"延时重播"。由于它的出现,电视节目的制作出现了像电影一样的后期制作工艺,节目的播出由单一的直播(直接拍摄播出,全电子过程)转向录播(节目录于磁带上再播出)。而在这之前几乎全部电视节目都是当地实况播出节目或电影复制节目。

北京建立第一座电视台时,由于缺乏录像机,整个节目除了播音员在开始时出一次图像外,其他大部分节目都是通过电影机播出。外出新闻采访只能借助便携式摄影机,将新闻拍成电影胶片,回到台里后利用化学方法进行冲洗处理,并利用机械方法进行取舍剪辑,最后把影片通过电影机播出。后期制作复杂、效率低。那时的直播工作是一项十分劳累而紧张的工作,直播前要制订出详细的播出计划,用摄像机一边拍,一边直接播出。直播中,演员和制作人员的劳动强度很大,思想需要高度集中,而且还很难避免差错。

录像机出现后,首先可将整段的节目保存于磁带上,借助于磁带的传递解决了地域辽阔国家不同时区"时差"问题带来的电视播出的烦恼,实现"延时重播";可将整段的节目、简短的插播节目和广告节目甚至一天的节目内容预录于磁带上,将播出过程简化为主要是磁带的播放过程,这就是"录播"。

录像机更成功的应用还在于能将片段的镜头素材编辑成整段节目。特别是随着电子编辑机和切换器技术的发展,从只能作简单的直接切换已发展到与视频特技切换台联合使用,从而实现特技编辑。不能否认录像机的出现带来了电视剧创作的繁荣时代,也带来新闻节目制作、广告片制作和动画片制作的繁荣时代,带来了电视节目由单一的直播类转向直播、节目录制等多节目源阶段。

二、电视制作手段

电视节目从内容上可分为新闻、栏目、专题、教育、文艺、体育、电影、电视剧、纪录片、广告、综艺晚会、实况直播等节目。电视节目类型虽然很多,但就其制作手段而言,从目前来看不外乎为三大类,即实况直播、电视影片制作和录像制作。

1. 实况直播

实况直播,是在摄取图像、声音的同时,同步进行广播的方式。它的特点是制作和广播这两个过程的同步或合一。因此,同步性、现场性、即兴性、观众参与性都十分强烈。

电视与报纸、电台新闻媒介相比,有着自己的特点。实况直播使得电视在传播中具有明显的优势,是最具电视特点的形式。其特点有以下几方面:

(1)同步性:同步传播迅速及时。新闻现场发出的声音和图像以 30 万公里/秒的速度传送给接收者,新闻传播的时空距离已接近于零。电视直播可以把正在发生的信息变化同步告诉给观众,在激烈的新闻竞争中取得主动,先声夺人。美国有线新闻网 CNN 在 1986 年现场直播"挑战者"号失事的新闻事件中崭露头角,1989 年在前苏联和东欧剧变时再显威风,而 1991 年的海湾战争更使 CNN 出尽风头。CNN 的成功,让人们感受到电视直播的威力。

(2)现场性:电视直播最直接地将生动形象的现场展现在观众面前,真正使观众有身临其境的感觉。一年一度的中央电视台春节联欢晚会,让不同地域的中国人共同辞旧迎新,而中国女排的辉煌和中国男足的曲折沉浮,让我们随着赛场上的圆球一起欢乐,一起忧伤。

(3)即兴性:新闻事件的直播具有不可预见性和突发性。1998 年 6 月美国总统克林顿访华期间,中央电视台对江泽民主席和克林顿总统联合记者招待会、克林顿在北大演讲向全世界现场直播,对这种充满政治敏感问题,会出现具有多种不可预见性的

内容。

(4)参与性：电视直播与现场信息的同步性，使观众与现场减少了距离感，一起关注现场事件的发展变化。观众可以介入其中，与现场进行双向交流；丰富现场内容，共同促进传播活动的发展。2000年中央电视台对《第九届全国青年歌手电视大奖赛》进行了实况直播，并在节目演播过程中公布观众热线电话、E-mail地址，来收集观众的反馈意见，对现场的情况提出问题和意见，通过主持人反馈给现场的评委，及时得到解答或纠正，收到了很好的效果，收视率很高。

实况直播又分为现场直播、演播室直播两种。

现场直播：以前常用于对重大节庆、重大事件的直播。现在，现场直播的范围越来越广。如2000年中央电视台对全国优秀教师腿部手术、马王堆文物出土、钱江潮水等进行现场直播。这类节目虽然不可能预先进行构思，但需要事先考虑一个周密的计划，拟订一个切实可行的实施方案，把可能遇到的情况都想到，并预先安排好应急措施。然后，还要建立严密的组织、指挥系统，确立摄制、音响、照明、传送、编导、后勤、保卫等各工作的岗位职责，才能保证高质量的实况直播。

演播室直播：世界上大多数电视台的新闻节目、访谈节目、教育节目和综合艺术节目，我国中央电视台的《综艺大观》和节日晚会节目等，都采用这种方式。它是以演播室直播为主，插用各种图像资料。此外，还有大量剧场转播的节目，也可包括在这个范围内。

实况直播的形式，可以使用多台摄像机和转播车，通过设在演播中心主控室或转播车里的导播台，将图像、声音进行即时处理，再通过电缆、微波传送到电视台广播出去。也可以使用单台摄像机不经切换，把实况信号直接传送出去（常用于电视新闻报道）。

2. 电视影片制作

在录像机出现之前，电视节目制作大量采用电影胶片来摄制，然后通过电视电影机播出。影片制作所具有的现场创作的灵活性和可保存性，使它优于直播方式。现在，影片仍有一些优越性是录像机所达不到的。如电影胶片的图像清晰度很高，优于录像。即使现在的高清晰度电视，也出不来胶片那种细腻、柔和的影调、层次。因此，在制作一些大型节目和要求较高的广告片时，仍采用影片制作手段。

3. 录像制作

随着录像机的出现，录像制作也就应运而生了。它是直接用摄像机拍摄，将图像和声音记录在磁带录像机上。与电视影片制作相比，优点是成本低，节省经费开支；不需洗印就可直接看到录像的好坏，这种即时性提高了它的时效性。

实况录像，就是将实况录在磁带上，不在实况进行时播出，而是先录像，再选择时间播出。实况录播和实况直播基本相同，实况录像甚至就是实况直播的重播。但可以对录制时存在的问题做一些修改后再播出。大多数的电视节目采用先录后编的方式，即先进行拍摄然后进行编辑。它的最大优点,就是使得后期制作与前期摄录能同样充分地发挥作用,给节目制作带来了很大的灵活性。

除磁带录像系统外,现在还出现了光盘、磁盘等制作系统,计算机制作系统是今后的发展方向,用它来制作节目更方便、快捷。特别是非线性编辑机、电脑磁盘、高速视频硬盘的出现,使节目的制作和播出有了新的突破,编辑、制作更加随心所欲,各种特技效果的实现更加方便。播出也变得简单化,不需要再制作播出磁带。节目带的传递,可以直接编写菜单,通过网络来实现节目的传递与播出。

三、电视制作方式

电视制作方式实际是从另一个角度来对电视节目制作过程进行描述。与电视制作手段不同之处是:制作手段指达到电视广播的目的而采用的总的方法、措施;而制作方式,实际上是指使用录像手段、直播手段中的几种制作方式,着重于所使用的设备系统及有关的软件系统,这些方式的共同点是必须通过摄像机制作。

目前,电视节目制作主要采用下列三种方式:电子新闻采集(ENG)、电子现场节目制作(EFP)和电子演播室节目制作(ESP)。

1. ENG(Electronic News Gathering)

电子新闻采集方式是使用便携式的摄像录像设备来采集电视新闻。携带小型、轻便、灵活、机动的摄录设备适合新闻采访的特点,被广泛运用于电视新闻采集,而且,也为拍摄电视纪录片、专题片、电视剧所采用。ENG方式一般是先录后编,也存在实况直播。

2. EFP(Electronic Field Production)

电子现场制作方式是对一整套适用于电视台外作业的电视设备的统称。这套系统包括两台以上的摄像机、一台以上的视频切换台、一个音响操作台及其辅助设备(灯光、话筒、录像机)。EFP方式的设备配置较复杂,还要专门的电视转播车(也可没有转播车,临时搬运调试设备)。

不论现场直播还是现场录像,摄录过程与事件发生发展同步进行,现场性特别强烈。这是EFP方式最突出的优点。因此,EFP也可称"即时制作方式",同时也叫"多机摄录"。EFP最具有电视特点,最能发挥电视独特优势的制作方式。

多机拍摄、前期制作的EFP方式有许多优点,主要是:

(1)可在多台摄像机拍摄同时进行实时编辑;

(2)可在编辑切换的同时,方便地加进多种电子特技效果;

(3)切换台可以保证迅速、可靠、平滑地实现各摄像机所摄图像间的切换,图像衔接自然,没有任何时间拖延;

(4)可以减少编辑复制磁带次数,图像质量不会因多次复制磁带而降低;

(5)在节目现场摄录的同时,完成后期编辑任务,工作效率高,制作速度快。

但是，导演和切换员工作紧张，易出差错，节目不能大量运用各种特技制作手段，做到精心制作。

3. ESP(Electronic Studio Production)

电子演播室制作方式与 EFP 方式设备配置相似。它主要是指演播室录像制作。无须将设备搬出台外，故 ESP 在设备的体积、重量、功耗上要求不高，通常选用台内质量最高的摄录设备。另外，演播室还有高质、完备的舞台、灯光、音响和特技制作系统。ESP 方式既可以先摄录，后编辑，也可以即摄、即播、即录。

第二节 电视演播系统

电视演播系统指电视演播中心内的节目制作、播出控制和局部传输等系统。主要设备包括：摄像机、录像机、同步机、视音频放大器、特技切换台、自动或手动播出设备、字幕、动画、台标、时钟信号发生器、监视器、帧同步机、矩阵开关、接线排、跳线柜、通讯联络以及微波传输等各种设备。另外，还包括灯光系统、音响系统以及置景、化妆、服装等。

电视不像写文章，不是个体就可以完成，而是需要整体的配合，才能达到目的。为此，必须建立起系统的概念，了解不同节目制作、播出的特点。

一、电视演播中心

电视演播中心又称电视中心，是电视台的核心部门，亦即除发射台以外电视台的全部电视节目的制作、播出和传送等都在这里进行。有的电视台把具有单一职能的部门，又叫做技术区、制作中心、播控中心等。电视中心是一个较为全面的概念，它既有"软件"，又有"硬件"。硬件包括全部系统设备，软件包括电视节目编播制作流程及控制信息等。这样，工作人员也就因专业的不同而有所分工。例如，有以编导和表演为主的艺术创作人员，及以维护设备和辅助导演使用设备的技术人员。

1. 电视演播中心的构成

电视台的体制通常分节目制作、节目播出和新闻中心三大部分。机构设置有总编室、制作部、新闻部、技术部、播出部、广告部、专题部等。从图 1-1 可见，节目制作首先要通过素材管理，取得素材后经过加工或直接录制，制成节目带，再经过素材管理送节目播出。其中，总控是播出机构的一部分。新闻中心或演播室直播信号直接与总控相接。最后，都由总控把节目送出。

2. 电视演播中心的运行

电视演播中心的运行可分为：前期制作、后期制作、节目素材管理、节目播出和新闻中心等五个部分，如图 1-2 所示。数字化电视节目制作的运行发生了很大的变化，我们将在后面提到。

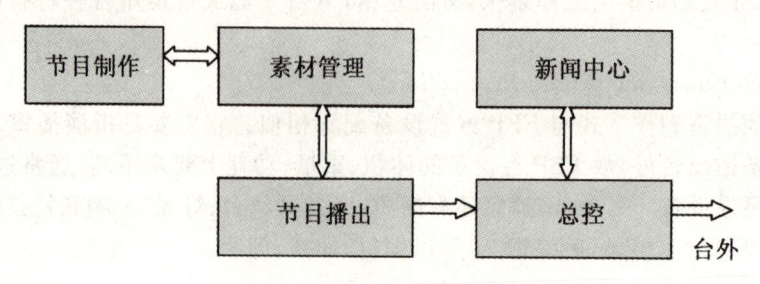

图 1-1　电视演播中心的构成

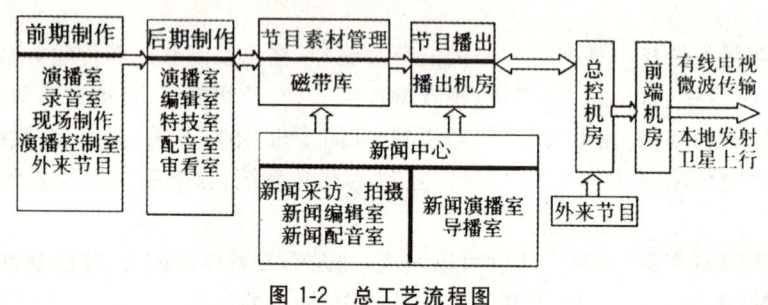

图 1-2　总工艺流程图

二、电视制作系统

1. 简单的电视系统

无论制作是简单还是复杂,制作系统工作的基本原理都是一样的。在图 1-3 所示的简单制作系统中,摄像机把它所见到的东西(光学图像)变成电子信号暂时储存起来,或由电视机直接变成在屏幕上显现的图像。话筒把它"听到的"东西(实际声音)变成暂时能够储存的电子信号,或由扩音器直接变成声音。

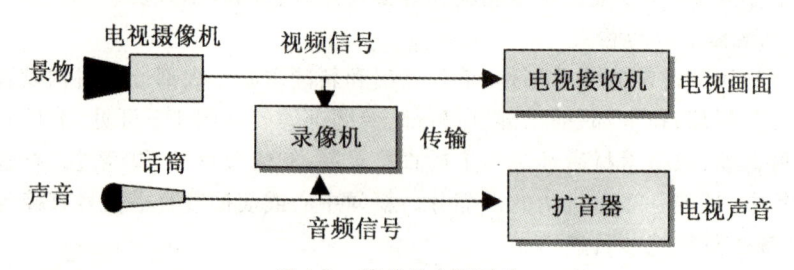

图 1-3　简单的电视系统

2. 复杂的电视系统

在演播室内或外景地制作电视时,为便于各种画面与声音信号源的选择,便于画

面及声音的监控,便于画面及声音的录制、重放与传输,便于辅助视、听信号源与更为复杂方法的综合利用,需要复杂的电视系统。

视频部分包括:①一架或几架摄像机;②一台或几台摄像机控制装置;③预监监视器;④切换台;⑤节目监视器;⑥一台或多台磁带录像机;⑦把视频信号传送到录像机和发射的输出装置。

音频部分包括:①一只或多只话筒;②调音台;③声音监视器(扬声器);④把音频信号送到录像机和其他传输设备的输出装置。

在图 1-4 电视制作系统中,摄像机 1 和 2 提供现场不同景物、景别的镜头。摄像机的视频信号通过各自的摄像机控制装置(CCU)进行质量控制。录像机可以提供提前录制的镜头。这两路视频信号同时输入切换台,你可以选择其中任一信号,把它输到录像机进行录制或播出设备进行传输。同时,在节目监视器上可以看到输出的画面。

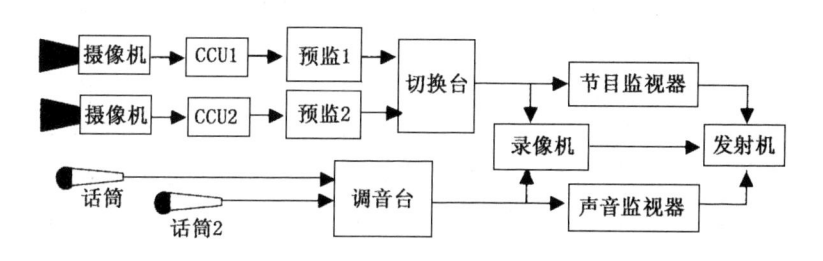

图 1-4 复杂的电视系统

话筒和录像带上的音频信号一样被传到调音台上。调音台可以使你选择话筒或录像带的音频信号,并控制输出的质量。然后,再将音频信号输出到录制或输出装置,并通过扬声器监听声音。

在我们了解了电视制作系统之后,总是想看一看更大范围电视系统中的情况。基本的电视制作要素包括:摄像、照明、音响、录像、剪辑(切换)、特技和字幕等。我们将在后面一一介绍。

3. 电子计算机

电子计算机已经越来越多地进入电视制作系统。在电视系统里,电子计算机主要有四种用途:制作图像、改进图像、操作机器和管理信息。

我们可以通过计算机软、硬件来制造与改进图像。二、三维动画软件可以制造出摄像机拍摄不到的图形图像。图像处理软件可以使摄像机拍摄的画面更清晰,色彩更鲜艳,从而创造出更完美的图像。虚拟演播室技术将图像、图形天衣无缝地结合起来。计算机在声音领域也起着重要的作用。它可以帮助我们提高或操作录像带的声音,使音调和谐起来。录像带上的音轨可以显示在计算机屏幕上,这种显示可以使人们进行极为准确的音乐剪辑。音乐制作可以模拟乐队使用的任何一种或全部乐器,创造出人类从未听过的声音。

计算机还可以当做操作机器的设备。操作人员可以通过计算机控制操作设备。这意味着计算机承担了从前要求技术人员做的许多工作任务。此外,非线性编辑还可以通过计算机高效地选择镜头、精确地剪辑镜头。

在电视制作中,计算机的主要功能之一就是信息管理。计算机已经成为创造、寻找、访问、储存、指令、检索、传递信息的重要工具。

三、电视制作人员

电视节目制作人员总的来说,可以分成两大类,即非技术(艺术创作)人员与技术人员。非技术(艺术创作)人员是从事最初的构思到完成最后的屏幕图像的电视制作人员。技术人员是指专门从事操作制作设备的人员。

非技术人员通常包括:制片人、导演、记者、编导、上镜人员、艺术指导、剧务人员、撰稿人、美术设计、化装师等。

技术人员又可分为工程技术人员和非工程(制作)技术人员。工程技术人员包括:总工程师、维修人员、设备维护管理人员等。他们是负责全部技术设备的购置、安装、保养和维修工作的,一般都懂得电子技术、能够检查设备故障,通常不操作设备。非工程技术人员通常由受过技术培训的制作人员构成,包括:摄像师、音响师、灯光人员、录像编辑和字幕员等。虽然有技术,但不必一定是工程师。

在这里不可能把所有人员一一列全。在实际工作中,技术与非技术制作人员的工作可能有许多是重叠的、变动的。根据节目的复杂程度,常常是一人兼多职。例如,有的人既是导演又是摄像;还有的人集采、编、播于一身。

艺术与技术的发展是同步的。当代科技的迅猛发展,对艺术及文化产业的发展产生了深刻影响。20世纪90年代以来,在计算机技术的不断推动下,数字技术在影视制作领域中的应用已呈现出深层次、全方位的趋势。

影视节目制作既是一门技术,也是一门艺术。任何一种先进的技术都会取代落后的技术,但是,作为艺术的表现手段来讲就不一定了。例如,早期的一些优秀作品,就是用原始的技术设备制作出来的。即使今天用先进设备重新制作,也未必能胜过。事实上,这样做的结果大都失败了。这说明电视节目制作过程中的艺术创作和技术处理两个部分是一个不可分割的整体,互相依存,而且互相渗透。前者是目的,称"软件",后者是手段,称"硬件"。以往电视台的制作技术人员大多数是学无线电等理工专业,不能很好地对电视节目进行艺术处理,而电视节目的编导又不懂技术,不知怎样更好地通过技术手段实现自己的艺术创作。随着电视技术的发展,电视设备的高度集成和功能的增强,往往需要一个人掌握多方面的知识,独立完成多方面的工作。电视台需要"T"型人才,即一专多能,具有综合素质。这就要求搞艺术的必须懂技术,搞技术的

也要懂艺术,综合发展。特别是随着影视制作的数字化、计算机化,制作设备高度集成,使得制作环节、制作工种相互融合。数字化影视制作需要多学科、多部门紧密配合,对从业人员要求比较全面。不仅要求有良好的艺术感觉和影视知识,还要有对新技术的掌握能力,所以国外数字制作的从业人员一般要有艺术与工程双重学历。技术的发展对影视制作人员的素质提出了新的要求,迫切需要大批既懂技术又懂艺术,具有综合素质的人员。

数字化的影视制作,需要艺术家和技术人员进行配合,由艺术家先制作故事板和分镜头剧本,然后由特技师或者动画师等技术人员用计算机或模型模拟真实的影视空间,规划拍摄场景、灯光照明、场面调度和摄像机运动等问题。后期制作再通过计算机数字合成,才能够达到天衣无缝的效果。如果导演不了解数字技术能干什么,不能干什么,就不能发挥数字特技的优势,造成设备的浪费。而且往往由于先期没有经过周密的策划和组织,给后期制作增加了无穷的麻烦和困难,甚至影响最终效果。技术人员如果不能领会导演的艺术构思、艺术的创作规律,就不可能制作出令人满意的艺术作品。而一名录音师如果不懂音乐,只懂技术,又怎么能够完成多轨分时录制、后期混录合成音乐的任务呢?

为了不断提高制作人员的技术、艺术水平,掌握国际电影数字制作最新技术,也为我们培养学生提出新的要求。制作专业的学生既要有一定的美术素养,而且能够比较熟练地掌握一些流行的二、三维动画和非线性编辑软件;又要掌握一定的工程技术知识和新的技术。录音专业的学生既要有一定的音乐素养,又要掌握一定的录音工程技术知识。此外,还要注重外语、计算机等基础课程的学习。因为,现在的设备面板、设备说明书和软件大量都是英文版的;数字化影视制作的各个环节已经与计算机密不可分。在理论培养的基础上,更要注重实践能力的培养。在加强基础训练的同时,要学会自己选择题材,自己进行创意,达到最大限度的自由发挥,制作复杂的特技效果,不断克服技术难点,积累经验,从而达到提高制作水平的目的。

第三节 电视节目的制作过程

电视节目制作人员要重视节目制作工艺流程,加强制作节目的计划性,遵循制作流程的科学性,才能提高节目制作的质量和效率。节目制作过程中,如果某些环节处理不当,就会给节目带来质量上的问题,甚至不得不重新制作。例如:出现节目断磁、素材损坏或丢失、增加翻版次数。

节目制作过程随节目的难易、导演的习惯而不同,大致可分为以下三个阶段:

一、前期筹备阶段

前期筹备包括节目构思,确立节目主题,搜集相关资料,制定拍摄方案,组建摄制人员,提出摄制要求,落实摄制计划。计划是节目的基础,节目的构思越完善,拍摄的条件和困难考虑得越周全,节目制作就会越顺利。

1. 节目构思的产生

(1)制作节目的动机:我们制作某一节目的动机,可能来自三个方面:主管部门要求的宣教任务;广大观众要求或欢迎的题目、题材;电视制作者自己提出的选题。有时是三者的结合。电视节目也是商品,节目的制作过程就是将制作、组装节目的构成元素,生产出最终的产品。所以,一个好节目应该包括社会效益(创优)和经济效益(创收)两个方面。我们要充分重视电视节目、时间资源的开发。以前,电视台旧的观念是我播什么你看什么;现在,新的观念是你想看什么我就播什么。因此,要特别注重反馈意识。节目要经过节目调查-节目策划-节目制播-节目效果-节目调查(反馈)的过程。

(2)对观众的分析:观众的成分和他们对节目的要求是制作人开始构思节目时要考虑的重要因素。对于不同的观众,制作人应该采用不同的处理方法。如摄制两个音乐节目,一个节目的对象是青少年,另一个节目的对象是成年人。以青年人为对象的节目摄制,用快节奏的编辑和富有动感的拍摄手法比较合适,但这种方法不适合成年人。对观众的分析依靠收视调查和经验是可行的。

(3)供播出的情况:要考虑播出的长短、频率、时间,太长的节目容易使观众厌倦,太短的节目可能说不清问题;播出频率高的栏目可以作连续报道,而播出频率低的栏目就不适合作连续报道,容易使观众对上期节目遗忘;不同的播出时间段,观众的收视心理和收视群体不一样。节目播出的范围,只供地方电视台播出,节目内容就要适合当地情况;供各种电视台播出就要使节目内容的适应性更广泛。

(4)研究节目的构思:节目内容要适合电视和自己的制作条件。电视需要有趣味和感人的画面,只有这样才能收到好的效果,所以要尽量寻找具有电视形象的内容。另一个问题是要考虑制作设备的能力。想在设备很少的小演播室中制作出大规模复杂的节目是不可能的,所以必须切实可行。还应考虑节目是否有资助者?资助者是否可以提供足够的经费,对节目内容是否有要求?

2. 摄制方案的产生

(1)征求各方面的意见:包括专家、领导、资助者和观众等。

(2)确定摄制的形式:节目的摄制是在演播室还是现场?直播还是录播?后期剪辑还是现场制作?

(3)草拟节目的经费开支和摄制报告。

二、前期摄制阶段

准备工作结束,就要进入摄制阶段。不同类型节目有不同的制作方式。大体要做的工作有指定摄制程序,现场准备,解决节目、技术问题,演员排练,带机彩排,正式录制。

1. 摄制程序计划

制订摄制计划表，标明摄制事件的时间表，摄制的具体场景、日期和时间。

2. 摄制会议

在整个前期摄制阶段，要召开一系列的摄制会议，讨论有关布景设计、节目、演员、灯光、音响等等。

3. 布置和排演

在这个阶段中的具体摄制事项主要由有关的摄制人员去完成。导演负责演员的排练，音响师负责节目音响的采集，舞美负责布景的建造等。在这个阶段要发现问题、解决问题。

4. 节目的摄制

对于直播节目的摄制是同期进行的，摄制人员就必须不断迅速地作出决定。但对于预先计划好的节目，根据计划去完成，并在执行过程中作必要的修正。

三、后期制作阶段

摄制工作完成后，后期制作要经过素材审看，素材编辑，制作特技，叠加字幕，录解说词的配音及所需的音乐，将解说词、效果声、音乐进行混录，进行音调、音量等处理。完成后负责人审看并提出意见，修改，制作播出带，复制存档，直到节目播出，并进行节目的收视调查。

1. 编辑工作

首先，对节目素材进行审看，对整个片子做到心中有数，并作必要的记录。然后，开始进行初编。初编片通过领导等各方面作出评论和建议后，作进一步的修改，最后做出成品节目。

2. 节目的宣传

节目的宣传，除了做节目的推销和广告外，要通过电视台播发节目的消息和预告。有时，还要制作一个宣传短片，包括节目的标题、播出日期、时间和频道，节目的内容简介等。

3. 节目的收视调查

包括对节目收视率的调查，对节目评价的调查。收视率高，说明节目叫座，节目评价好，说明节目叫好。

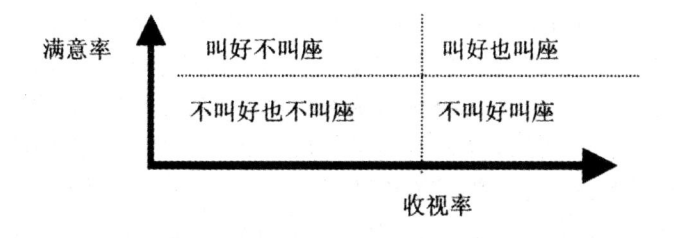

满意率		
	叫好不叫座	叫好也叫座
	不叫好也不叫座	不叫好叫座

收视率

节目的收视调查可以通过正式的调查公司或自己向观众发调查表,也可以通过观众给电视台打电话、写信等形式来反馈。研究一下各种各样的反馈信息,并注意对节目作及时的改进。

电视制作是一个复杂的过程,节目制作者要熟悉各个工序,根据节目内容、节目规模、具体问题具体分析处理,使制作的工序更加合理,高质量、高效率地制作电视节目。

第四节 数字化电视制作

以模拟摄像机、录像机和视频切换器为核心的模拟电视节目制作技术发展至今,其技术质量已经接近极限状态,要使节目制作质量迈上新的台阶,下一步必然是采用数字节目制作技术。目前,数字摄像机、数字录像机、数字切换器已纷纷出现,传输也数字化。电视节目制作的数字化最突出的优点是画面质量高,复制多次也不会引起图像信噪比和清晰度等指标的劣化。

电视节目制作是一极为复杂性的过程,围绕着电视节目制作出现了形形色色的设备,节目制作工艺和制作设备也正处在不断发展完善中。数字技术为影视提供了一套新的制作方法和制作工具,其强大的虚构和仿真能力导致了不断扩大的视觉效果的可能,为影视艺术提供了充分的创作空间。

一、影视制作程序的数字化

以往的影视剧本的创作、编制计划、分镜头脚本大都是在纸上来完成的,而现在却逐步采用专业的计算机软件来实现。电视剧本的创作用专业的软件提供剧作家经常使用的工作单,有大量的用于场景标题、动作、角色、对白、插话和场景转换等格式,并随意组合,提高工作效率。用《编制计划》软件来编制计划,可以做出合理、周密的安排,有包含故事板图像的细目分配表、可互换的镜头脚本等,能够形成多个版本。在计算机上调用素材库或将摄像机的视频图像数字化后制作导演希望得到的各种效果,试验创作意图,提供解决问题的方案,可以大幅度减少未知因素,增强制作人员的信心。

二、影视制作方法的数字化

影视摄像可以配备计算机控制的摄像机,来实现精确控制、重复摄像机的移动轨迹,提高了画面拍摄运动、构图的艺术美感。数字化的多轨录音、MIDI制作,音乐的组成元素可以分时录制,后期混录合成,为录音师提供了更大的音乐、音响的创作空间。影视节目的编辑采用非线性编辑,给编辑提供了更加灵活随意的创作空间。影视制作用计算机进行数字影像特技制作和合成制作,计算机数字图形制作,即计算机虚拟三维场景和角色的制作和生成过程,把实拍素材与三维动画角色合二为一,创作出

传统拍摄不可能达到的场景和效果。由此可以看出,现在的数字化影视制作,不仅主要取决于艺术创作的水平,同时也是计算机软、硬件应用水平的综合体现。

三、影视节目发行的数字化

随着技术的发展,数字电视、高清晰度电视、网络互动电视、数字影院也逐步成为影视作品发行的主渠道。报纸、广播、电视相互融合,人们可以在高速网络上,一边收看影视作品,一边查看有关的文字、图片、音响资料。电影、电视相互支持、相互渗透,将逐步趋于融合。数字 HD24P 制片技术是影视技术高度融合在数字化年代的产物。使用它既可以完成电视制作,也可以完成电影制作。在数字影院中,数字图像可以是存在计算机硬盘中,也可以由卫星、光纤等组成的无线或有线高速网络实时传输过来。这些都会使观众收看影片达到更主动、随意、便捷、高质的效果。

第二章 电视节目制作技术基础

第一节 电视制作技术的发展

随着电子科学技术的飞速发展,电视技术也进入微电子阶段。电视领域中所使用的摄、录、编、播等设备得到了新的发展,不仅在专用集成电路上采用了超大规模的微电子技术,而且还广泛地引用微电脑进行系统控制,从而使这些常用的电视设备在小型化、高度自动化方面迈出了很大的一步。现在数字技术和计算机技术已越来越多地进入视频设备之中。

电视技术的发展极为迅速,从 50 年代摄像管摄像机和 2 英寸横向扫描磁带录像机进入实用阶段至今,短短 40 年的发展历程,其速度可谓惊人的"迅猛"。从黑白电视到彩色电视,乃至高清晰度数字电视;从开路广播至大范围有线电视传播;从地面传输(微波、同轴电缆、光缆)到卫星传输,从模拟信号处理到数字信号处理,电视技术的发展日新月异。摄像机、录像机、字幕机、电子编辑机、特技机、同步机、时基校正器、制式转换器、微机控制电视自动播出设备等各种各样的视频设备从无到有,从低档到高档不断发展。广播电视的发展趋势是数字化、网络化。

一、TV 的三大制式

NTSC 制是 1953 年美国研制成功的一种彩色电视制式。它是对两个色差信号采用正交平衡调幅后,与亮度信号一起传送的。每帧由 525 行扫描线组成,场频为 60Hz。优点是接收机简单、最佳图像质量高、信号处理方便等。缺点是由于传输通道的非线性引起的微分相位失真,而使接收端彩色失真。

SECAM 制是法国人 1956 年提出、1966 年定型的一种彩色电视制式。在该制式中色差信号 $R-Y$ 和 $B-Y$ 是逐行顺序传送的,由于同时只传送一个信号,所以避免了串色和失真。每帧由 525 行扫描线组成,场频为 50Hz。

PAL 制是 1962 年德国研制成功的一种彩色电视制式。它采用了相位逐行交变的方式,克服了 NTSC 制式对相位的敏感性。每帧由 625 行组成,场频为 50Hz。

三种制式互不相干,后两者是根据 N 制的弱点而提出的。

(1)制式规律,彼此不相交流,必须通过专用设备才能转换。扫描行数、每幅画面重复量不同。

(2)早期 NTSC 长距离传输色彩失真(电子器械不稳定造成,并不是制式的不

足),PAL制为解决当时NTSC的缺点所形成的优点变成了缺点。PAL制带来了许多问题,输入画面无规律、难度大等。

(3)发展到现在,三大制式各有优越性和缺点,差异却越来越小。处于淘汰边缘,竞争主要来自电影,其清晰度远高于彩电。高清晰度电视开始研究、发展。

限于当时技术水平和工艺水平的局限性,以及各种经济利益和政治因素的影响,同时,彩色电视广播制式还受到要和黑白电视广播制式实现硬件相兼容的制约,结果造成三大制式并存。

二、高清晰度电视(HDTV)

以前的电视受成像原理所限,造成画面的像素太少,图像细节表现力差等先天性弱点,使其与电影画面在清晰度上无法比拟。为此,各国陆续继黑白电视和彩色电视后推出了新一代电视——高清晰度电视(High Definition Television)。

日本最早研制出高清晰度电视,但是,采用的是模拟信号。后来,欧洲也研制出了模拟高清晰度电视;美国研制相对比较晚,但采用的是数字高清晰度电视。在西欧称为高质量电视(HQTV),美国称为高级电视(ATV,Advanced Television),日本最早称为高品位电视,后定名为高清晰度电视(HDTV)。

CCIR(国际无线电咨询委员会)为HDTV规定的定义是:当观看距离为屏面高度的三倍时,HDTV系统的垂直和水平方向的空间分解力大致是现行电视系统的两倍,幅型比要展宽到16:9,并配有多声道的优质伴音。

提高高清晰度电视系统的垂直清晰度,必须提高扫描行数,而提高水平清晰度就要增加一行扫描线中的像素数。隔行扫描是节省视频信号频带宽度,保证图像质量最有效的巧妙技术之一,HDTV为保证图像的清晰度,则必须采用逐行扫描。在高清晰度电视系统中把高分辨率电视图像分为七个等级,即:特别好、相当好、比较好、好、稍差、很差、坏。现行电视为五级。高清晰度电视与大屏幕相联系,如在小屏幕上接收,优势就失去了。HDTV主要传播手段将是直播型的广播卫星(DBS),大量接收机在只增加一套廉价的附加接收设备(一个小盒)后就能收看到卫星播送的节目。高清晰度电视是采用数字信号传输技术,具有较强的抗干扰性,图像的清晰度显著提高。因此,它将成为电视广播的主要形式。

三、数字化问题

广电设备的发展趋势是数字化和计算机化。电视领域的数字化革命突出地表现在非线性编辑、计算机动画、数字图像处理、数字视频技术等方面。数字技术的广泛运用,达到了高质量的图像指标,给传统的制作手段带来了变革,改变了电视节目的制作方式,给编导人员提供了更广阔的创作空间,电视节目的创作进入了一个"只有想不到,没有做不到"的新境界。

电视节目制作是一个极为复杂性的过程，围绕着电视节目制作出现了形形色色的设备，节目制作工艺和制作设备也正处在不断发展完善中。数字摄录、编辑设备，非线性编辑系统，硬盘存储节目的全自动播出系统已被广泛采用。摄像机数字化是系统数字化的必然。录像机是电视中最迫切需数字化的环节。电视节目制作的数字化最突出的优点是画面质量高，复制多次也不会引起图像信杂比和清晰度等指标的劣化。在模拟录像机中，广播级的一般可以复制5～6版，6版后质量就不能保证，专业级可以复制3～4版，民用级只能复制1～2版，图像质量就明显下降。数字录像机最突出的特色是具有很强的复制能力。广播级的数字录像机复制20版以上，仍然有很高的图像质量。

以数字系统为基础的制作环境是图像、声音及相关信息统一作为数字数据处理，使得传统电视节目制作的各个环节可以同时以综合方式来完成。非线性编辑系统集编辑、特技、动画、字幕、配音等多种功能于一身，功能强大，操作方便。

随着电视节目制作的数字化，传输也数字化，我国已开始利用卫星传输广播电视节目，绝大多数采用的是数字压缩技术，基本上实现了卫星数字传输。

四、计算机网络化

计算机在电视制作中的应用已由原来的电视字幕、电脑动画发展到以非线性编辑为代表的数字后期制作技术，广泛地应用于新闻、专题节目、电视广告、MTV、节目片头等领域，为电视提供了全新的制作手段。

随着数字技术和网络技术的发展，通信、数据和广播将实现三网合一。各种业务能在高速宽带网上传送，人们可以在任何时候观看他们自己选择的节目或所需的信息。获得信息的最佳途径就是这张网。电视制作将不再是简单的图像、声音，而是图像、图形、声音、文字等各种格式和媒体的组合。第四大媒体将融合广播、电视、报纸传统媒体。美国在线与时代华纳的合并，就是新传媒网络公司与传统媒体公司结合的一个有力证明。电视节目的传送也不再是单向的，而必将被双向互动所取代。视频点播、教育培训、电子商务等迅速发展，给电视媒体带来机遇和挑战。电视节目制作也必将作出相应的变化。

第二节　电视信号

一、射频信号

电视信号(包括图像信号和伴音信号以及同步信号等)传送需要通过一个高频的信号将其"携带"出去。该高频信号通常称做"载波"，而把图像信号或声音信号依附于载波的过程称为调制。调制的含义实质上即用图像和声音的信号来改变载波的幅度或频率。前者称为调幅(AM)而后者称为调频(FM)。通常，发射图像信号采用调幅

方式,而发射伴音信号则采用调频方式。

整个电视信号所占用的频率范围称做一个频道。每个电视节目都有自己的频道。电视信号通过发射塔的发射天线将调制后的射频信号(RF)发射出去。我们在家里接收到的无线或有线电视信号都是射频信号。

二、视频信号

视频(Video),与静止图像不同,是活动的图像。我们看到的视频信息实际上是由一系列单独的图像组成的,每幅画面称为一帧(Frame)或一格,在被放映到观众面前的屏幕上时,每秒钟放映若干幅图像,由于人眼的视觉暂留效应,每秒24格(25帧)的电影(PAL制电视)画面就形成了连续活动影像感觉的电影或电视。因此,帧是构成视频信息的最基本单元。视频信号的频带宽度,即指视频信号的上限频率和下限频率之间的频带宽度。

视频信号的标准值是 $1.0V_{P-P}$(复合),特性阻抗为 75Ω;分量信号的亮度是 $1.0V_{P-P}$,色度是 $0.7V_{P-P}$。在视频图像中,处于图像最黑处的电平叫做黑电平。处于最白处的电平称作白电平。彩色视频信号包含亮度信号和色度信号。将彩色视频信号中的 R、G、B 三基色信号表示的彩色信号中亮度信号和色度信号分开,变为三个另外的信号 Y、$U(R-Y)$、$V(B-Y)$ 称为编码,实现这一过程的电路装置叫做编码器。Y 称为亮度信号,只含有亮度信息,U 和 V 称为色差信号,只含有色度信息。把 YUV 信号重新还原为 RGB 三基色信号的过程称为解码,实现这一过程的电路装置叫做解码器。

1. 电视信号的形成

把任何一幅图像划分成许多大小相等而明暗、色调不等的最小单元,并且按一定的顺序排列起来即可构成原来的图像。这种构成视频画面的最小单元称为像素。以PAL制电视为例,电视画面一共分625行,也就是有625条像素行。电视画面的长与宽之比为4:3,因此每行又有800多个像素,即总共为52万个像素。这52万个像素决定了今天电视画面清晰度的极限。由于一个像素只能反映出一个亮度,所以PAL制电视画面的最佳清晰度水平是600线,垂直是450线。

PAL制图像信号每秒钟由25帧画面组成,即帧频为25Hz。单位时间内所扫描、传递和接收的帧数称做帧频。一帧(frame)画面是由625行扫描线构成的,这625行又被分为两场(field),场频为50Hz。单位时间内所扫描、传递和接收的场数称做场频。第一场包含312.5行奇数行,第二场包含312.5行偶数行。发生在一场之后及下一场之前的视频信号部分叫场消隐。场消隐期摄像机与监视器中的电子束被关掉,使其在屏幕上不留任何运动轨迹地从屏幕底移到屏幕顶。有25行扫描逆程中不传送图像,从技术上把这些回扫线消去叫做消隐。因此,每场有效传送行数只有312.5-25=287.5行。一帧图像有效行只有570行。同步信号即在消隐期间传送。这种由两场构成一帧画面的扫描方式叫做隔行扫描[如图2-1(a)]。这样做的目的是为了适应人的眼睛的特点,防止图像中出现闪烁;同时又要压缩图像信号频率的宽度。计算机监视器采用的扫描方式叫逐行扫描[如图 2-1(b)],它不再把一帧分为两场扫描。NTSC 制采用每秒 30 帧画面,525 条扫描线的隔行扫描方式。

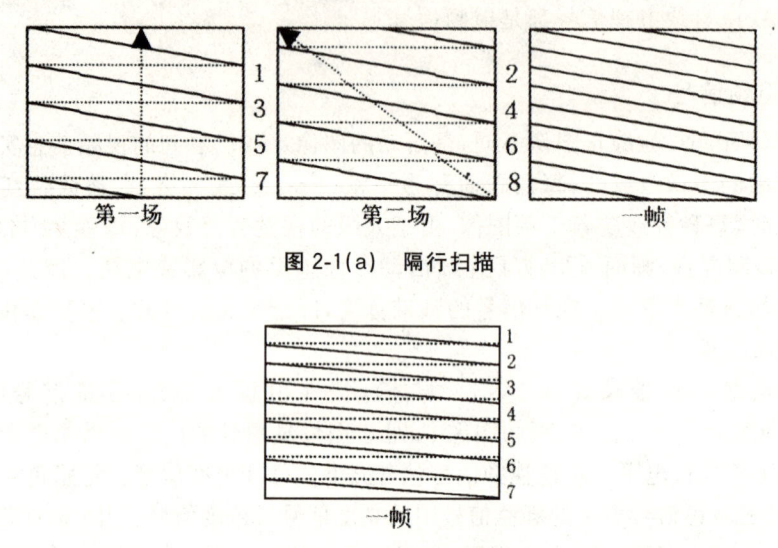

图 2-1(a)　隔行扫描

图 2-1(b)　逐行扫描

2. 视频信号的组成

黑白电视的视频信号包括图像信号、复合同步信号和复合同步消隐信号。如图 2-2 所示。顺序扫描,同步接收是电子图像信号能够实现摄取、传送和再现的前提。因此,在经扫描而产生图像信号的同时,还必须向接收端发送一个同步信号,以确保所发送出去的电信号,在接收端能够再现于画面的同一空间位置上。同步信号分为行同步信号和场同步信号。二者之合称为复合同步信号。它们来自同步信号发生器。加入同步信号的目的是保障发送端和接收端之间的严格同步。电视信号中的消隐信号则是消除电子束扫完一行或一场后返回时在画面上造成的回扫线,以免干扰图像。复

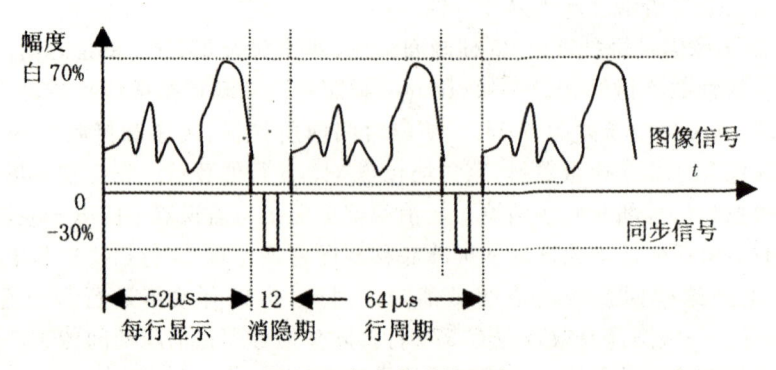

图 2-2　视频信号的组成

合消隐信号中包括行消隐信号和场消隐信号。标准视频信号,要求电平为1V,输入输出阻抗为75Ω。正常情况下,视频信号中的图像信号和复合同步消隐信号应有一标准的幅度比例,即 7:3。如果比例严重失调,不是图像画面不清楚,就是画面同步不稳定。

图 2-3 和表 2-1 中例举了视频信号失调时的波形和表现。

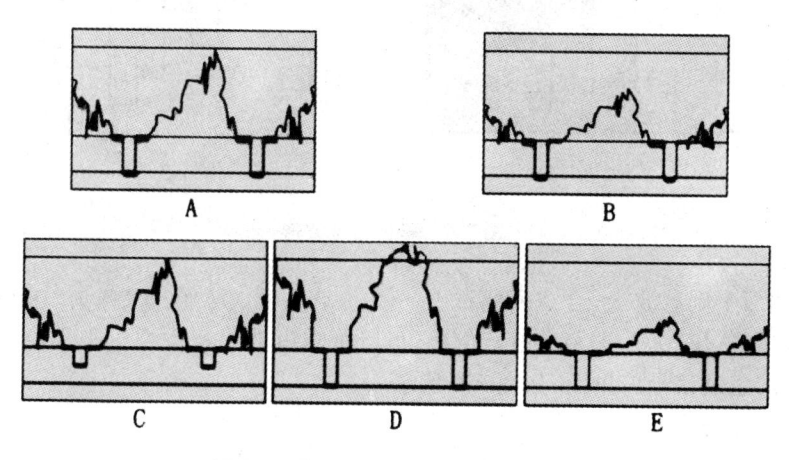

图 2-3　从示波器上看视频信号状况

表 2-1

波形	情　况	表　现	调　整
A	标准	对比度好,图像稳定	
B	图像信号小	对比度弱,图像稳定	开大光圈,提高增益,增加照明
C	同步信号小	图像稳定性差	降低图像信号,增大同步信号
D	信号过强或黑电平太高	画面亮部一片白,图像不稳定	缩小光圈,降低增益,调节黑色电平
E	黑色电平太低	画面发灰,暗部看不到层次	调节黑色电平

彩色电视的视频信号包括亮度信号、色度信号和色同步信号。如图 2-4 所示的是彩条信号在亮度上的关系。

色度是由色调(各种不同颜色)和色饱和度(颜色的浓淡)组成。把色度信号调制到一个恰当的载波上传输,这个载波称为副载波(PAL 制为 4.43MHz)。采用副载波"正交平衡"调制的办法,使副载波的幅度反映色饱和度,而副载波的相位反映色调。副载波的相位从 0 度～360 度反映大自然的各种各样的色彩,如 347 度是蓝色、103 度是红色。如图 2-5 所示,用 $R-Y$ 和 $B-Y$ 两个色差信号分别调制在频率相同、相位相

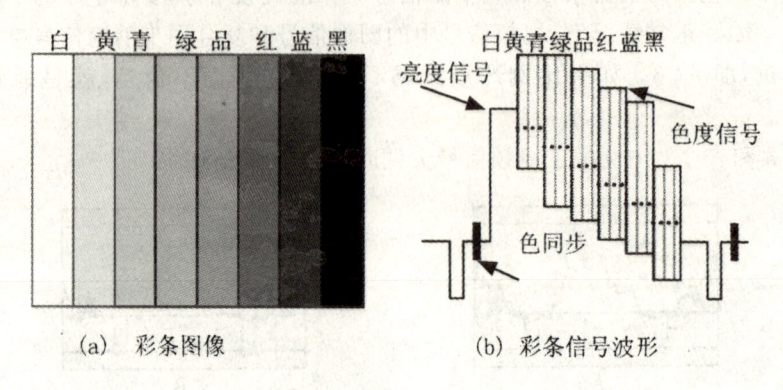

(a) 彩条图像　　　　(b) 彩条信号波形

图 2-4　彩色信号波形

差 90 度的两个副载波上,合成所得的是一个综合矢量 OA 色度(称为"正交"调制)。PAL 制就是将 $R-Y$ 的副载波逐行倒相,可以抵消电路中相位变化带来的色调变化。彩条信号的色度信号矢量图,如图 2-6 所示。

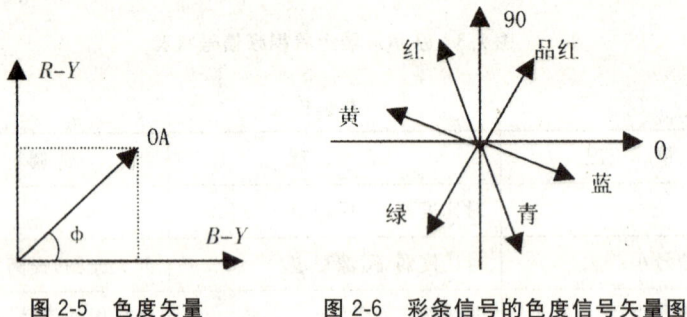

图 2-5　色度矢量　　　　图 2-6　彩条信号的色度信号矢量图

用幅度固定不变的单一的 $R-Y$ 信号和单一的 $B-Y$ 信号,分别调制各自的副载波,把这个合成信号放在行消隐期间同步脉冲后面的位置,它不随图像变化而变化,这就构成了一个 PAL 制基准信号(色同步信号)。这样,既有色度又有亮度的图像信号,加上彩色基准信号(色同步信号)、同步、消隐脉冲信号就成为彩色全电视信号。

3. 复合(Composite)和分量(Component)

模拟与数字系统一样都能以下列几种方法之一处理信号:

(1)复合系统:复合信号是把彩色和亮度信息结合成单一的信号。它只需一条视频线传送。复合信号的主要缺点是彩色和亮度之间有些干扰。

(2)分离系统:亮度信号(Y)和色度信号(C)在编码处理和解码处理中分开进行,但两个信号在实际录到录像带上时组合和占用同一轨道,需要两路传送分离信号。Y/C 分离信号的优点是能制出高质量的图像。

(3)分量系统:亮度信号(Y)、红色差信号(R-Y)和蓝色差信号(B-Y),三个信号分开传送。录像带分别记录两轨信号,即亮度信号和色度信号。它的优点是即使经过很多次转录,录像能保持比较好的质量。如果需要很多特殊效果时,需要很多次转录才能完成,这一特性很重要。

(4)RGB 系统:红、绿、蓝信号保持分开,在录制或传送过程中,三个信号是分开的。RGB 系统需要三路传送图像信号。这种系统能使经过很多次转录后图像保持原有的质量。系统需要切换台、编辑机、监视器都具有处理 RGB 信号的能力,在常见的系统中应用较少。

Y/C、YUV、RGB 图像信号质量依次升高,R、G、B 信号质量最好。编码过程中,图像质量不断降低,牺牲图像质量,产生一个复合全电视信号。但是,它们最终都必须把分开的图像信号合成单一的 PAL 制复合信号,作播出或录像带分发用。另外,射频信号比复合视频信号质量更低。

三、音频信号

人耳听到的频率动态范围为 20Hz～20kHz,对应于该范围的电信号在电视技术领域中称为音频信号。

声波在传播过程中保持着严格的周期,它行进一秒所经历的周期总数我们称之为频率,单位为赫兹(Hz)。不同的频率决定了声音的音高。低音的频率和音高要比高音低。

每种传声器和录音机都有它们可以拾取的频率范围,称之为频率响应。传声器和录音机并不能做到记录各种频率的声音效果都一样好。因此,录音设备以图形方式表示记录不同频率声音的特性,称之为频率曲线。

声音的振幅越大,音量越高。音量的大小以分贝(dB)为单位。录音设备所能处理的最低音量到最高音量的范围叫做动态范围,不同设备的动态范围也不同。如果所录声音的音量大于设备所能处理的动态范围,其结果就会导致声音失真。

音色所涉及的声音特性包括它的圆润度、饱满度、清晰度及共鸣效果。

第三节 数字技术

伴随着计算机技术而发展的数字化技术,在电视领域的运用产生了丰富的制作设备和制作手段。近年来伴随着多媒体技术的迅速普及、图形图像处理技术的发展,数字化的影视制作技术显示出了强大的生命力。电视技术领域正在进行模拟到数字的转换。对于数字视频技术,包括数字视频的理论、数字摄像机、数字录像机、数字切换台、数字非线性编辑以及数字视频的传送,我们应该尽快了解。电视设备的数字化,简单地说,就是采用计算机的数字编码方式,对电视图像、声音信息进行采集、存储、编辑和传送。全数字化是未来电视节目制作系统的关键所在,只有在整个数字化环境中进行传输和处理,才能从根本上实现电视节目的高效率和高质量。

一、数字化的理论

数字化的信息与模拟化的信息相比,在存储、检索、处理、传送和利用各个方面都有着无可比拟的优越性。

模拟信号(ANALOG)是通过连续变化的电压或电流信号表示的物理量。数字信号(DIGITAL)是指在时间和幅度上都离散化的信号,它以一连串0、1数字来代表某一物理量。

模拟信号转数字信号要通过模/数(A/D)转换器,数字信号转模拟信号则要通过数/模(D/A)转换器。A/D转换器的作用是把连续变化的模拟信号转换为离散的数字信号,它包括取样、量化和编码三大部分。如图2-7所示,模拟的电视信号在时间上和幅值上都是连续的,如图(a)。首先通过取样,将其变成时间轴上离散的信号,如图(b)。经过取样后得到的样点取值仍是连续变化的,有无限多个可能的取值,因此还不能用数码表示,为此需要进行量化。所谓量化就是将取样值的变化范围划分成若干

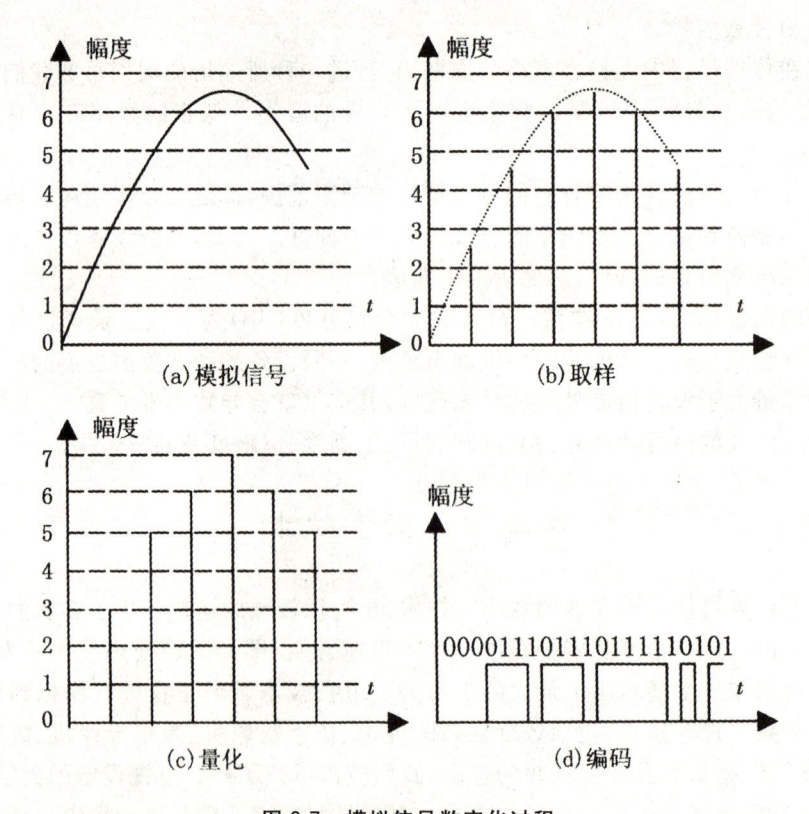

图 2-7 模拟信号数字化过程

级,每一级由一个数字代表,以实现幅度轴上的离散化,如图(c)。信号经量化后按二进制编成数码,如将量化电平分成八级,则需要三位码($2^3=8$)来表示。编码是实现把离散化了的数据用二进制码表示,进而变为一系列的电脉冲,如图(d)。

二、视频和音频信号的数字化

将模拟信号变为数字信号,然后将这些信号存储到计算机存储器件之中,这个模数转换过程就叫数字化。视、音频信号进行数字化,就是将它变为"1"或"0"的二进制数字信号。目前这种技术比较成熟,已日益深入到电视领域中。为什么要采用数字化呢?因为这样做有利于节目的多代复制,有利于发挥计算机随机存取的优势,有利于电视系统网络的形成与发展。

模拟录像系统的录像是把图像源、声音源连续起伏的图像和声音信号处理在录像带上,再把录像带上相同的连续起伏的信号还原所录内容。而数字录像系统则转变模拟录像信号为脉冲信号。实际的数字录像储存的不是音像信号而是数据。数字录像带录制中,录像机储存的数字内容的数量很大,录像带通过录像磁头比模拟录像更快。模拟信号带宽为6MHz。复合信号数字化后数码率在100Mb/s以上,分量信号数字化之后,数码率超过200Mb/s。数字信号相应带宽超过100MHz。因此,数字电视信号的处理、存储和传送有很大难度。

模拟信号处理和传输的主要问题:①如何保证信号不产生非线性失真,或减小到规定范围之内;②如何保证信号没有幅频特性失真(即线性失真),或保证满足规定指标。

数字信号处理和传输的主要问题要解决:①如何实现数码率的压缩(即信源编码);②如何进行数据的检错与纠错(即信道编码)。

CCIR-601作为数字视频的一个标准(严格地说,它仅是一个取样标准)在数字化进程中起着重要作用。它的要点之一是规定了525行和625行两种制式使用统一的取样标准,即4:2:2取样。所谓4:2:2取样就是亮度信号的取样频率为色度副载波的4倍,色度$R-Y$、$B-Y$的取样频率定为色度副载波的2倍,或者说是亮度取样频率的一半。亮度信号Y的取样频率定为13.5MHz,$R-Y$、$B-Y$都为6.75MHz。显然,4:2:2概念理解之后,4:4:4、4:2:0、4:1:1就不难理解了。

音频数字化与视频数字化过程基本相似。由于人耳能够听到的音频频率上限约20kHz,所以作为高保真的音频数字系统,其取样频率应在40kHz以上。音频信号的数字化,采样率一般为22kHz、32kHz、44.1kHz、48kHz。量化深度一般为8bit、12bit、16bit。目前多采用44.1kHz或48kHz的取样频率。由于人耳对音频幅度变化非常敏感,所以量化多取16bit。

三、压缩技术

数字化技术喜忧参半,因为数字化的视频数据流,其数据率相当高(例如 CCIR 601 4∶2∶2 标准,其视频数据率达 270Mb/s),要想实时传输和存储这些数据,需要计算机总线的传输率很高,需要的存储空间惊人。这就阻碍了数字非线性编辑系统的诞生和发展。

就是在这种情况下,数字压缩技术发展很快,试图解决数字化后速率变得太高的问题。压缩技术既要有较大的压缩比,又要尽量保持图像的高质量。由于压缩技术的应用,明显降低了数字化后的视频数据率,当然也降低了所需存储容量,降低了对计算机总线速率的要求,才有可能在当时的技术条件下使数字非线性编辑系统这种新生事物诞生并得到发展。

模拟的视频信号数字化后,数据量非常庞大,虽经压缩(考虑信号质量与压缩比的关系),对非线性编辑系统而言仍然非常可观。表 2-2 为压缩比、图像质量和存储容量三者的关系。

表 2-2

压缩比	相应的模拟视频指标	每个 GB 存储的录像时间
1∶1	无压缩 D1	49 秒
2∶1	数字 Betacam SP	1 分 37 秒
5~8∶1	Betacam SP,MⅡ	4~4 分 30 秒
10~15∶1	U-matic,Hi-8mm	8~12 分
20∶1	专业 S-VHS	16 分
30~40∶1	普通 S-VHS 或 VHS	24~32 分
60∶1	脱机	48 分
90∶1	脱机	72 分
120∶1	脱机	96 分

数字摄像机、数字切换台、特技台及一些高档数字录像机均采用无压缩全分辨率处理。利用压缩技术,去掉信号中的时间、空间冗余信息,甚至丢掉一些不太重要的信息,减少或明显减少信息量,从而使数据传输率和所需存储容量大为减少,这是目前数字信号远距离传输、数字非线性编辑系统广为采用的方法。当然,像 SGI 工作站作为高质量的动画设备也采用无压缩信号处理。随着数字技术、存储技术的不断发展,无

压缩处理会越来越多。

  JPEG(Joint Photographic Experts Group)，它实质上是一种软件压缩，硬件辅助的压缩技术(MPEG 也是如此)，原来用于静止图像的压缩，后来广泛应用于数字非线性编辑中。由于处理的是运动图像，所以称为 M-JPEG(Motion-JPEG)。它采用帧内压缩，便于节目精确到帧编辑，并有较好的图像质量。但由于 M-JPEG 压缩比不能太大，否则将影响图像质量，不适合网络化发展。

  MPEG(the Moving Picture Experts Group)压缩标准是针对运动图像而制定的。

  MPEG1：主要用于消费领域，是 VCD 及 CD-ROM 中采用的标准，数据转换比特率为 1.5Mb/s。

  MPEG2：主要用于广播电视领域，是高密度数字视频光盘机 DVD、数字录像机和 CATV 中采用的技术标准，数据转换的比特率为 3～10Mb/s。MPEG2 压缩标准采用帧间压缩，通过场间预测和图像内插等技术，要求在压缩 20 倍数据时，仍能保证广播级视频质量。MPEG2 压缩技术开放、通用，代表着数字视频技术发展方向；不仅可用于节目制作，还可用于传输及存储。

  MPEG3：是用于高清晰度电视的技术标准，数据转换的比特率为 240Mb/s。

  MPEG4：是用于低传输率的技术标准，比 MPEG2 的应用更广泛，最终希望建立一种能被多媒体传输、多媒体存储、多媒体检索等应用领域普遍采纳的统一的多媒体数据格式。如可视电话。

四、存储技术

  电视视音频信号采用的存储介质分为三种：磁盘、光盘和磁带。衡量一个数字信号存储器的好坏可以从以下三个特性入手：容量、数据传输率和存取时间。

  比特(Bit)：它是 binary digit 的英文缩写，是数字信息的最小量，常称为"位"。

  字节(Byte)：存储一个字符，如一个字母或一个数字所需存储容量，常为 8 比特。

  容量：它的单位有 KB(10^3B，千字节)、MB(10^6B，兆字节)、GM(10^9B，吉字节)。

  数码率：是指单位时间内信号包含的数据量或比特数，又称比特率，单位有 Kb/s、Mb/s。

  前面曾谈过，视频数字化后数据率很高，这就需要很大的存储容量，因而也需要存储技术快速发展。由于磁带存储容量较大而且价格便宜，所以数字磁带录像机最早出现于电视领域并实用化。

  作为存储媒体磁盘，存储密度或者说存储容量有限，到了 1989 年，磁盘存储容量已达 600MB。作为脱机编辑的数字非线性编辑系统开始出现，它采用压缩技术和其他措施，使得脱机编辑成为可能。近几年磁盘存储技术发展很快，从 1989 年的 600MB 以来，1991 年突破 1.5GB，1992 年近 3GB。目前 4GB(3.5 英寸)，9GB(5.25 英寸)已广泛采用。而 1996 年初，美国 Seagete 公司宣布存储容量已达 23GB(5.25 英寸)的磁盘驱动器,标志着存储技术的飞速发展,它将对数字非线性编辑的发展起着很大的作用。现在,40GB的硬盘以及更大的硬盘也已成为现实。

数字化的存储,和一般的资料库相比,这种数据库小到单元存储光盘,大至中心信息库,皆能提供丰富的检索功能,为使用、获取提供了方便。省去了传统磁带资料寻找费时费力带来的麻烦。

五、数字信号的传送

目前,利用计算机传送数据的方法很多,各有各的用途,常用的几种传输方法如表2-3所示。2001年5月清华大学在数字电视传输技术这一有战略性意义的研究有了新的突破。

表 2-3

传输方法	数据传输率
Modem2400	2.4Kb/s
普通电话线	15Kb/s
N-ISDN	单通道,64Kb/s,双通道128Kb/s
常规以太网	10Mb/s
快速以太网	100Mb/s
FDDI	100Mb/s
ATM-LAN	45Mb/s、100Mb/s、150Mb/s

这里,仅就计算机网络的基本知识介绍如下:

计算机网络就是将各个互相独立的计算机通过通讯线路相互连接在一起,以便进行数据传送、通讯和共享资源的系统。

从整体上讲,计算机网络可分为三类:广域网(WAN:Wide Area Network)、城域网(MAN:Metropolitan Area Network)和局域网(LAN:Local Area Network)。

广域网:跨越远距离的计算机网络。它的距离遥远,通常要利用公共电信设施进行高速数据交换。

城域网:在一个城市内进行数据交换、通讯的网络,或者在物理上使用城市基础电信设施的网络。相对而言,它是一个中等网络,与广域网并无严格的界限,所以有时常把它划在广域网之内。2001年5月,杭州市开通的数字电视有线网就是一个城域网。

局域网:它属于小型网络,通常将一组计算机连在一起共享信息资源,小则一间办公室、一层楼内,大则一群数公里的建筑物内。

以太网（Ethernet）是开发较早、应用广泛、比较成熟的一种局域网。目前它分为常规以太网和高速以太网两种。

常规以太网：采用同轴电缆作为传输介质，其传送距离可长达 2 公里，可连接多达 1000 个节点，它的主要特点在于对多路数据的管理。

高速以太网：随着传送视频、音频等高速率数据的需求日益增加，目前高速以太网正在快速发展，它有两种方式：100Base-T(TX)或 100Base-VG。

按照以太网的物理规律，其数据传输率与传输距离成反比，数据传输率越高，能传送的距离就越短。因此可以把常规以太网看做是以"速率低、传送距离远"为宗旨，而高速以太网则以"速率高、传送距离短"（100Mb/s、几百米）为宗旨，由于其传输距离有限，它比较适合于局域网的场所。高速以太网，不管是 100Base-T，还是 100Base-VG，其传输速率为 100Mb/s，可满足压缩后的数字视频的传送，作为一个非线性编辑机房内的小网络尚有考虑的余地。另外，更高速的以太网（1Gb/s）即将推出，能否应用于电视制作和播出网之中，还是一个未知数。

令牌网（Token Ring Network）：仅次于以太网，在常规网络传输中应用较为广泛。

FDDI 网：FDDI 是 Fiber Digital Data Interconnect 的缩写，意思是光纤分布式数字接口，它的主要特点是，采用光纤作为媒体，100Mb/s 的数据传输率，属于高速网络。

综合业务数字网络：英文为 Integrated Services Digital Network，其缩写为 ISDN。它将电话网络进行数字化，试图综合解决声音、数据、文本、图形和视频等信息的网络传送。目前 ISDN 分成 N-ISDN（窄带）和 B-ISDN（宽带）两种。B-ISDN 的基本通道速率为 150Mb/s。

ATM 技术：ATM 是 Asynchronous Tranfer Mode 的缩写，是异步传输模式，或者是异步传送方式的意思。ATM 技术是一种较新的网络技术，但其独特的性能立刻得到客户的喜爱，尤其在多媒体应用领域。ATM 是一种固定信元的网络传输技术，除可提供高速信元交换速率外，其 QOS（传输质量保证）特性能满足实时性要求较高的图形、图像、数据和话音信息的传递及高数据流量主机和服务器的带宽要求，是一种高性能的网络技术，是网络发展的一种趋势。

ATM 相对于其他技术有许多的优势：①最高达 2Gbps 的线路速率将适应任何带宽要求，彻底消除通讯瓶颈；②基于信元异步传输模式和虚电路结构，根本上解决了多媒体传输的实时性和带宽问题；③从局域网到广域网通过 ATM 平滑连接，不再需要网桥、路由器等影响效率的协议转换设备；④交换结构保证了系统灵活的扩充能力和充分的容错性。

第三章　电视节目的前期拍摄

第一节　电视摄像机

电视摄像机是最重要的制作设备。摄像机的技术与性能特点是制作质量的基础。虽然摄像机的功能变得越来越多,但是它的操作却变得越来越容易。

一、摄像机的基本性能

1. 宽高比

电视屏幕标准宽高比为 4∶3,高清晰度电视宽高比为 16∶9。

2. 成像器件

电子摄像管是摄像机中利用电子束扫描把景物的光学图像转换成电信号的一种真空电子管。

电荷耦合器 CCD(Charge Coupled Device):它的功能是将从镜头进来的光转变成电子信号,记录在录像带上,或呈现在摄像机的电子寻像器上。CCD 片是一种固体器件,包含大量的感光图像元素,组成图像的细小亮度不同和色度不同点的信息单元,称为像素(pixels)。当光投射到 CCD 上时,每个像素便会充满电荷,这些信号再经过转换,就产生了视频信号。CCD 的像素越多,图像的质量就越高。其主要方式有三种:行间转移方式,简称 IT 方式;帧间转换方式,简称 FT 方式;帧行间转换方式,简称 FIT 方式。

三片式摄像机把通过镜头的光线分成红、绿、蓝三基色光(注意不是绘画的红、蓝、黄),每个 CCD 负责一色。光线通过三棱镜或分色镜,按照场景内光线各种颜色分布的比率分解成三基色。

CCD 与摄像管相比,具有重量轻、体积小、省电、寿命长、不怕震动、低照度性能好、不怕强光等优点。现在,大多数摄像机是按摄像器件的数量可分为三管或三片摄像机、两管或两片摄像机、单管或单片摄像机;按摄像器件的尺寸可分为 1 英寸摄像机、2/3 英寸摄像机、1/2 英寸摄像机、1/3 英寸摄像机。

色彩有两个基本要素:色调(Hue),即色彩特有的调子(如红色、绿色、蓝色等),以及饱和度(Saturation),即色彩的浓度或纯度。亮度可以表现画面的明暗层次,同时也使色彩看起来显得或明或暗。对比度是指画面中的最亮点与最暗点之间的差。宽容度是指拍摄中使用的感光材料或摄录设备能按比例记录景物亮度范围的能力。在自

然光条件下，景物的最高亮度与最低亮度之间的差距是很大的，最高可达上万倍。普通景物的平均亮度范围约为160∶1，而电影胶片的宽容度为128∶1，摄像机的宽容度只能达到30∶1至60∶1。摄像机拍摄画面的最佳对比度不应超过40∶1，以便制作出理想的画面。假如镜头对比度超过这个限度，就会使镜头阴影区或高亮区看不到图像细节，失去层次。

大多数摄像机处理鲜红色时，会使鲜红色的彩色在画面中颤动，渗入邻区，或看上去模糊不清。彩色图像的亮度差别是很重要的。如一个红色的字幕与蓝色的背景有明显的差别，但在黑白图像中就消失了，字幕与背景的亮度几乎相同，这就失去了图像的层次和轮廓。

3. 色温

色温是我们测量白光相对的红色或蓝色的标准。这种"白"光色差可以用色温度或开氏（K）进行精确的测量和表示。它与温度没有关系。我们习惯上认为红色光是暖色而蓝色光是冷色。不过，色温越低光色越红，色温越高光色越蓝。

室内照明的色温标准是3200K，这是带有一点红色的白光。所有演播室照明器具和用于室内照明的便携式灯采用3200K。用于增大或模拟室外照明的器具有5600K的灯，它更接近于自然光。皮肤的色调是观众用以判断电视色调的"正确"与否的唯一标准。如果皮肤颜色严重失真，我们怎么能相信别的颜色是"真"的呢？在高色温（5600K）下，摄像机调在低色温3200K，白色会显出蓝色，而脸部会呈现出奇特的蓝色或绿色；反之，白色会呈现出红色。

4. 清晰度

电视系统传送图像细节的能力称为该系统的分辨率，相应地表现在人对图像细节清晰程度的感觉则称为清晰度。像素的多少反映了图像的清晰度。分辨率与扫描线行有关，扫描行数多，分辨率高，反之则低。但是分辨率不等于扫描行数，因为扫描行还包括逆程扫描行。

摄像机的CCD是决定图像清晰度的主要条件，CCD的像素越多，清晰度越高。镜头、分色镜的质量也影响图像清晰度。有一些摄像机通过电子电路的处理，突出画面的轮廓，但并不能增加像素点。因此，你看不到更多的画面细节，但是画面的界线更清楚，人们感觉会清楚一些。

摄像机拍摄条纹很窄而对比度又很高的图案时，你可能看到电视屏幕上出现波纹干扰的现象。这是由于电视扫描线跟不上图形变化的频率引起的。

5. 最低照度

摄像机拍到可接受画面的最低照度，是评价其性能的一个指标。可接受画面是指画面色彩不失真，没有在图像暗部出现黑白点或彩色点这种电子噪波。起决定作用的是CCD的感光度，当然摄像机的镜头、电子电路对其低照度也有一定影响。厂家通常会标明摄像机要拍摄最佳效果所需的最低照度，通常用照度单位勒克斯（lx）表示。摄像机的灵敏度是指在镜头光圈大小一定时,获得所规定的信号电平幅度需要的照度。照度越低,说明摄像机灵敏度越高。通常可以牺牲图像质量(信噪比降低)达到更低的照度。

6. 信噪比

信噪比(S/N)是指有用信号峰值与系统产生的噪波的有效值之比。摄像机的信噪比是指图像信号峰值与摄像机系统产生的视频噪波的有效值之比。单位用分贝(dB)表示。信噪比越高图像质量越好。

7. 摄像机分类

通常可分为:广播级,主要用于广播电视,图像质量好,价格高;专业级,主要用于电化教育、闭路电视、工业、医疗等领域,图像质量低于广播级,价格便宜;家用级,主要用于工业、交通、家庭、商业等监视用,图像质量一般,价格低廉。

演播室摄像机,是一种质量高但很重、没有支架支撑就无法正常操作的摄像机,常用于演播室的制作。电子新闻采访/电子现场节目制作摄像机和摄像录像机,ENG和EFP摄像机则是便携式的。它们通常由摄像师携带或安放在三脚架上。电子新闻采访一般使用一体化摄录机,它是摄像机和录像机结合成一体的设备。可分离型摄录一体机是摄像机可以分离出来配以摄像机附加器,可单独作为摄像机用;不可分离型摄录一体机是摄像机与录像机完全组合成一个整体,不可分离。高端电子新闻采访与电子现场节目制作摄像机的图像质量很好,因此这些摄像机常当做演播室摄像机使用。这种摄像机用于演播室时,常用一台较大的取景器换下小型的目镜取景器;再加上一套可变焦、聚焦的摇柄伺服系统。

数字摄像机基于数字信号处理(DSP)技术,这可使摄像机成像器件刚刚形成的红绿蓝视频信号数字化。数字信号处理还包括彩色修正、轮廓更鲜明的细节、改善的灰度阶、曝光过分与不足的修正等性能。数字摄像机增加了电子柔焦、独特的带自动选择的双肤色轮廓电路、暗部扩展和压缩、参数设定存储卡、用户和工程菜单控制、自动跟踪白平衡(ATW)、EZ模式功能、快速记录方式等功能。

二、摄像机的构成

所有的摄像机都是由镜头、机身和寻像器三大部件构成的。镜头由一组透镜组成,选择一定的视野把它制成光学图像。机身带有成像器件(CCD或摄像管),成像器把镜头输入的光学图像变成电子信号。寻像器能够显示出镜头看到的小电视画面。

1. 镜头(Lens)

一般摄像机镜头为变焦距镜头。摄像机的镜头最前端装有遮光罩,防止杂光射在镜头表面上形成光晕。

(1)聚焦(Focus)环:聚焦的作用就是使景物清晰地成像。专业摄像机一般都采用手动聚焦,只有家用摄像机才采用自动聚焦,因为它通常只能满足于多靠近画面中心

和最靠近摄像机的那个物体。假如你想把焦点聚在远处或聚在画面一侧的某个物体上,则自动聚焦是办不到的。同时,在焦距快速变化的过程中,自动聚焦跟不上,画面会出现一会聚焦一会散焦的现象。镜头上有聚焦环,上面可有以英尺(ft)或米(m)标识的距离。聚焦环调节在被摄体所处的距离时,被摄体就会呈现清晰的画面。

(2)变焦(Zoom):焦距是指镜头透镜的光心到镜头看到的图像在聚焦点上的距离。摄像机的镜头焦距可在较大的幅度内自由调节,这就意味着拍摄者在不改变拍摄距离的情况下,能够在较大幅度内调节画面的景别。

(3)手动(Manul)与自动(Auto):摄像机的变焦镜头可手动调节(变焦选择设于"M"),也可自动调节(变焦选择设于"S")。自动变焦开关 W 侧是广角变焦,T 侧是长焦变焦。变焦速度与按的压力成正比。使用电动马达自动变焦,要比手动变焦来得平稳。自动变焦时画面变化平滑,符合人的视觉习惯。手动变焦可以实现急推或急拉,遇到需给人们醒目、震惊的镜头时可以使用。

(4)变焦倍率:在变焦过程中,焦距从广角到长焦的变化倍数。有 15 倍(如变焦范围为 8mm～120mm)、16 倍(如 9mm～144mm)、17 倍(如 9.5mm～162mm)等多种变焦镜头。15 倍(或变焦比率 15:1)意思是这个变焦镜头可将其焦距增大 15 倍。有的摄像机镜头上装有扩距器,这种光学器件实际上不扩大变焦范围,但是改变镜头向长焦端时的放大率,即远摄倍数。大多数为 2× 扩距器,假如一个变焦范围为 8mm～120mm 的变焦镜头,在使用 2× 扩距器时能把变焦范围扩大为 8mm×2 至 120mm×2。扩距器减少了摄像机的进光量,这在光线不足的情况下拍摄时画面的清晰度会受损。

能够使景物看起来被放大的镜头,称为长焦镜头;使景物看起来接近肉眼观察效果的镜头称为标准镜头;使景物看起来缩小了的镜头则称为广角镜头。

在电动变焦开关附近,有一 RET(返回)按钮,能够检查录像信号。与便携式录像机连接时,按此钮将 E-E 录像信号从录像机传到寻像器。与摄像机控制器 CCU 相连时,按此钮可将导播台节目输出信号从 CCU 传到寻像器。

(5)微距"Macro"环:摄像机移向景物过近时,有一个点使摄像机不再聚焦。摄像机尽量靠近景物但仍能聚焦的那个点叫作镜头的最小目标距离(大多数摄像机为 90cm)。变焦镜头有近摄功能,可以将焦点对准镜头前很近(小于 90cm)的物体,通过调节镜头上有"Macro"标记的装置,仍能保持聚焦,并产生巨像效果,但这时不能再实现推拉拍摄了。

(6)光圈(Iris):镜头上有一个决定摄像机镜头进光量的环,控制着光圈的大小。对于不同的光线变化,通过调节光圈的大小可以控制曝光量。光圈控制:可以手动(M)与自动(A),可选择 f/1.4,f/2,f/2.8,f/4,f/5.6,f/8,f/11,f/16,f/22 及关(C)。有一点要注意,那就是 f 制光圈系数越大,光圈的孔径越小。人们通常说的光圈开大、缩小往往指的是光圈孔径大小。在选择手动光圈时,按下瞬间自动光圈按钮,可暂时处于自动光圈控制模式,松开此钮,返回手动。

2. 机身

(1)电子快门(Shutter):电子快门主要用于动态摄像以及显示器的扫描频率。它可以减低曝光量,使画面细部得到清晰呈现,并能够解决快速移动带来的影像模糊问题。可选择的快门速度有 1/50(正常)、1/100、1/250、1/500、1/1000、1/2000 等。快门速度越快,运动图像越清楚,但进光量减少。目前可变速电子快门还具有清晰扫描功能。在拍摄电视机或计算机显示器时,画面上会出现水平条纹。这是因为显示器的扫描频率和摄像机的扫描频率不一样而造成的。清晰扫描功能能够准确控制摄像机的快门速度,使之正好对应于显示器的扫描频率,使条纹消失。清晰扫描功能的电子快门速度选择为 1/50.3 秒到 1/101.1 秒中有 157 档。各种机型会有不同的档数。另外,应注意计算机显示器的扫描频率有多种多样,可能会做不到完全清除干扰图形,并且显示器的扫描频率可能会随运行软件而改变。

(2)滤色片与滤色镜:在摄像过程中,通常要求光源色温与滤色片的色温平衡性相一致,否则,就会导致偏色。光源色温高于滤色片的色温平衡性,图像偏蓝;光源色温低于滤色片的色温平衡性,图像偏红。这种色温误差越大,偏色也就越严重。

摄像机除了内部带有的滤色片外,有时还有通过在镜头前加滤色镜来调节色温平衡和创造特殊效果。滤色镜可以校正色温、色补偿和创造色彩效果。

校色温滤色镜是专门用于调整进入镜头的光线色温,以满足摄像机对光线色温的要求。橙色系列用于降低色温;蓝色系列用于提高色温。

在室外拍摄时,摄像机即使光圈开到最小,也不能处理高光区。在摄像机上选择中灰滤色片(ND filter),可以降低投射到成像系统的光线强度,同时完全不会影响到光线的色彩。在强光的情况下常常使用。ND 滤色片的另一个作用是可以获得较大的光圈,得到较小的景深,使得前、后景物都能虚化。

(3)白平衡(white balance):我们可以针对不同的照明情况选择适当的滤色片(filter)。白平衡功能则可以做更细致的调整,使其在光线偏色的情况下,能正确地还原白色。黑平衡用来设定画面的黑色基准。

(4)增益(Cain):在较低照度下进行拍摄时,摄像机可通过增益功能提高其信号强度,即画面的亮度,但同时会增加噪波(颗粒加粗)。摄像机的增益通常有 0dB、9dB、18dB 等几档。当开关处在高增益位置时,摄像机能够在更低照度情况下拍摄。越来越多的 ENG/EFP 摄像机使用手动和自动增益控制,摄像机从室外亮处移到较暗的地方,自动增益能自动调节,这一优点在新闻采访时尤其受欢迎。

(5)DCC 功能:DCC 即动态对比度压缩功能,也称自动拐点功能。它的作用增加了摄像机拍摄亮度的动态范围,增强了图像的立体感。尤其对拍摄背景光较强的场景非常有用,使用 DCC 功能可以增强画面层次。

3. 寻像器

寻像器也叫取景器，它的作用是让摄像师看到摄像机所对准的景物，寻找最佳拍摄角度、调焦等。同时还具有监视记录和重放的功能，可以调整不同的观看角度、屈光度。寻像器显示的信号大同小异，利用警示灯或图形提示电池的电量、录像带状况、曝光状况以及摄像机各控制钮设置的状态等。寻像器上有亮度（BRIGHT）、对比度（CONTRAST）、轮廓（PEAKING）控制，可以分别调节寻像器图像的亮度、反差、轮廓亮度。但要注意，这并不影响摄像机输出图像的控制，只起到监看作用，所以不要被寻像器的调节所迷惑。在拍摄之前最好用彩条将寻像器调节好。寻像器上有一个红色的信号灯，当它点亮时标志着摄像机是否进行录制或播出拍摄，它有助于上镜人判断对准正确的摄像机。信号灯也可以通过 TAILY 开关关掉。

演播室摄像机通常装有5英寸或7英寸的寻像器。ENG/EFP 摄像机都有一个1.5英寸的小型寻像器，目镜上有橡皮遮罩遮住外面的光线，便于取景。大多数寻像器看到的是黑白画面，这样便于准确调焦。

(1)ZEBRA(斑马纹)功能：在手动光圈调节模式下，可以使用斑马纹作为光圈调节时的参考标准。将 ZEBRA(斑马纹)开关置于 ON，在寻像器屏幕上，那些明暗度相当于65％至75％输出电平的部分将附有斑马纹。当拍摄对象是人物时，手动调节光圈，使斑马纹显示在人物面部的光亮部分；当拍摄其他景物时手动调节光圈，使斑马纹显示在景物的最重要的部分。通过"菜单"的设定，斑马纹也可以显示在输出电平超过100％的图像部分。

(2)安全框：在摄像机寻像器中看到的画面与观众在电视机上最终看到的画面是不同的。这是因为摄像机的信号在用户电视机上画面的外圈部分被"剪裁"，从而减少了画面的大小。摄像师应以基本区域(也叫安全字幕区)作取景，如图3-1所示。但不要有另一种错觉，以为安全区以外观众是完全看不见的，因此可以不考虑安全区外的画面内容，事实上，不同的电视机调整的画面大小也是不同的。

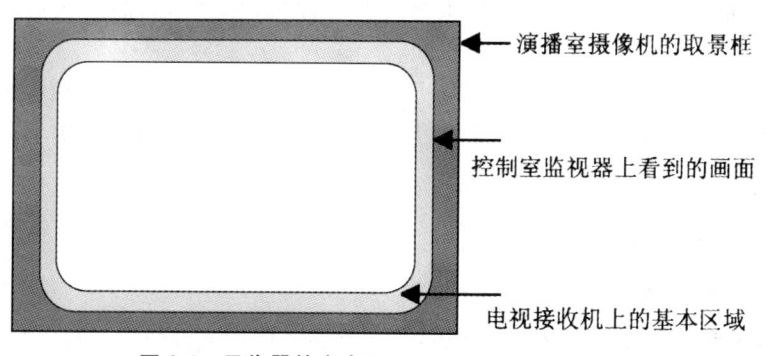

图 3-1 寻像器的安全区

大部分摄像机的寻像器只能显示很小的黑白画面,不易判断画面质量。便携式监视器可以使用电池,也可外接交流电源,实用于外出拍摄监看画面曝光、色彩等效果。

4. 电源

所有摄像机都需要电源才能工作。便携式摄像机使用电池(直流电)供电,一般是可充电的锂电池或镍镉电池。也可使用摄像机配备的电源适配器,通过它摄像机可使用 220V 的交流电。摄像机上都有一个或两个电源开关。有的还有待机(standby)位置,可以在节电工作的情况下保持机器的预热状态。还有的有录像机节电/等待(VTR SAVE/STBY)开关,SAVE 位置:磁带保护模式,更省电,但启动录像的时间比 STBY 位置要花更长的时间。STBY 位置:当录像开始键按下后记录立即开始。所有便携式摄像机在电池的电量快用完时会出现警告信号,BATT 指示灯闪烁,并伴有蜂鸣声。电池的使用:有些电池会产生"记忆",如果在电池没有用完的情况下,就将电池充电,久而久之该电池便无法充满。解决的方法是将电池用完或放电(现有的一些充电器可以实现)之后,再去充电。

5. 话筒

摄像机内部一般装有内置话筒或随机话筒,是为了拍摄图像的同时拾取同期声而设置的。为了获得较高的灵敏度和较宽的频率特性,摄像机通常使用外接或手持电容话筒,其电源可以用电池,也可以由摄像机通过话筒电缆提供 48V 电源。话筒的频率特性开关一般有 M、V1、V2 三个位置。采集音乐或现场效果时,开关拨到 M 位置,此时话筒频率特性较宽,声音较为真实;若是采集语言信号,可拨到 V1 位置,此时低频信号被衰减,突出了中频,使声音更为清晰,V2 位置时低频衰减更多。话筒输出电平开关有-60dB 和-20dB 两种选择。-20dB 输出电平较高,适合于话筒电缆或摄像机电缆较长时使用。

6. 电缆及适配器

分体摄录设备一般由多芯电缆连接,有 10 芯、14 芯、26 芯等。现在,大多使用摄录一体机,它是由多芯的适配器连接摄像机和录像机,配接不同的录像机,适配器也不同。

演播室摄像机常常通过电缆与 CCU 相连,电缆有多芯电缆、三同轴电缆、光缆等几种,可传输摄像机输出的视频信号、音频信号、遥控信号、警告信号、提示信号、内部通话信号等等。

三、摄像机的调节

1. 白平衡的调节

许多摄像机上都有一个滤色片转轮,摄像师在不同的光源情况下可以选用不同的滤色片。

人的眼睛可以察觉到 100K 这样细小的色温变化。因此拍摄中往往要进行比较

细微的色彩校正,这种校正远远小于色温转换滤色片所能产生的变化。白平衡正是起到了这种作用。为了确保白色物体在具体的色温照明下呈白色,必须告诉摄像机补充红光或蓝光并自以为摄像机使用的正是全白光。这种通过摄像机的补光叫白平衡调节。

大多数家用摄像机都有全自动化白平衡控制器,可立即调节到主照明环境所需的色温。摄像机通过假定它拍摄期间有时会看到某种白色物来实现的。然而,一台专业摄像机需要更准确的参照物告诉它在具体的灯光下假定什么物体显出白色。

所有ENG与EFP摄像机装有半自动白平衡控制器,也就是说,你必须把摄像机对准某个白色目标,告诉它这就是照此调节的白色参照物。这一重要操作程序就叫白平衡调节。

调节画面色调:实际创作中,有时为了强调某种气氛,形成一种特殊效果,增强画面的艺术感染力,常常有意识地用改变画面的色调,以达到主观表现景物的意图,实现理想的色调效果。我们可以利用色彩之间的互补关系来实现。如果用色纸取代白纸来调白,其结果就会使整个画面偏色。例如,使用浅蓝色纸来调白,画面呈现为浅蓝的补色暖橙色;而用橙色纸调白,色调呈现浅蓝色。摄像机控制器(CCU)上装有手动白平衡调节钮,调像员可以任意调节,使画面呈现不同的偏色。

白平衡的调节须注意以下几点:

(1)拍摄前,首先,根据环境光源的色温调整滤色片。遇到白平衡调节失败,可能是由于色温过低(光线太红)或过高(光线太蓝)所致。在这种情况下,需要选择摄像机内部的色温滤色片。蓝色滤色片减少低色温光源中的红,橘红色滤色片减少高色温光源中的蓝色。如果滤色片选择不对,拍摄出的画面将偏色,调节白平衡时,寻像器中会有显示,如"WHT:NG,CTEMP LOW,CHG FILTER,TRY AGAIN"等字样,表示"白平衡没调好,色温低,重新变换滤色片,再试一遍"。

(2)摄像机要对准白色卡片或白色物体,对着卡片推上去,直到卡片充满整个画面为止。然后按白平衡钮,取景器显示"WHT:OP",几秒钟后,"WHT:OK"字样出现,白平衡调节完成。

(3)每次遇到不同的照明情况都必须进行再次白平衡调节。

(4)同一场景中有两种高、低色温光线。如拍摄室内场景时,一部分光线来自于室外5600K自然光,一部分光线来自于室内3200K便携式照明器具时,有两种选择,要么降低较高的室外色温,要么把室内色温提高。常用的方法是,拿一块橘红色塑料布遮住整个窗户。这块塑料布的作用就像一块巨大的滤色片将室外高色温降低到室内低色温标准。还可以将蓝色滤色片放在室内照明器具前,把室内光源提高到室外的色温标准。但这样会吸收大量光线。

(5)如果两种光线光强相差较大,以强光色温为主进行调节,弱光忽略。

(6)同一场景中不同区域有不同的照明情况,白色卡片应放在你所希望正常呈现色彩的照明区域内,进行白平衡调节。

2. 黑平衡调节

黑平衡调好一次后,相当长时间内可以不必重调,只有当发现黑色不纯时,才有必要重新调黑平衡。当初次使用摄像机,或者长时间未使用以及遇上温度突然变化时,都需要进行调节。调节很简单,只需扳动黑平衡调节开关,光圈即会自动关闭,同时寻像器上显示"BLK:OP",几秒钟后,当黑平衡调节好,寻像器上显示"BLK:OK",黑平衡调节完成。

3. 调焦的方法

一般情况下,一边观看寻像器中的画面,一边调节聚焦环,使画面保持清晰。有时也可以通过目测被摄体与摄像机之间的距离来调焦。如果调焦需要十分精确,可先用皮尺量一下镜头与被摄物间的距离。使用变焦距镜头时,首先应将镜头长焦推到底,对着被摄体调焦(拍摄人物焦点对在鼻梁上)后再拉开构图,这时拉开后也是清楚的。同时还可以保证拍摄过程中即使变焦被摄物体也不会模糊。但是,如果摄像机或者被摄目标移动了,你需要再次调焦。

当摄像机运动、被摄主体或者两者都在运动时,它们之间的距离改变了,在原有景深不能保证画面清晰的情况下,应采用跟焦手段。跟焦,即不断根据被摄主体的移动而随时调焦距,使焦点始终聚在被摄体上,保持被摄体清晰。

运用焦点的特性,人们常常进行移焦,以获得所需效果。当被摄体与摄像机都固定时,将画面上表现的重点物体进行变换,把前景实、后景虚变换成前景虚、后景实。通过对不同远近的被摄体的虚实转换,将观众的注意力时而集中在近处景物上,时而集中在远处景物上,达到画面视觉中心的转移。

(1)景深:指被摄景物中能产生较为清晰影像的最近点至最远点的距离,如图3-2所示。光圈、摄距与焦距对景深都有影响:

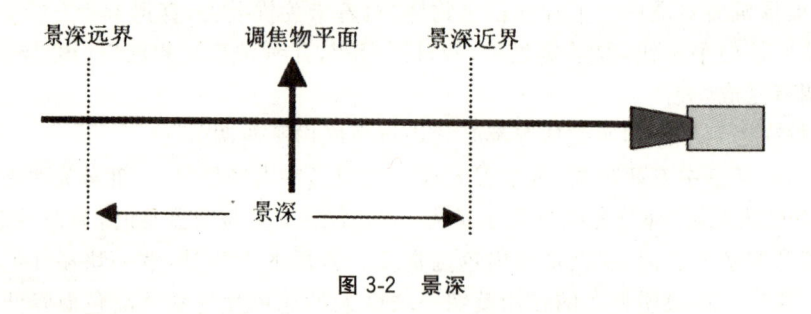

图 3-2 景深

光圈与景深成反比。光圈大,景深小。例如,f16 的景深大于 f2。

摄距与景深成正比。摄距远,景深大;摄距近,景深小。例如,聚焦于 10m 的景深大于聚焦于 1m 的景深。

镜头焦距与景深成反比。镜头焦距长,景深小;镜头焦距短,景深大。例如,焦距100mm 的镜头其景深效果小于焦距 28mm 的镜头。

(2)超焦距:超焦距是指镜头聚焦到无穷远时,从镜头至景深近界限的距离。当聚焦在超焦距上,景深便扩大为 1/2 超焦距至无穷远,如图 3-3 所示。

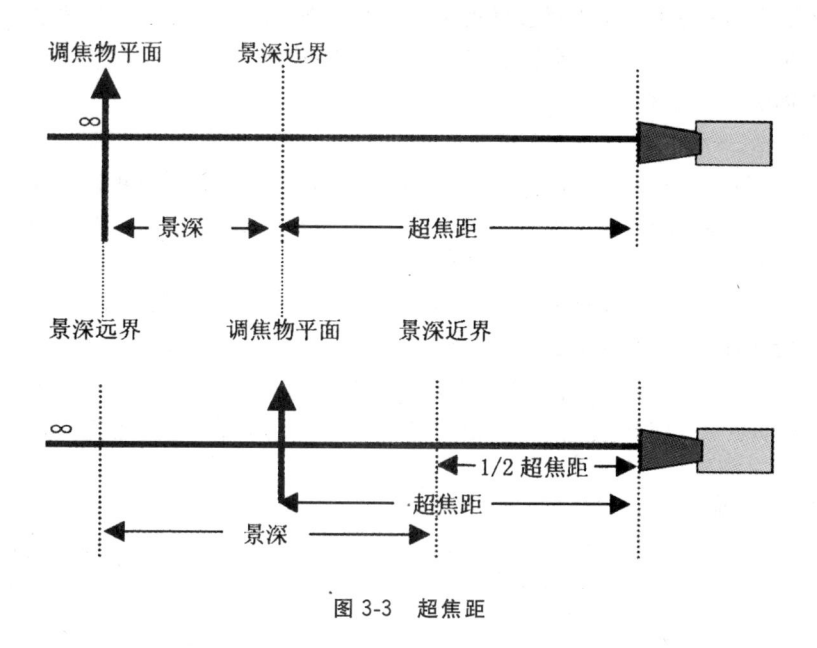

图 3-3 超焦距

超焦距的调节可以针对你所用的镜头焦距和光圈,找出相应的超焦距,然后聚焦在超焦距上。

超焦距的运用是一种扩大景深的聚焦技术,通常用于获取最大景深的拍摄。当你希望远处的景物和尽可能近的景物都在景深范围内时,运用小光圈和超焦距聚焦是最佳的选择。在动态拍摄中,尤其是需要抢镜头的新闻摄像中,如果光线条件允许你使用小光圈,那么,利用超焦距聚焦可省去拍摄时的聚焦,从而有利于捕捉精彩的画面。

4. 光圈的调节

自动光圈是根据进光量自动设定光圈系数并自动调整光圈孔径。如果需要平均曝光,这个功能就非常有用;如果希望画面看起来暗一些,或者想要达到背景亮前景暗的效果,就要改用手动光圈。

在某些情况下,为了使画面最重要的部分正确曝光,必须牺牲整体曝光。这时为了使曝光准确无误,可以将镜头推到关键部分,用瞬间自动光圈设定的光圈系数,根据构图需要拉开到适当位置。尤其是在被摄主体处于明亮的背景之前时,这种做法更实用。因为这时如果采用自动光圈,系统会根据明亮的背景确定曝光量,使拍出的人物过黑。按照前面推荐的方法调整光圈,人物的脸部就可以获得适当的曝光。

在自动光圈方式下,可以选择基准电平,使摄像机应付更广范围的选择。它有三种设定方式:逆光(BACK L)、聚光灯(SPOTY L)和标准。在自动光圈调节模式状态下,按相应的按钮,指示灯会点亮。标准方式即处于标准光线条件状态。逆光方式以图像电平的平均值作为调整自动光圈的基准。当被摄物体处在逆光情况下,如果用标准自动光圈系统拍摄时,物体就会显得很暗。采用逆光方式,就为该物体选择了适当的光圈。聚光灯方式即用于聚光灯的场面,这时峰值电平被作为调整自动光圈的基准。若用标准自动光圈系统拍摄,物体则会显得太亮。

5. 调节后焦的方法

调焦时,如果推上去调焦清楚,拉开后图像反而不清楚了,就有可能是摄像机的后焦距不准。一般情况下,后焦不要随便调节,只有在镜头长期使用或遭受碰撞后,后焦距失准,导致画面模糊,才需要专人调节。

调节方法:先将镜头推至远处物体,调节调焦环,使画面清晰;将镜头拉开,如果画面不能保持清晰,则在拉开位置调节后焦 Ff 环(注意松开 Ff 环的锁定螺钉)直到画面达到清晰;再将镜头推上去,看画面是否清晰。反复这样做,直到拉出和推上时画面都能保持清晰为止。如果有条件,尽量使用专用的后焦调节卡,使摄像机离 3 米远左右对着调整卡进行调节。

6. 近摄的调节方法

将镜头逐渐靠近拍摄对象直到达到所希望的尺寸;把聚焦环的焦点调到最近处;将 Macro 钮按下调到底;手动调节变焦环聚焦使图像清晰为止。如果想缩小拍摄对象尺寸,将 Macro 环轻轻调回,然后再用手动变焦环聚焦成像。在近摄功能用后,一定要将 Macro 环调回原位,否则,将无法正常聚焦。

我们每次使用摄像机时,需要进行各项调整。一般步骤如下:各开关位置的设定;打开电源;拍摄景物,调节镜头聚焦使图像清晰,调节图像大小,推拉功能是否正常;调节白平衡;调节黑平衡;开始拍摄。

四、摄像机安装设备

便携式摄像机可以肩扛或手持,但要长时间保持稳定却不容易,特别是在行走或移动时,结果常常镜头会摇摇晃晃。为此,我们常常使用一些辅助设备来保持摄像机的稳定。

1. 斯坦尼康(Steadicam)

斯坦尼康是一种摄像机的身体支架,能帮助摄像师减少一些不必要的晃动。当摄像机运动时,镜头会逆着它的运动方向移动。

2. 三脚架(Tripod)

三脚架是有三个支脚的摄像机支架。三脚架的上面是云台,云台上装有水平仪,通过调整可伸缩的支脚或固定云台的螺丝,使水平仪内的气泡停在中心,即使在地面

不平的情况下也可以保持摄像机的水平。云台可以上下左右四面转动,并通过旋钮调节摩擦或液压云台的阻尼保证摄像机运动的平稳顺畅。云台上还装有控制上下、左右转动的螺丝,当完全锁死时,摄像机就不能转动。摄像机通过与摄像机配套使用的托板与三脚架云台相连。有的三脚架还配有脚轮,在平整的地面上移动起来很方便。此外,还有一种单杆架也可起到支撑的作用。

3. 演播室台座

演播室台座,可以在各个方向自由移动摄像机(只要地面平滑就行),还可以在拍摄中升降摄像机。可以用转向环或转向轮使台座朝任何方向转动,并可以通过风动伸缩柱方便地改变摄像机的操作高度。

4. 移动车

移动车是能够使摄像机在各个方向移动的摄像机支撑物。专业的移动车是带有轮子的平台,可以安装在轨道上移动。

5. 平衡吊臂

摄像机吊臂一头是摄像机头,为了便于操作,通常都采用便携式摄像机。另一头是配重和遥控装置。使用吊臂时摄像师站在地面上,看着监视器中的图像用遥控方法进行操作。摄像机的俯仰、旋转、镜头的变焦、聚焦都可以遥控。吊臂轻便灵活,可以提供一般摄像机无法拍摄的角度和位置。

6. 升降车

升降车可以将摄像机从很低的地方提升到很高的地方,并能作前后、左右和弧形运动。升降车载着摄像师和摄像机,移动升降车常常需要几个帮手。

配有计算机控制的摄像机具有可以重复移动轨迹的能力。许多程序性的比赛,可以使用,不需要很专业的摄像师操作。用带有电脑控制装置的摄像机拍摄画面,一方面可以拍摄到高难度的镜头,另一方面可以用于复杂的场景合成。

五、摄像机使用

在这里我们重点介绍摄像机的一般使用原则,而不强调任何一种规格和型号。不同的摄像机会有某些特性,我们也不可能一一谈到,大家在使用摄像机时,可以仔细阅读说明书。

1. 摄像机操作的基本要领

(1)固定镜头:由于镜头固定不动,所以对画面的构图、聚焦等都要求很严格。要考虑前后镜头中色调要和谐统一,以及连接必须符合编辑规范。保证固定镜头能够取得好效果的一大前提,就是摄像机要绝对稳定。最好使用三脚架。如果是手持摄像机拍摄时,持机姿势很重要,应面向被摄体,两脚自然分开与肩同宽,身体挺直站立,重心落在两脚中间。右肩扛着摄像机,右手握住手柄,左手握住聚焦环,眼睛贴在寻像器上,四个支撑点把牢摄像机。眼睛、肘、肩和下半身都要固定不动,短镜头应尽量屏住呼吸,如果镜头较长,呼吸要均匀,以保持长时间拍摄时所需的稳定。注意画面的水平,以寻像器的边框为准来衡量。画面中的水平线与寻像器的横边平行,垂直线与寻像器的竖边平行。如果摄像机在三脚架上,可以利用三脚架上水平仪的气泡将三脚架调平,调整云台位置或者三条腿的长度,使气泡正好处于中心位置。考虑到安全区的概念,图像中重要信息都应安排在画面中央,以免丢失。还要考虑后期制作带来的构图变化。

(2)摇拍:开始要轻,摇动要均匀流畅,停止要稳。注意摇动过程的路径要平滑。镜头起幅、落幅的构图和焦点要准确,并要固定拍摄8～10秒左右。如果起幅、落幅的焦距、水平位置不同时,在横摇的过程中要准确转换焦点、调整俯仰,以便落幅构图好,一次到位。尽量避免出现落幅焦点不实、构图不好后,再做调整。最好在正式拍摄前,试摇几次,以便了解镜头的起幅、落幅以及运动的准确性。摇摄的方向一般是从左往右,如果有意识的强调,也可以从右往左,但切忌无目的的左右摇摆。追拍时,要随着被摄体动作的速度摇动,随时注意保持被摄体在画面中的位置。不要出现一会超前一会落后的现象。如果手持拍摄,身体扭向侧面从起幅开始,逐渐转动身体回到正面,直到落幅,身体状态是从不舒服的位置到舒服的位置,不会导致镜头越来越不稳的现象。

摇拍镜头的操作方式有:①连续摇拍,即摄像机进行上下左右摇拍,中间过程不停顿;②快速横摇,即追踪运动速度较快的物体进行拍摄;③间歇摇拍,即在连续摇拍过程中,插入几次短暂的停顿;④倾斜摇拍,即违背正常视觉的拍摄角度,在摇摄中使被摄体出现倾斜;⑤环形摇拍,即摄像机根据被摄体进行360°环摇拍摄,使被摄体呈旋转效果;⑥不规则摇拍,即根据主体的位置变化而采用的拍摄方式;⑦甩摇,摄像机从起幅急速摇到落幅,中间过程呈虚像效果。甩摇镜头可以把同一时间内发生在不同地点的几件事并列在一个镜头中,形成一种紧迫感,使画面内部节奏加快。

(3)移拍:摇拍的原则也适用于移拍,开始与结束时操作动作都要轻,移动过程中要不断调整镜头,并且避免使用容易引起画面抖动的长焦镜头。在肩扛、手提摄像机进行移拍时,注意要使自己的呼吸均匀,走路的步伐要稳,双膝应略为弯曲,降低重心,脚与地面平行擦地移动,使画面尽可能保持稳定,减小晃动。为保持手持摄像机所拍摄画面的稳定,常选用一些必要的辅助器件,如肩架、陀螺稳定器和摄像减震器等。

(4)变焦拍摄:"推"就是将镜头从广角状态变到窄角状态,缩小取景范围,推近被摄体的局部。"拉"则与之相反,由窄角状态逐渐过渡到广角状态,由被摄体的局部扩展到全景。变焦可以引起观众明显的心理反应,即:集中和紧张(推),解放和松弛(拉)。

在进行变焦拍摄之前必须要预演,确定镜头的起幅和落幅。变焦过程要自然、流畅。在变焦过程中如果缺乏平滑性必然会产生失调感。变焦的开始与结尾都必须果断。变焦过程中的速度要自然而均匀,不能时断时续、时快时慢,这样会大大降低艺术感染力。变焦一般都使用电动伺服变焦系统,只要均匀用力轻按开关,就能平滑地变

焦。而手动变焦不容易保持稳定平滑,却能够实现急推急拉的大幅度变化。

改变镜头焦距和移动摄像机,都可改变被摄物在画面中的大小,然而二者在视角变化、聚焦要求、前景的变化感和空间感都有极大的差别。

(5)吊臂和升降车升降拍摄:摄像机运动还包括垂直方向的移动。通常使用专门的摄像机吊臂或升降车。升降拍摄可以为画面构图提供适当的角度;可以从仰拍连续变化到俯拍,使画面具有流动感,有更丰富的镜头变化。

拍摄中,往往是以上几种方法的组合。如在摇的同时进行变焦,或在移的过程中进行变焦等等,这些需要综合运用以上各种技巧。

2. 摄像器材的维护

器材在运送时,最好装在专用的箱子里,搬运时尽可能轻拿轻放。各种接头、旋钮使用时,不要过分用力去拧,以免损坏。所有的摄像机对超高温、超低温和潮湿都相当敏感,因此摄像机使用和存放时,应注意避免环境过热过冷,严防受潮、灰尘。寒冷的条件下,要使用相应的保温套;下雨的时候,要用雨衣或塑料布将摄像机遮盖起来。不要把镜头长时间地对着中午的太阳。摄像机从冷的地方到热的地方,摄像机的镜头上很容易结雾,录像机的磁头上也容易结露,影响摄像机的正常使用。镜头应保持无尘、无污点。如果镜头脏了,不要随便用手擦,应用专用刷子轻轻去除灰尘,然后在专用镜头纸上滴一滴镜头清洗液,顺着镜头的圆弧轻轻擦。

第二节 摄像艺术

镜头(shot)是指摄像机从开始拍摄到停止这样一段连续时间内所记录到的影像。它可长可短,可以采用运动拍摄方式,也可以采用固定拍摄方式。

场景(scene)是电视剧本中最基本的戏剧元素。一场戏通常是指在同一时间、同一地点进行的一段集中表演,它可以只包括一个镜头,但一般由一组镜头构成。

画面的拍摄方法是构成镜头语言最基本的因素,它包括画面的构图、景别的运用、拍摄角度、光线造型和镜头的运动等等。

一、镜头和景别

摄像机所在的位置不同,甚至稍有不同,同一景物在画面上的效果就大不一样。拍摄点的选择直接关系着被摄体中景物在画面上所占的位置、大小、远近、高低等,它对构图效果起着重要的作用。镜头的选择决定被摄体在实际及心理上的距离;同时,焦点的选择可以引导观众的注意力。选择拍摄点要考虑拍摄距离、方向和高度。

1. 镜头的景别

用寻像器选取景物是摄像机引导观众注意力的一个方法。这也是电视和舞台的区别之一。镜头的景别可以是全景、中景、近景以及特写等。一般而言,特写将主体

(如演员)从周边环境中独立出来。中景呈现主体以及部分环境。全景强调环境及主体与环境之间的位置关系。这些术语在某种程度上可以说是相对的。同样的镜头在一个镜头系列中可以算是全景,而在另一个镜头组合中却只能算是中景。也许,对不同景别的镜头,最简单的区别方法应该看它的选景范围:最远的镜头为大全景,最近的镜头为大特写,其他所有镜头则分布在这个两极之间。

通常,我们以人体为基准界定各种镜头。全景包括全身;中景大致从腰部到头顶;特写则是肩膀以上。

另一种常用的方法是根据镜头里的人数界定镜头。例如,两个人的头称为二人镜头,三个人的镜头则称为三人镜头。再有像头部镜头、头肩镜头,以及全身镜头等术语,字面意思就已经很明白了。但都不十分准确。既然关于镜头有这么多种描述方法,那么你认为的中景就很有可能和你朋友所指的中景有所不同,所以,最真实的诠释就取决于导演可能会边看寻像器边说:"这就是我想要的。"

不同的景别具有不同的表现力,要根据表现意图去确定景别。

远景的被摄景物范围广阔深远,擅长表现景物的气势,强调景物的整体结构而忽略其细节表现。

全景的被摄景物范围小于远景,擅长表现主要被摄对象的全貌及其所处的环境特点。相对来说,全景比远景有更明显的主体。

中景的被摄景物范围介于全景与近景之间,擅长表现人与人、人与物、物与物之间的关系,以情节取胜。

近景是突出表现被摄对象的主要部分、主要面貌,擅长对人物的神态或景物的主要面貌作细腻的刻画。

特写是对被摄人物或景物的某一局部进行更为集中突出的再现。它比近景的刻画更细腻。特写既可强调突出人物、景物的主要面貌,也可不反映被摄对象的主要面貌,仅仅摄取被摄对象中能反映表现意图的任何一种细部。

拍摄距离的不同会带来画面的景别变化,在同一拍摄距离上改变镜头焦距也能引起景别变化。虽然对主体的景别来说,采用改变摄距与改变镜头焦距是类同的,但对前景和背景的效果则大为不同。

2. 焦距的特性

标准镜头拍摄的画面非常接近于观众用眼睛观察到的效果,可以说是各种镜头中最不造作、最具真实感,而且最不易使景物发生变形的镜头。

广角镜头的视角极广,可以给人一种宏大开阔的感觉。采用广角镜头拍摄:

(1)景深大,有利于把纵深度大的被摄体都清晰地表现在画面上。不会遇到聚焦方面的问题,除非拍摄时光线太暗或太靠近被摄物体。

(2)视角大,有利于近距离摄取较广阔的景物范围,在室内拍摄中尤为见长。它宽广的视野可以消弱移动摄像时摄像机的晃动与颠簸,因此广角镜头是良好的移动摄像

镜头。

（3）纵深景物的近大远小收缩比例强烈，致使画面透视感较强。当人或物体移向或移开摄像机时，他们的速度好像被广角镜头加速了许多。广角镜头通常用于拍摄舞蹈节目来强调舞蹈演员跳向或跳开摄像机的速度和距离。

（4）影像畸变像差较大，尤其在画面边缘部分。近距离拍摄时应注意影像变形失真的问题。

一般而言，长焦距镜头是最容易吸引人注意画面内容的镜头。它能够把观众拉进场景中，造成接近和参与的感觉。超长焦距镜头可以通过对透视关系的强烈扭曲造成一种超现实、梦幻般的效果。这种镜头还能给人一种偷窥的感觉，使人身临其境。采用长焦距镜头拍摄：

（1）景深小，有利于摄取虚实结合的影像。最大程度地缩小了景深，后景完全散焦，防止观众的精力分散。

（2）视角小，有利于摄取景物的较大影像且不易干扰被摄对象。实际上当推变焦距时，变焦镜头所做的就是放大图像，就像望远镜中看到的一样。在长焦距位置拍摄时，强劲的刮风也能摇动着摄像机使得图像的晃动很明显，因此需架设在三脚架或支撑物上，尽量保持摄像机稳定。如果摄像机要运动，就一定要用广角拍摄。

（3）能使纵深景物的近大远小的比例缩小，压缩镜头里前景与背景之间的距离。采用长焦距镜头拍摄人群或交通车道时，可以缩小人与人之间、汽车与汽车之间的视觉距离，使人群、汽车显得拥挤。但在体育比赛时，用长焦距镜头正面或背面拍摄运动员，会使观众判断实际运动员之间的距离或运动速度很困难，并给人以减速的错觉。

（4）影像畸变像差小，这在拍摄人物中尤为见长。

在焦距的选择上，关键是要适合你所拍摄的场景和试图达到的效果。你想通过体积的大小、距离的远近和透视感的强弱强调什么样的关系？你是否有意使画面中的影像变形？你是否希望观众注意到画面中的场面调度？

3. 景深

将观众的注意力吸引到取景框内，可以通过控制景深来实现。景深范围大，可以让观众的视线在画面中的不同层次上游移，因为从前景到背景每个层次的影像都是十分清晰的。大景深画面比较接近人们观察景物的实际状况，重在写实。大景深摄影的构图层次比较丰富，因此也可以让观众从中寻找自己的兴趣所在。

景深范围小的画面将被摄体前后的景物都处于模糊状态。常用浅景深将主体从前景、背景的种种视觉干扰因素中区分开来。运用浅景深还可以在拍摄过程中转移焦点。这种技法称为移焦，也就是调整焦点带来的结果，通常在长焦距拍摄时才能使用。例如，一个镜头在开始时焦点定在前景的人物身上，当该人物虚焦模糊时，背景上的人物则渐渐清晰起来。

4. 拍摄角度

平视,相当于人物站着或坐着时的视平线,包括正面、背面、侧面、斜侧面四种;仰拍,是摄像机低于被摄对象向上拍摄;俯拍,是摄像机高于被摄对象向下拍摄。拍摄的角度是表达画面形象的关键,选择不同的角度可以塑造完美的形象,体现作者创作意图和个性。同时,角度的变化也是引导观众观察事物视点变化的手段。俯拍镜头通常使被摄体(或人物)显得比较渺小或羸弱,而仰拍镜头则有强化被摄体的力量或主导性的倾向。不过,这些都是极端的摄影角度。在一般的拍摄中,标准的摄影角度为齐胸高度(并非双眼的高度),这种惯例和观众日常生活中的视觉经验并不一致。与眼睛齐平的摄影角度(如肩扛拍摄)虽然就人们日常视觉经验而言是完全真实的,但是看起来却近似俯拍镜头。使用斯坦尼康可以非常平稳地以手持方式从低于眼睛高度的角度拍摄移动镜头。

5. 主观镜头

主观镜头是在构图中引入主观因素的一种取景方法。如果摄影机的镜头实际上在充当片中一个角色的眼睛,我们就将这样拍摄到的镜头称为主观镜头。在影视作品中,常常在一双眼睛的镜头之后再接一个主观察到的镜头。有时导演也通过摄影机的轻微运动模仿演员的头部或眼睛的动作。另一种常用的主观暗示法是在摄影机镜头前放置一个特殊的道具,模拟片中角色通过双筒望远镜或钥匙孔观察的效果。

6. 过肩镜头

需要选择一个特定的拍摄位置。从字面上来看,这种镜头就是视线越过一个角色的肩头望向另一个角色(或事物)。表现二人交谈的场面时,过肩镜头是一种很典型的拍摄方法。例如,我们可以越过一个女人的肩膀看一个男人;其反打镜头则是超过这个男人的肩膀展现这个女人。

二、固定镜头的构图

构图是指画面的基本结构和布局。尽管对构图的具体认识看法不一,但有一条结论是相同的,这就是构图好的比构图差的画面更具形象的吸引力,更令人爱看、耐看,也更能传达摄像师的表现意图。在学习摄像构图时要注意"画有法,画无定法"。这就是说,既要注意学习有关摄像构图的规律、法则,又要勇于创新、突破。长久以来,关于固定镜头的构图已经形成了一些惯例,或者叫规则,涉及到平衡、纵深、镜头内各层次的相对强度,以及银幕内外的空间等因素。

1. 平衡

按照一般的看法,不平衡构图比平衡构图更有趣味。画面里的物体如果是平衡的,上下左右的相对"重量"就会相等,整个构图会显得稳固、坚实,但同时有呆板和缺乏深度之嫌。不平衡构图比较有动感,视觉上比较生动,往往可以形成一种不稳定感或张力。

当然,摄影的真正目标不在于个别可以框起来挂在墙上的镜头,而在于拍出适合表现主题的画面。有时完全稳定甚至略显单调的构图反而恰到好处。平衡构图与不平衡构图本身并没有正确与不正确之分,真正重要的是,这种构图是否有助于整体创作。

2. 画面稳定

在构图中要注意画面的稳定。稳定的画面能给人以安全、宁静之感。画面上景物的水平线(如地平线)要水平,垂直线(如建筑物的垂直墙沿)要垂直。可以保持地平线与取景框平行来调整水平。倾斜镜头可以使观众感到惊慌不安。有时,用于暗示某人喝醉酒或是走路摇摆不稳时,使用的主观镜头经常采用倾斜角度拍摄。不过倾斜镜头未必一定意味着东倒西歪或是心理失调。

画面影调上的均衡也是一种稳定的表现。例如,画面的左边是大面积深暗色,右面是大面积浅白色,就会给人一种不稳定感。然而,当右边只要有少量黑色调,如几片树叶的剪影,画面往往能变不稳定为稳定了。

3. 屏幕内外的空间

画面的边框限制了我们能够看见的场景,但是我们可以设法突破这个界线,比如让演员出镜、再入镜,或者镜头设计得能让观众感觉到画面外空间的存在。只要让某一角色向屏幕外的方向观望,导演就等于是拓展了画面,充分利用了观众的想象空间。

有时我们在画面上看到的只是景物中的一小部分,但是我们可领悟整个景物。如在人物的大特写中,屏幕上只能看到人物头部和身体的局部,但是有足够的线索可以通过观众的想象把屏幕之外空间的其余部分显示出来。

4. 画面的空白

在画面主体四周留有一定的空白,能使主体醒目、突出。一幅画面上下左右塞满了景物,不留一点空白,往往给人以拥塞、沉闷甚至窒息的感觉。在通常的远景、中景及近景镜头中,应该在人们的头部留有空间,称为头顶空间。要避免头顶着画面的上边缘,要留有一定的头顶空间。如果这个人的头顶距画面上缘没有足够的头顶空间,观众常常会觉得不舒服。但是,留的净空高度过多,画面看上去会失去平衡。对于运动物体运动方向的前方、人物视线的前方在画面上宜留有一定的空间,这些空间称为引导空间、视线空间。一般来说,其"前方"空间宜大于"后方"空间。如果这个人向左看,可以把他摆在画面右侧,这样可以将观众的注意力集中在他观望的方向。如果把一个往左边看的人置于画面左边(鼻子几乎要碰到画面的左边线),观众的注意力会聚焦在他脑后的一片空白上。

当一个人进入画面,或者摄影机进行跟拍时,这套一般性的规则依然适用。通常人物移动方向的前面应留有运动空间。不过,在追逐场面中,让被追的人几乎撞到(或移近)其运动方向的边缘,有助于营造一种陷入天罗地网、无路可逃的紧迫感。

5. 三分法

又称井字分割,这是一种古老的构图法则,如图 3-4 所示。它是一种把画面两边

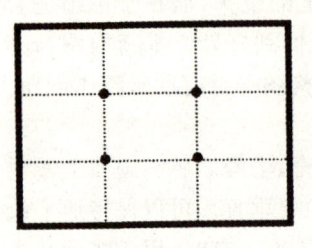

图 3-4 三分法

各三等分的直线形成的"井"字分割画面的方法。这四条分割线的四个交叉点,尤其是右侧的两个交叉点被认为是视觉重点的位置,也称"趣味中心",在取景时有意识地将画面的主体安排在视觉重点位置,能吸引观众的视线。

四条分割线的位置也被认为是安排景物的理想位置。例如,把地平线安排在画面正中往往会产生呆板的感觉,而安排在两条水平分割线中的任意一条位置则效果能大为改观(以地面景物为主时,地平线推上;以天空为主时,地平线拉下)。又如拍摄人物时,人物居中往往不生动,而居于两条垂直分割线中的任何一条位置则能明显提高画面的生动感。当然也要灵活运用,不必强求正好落在交叉点或分割线上。

6. 营造纵深感

我们可以运用各种方法强调固定镜头的纵深感。比如,层次分明的前景、中景、背景就能够赋予画面以纵深感。不平衡构图和明显的对角线构图,也能够强化纵深感,从而吸引观众的视线向画面深处延展。但是,有一点需要特别注意,那就是别让背景里诸如花草或电杆之类的突出物看起来像是从前景中的人物头上长出来的。

虚实结合:让画面上的景物虚实结合可以起到很好的效果。

(1)要使画面产生虚实结合的效果,常运用景深原理,采用最小景深的选择性聚焦。

突出主体:把主体拍清晰,把环境拍模糊,能使画面简洁集中,主题醒目突出。在拍摄近景、特写画面时,用虚实结合来突出主体是最常用的构图方法。

加强画面空间感:人的视觉看不清太近或太远的景物,画面上模糊的景物就会使人产生近或远的错觉,使二维的画面产生三维的空间感。

(2)调慢快门的速度,可使运动的物体模糊,产生强烈的动感。

(3)表现意境。利用云雾、烟雾、尘土产生前清后虚的效果。表现虚中见实的景象会使画面的意境油然而生。还可利用特殊效果滤镜,如中心聚焦镜、晕化镜、雾化镜等。

前景的运用:前景是指处于主体前面、靠近镜头的任何景物。恰当地选取前景,不仅能增强画面的空间感,而且能明显提高画面的表现力和感染力;不恰当地运用前景,也会分散主体的吸引力,甚至造成喧宾夺主的不良影响。对前景选择的基本考虑:

(1)选择具有季节特征、地方特征的景物作前景。例如,粉红的桃花、嫩绿的柳叶可使画面春意盎然。同样,具有地方特征的景物能使画面增添浓郁的地方色彩或异国情调。

(2)选择框架式前景。让前景把主体包围起来,形成一种框架,这样的前景能把观众视线引进框架内的景物,使主体得以突出;能表达画面纵深的空间感;有些框架还能

增添画面的图案美。窗框、门框、栅栏等就是常见的框架式前景。

(3)选择与主体在内容或形式上具有对比、比喻和比拟效果的景物作前景,往往能引起观众联想、产生意境,从而深化画面的表现力或揭示出画面的主题。

7. 背景的运用

背景是画面上主体后面的景物。不同的背景,或能起到突出主体的作用,或能起到丰富主体内涵的作用。

(1)突出主体的背景处理。一是使背景简洁,通过改变拍摄点,避免那些杂乱的景物进入画面;或通过虚实结合的手法使背景模糊。二是使背景与主体有鲜明的影调对比。暗的主体宜衬托在亮的背景上,亮的主体宜衬托在暗的背景上。通过改变拍摄点或通过用光等特技手段,便可取得这种突出主体的效果。

(2)丰富主体内涵的背景处理。一是选择具有地方特征、季节特征的景物作背景,用以交待主体所处何地、何时、何事。例如建筑、花草、会标和标语等景物,起到丰富主体内涵的作用。二是选择与主体在形式上、内容上具有对比、比喻、比拟意义的景物作背景,揭示主体的含义,深化主题,启发观众的想象。

(3)注意不要让背景破坏主体构图。在拍摄中,常常因忽视被摄主体后面的景物,造成画面构图问题。如高出人物头部的景物,似乎变成了头顶上的物体;前景主体站得很直,但背景中一条水平斜线会看上去显得主体画面倾斜。这些都是最常见的构图问题。

另外,还要考虑画面的色调与影调,线条与质感,光线与造型等方面的因素。

三、运动画面

镜头的运动就是我们常说的"推、拉、摇、移",但无论是哪种镜头的运动,都要注意目的性,它可以增强或减弱观众视觉上的冲击力。摄像不同于摄影,摄像机本身的可运动性,是电视最突出的特性之一。一旦摄像机运动起来,画面的边框便跟着动,在同一个镜头里,当我们移近、环绕、越过或离开主体时,画面也一直在变。此刻的不平衡构图下一秒钟也许会变成平衡构图;俯拍镜头可能会变成平摄镜头;中景镜头可能会变成特写;前景也可能变成背景;摄影机推向演员,会强调此人的影响力和重要性;摄影机远离人物,则可能使其形象弱化。

1. 摄像机的运动

摄像机的运动主要包括横摇、横移、纵摇、升降和前后移,这些运动方式不光可以用来跟拍移动的人或物,也可以营造各种不同的心理感觉。一般说来,如果只是摄像机转动,拍摄出来的画面有一种旁观者的感觉。当摄像机及其支架——升降臂、三脚架、肩膀一起运动的时候,则会营造出一种参与者的感觉。

例如,横摇和横移是不同的。两者虽然都是左右的运动,但横摇只是摄像机从左转向右,产生的效果近似某人从左向右转头,好像他在转头观看画面中场景。至于横移,则需要摄像机和三脚架一起移动,给人的感觉像是某人跟着被摄景物运动,是一种参与感较强的镜头。横摇和横移时,背景的移动也大相径庭。横摇时背景按一定的角度运动;横移时背景则保持平行。纵摇和升降造成的感觉及背景的移动,也有类似的差异。纵摇涉及到摄像机本身向上或向下转动,而升降则是整部摄像机连同支撑系统一起上升或下降。

2. 变换焦距

通过变换焦距拍摄推拉镜头时,摄像机可以借助镜头内的透镜移动放大或缩小被摄体。而通过前后移动拍摄推拉镜头时,摄像机连同其支架一起进出场景,可以大大强化空间感。用变焦镜头推摄时,景物被从远处拉近,整个场景显得比较平板,而通过前移摄像机进行推摄时,画面中原有的景物陆续出镜,这就能使观众从更中心的层次上体验场景的空间。

在拍摄时,初学者往往过分依赖变焦镜头,他们常常因为摄像机有变焦功能而不去精心选择机位以取得适当的视野和景深。他们还常常依靠变焦镜头取景和构图,以此取代前后移动摄像机。初学者有一种倾向:用变焦镜头取代移动摄像机。其实在实际拍摄中很少使用变焦镜头。只有当变焦镜头的特性可以使镜头具有某种特别意义的时候,或者在实际条件不允许使用推拉镜头,才可能使用变焦镜头。初学者最容易犯的错误就是滥用变焦镜头。因为拍摄时不断变换焦距将会造成一种不确定感(甚至还会让人感到晕眩)。

3. 运动节奏

摄像机运动的速度可快可慢。利用摄像机运动造成的节奏感可作为一种强有力的表现工具。突然、快速的运动造成的感觉有别于舒缓、沉稳的运动。如摇镜头通过速度的快慢调整,往往可以对画面的情绪进行调整;缓慢的移动配上舒缓的音乐,可以使观众从中得到一种悠远与悠闲交融的感觉。

摄像机运动常用于配合画面中人物的运动。不过,摄像机运动也可以和剧中人物无关,从而营造出一种期待或悬念的感觉。摄影机运动更主要的作用是可以将观众注意力的焦点转移到导演想要强调的事物或场面上。

在实际操作时,取景构图多半凭直觉,较少靠分析。一个镜头的构图是好是坏,大半取决于你试图以一个镜头达到什么效果,而不在于某些抽象的构图原理。在拍摄某些非虚构作品(尤其是纪录片)时,摄影师甚至会在肩扛情况下取景、调焦,这样做不但完全可以接受,而且是司空见惯的。

四、光线和色彩

1. 光线造型

电视摄像与照相一样,是用光来作画的。光线运用的好坏,直接影响着塑造形象的优劣,它能增强或减弱画面艺术的感染力。

测量光强度的标准单位是欧洲勒克斯或美国的烛光(fc)。测光表可以用来测量投射在被摄主体上或从主体上反射出来的光量,从而帮助设定光圈。摄像机内部装有自动测光系统,它能够测量通过镜头的光线,并自动调整光圈,设定适当的曝光量。

光线的反差是指在特定场景内不同的明暗层次。大多数摄像机所能接受的最大反差比为40:1,也就是说最亮点的亮度是最暗点的40倍。假如这个亮度超过了40:1,摄像机将无法再现亮画面区与暗画面区里面的细微亮度差。正常的反差在最亮部和最暗部之间有着丰富、完整的层次。

最亮点,即反射光量最大的区被称为基准白,决定白色电平。反射光量最小的区是基准黑,决定黑色电平。通过观察显示画面黑白电平图形的波形监视器,图像操作员尽力调节画面使之达到理想的对比范围。光线、服装和其他摄制因素最好控制在40:1的反差范围内。但在很多情况下是做不到的。此时,就必须对超出的反差范围,用"延伸"图像中白端或黑端的方法来解决。如果图像的黑端被延伸,图像中较暗的部分就能还原更多层次,而损失亮部的层次。反之,如果图像的白端被延伸,图像中亮部就能还原更多的层次,而损失暗部的层次。这种延伸可以通过摄像机光圈的控制或视频处理电路来实现。

2. 黑白或彩色

录像带本身不存在彩色或黑白的问题。在拍摄时,同样的磁带既可以拍成彩色的,也可以拍成黑白的。在大多数情况下,黑白效果需要经过后期加工,因为大多数摄像机都没有拍摄黑白画面的功能。

人们现在已经习惯了彩色电视,因此没有色彩本身就会引起注意。电视制作人员显然已经意识到了黑白片在博取观众注意力方面的价值,在广告片中大量采用。有些广告片进一步发展了这个创意,在后期制作时将产品上色,使得彩色产品在黑白背景中显得更加醒目。

黑白片常用来唤起对过去的回忆。电影和电视刚刚问世时都是黑白的;随着科技的发展,彩色成为这两种媒体采用的标准形式。在电视作品中,有时采用黑白形式,其用意是暗示过去。事实上,在彩色片中运用黑白镜头表示闪回。史蒂芬·斯皮尔伯格执导的《辛德勒的名单》,除了开头和结尾是彩色画面外,其余部分都是黑白画面。而且,他还在同一个画面中同时运用黑白和彩色两种系列,例如在一个黑白镜头里出现了一件红色的衣服。

对某些题材而言,黑白片也许比彩色片更适合。比如一部风格沉郁的电影如果拍成黑白片,也许更能准确地传达情绪。在当代导演中,伍迪·艾伦对黑白片情有独钟,如《星尘往事》和《曼哈顿》等。音乐电视片和MTV的发展趋势之一,就是用黑白片(或者黑白与彩色的组合)强化特定音乐的情绪或意义。奥利弗·斯通在他的影片《天生杀人狂》的同一场景中变换使用黑白和彩色两种处理方式,就是在模仿音乐电视片的这种制作手法。

3. 色彩的作用

在生活中人们多半也会接受一些与色彩有关的文化传统。比如我们会本能地认为某些色系(如红色和黄色)象征着热情、温暖,而某些色系(如绿色和蓝色)则代表着冷静、清凉。理论上讲暖色系使物体看起来大、近、重、持久,而冷色系则使物体显得小、远、轻、短暂。有些颜色摆在一起很和谐,有些则相互格格不入。将色环上位置相对的颜色(如绿色和红色)放在一起,会形成强烈的色彩对比;而将色环上位置相近的颜色放在一起则会显得比较和谐。

拍电视时,摄像机借助细微的色调变化改变镜头的情感内涵。张艺谋的《红高粱》让观众在银幕上感受到了一种西部风情,电影大半沉浸在梦幻般的金黄色调里,这就和片尾蓝色冷调形成了鲜明的对比。一般纪实性电视节目主要是如何正确还原事物的色彩,再就是在拍摄中选择事物的色彩。而在艺术性节目中,色彩作为表现手段,作者可以根据节目内容的需要,对色彩作出一些调整,更好地为节目服务。

制作电视节目时,这些效果可以在后期制作过程中实现,也可以在镜头上加滤光镜,以便给画面"升色温"(偏橙色或红色)或"降色温"(偏蓝或绿)。

同样的场景或主体可以通过构图、取景、摄影机运动,以及影像色彩和色调的控制等多种方法进行不同的处理。利用摄像机表现场面调度的意图是电视制作这门艺术的基础所在。选择、掌握镜头的形态和特征都是电视制作者应该具备的一项基本功。

五、后期编辑对拍摄的要求

在电视节目中,即使每个画面都能做到构图完美,但如果画面与画面之间衔接不好,整个节目给人的感觉也不一定就好。拍摄阶段获取的素材几乎都要经过后期剪辑。最后的剪辑对于摄像机已经完成的构图、取景和运动有着相当大的影响。

1. 镜头的选取

镜头可长可短,但最终都要在剪辑时和其他镜头连接起来。为了在后期编辑时能有足够的镜头,所拍的镜头通常比最后剪辑时实际用到的要多一些。这样做可以提供多种镜头来实现该节目中的表现。我们在拍摄一个场景时,为了充分表现这一场景,并保证剪辑时所需的镜头不会短缺,通常要拍摄一组镜头。常常先拍一个主镜头,这个镜头景别很大,可以看到整个场景。接着,从各种不同的角度、利用各种不同的透视关系开始拍摄场景的其他镜头,以及场景内一些重要细节的镜头等等。要完整表现一个场景,有时还要拍摄场景外相关细节的镜头(如屏幕外墙上的时钟)。在后期编辑中,根据不同的情节需要将不同景别、不同角度的镜头组接在一起,构成完整的意思。所选的镜头应该能够充分表达编辑意图。所以选择镜头的时候,务必考虑怎样将这样镜头组接在一起。

2. 镜头的时间长度

导演要决定每一个镜头拍摄的时间长度。一场戏中演员的对白和动作往往决定

了镜头的时间长度。摄像机的移动(运动本身需要时间)也会影响镜头长度。除了构图、取景和摄像机的运动之外,镜头的时间长度也会极大地影响观众对某个镜头的理解。观众从较长的镜头中获取的信息量显然比从较短的镜头里获得的要多些。

单就技术层面的需求而言,每一个镜头的开头和结尾稍微多拍一些,有利于识别和剪辑,这点颇为重要。在电视的摄制中,每次拍摄最开头的录像带可以用场记板来标示镜头。每个镜头的开头和结尾多拍一些,到了剪辑时,你会发现非常有用。编辑录像时,因为需要预卷,所以应该多拍 5s~10s。

3. 远景、中景、特写模式

最通行的拍摄法是先拍一个定位镜头,即明确场景和位置关系的镜头。这种镜头往往是一个全景(如公寓外观),然后再从全景过渡到中景以至特写。告诉观众这场戏是在哪儿发生的。如果远景、中景和特写的拍摄角度缺乏变化,这些镜头接在一起就会有跳动的感觉。为了避免这个问题,一般的做法是前后两个镜头的拍摄角度最好能相差 30 度以上。有些学者认为这种全景-中景-特定拍摄模式从心理学角度上来讲是构建一场戏最正确的方法,因为这与一般人的心理活动模式类似。当我们走进一个大舞厅的时候,我们通常先观察整个舞厅(全景),接着看到一群朋友(中景),然后走过去和他们谈话(特写)。定位镜头-全镜-中景-特写模式能够把观众逐步拉进场景之中。随着镜头越来越近,观众所获得的信息也越来越多。

这个模式也可以倒转过来。从特写开始会使观众产生疑问:这个人在跟谁说话?这场戏发生在什么地方?随着镜头从特写经中景到全景,这些问题就有了答案,因为每一个镜头的出现都提供了新的信息。选用什么样的模式并不是一成不变的,也没有绝对的正确或绝对的错误。不过导演在拍摄阶段一定要考虑到最后的镜头组接(拍摄配合剪辑),否则剪辑时可能会发现镜头不够用。

4. 镜头的连续性

长镜头在技术上可以保持一场戏的连续性,也就是说观众在镜头里所看到的空间和时间是连续的、不中断的。不过,大多数场景都是由一些在不同时间、从不同角度拍下来的镜头组成的,在剪辑时都存在着前后镜头连续性的问题。

镜头连续性主要表现在镜头之间屏幕方向一致、人物视线一致上。拍摄时保证连续性最基本的技术要素是轴线。它可以是正在谈话的两个人之间的一条假想线,也可以是由行走的人或移动的物体建立起来的屏幕方向。如果摄像机位保持在假想线的同一侧(在轴线一侧 180 度内的任何一个位置),就可以做到空间上的连续性。越轴镜头和前一镜头接在一起,会使观众产生违背现实生活规律的错觉。任何一个镜头,无论是两人谈话,还是一个人独自走在人行道上,都有一条明显的轴线。运动轴线是指主体运动的方向、路线或轨迹。如图 3-5 所示,如果越过行人走路或汽车行驶的轴线拍摄,经剪辑后行人和汽车看起来会逆着原来的屏幕方向运动,如摄像机 2 和摄像机 A。只要摄像机放在轴线的同一侧(即在 180 度的范围内),该角色看起来就像朝着相同的屏幕方向运动,如摄像机1、2、3在轴线的同一侧。有时为了选择最佳角度拍摄,需在轴线的另一侧才能获得理想的画面。这时可以通过向观众交待清楚空间关系后,再越轴拍摄。如摄像机4直接从轴线上拍到的镜头(就180度假想线而言,这是个中性的位置)可以用来作为过渡镜头,接在两个因为越过轴而导致屏幕方向相反的镜头之间。会话轴线是连接两个或多个静态主体的假想线,如图3-6所示。越轴摄像机A和摄像机2的镜头相接,会使观众产生角色在屏幕上位置对调的感觉。演员向屏幕外观望形成的视线也可以使屏幕方向保持连续性。摄像机1和摄像机3两个镜头里的两个人一定要做到视线匹配。否则就无法产生二者正在交谈的效果,倒像是他们被银幕外的某些东西分神了。

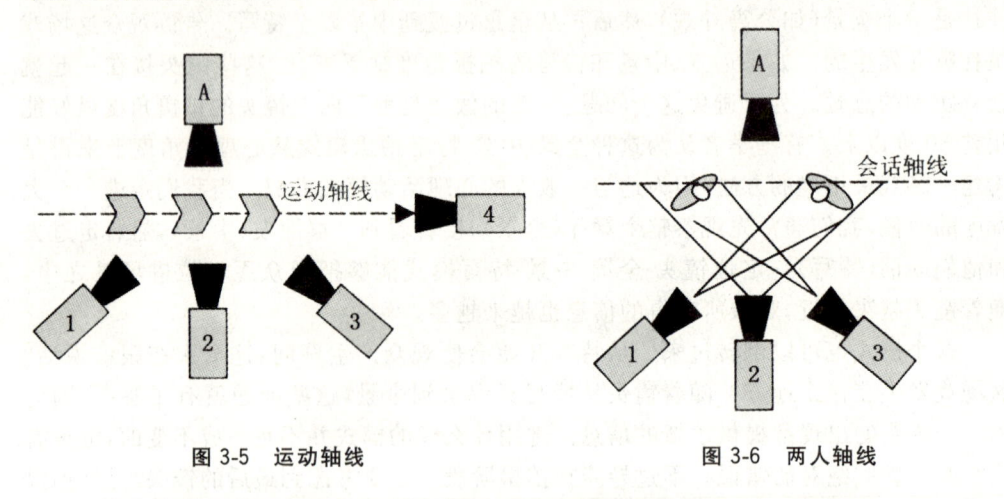

图 3-5　运动轴线　　　　　　　图 3-6　两人轴线

当然,除了机位的选取之外,前后镜头连续性还取决于其他许多因素,比如在电视剧拍摄中,服装和道具方面的错误,光线的明暗变化,两个镜头之间人或物的运动速度变化太大,以及后期制作时剪辑师如何组接素材等。

第三节　前期拍摄

一、前期拍摄的注意事项

不要错过好的拍摄时间。室外拍摄,利用上午十点之前,下午三点之后的时间。确保拍摄设备完好,接头都连接正确。带足一天拍摄所需的磁带和电池。选择拍摄阶段采用哪一种时间码。

在开始拍摄之前,可以先录一段带头,包括一分钟的彩条、时间码、基准音。有时,拍摄现场没有配备能够生成这些内容的设备,可在磁带的带首录一些内容,一来方便识别,二来可以防止把重要内容录在带首,后期编辑无法使用,而且,带首容易造成损坏。

确定话筒的最佳位置。检查话筒是否工作正常。大多数摄像机话筒在使用前都需要先打开开关。

临拍摄前,调节摄像机的白平衡。请一位随行人员在拍摄区域附近把一个白色物体对准摄像机,摄像师尽量使白色物体充满整个画面,调焦之后按白平衡控制钮即可。

通过摄像机、录像机上的各种仪表,检查视频、音频信号是否正常。

拍摄过程中,摄像师要通过监听、监看系统,确认画面、声音是否正常。有时如果不注意录像提示灯是否亮,操作录制与停止录制互相颠倒,造成该录的没录上,不该录的录了下来。另外,还应随时注意电池的电量以及录像带的多少。

摄像师负责画面的整体效果,包括拍摄现场的布光、画面的构图以及镜头的选择。摄像师应根据节目要求或导演的指令准确地取景、聚焦、移动机器。尽量采用顺光或侧顺光拍摄,画面柔和清晰,亮度适中,色彩也是最饱和的。当然具体的拍摄要求,还要依现场条件、节目创作意图灵活掌握。

不要使摄像机长时间暂停,这样会磨损录像机磁头。一个镜头的开始和结尾(尤其是一个运动镜头的起幅和落幅)要留有足够的记录时间,因为他们对后期编辑是非常重要的。如果在镜头前面没有留出记录内容,拍摄内容就会因为走带速度问题而无法编辑;如果在镜头后面没有信号,编辑就会中断。开始拍摄的第一个镜头应提前录制 5~10s,为后期编辑留出预卷时间。

拍摄如果有误,不管出现的是什么问题,都应该立即重拍。如果对某一次拍摄的质量有怀疑,可以通过监视器重放。

当一个镜头拍摄完毕,下一个镜头拍摄环境发生变化,如光源色温、话筒位置等,都应该重新调节摄像机。

做好场记:按磁带上的顺序列出当天拍摄的所有镜头,并分别记下这些镜头所在的素材带编号及其带中的位置,简要描述各镜头内容并给予一个简单的评述,附场记表。这样编辑就可依照这份场记表来寻找镜头。如果场记做得不好,到后期编辑时带来很多不便,如镜头前后不匹配,查找困难。

把录像带装入盒中,并在带子和盒子上都贴上标签。

拍摄完毕后,用过的电池应及时充电,以便随后的拍摄使用。

二、声音的录制

声音是电视节目不可缺少的基本元素,但现在一些电视从业人员往往只专注画面质量,而忽略了声音的质量。通常我们太专注与彩色画面的干扰,不怎么注意声音,除非音响出了问题。没有声音我们很难明白正在发生的事情。但是,只要我们能听见音轨上的声音,即使我们不看电视也能知道播放的主要内容。

1. 拍摄现场同期录音应注意的问题

(1)声音要清晰:影响清晰度的主要因素有被采访者的发声;录音设备的频率特

性;周围的杂音;话筒的使用;混响时间等。

(2)具有临场感:具有临场感的录音,是要求直接反映现场气氛。现场报道、现场采访除了得到好的清晰度外,还要求得到好的现场感,拾取一定的背景声和声场效果,保证现场气氛浓烈。话筒的位置不得不兼顾主体和环境。

2. 实际录音工作

录像拍摄时录音可以通过摄像机上的话筒录到录像磁带的声道上,也可以由记者、主持人手持或由录音员用支架独立使用它,但录音素材还是通过摄录机的外接话筒输入录在录像磁带的声道上。另外,携带磁带录音机录音,在后期制作时再与画面合成。

(1)新闻类节目常用的录音方法是,摄像机上架设指向性话筒,话筒的输出直接通过摄像机的话筒输入送到录像机的声道进行录制。这种方法适用于拾音效果好,而摄像师一边摄像一边录音的场合。要注意的是,遇到比画面更重要的现场声音时,即使画面一片漆黑或摇摇晃晃,也应该按开关,使磁带运行。摄像机上所带的话筒一般是超指向性话筒,使用时讲话者如果从正面走开,则音质就会劣化。机上话筒的不足是话筒位置一定是摄像机的位置,而摄像机的位置不一定是最好的录音位置,有时还会拾取摄像机操作的杂音等。手持或使用支架的外接话筒可以弥补机上话筒的不足。外接话筒可以选择最佳的位置录音,记录高质量的同期声,适用于新闻采访。目前,同期声的采集多采用这种方法。还有用无线话筒的,通过摄录一体机的机身上的接收机,将声音信号直接输入到录像机上。如暗中采访时,就可以使用微型无线话筒,记者接近采访人,而摄像机远距离偷拍。普通的磁带录音机走带速度不稳,长时间录音就会产生声画误差。因此,须采用专门的录音机才能保证同步录音。这种方法在新闻节目中使用较少。大型节目制作时,既用独立的磁带录音机录音,同时也须在录像机声道上录音。

录制前,检查连线是否正确,接触好不好,做好充分的准备工作。作试声时,让讲话者对着话筒以正常的声音大小和距离说话,然后调整音量电平。一旦节目开始,讲话者就不能作较大的音量改变。试音时绝对不能用嘴吹传声器,这样吹气会损伤它的膜片。当使用有线话筒时,检查活动的范围是否有足够的连接线长度。

录制开始时,摄像师、制作人员不能说话,也不能有其他杂音。特别是拍摄中,使用摄像机上的话筒,摄像师更得小心。同时要监听录制声音的好坏。采用佩戴式话筒应该夹住或挂好,在摄制中不要使它与衣服摩擦产生讨厌的声音。在室外使用佩戴式话筒时,要装个小防风罩,佩戴者不应该玩弄话筒和话筒线。在尽量靠近话筒的电线端上打个松结,可以消除大部分摩擦声和噗噗的噪声。手持式话筒被广泛用于电子新闻采访中,最重要的是手持话筒的声音便于控制,可以靠近、离远,正对、避开声源。在正常条件下进行现场站立式新闻报道时,要把话筒拿在胸部位置。假如背景噪音声大,可把话筒拿到接近嘴部。采访儿童时不要总是站着,一定要弯下腰或蹲下,以便能

跟孩子保持同一高度。这样,你可以很自然地将话筒举在孩子的嘴边,使孩子在心理上就平等了,而且还有助于摄像师构图。如果话筒的连线缠在一起,千万别硬拉。为了保护好话筒线,用后要立即把它绕起来,为下次再用做好准备。当制作要求你把话筒置于拍摄范围之外时,你需要悬在吊杆上的超指向性话筒,称为吊杆式话筒。使用时,总是用防震座携带超指向话筒,否则会产生噪声。一定要用挡风板挡住话筒侧面的开口。尽力把话筒靠近对准讲话的人,别让它进入镜头。千万别把话筒直接放在演员的头顶,因为他是用嘴讲话而不是头。假如吊杆进入镜头,把吊杆往回撤比往起抬要好。要戴着耳机,以便能听到话筒拾音的实际内容。注意话筒的阴影。每次拍摄时,要检查一下走动时连线是否够长。

　　要避免下意识地敲击安放着台式话筒的桌面,不要在固定的台式或立式话筒的声音采集范围内任意活动。电容话筒的灵敏度高,指向性强,常用作采访话筒。如SONY 的 ECM-23FⅡ、ECM-672 指向性话筒,使用五号电池;C-74 超指向性话筒,使用专用电池 9V;有的话筒可用摄像机上的 48V 电源供电。动圈话筒的拾音为全方向或"8"字型,灵敏度低。

　　(2)在室外录音,除了对话外,周围的杂音很大,清晰度会很低。为了减少背景杂音,要使话筒尽量靠近讲话人的嘴。但话筒过近,人的呼吸、吹气声也会录下来;一般距离嘴的极限为 10cm。讲话人远离杂音源,还可以让机器等杂音源暂时停止工作。话筒上要带有防风罩,避免室外气流噪声以及在超近距离拾音时的"噗噗"声。使用超指向性话筒,话筒一定要正对着讲话人,把杂音排除在指向性之外。如果是两个人使用一只话筒对话,谁讲话话筒对准谁。在室内录音,如果房间里回声残留时间太长,空调的声音以及周围人们的声音会变大,清晰度则变差。另外,还可通过话筒或录音设备(包括摄像机)上的低频切除开关(LOW CUT)减少工作时的低频噪声,提高声音的清晰度。

三、光线的运用

1. 室外照明

　　室外拍摄通常有足够的光源。顺光拍摄是室外拍摄最简单、最普遍的技巧,可以避免镜头产生光晕或逆光之类的问题。

　　清晨和黄昏的光线能投射出较长而且清晰的阴影,被摄像师视为"黄金时间"。充分利用它的光色特性可以营造出特殊的气氛。

　　阳光下拍摄容易超出摄像机的宽容度,在场景中补光是降低反差的一种方法。可以使用高色温的镝灯,或者将低色温灯光转变为日光色温;也可以使用反光板,将日光反射到场景中,充当辅助光;还可以将一面大的柔光布或其他散光材料悬挂在整个场景上方,这种方法可消除阴影,造成一种柔和的、高度散射的效果。

　　黄昏拍夜景,就是黄昏时拍摄夜景效果的场景。黄昏的天色赋予场景自然的蓝色光，人工光线则作为主光源。黄昏拍夜景的最大问题在于微亮的天色非常短暂；快速变化的光线需要不断监看并调整灯光。

2. 室内照明

在某些情况下，完全可以借助现有光线（如吊灯或从窗户射入的阳光等）进行室内拍摄。由于摄像机的最低照度越来越低，如今利用现有光线拍摄可行性大多了。然而，有时还是达不到令人满意的效果。室内光线往往较低，使用摄像机的增益功能拍摄时，会导致画质变差。

混合光在室内拍摄时相当普遍。日光的色温为5600K，室内灯光色温常为3200K，很难达到色彩的平衡。解决这个问题的方法：

(1)在窗户上蒙上一层橙色的滤纸；

(2)改用5600K日光灯具；

(3)在3200K的灯具前加一片蓝色的滤纸。

上述三种方法都可以使光源的色温大体一致。

3. 灯具使用注意事项

(1)采访用新闻灯，近距离室内使用时，如光太强太硬，可通过屋顶或墙面反射照明，产生相对柔和、均匀的光，并能减少阴影。

(2)灯具前装一个柔光网罩可增加光束的散度，且在灯泡破碎时能够保护人员（有的用铁丝网），但光量会大大减少。

(3)使用摄像机时，千万别直接照射场景，要先把灯光对准天花板，然后逐渐向下倾斜。原因是直接让强光进入人的眼睛常常是令人气恼的事，不习惯电视的人总是抱怨灯的亮度，而且便于适应自动光圈的调节。

(4)使用铝箔等做反光板。

(5)加热太快，镜片、灯泡容易破裂，有条件要预热，另外，不要使灯管长时间斜放。

(6)电源线要标准，能够承受灯具的负荷，否则线会变热，甚至连线短路、引起火灾。

电瓶灯，通常使用电池供电，灯泡为低瓦数卤钨灯。由于电瓶电力有限，使用时间较短。可以架在摄像机上，或者接手把握在手上。在拍摄新闻时常常使用，所提供的照明平板单调。

新闻灯，通常用于拍摄新闻节目，携带方便，光源色温为3200K，功率一般为1300W或1300W×2。使用时，可手持也可架设在灯架上。

反光板，可将主光、日光等光源发出的光反射到场景里进行补光。一张白色硬纸板、一块白色泡沫塑料，或者用贴在硬纸板上的铝箔纸，都可以作为自制的反光板。

第四章 编辑技术

第一节 磁带录像机

录像机是磁带录像机的简称,VTR(Video Tape Recorder)或 VCR(Video Cassette Recorder)是一种能即时记录和重放图像的机电一体化设备。录像机技术是以磁性记录技术和电视技术为基础,并集现代微电子技术、微电脑技术和精密机械加工技术为一体,成为电子工业的尖端技术。近几年的数字录像机又融入了数字技术。

一、录像机的发展

从录像机的发展史就可以领悟到这种"迅猛"的惊人之处(录像机是制作设备的核心、关键)。

纵向磁迹录像机:50 年代,用传统的录音方式,改进固定磁头并增加带速的方法。存在的问题:①需要磁带数量大;②带速控制也存在困难,抖动,带宽达不到要求。

横向磁迹录像机:美国安培(AMPEX)公司在 1956 年研制成功的、第一台达到实用水平的磁带录像机。它采用 2 英寸磁带,四个视频磁头,横向扫描方式;视频信号直接调频记录。

螺旋扫描录像机:1957 年 1 英寸螺旋扫描录像机问世。有 B 格式、C 格式(我国),采用开盘录像带,操作复杂,维护量大。

C 格式广播用录像机是由日本 SONY 公司与美国 AMPEX 公司共同研制的。这种录像机为了解决单磁头扫描中所产生的信号失落问题,在磁鼓上除了安装图像主磁头之外,还装有图像信号辅助磁头(也称同步磁头或 0.5 磁头),因而也叫 1.5 磁头方式。为了实现电子编辑及动态扫描跟踪,通常还装有旋转消磁头及动态跟踪磁头等。我国应用的 1 英寸带录像机,主要是 C 格式的。B 格式广播录像机是由德国 Robert bosch 公司推出的格式。采用 1 英寸宽磁带,两磁头,场分段方式。

U-matic 盒式磁带录像机:70 年代初,日本 JVC、SONY 和松下公司联合发表了 3/4 英寸盒式 U 型录像机。3/4 英寸带 U-matic 系列录像机简称 U 型机,广泛应用于广播电视和业务领域。U 型机有三种格式:VO(低带)、BVU(高带)、SP(超高带)。

VO(Video Ordinary 的缩写)型录像机是普通型录像机,简称低带机,主要用于地方电视台、电化教育、企业及工业、医疗等业务领域。BVU(Broadcasting Video Unit 的缩写)型录像机是 U-matic H 型录像机,简称高带机,早期应用于广播电视领域。

SP(Superior Performance 的缩写)格式是在兼容的基础上,提高了亮度信号调频载波频率,扩大了亮度信号的带宽,色度信号的带宽也有所提高。所以,没有单独的 SP 格式的录像机,只有 SP 格式与高低带格式兼容的录像机。(VO、SP.VO、BVU、SP.BVU)SP 格式采用高保磁力的 SP 磁带(KSP 系列),KSP 磁带盒上有检测孔,录像机自动识别,有孔便以 SP 格式记录,无孔便以高带或低带格式记录。重放时,根据重放载波频率自动检出是 SP 格式还是高、低带格式。

U 型机的低带(VO)、高带(BVU)和超高带(SP)三种记录格式,各格式间是不能兼容的,以某种格式记录的磁带只能以原来的格式进行重放,不能以其他的格式进行重放,为了方便使用者,有些机型是多格式兼用,如 VO-9850 型,播放时三种格式均可以,录制时 SP 带录 SP 格式,普通带录高带格式,选择录像机时应注意。

VHS 家用录像机:1975 年 SONY 研制出其 1/2 英寸家用 Betamax 格式录像机,俗称小 1/2;1976 年 JVC 研制出 1/2 英寸家用 VHS 格式录像机,俗称大 1/2。两者磁带盒大小不同,带轴间距不同,不能通用。

VHS 是 Video Home System 的缩写,即家用视频系统。采用 1/2 英寸磁带,俗称大 1/2 格式,采用高密度倾斜方位角记录方式,取消了视频磁迹间的保护带,减小视频磁迹宽度,降低了走带速度,减小了磁带的消耗量,延长了磁带的记录时间。VHS 型录像机在电路上采用了 HQ(High Quality)技术,使图像信噪比提高 2~3dB,重放图像的细节也得到改善。

Betamax 格式采用 1/2 英寸磁带,带盒尺寸比 VHS 的小,俗称小 1/2 格式,与 VHS 型一样采用无保护带,倾斜方位角的密度记录方式。磁鼓比 VHS 的大,磁头磁带相对速度也高,所以,记录频带比 VHS 的宽,清晰度比 VHS 型高,但 β 型视频磁迹比 VHS 窄,信噪比不如 VHS 型的高。

VHS 和 Batamax 两种格式是不能兼容的,除了磁带盒的结构与外形尺寸不同,关键是录像机的走带方式、信号处理方式等也完全不同。

80 年代,8mm 录像机诞生了,录像机向小型化发展。在录像机小型化的同时,其质量也在稳步上升。

8mm 录像机的高带化,超 8(Hi8)出现,水平分解力可达 400 电视线。

8mm 格式录像机是 1953 年由世界上 127 个公司讨论通过的国际统一格式。它采用磁带宽度为 8mm 的金属磁带,减小磁鼓直径,取消了固定全消磁头而使用旋转消磁头,省去控制磁头不记录 CTL 控制信号,而是利用视频磁头记录跟踪导频信号 TPS(Tracking Pilot Signal)。用 TPS 信号控制伺服电路,调整走带系统的速度与相位,以实现磁迹正确跟踪。声音处理也有特点,把声音信号调频,以频率分割方式与图像的亮度、色度信号一起用旋转视频磁头记录。还增加了 PCM(Pulse Code Modulation 脉码编码调制)数字录音的能力,能实现像固定音频磁头记录方式那样的后配音功能。PCM 数字录音系统具有宽动态范围和高信噪比的优质声音效果。

随着技术的不断发展,家用录像机的质量有所提高,产生了高带家用录像机。高带家用录像机与普通家用录像机兼容,磁带盒尺寸相同,高带带盒上有专门的识别孔,使用高带时以高带格式工作,使用普通带时,以家用录像机的低带格式工作。VHS型的高带型即 S-VHS(Super-High Band VHS)录像机,电路上采用亮度信号 Y 与色度信号 C 分别处理,增加独立的 Y/C 分离接口,以避免亮色干扰,损失图像的清晰度,使图像水平清晰度达到 400 线以上,广泛应用于业务领域。S-VHS 录像机只能向下兼容 VHS 录像机。向下兼容的意思是可以在 S-VHS 录像机上播放低质量的 VHS 录像带,但不能在家用 VHS 机上播放 S-VHS 录像带。当用普通的 VHS 机播放 S-VHS 录像带时,最多也只能得到勉强可认的图像。

$β$ 型的高带型是 ED-$β$(Extendee Definition Beta)录像机,即扩展清晰度 Beta 录像机。采用金属磁带,图像水平清晰度达 500 线。

Hi8 型是高带 8mm 录像机,采用较高级的 ME(蒸发镀膜)型金属磁带,比普通 MP(涂抹)型金属磁带更薄。图像水平清晰度达到了 400 线以上,信噪比得到了改善,用于业务领域。

家用高带录像机(S-VHS、ED-$β$、Hi8)必须采用 Y/C 分离接口的条件下才能得到高清晰度的图像质量。整个系统都得用 Y/C 分离接口,费用较高。目前在发射播出之前,要把信号变成复合信号,普通接收机收到后再转换出 Y/C 分离信号,如此转换,清晰度也受到影响。

分量录像机:1982 年,又诞生了新的记录方式——模拟分量录像方式。它可和摄像机结合成为摄录一体化机。SONY 公司的 Betacam-SP、松下的 MⅡ,采用 1/2 英寸盒式金属磁带,对亮度信号和色度信号分别处理、记录,对色度信号的处理上,它们都采用时间轴压缩变换将 R-Y 和 B-Y 两个色差信号变换成一个色度信号。两种格式的机械参数、磁迹位形以及信号的处理不同,不能互换。模拟分量录像方式亮度和色度频带宽,相互串扰小,因此图像质量很高。

Betacam 格式采用时间压缩分割复用法,把两个色差信号无串扰地记录在一条磁迹上,亮度信号调频记录在另外一条磁迹上,两者的带宽和信噪比都得到了保证。使用 1/2 英寸磁带,Ω 绕带,场不分段记录方式,主要作为电子新闻采访(ENC)使用。

Betacam SP 格式与 Betacam 格式兼容,亮度信号调频载频提高了,色度信号调频载频也提高了,获得了更好的图像质量,提高了复制性能,延长了记录、重放时间,能提供更佳的声音并增加了音频通道数量(四声道)。使用金属微粒磁带比 Betacam 的氧化物磁带性能质量好。Betacam SP 录像机使用金属磁带为 Betacam SP 格式,使用氧化物磁带为 Betacam 格式。

MⅡ格式与 M 格式不兼容,采用了先进的 CTCM 记录方式,使用金属磁带和新开发的非晶态合金视频磁头,提高了图像和声音质量,磁带宽度为 1/2 英寸。

数字录像机:以模拟摄像机、录像机和视频切换器为核心的模拟电视节目制作技术发展至今,其技术质量已经接近极限状态,要使节目制作质量迈上新的台阶,下一步必然是采用数字节目制作技术。电视节目制作数字化的关键是数字录像机(现在计算机化发展强劲)。

模拟录像机最大的缺陷就是其复制能力差,经过反复复制其图像质量就会明显变差。采用数字记录方式,把录像机作为一个数据传输存储的设备,可以解决上述的缺陷。

1987年SONY将D-1(4:2:2)格式数字分量录像机商品化(日本技术领先于产品几年);1988年开发D-2格式(3/4)复合数字录像机。松下公司推出1/2英寸磁带的数字复合D-3格式,后又推出与D-3格式磁带兼容的D-5格式数字分量录像机。近几年,安培公司推出DCT、的3/4英寸数字分量录像机。SONY在模拟分量BETA-CAM-SP上推出数字Betacam录像机。

二、以录像带为基础的录制与储存系统

录像机的磁头接收到摄像机输送的扫描信号后,以螺旋扫描方式将其记录在录像带上。磁头与磁带是电视信号记录、重放的电磁交换关键部件。录像机在记录状态时,由磁头把被记录的电信号变成交变的磁场,并由它磁化磁带上的磁性物质,进而把这种变化保留在磁带上,且变磁带上的磁性物质为按空间分布的、有强度变化的磁迹,使重放磁头的线圈上产生感应电压,完成电视信号的重新取出。

1. 录像磁带

记录图像的磁带和记录声音的磁带的组成是一样的,由带基和磁性材料层两部分组成。为了使录像磁带上的磁粉被磁化,并且当磁带离开磁头后仍能将磁化了的磁粉轨迹保留下来,要求录像磁带有以下几个特点:

(1)硬磁材料特性:磁带上的磁粉必须是硬磁材料,即具有较大的剩磁,可使磁带不会自然退磁,并具有抗一般较弱磁场干扰的能力。所谓"硬磁"就是指在外加磁场撤销以后,被磁化的磁粉仍然保留着原有磁场强度的大小。

(2)HQ型与SP型磁带:依靠磁带磁粉的结构变更去提高磁迹的分辨率,从而记录更高频率的信号,这种磁带就称为HQ(High Quality)或者SP(Super Performance)磁带。这类磁带通常是$r-Fe_3O_3$氧化物材料。

(3)金属磁带:为使磁性材料的颗粒减小,采用金属颗粒磁粉层,磁带性能好,图像质量高。

(4)盒式磁带规格:U型机采用3/4英寸KCA、KCS等磁带,最长录制时间为60min,VHS型采用1/2英寸E-120、E-180等磁带,最长录制时间为195min,Hi-8为ME系列E-120μE、E-60μE磁带,带宽为8mm。Betacam SP型磁带BCT-90、30M等,宽度为1/2英寸。

(5)磁带的维护保养:磁带是一种可卷性的带状片基,尽管它装于带盒之内,也会

产生各种故障,只有在认真、细心的维护之下,才可延长磁带的使用寿命。

• 磁带存放:防止外来强磁场的干扰,最好放在铁质磁带柜内。

• 防潮、防干裂:为防止磁带粘连,磁粉脱落,室温应保持在 25℃ 左右,湿度约 80%。

• 不要在有故障的机器使用磁带,以免发生卷边、折带现象。

• 磁带的清洗:有的录像机就装有磁头、磁带清洗装置,每运行一次,就清洗一次,使用一段时间后,应更换掉盒内的清洁片。

• 磁带头、尾有一层透明层,能反映磁带到头,达到保护磁带的目的。

2. 视频磁头

两个视频磁头装在快速旋转的磁鼓相对的两边,并随磁鼓做高速旋转,可以使录像带通过磁鼓时接触到它们。经视频磁头所流通的信号是复合全电视信号(或亮度信号与色度信号),它具有宽频带,高频率的特点,频带宽为 6MHz,由于记录的需要,最高频率可到达 7MHz 以上,频带宽度可到达 18 个倍频程以上。视频磁头的特点:

(1)体积很小。

(2)软磁性材料:视频磁头的工作频率相当高,软磁特性能使剩磁为零,使记录磁场能与信号同步变化。

(3)磁头缝隙很窄($0.5\mu m$ 以下):它们使磁芯的部分磁路开路,以达到信号交换的目的。

(4)磁头的维护:薄而脆的铁氧体容易受外力而断裂,清洗时小心。特别是磁头细小,缝隙很窄,易堵塞,使磁路短路,失去作用,造成不能录放,更应注意小心清洗。

(5)磁头的寿命:磁头长时间磨损,图像质量达不到要求,磁头电感量减少 20%。磁头寿命一般在 1000 小时左右,要想延长使用寿命,必须保持环境的清洁和使用高质量的磁带。

3. 螺旋扫描方式

旋转的视频磁头在磁带上快速划过(称扫描),并在磁带上形成了视频磁迹。扫描方式就是指视频磁迹的形状,它和磁带方向的角度以及每条视频磁迹和行、场频率的关系。螺旋扫描方式是由于磁带是按螺旋线状缠绕在磁鼓上,故称其为螺旋扫描方式,如图 4-1 所示。

磁头安装在磁鼓上面,磁鼓高速运转与磁带高速运转,提高相对速度,满足走带高速要求。螺旋扫描方式,一条磁迹记录完整的一场,可以提高磁带的记录密度。

(1)录像带的磁迹分布图:不同格式的录像带信号会有不同的信号排列方式,录像带上各种模拟信号常见的排列方式如图 4-2 所示。控制磁迹位于顶端,在视频磁迹下方有一个专门记录时间码的区域,但有些录像带并没有这个磁迹,它们将时间码记录在某一条音频磁迹上,或是把它放在视频磁迹的场消隐期。通常录像带上有两条以上音频磁迹,有时它们像视频磁迹一样以斜线方式记录音频信号。

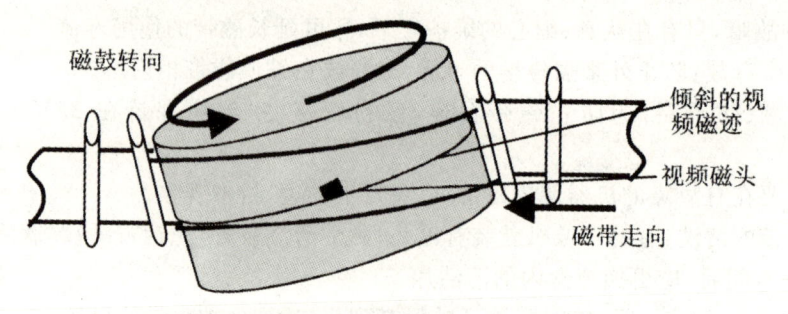

图 4-1 螺旋扫描方式

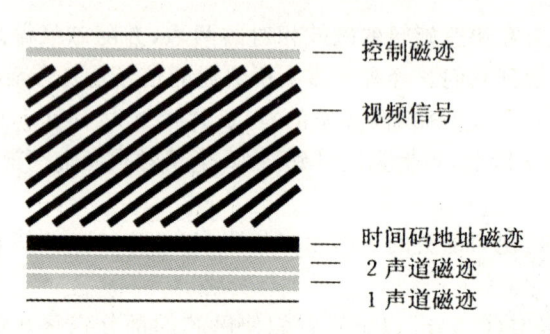

图 4-2 磁迹分布图

(2)控制磁迹(control track):录像机要实现稳定放像,又能互换录、放像工作,就需要有一个统一的控制录像机录、放像时录、放速度和相位的控制信号,它就是控制磁迹信号,即 CTL 脉冲信号,频率是 25Hz。重放过程中,磁头拾取信号,要能准确地扫描磁迹,以使图像质量最好,需要有一个基准信号来控制磁头速度,使它与记录时保持一致。这一基准信号通过伺服系统使供带马达、磁鼓马达与记录时一致。这个基准信号称 CTL 信号,由专门的单独的磁头记录,且与视频录制磁头一起工作,记录在磁迹上方,并与每一个磁迹对应。

(3)音频录放磁头及其磁迹:音频录放磁头是固定磁头,位于磁带通道中,3/4 磁带的双声道音频磁头在下边缘,1/2 磁带在上边缘,音频信号是纵向磁迹。目前,调频音频技术(AFM 技术),将音频信号先作调频处理,再通过旋转音频磁头与图像一起记录,由于这一技术可使图像与音频信号先分别单独调制再混合,所以两者可以用同一个磁头进行录放工作。

(4)时间码(time code):目前有两种常用的时间码:LTC 时间码和 VITC 时间码。

①纵向时间码 LTC(longitudinal time code):是按声音记录的方式沿磁带纵向进行记录,其长度等于一帧的长度,称这为纵向时间码。LTC 码又有两种格式,一种是 SMPTE 码,另一种是 EBU 码。LTC 码在磁带为正常记录的正负 1/32~正负 100 倍的速度变化范围内可正确读出时间码,这在磁带编辑过程中对搜索编辑点是十分有利

的。但是当磁带速度低于正常速度的 1/32 或静像时，固定的时间码磁头就不能读出信号，这样对于慢动作或静像进行时码编辑，就会带来困难。为了克服这一缺点，产生了一种时码，即 VITC 码。

②垂直间隔时间码 VITC(vertical interval time code)：采取了把时码信号插入图像场消隐期的某一行中，作为图像信号被记录在磁带上。该时码由旋转同步磁头或旋转视频磁头来读出，称为垂直间隔时间码，又称帧间时码。由于 VITC 码是视频时间码信号，又称帧间时码。在场消隐期，扫描过程在一帧画面的底部暂时停止并返回顶端。由于 VITC 码是视频时间码信号，在慢放和静帧时，只要能稳定地取出图像信号，就能稳定地取出时间码，从而稳定地显示地址。在高速搜索方式时，要丢失若干帧图像信号，这时对 VITC 码的拾取有可能出现不稳定。这种情况下，仍然要靠 LTC 信号，在许多的具有时码编辑功能的录像机内部能同时产生和记录 LTC 和 VITC 两种时码，通过检测重放状态，在两者之间进行自动切换。转换速度可设定在磁带正常速度的正负 1/4、1/8 或 1/16 的任意一个上自动地进行切换，从而保证在从静止到高速重放的范围内精确地显示磁带的地址。

(5)用户比特码(U-BIT)：U-BIT 码，即用户码，又叫提示码。用于记录制作的信息，采用代码的形式表示，提示某种信息。

4．磁带录像机的分类
- 以磁头数目分：4 磁头、2 磁头、1.5 磁头。
- 以磁头扫描磁带的方式分：横向扫描、螺旋扫描。
- 以外在形式分：台式、背包式（便携式）、一体化摄录机。
- 以磁带宽度分：2ft、1ft、3/4ft、1/2ft、8mm、1/4ft。
- 以使用范围分：广播电视系统（广播级）、专业系统用（专业级）、家用（家用级）。

5．磁带录像机的记录制式

录像磁带并不是直接记录电视图像信号本身，而是记录一种调频信号。由于这种调频信号是经过各种无线电电子技术处理后的不同形式的图像信号，所以不同的加工过程就形成了各种类型录像机的记录制式，或录像制式。

录像机录放图像质量的高低不是以磁带宽度差别来分的，其决定的因素是对图像信号的加工方法、信号处理过程。也就是说，是以录制制式为决定因素的。

磁带录像机种类很多，以磁带记录方式分有两大类：模拟方式和数字方式。所谓模拟方式，是指把信号的模拟量（信号的幅度变化与电压或电流的振幅成比例），直接实现调频之后记录在磁带上；而数字方式是指先把信号的模拟量，通过模/数转换器，变成相应的数字量，再经过调频之后记录在磁带上。在重放时，通过解调，再通过数/模转换器把数字量重新还原为模拟电信号。而模拟方式与数字方式进而又分为复合模拟方式、分量模拟方式（简称分量方式）及复合数字方式和分量数字方式等四种。而在复合模拟方式中，又包括色度直接记录方式和色度降频记录方式。

三、录像机的操作控制功能

每台录像机上基本都有重放(PLAY)键、停止(STOP)键、录制(REC)键、快进(F. FWD)键、倒带(REW)键和退带(EJECT)键,以及音量控制旋钮。这些键的功能与家用录像机一样比较明了,操作也简单。更高级的录像机还附加有准备(STAND BY)键、静止(STILL)键、搜索(SEARCH)盘、磁迹跟踪(TRACKING)控制、监听选择开关、编辑(EDIT)键。所有的录像机都有不同的输入和输出接口,如图 4-3 所示。

图 4-3　AJ-D750 录像机的控制面板

● 准备键:当本键点亮时,磁鼓转动,磁带在张力下卷到磁鼓上。但磁带并不走动。

● 静止键:该键能使录像停止运行而录像磁头仍然在转动,并在监视器上显示静止的画面。

● 编辑键:同时按下此键与重放(PLAY)键,进行手动编辑。自动编辑过程中,进入编辑入点处会自动点亮。

● 搜索盘:当搜索编辑点时,转动搜索盘可以改变重放速度和方向,使录像带以各种速度前进、后退或静止。按下搜索盘可选择有级变速(SHUTTLE)或无级变速(JOG)搜索状态。有级变速可在正常速度的 0～24 倍之间选择速度;无级变速可在正常速度的 0～1 倍的范围之间选择速度。如果大概知道所需磁带位置,可使用快进或倒带键,以免使用搜索时录像带和磁头磨损。

有的录像机还有变速(VARIABLE)键,当使用动态磁迹跟踪(DT 磁头)录像机时,按下此键可进行特技重放,即录像机不按原节目带的标准记录带速进行无噪波重放。包括:静像(STILL)、慢放(SLOW)、倍速重放(2 倍)、快速正向搜索(CUE)和快速反向搜索(REV)。

带有 DT 磁头放像机才可以进行特技重放。除 DT 磁头外,利用数码磁迹跟综技术,它将磁头扫描磁迹所产生的偏移量经检测之后去控制主导马达的运转,使磁头完全扫准磁带上磁迹。同时,还需时基校正器的帮助。这种技术常用于专业级录像机。

●磁迹跟踪控制:能调整磁鼓的速度。在记录和正常的重放期间,把磁迹跟踪控制旋钮设置于正中 FIXED(固定)的位置。当重放的图像上出现噪波时,调节磁迹跟踪控制旋钮,直至看到稳定的画面。一般较好的录像机磁迹跟踪较好,不太需要人工调节。

●音频控制键:包括输入(录制)和输出(监听)声道选择、音量控制和各种声道的 VU 表。有些录像机上具有分开的录制和重放的音量控制旋钮。调节音频录制或重放电平时,拉出相应通道的控制键进行手动调节,如果把控制键推到里面,录制电平就被固定在预置电平上,此时将无法调节。

音频监听(AUDIO MONITOR)开关可以选择从耳机插孔、音频监听插座输出的音频信号。开关设置在 CH1 时,输出 1 声道音频,设置为 CH2 时,输出 2 声道,设置在 MIX 时,输出 1、2 两个声道的混合音频。但注意,开关的设置并不影响音频输出。

●编辑控制键:包括组合(ASSEMBLE)编辑、插入(INSERT)编辑(视频插入、CH1/CH2 音频插入键)、预演(PREVIEW)键、自动编辑(AUTO EDIT)键、审看(REVIEW)键、删除(DELETE)键、修正(TRIM)键。

●输入和输出接口:通常都在录像机的后面板上,包括音频输出(AUDIO OUTPUT)、音频输入(AUDIO INPUT)、视频输入(VIDEO INPUT)、视频输出(VIDEO OUTPUT)、监视监听(MONITOR,8 芯)插座、遥控(REMOTE,9 芯)插座等。如图 4-4 所示。

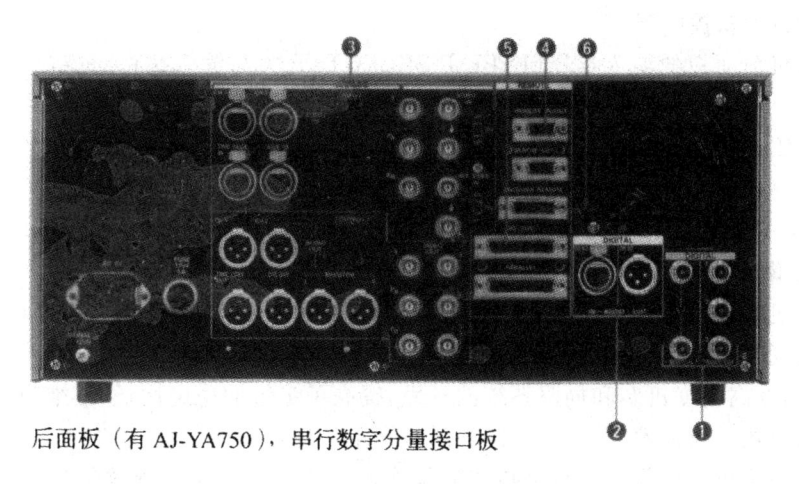

后面板（有 AJ-YA750）,串行数字分量接口板

图 4-4　AJ-D750 录像机的后面板

音频输出有 1 声道(CH1)、2 声道(CH2)以及音频监听(AUDIO MONITOR)输出等。音频输入有 CH1/CH2 输入(数字录像机还带有数字音频输入插座),有的录像

机还设有音频输入电平开关,根据输入电平的高低,开关放在相应的位置上。如录像机、调音台等线路输入设置在高电平(HIGH,+4dBu)处,话筒输入要设置在低电平(LOW,-60dBu)处。

• 阻抗匹配:视频电缆的特性阻抗是 75Ω,输入输出也应是 75Ω。75Ω 和高阻抗是可以互相转换的。许多录像机设有两个(BNC 型)插座和 75Ω 终接开关,有输入无输出时(不环通),75Ω 终接开关打在 ON 上,为 75Ω,有输入有输出时(环通),打在 OFF 上,为高阻抗,如果打错(假如输入是 75Ω,输出是 51Ω),图像信号会反馈,反射图像质量如同鬼影,也使视频信号幅度值增加一倍为 1.4V。

分量(COMPONENT)视频输入插座设有 Y/R-Y/B-Y 三个 BNC 型插座,分别用三条视频电缆连接分量信号。有的录像机还有一个使用专用复制电缆连接的多芯分量插座。S-VIDEO 插座(4 芯)用来连接 Y/C 分离信号。基准视频(REF. VIDEO)插座(BNC 型)连接基准视频信号。

视频输出也有复合、分量、分离插座,与输入基本情况相同,只是提供录像机的视频信号输出,连接到录像机或监视器视频输入插座。有的视频输出插座(BNC 型)标有 SUPER(附加)字样,系统板上的 CHARACTER(字符)开关可调节从此插座输出的视频信号叠加时间码或其他字符。基准视频(REF. VIDEO)插座提供来自录像机内同步发生器的输出信号。当在编辑时,把它和放机基准视频输入(REF. VIDEO)或外同步输入(EXT. SYNC IN)插座相连。

MONITOR 插座使用 8 芯连接电缆,将彩色监视器连接到录像机插座上,以输出音频及视频信号,包括时间码和其他信息。REMOTE 插座用 9 芯遥控电缆连接另一台录像机或编辑控制器。

录像机前面板的输入选择(INPUT SELECT)开关与输入接口对应,可以选择输入的复合(COMPOSITE)、Y/C 分离(S-VIDEO)、YUV 分量(COMPONENT)、数字(DIGITML)视频信号供录制或编辑。

四、主要的数字录像机格式

1. 录像机技术的发展

录像机技术的发展特点:①金属磁带和非晶态磁头的使用改善了频率特性,提高了清晰度;②高性能 Y/C 分离电路减少了亮度与色度信号的互相干扰,提高了彩色图像的质量;③高精度机芯和伺服系统的开发,提高了走带的稳定性;④三维数字时基校正器和失落场补偿技术的使用,使画面质量更上一层楼。

数字录像机是全部采用数字技术的录像机。这里主要是指视频信号处理系统全部实现了数字化,只存在高、低两个电平。数字录像机记录在磁带上的信号是数字编码信号。实际上系统控制电路、伺服电路、时基校正电路等,在过去的模拟录像机中早已采用了数字技术。

2. 数字录像机(D-VTR)的特点

①最大特点是多次复制和传输变换后不会使图像质量劣化;②录放的声像质量高;③电路工作可靠,维护方便;④为硬盘、光盘作非线性编辑和储存无须转换;⑤容易用计算机操纵;⑥长时间保存后,退化影响小。

图像信号数字编码后,其信息量大大增加,这就要求:①增加磁头与磁带的相对速度;②提高性能;③数字信号处理电路是数字技术实用化的关键。

近几年炒得很热的硬盘录像机以及非线性编辑系统,由于硬盘价格较贵,视频网络技术不成熟而且费用昂贵,因而近几年不可能取代电视台以磁带为主体的格局,这使得数字磁带录像机有可乘之机,一举进入广播领域。数字摄录设备的采用和选型,主要是数字录像机(这里指采用数字视频压缩技术的数字录像机)的选型。目前主要集中在专业视频领域的三个领导者 SONY、松下及 JVC 公司。这三个公司都有自己的产品系列,值得注意的是这三种录像格式互不兼容。

数字记录、编辑已成为当今电视技术发展的主流。在电视节目制作过程中,最能体现数字化给图像带来好处的环节是录像机,它经多代复制基本上不影响图像质量,其核心为数字记录技术。因此,各大生产厂家都在不遗余力地研究开发最高性能价格比的数字记录设备。数字技术的出现,使多年来困扰电视工作者因后期制作而导致图像质量下降的问题得到了彻底的解决。

3. 非压缩与压缩数字录像机

数字录像机的发展,就其记录格式可分为非压缩和压缩两大类。非压缩记录格式的录像机有 D1、D2、D3、D5 等系列,它是以原有信号码率直接记录输入信号,保持了信号的原有水平,为无损记录。它们虽然代表了录像机设备最高标准,图像质量最高,信号损失最小,但由于图像信号数据量很大,对机器硬件的要求极其苛刻,因此价格非常昂贵。为此,其产品已问世数年,仅有少数对画质要求极高的广告公司等单位少量使用,在国内各电视台未能推广。

(1)D1 录像机:SONY 公司 1987 年推出数字分量录像机,D1 是第一代数字录像机。它采用 3/4 英寸磁带,视频信号的数字化为 4:2:2 方式,亮度信号的取样频率为 13.5MHz,8bit 量化,$B-Y/R-Y$ 信号取样频率为 6.75MHz,8bit 量化。

(2)D2 录像机:复合数字录像机有 D2 格式,直接对模拟复合全电视信号进行数字化处理记录;D2 数字录像机使用 3/4 英寸磁带记录。

(3)D3 录像机:D3 格式采用新型的编码方式,大大提高了图像质量。D3 是复合数字录像机,使用 1/2 英寸磁带记录。数字音响具有 CD 质量。大多数盒带能录 90 分钟的节目,有些一盘盒带能录 4 小时。

(4)D5 录像机:D5 格式,记录 10 比特 CCIR601 数字分量信号。D5 数字录像机使用 1/2 英寸磁带记录。

20 世纪 90 年代以来,由于数字视频码率压缩在广播电视各个领域迅速得到普及、M-JPEG、MPEG-2压缩标准为各界广泛接受。近年来出现了一批使用码率压缩的数字录像机,即在保证图像质量没有明显降低的前提下,采用压缩技术来降低码率,从而降低信号处理、记录的难度及成本。同时在此基础上实现了后期编辑处理均在数字环境中进行,极大地提高了节目制作质量和功能。其综合性能价格比明显优于模拟设备,为电视台设备由模拟向数字过渡提供了技术上和经济上的可能性。

采用压缩方式记录的产品有数字Betacam(DVW)、DVCPRO、DIGITAL-S、DVCAM、Betacam-SX等。压缩算法分两种:一种是帧内或场内压缩算法,另一种是帧间压缩算法。采用帧间压缩算法的仅有SONY公司的Betacam-SX系列。由于此种算法须有与当前帧相关的前后帧来进行预测,因此编辑时一般需配硬盘或带预读系统的Betacam-SX设备。由于采用了帧间MPEG-2压缩技术,因此可实现较高的压缩比。考虑到录像机要有逐帧编辑功能,大部分压缩格式录像机均采用帧内压缩技术,如DVCPRO、DIGITAL-S等系列。

(1)Digital Betacam录像机:数字Betacam格式的分量数字录像机,使用1/2英寸金属微粒磁带,记录10比特4:2:2分量数字信号,压缩比为2:1。具有Betacam和Betacam SP模拟磁带的重放能力,向下兼容;可以实现16:9宽高比视频的录制。数字Betacam格式的DVW系列录像机均有串行数字接口(SDI),使用一根同轴电缆可以同时传输1路4:2:2数字分量视频信号,4声道数字音频和时间码信息。SDI具有长距离传输的优点,200m距离之内不需外加任何硬件。DVW可录制4声道20bit/48MHz数字音频,能进行分离编辑。

DVW系列录像机具有先进的自我诊断系统,可以检测机器故障。当错误发生时,错误信息将会出现在磁带的时间显示窗及视频输出上叠加的字符,以便及时纠正。重放方式有动态磁迹跟踪,重放在−1至+3倍于正常速度的范围内,提供广播级标准的图像质量。具有预读编辑功能,用于数字信号的DT重放磁头位于记录磁头之前,先前记录的视频与音频信号经这些DT磁头读出后,可送到外部设备中处理,然后重新记录在相同的磁迹上,此功能适用于叠加字幕,彩色校正等处理。寻频跟踪系统:两个寻频磁迹信号被记录在螺旋扫描磁迹的特定通道上,并且通过参考有记录磁头重放这些信号的时间差及RF电平信号,自动高速磁迹跟踪。此系统在伺服锁定期间纠正纵向磁迹跟踪的误差,而当执行编辑时,在预卷期间持续工作,以提供编辑所需的磁迹跟踪精度。在插入编辑时,同CTL一样,旋转消磁头不会擦除这些磁迹跟踪信号,并且它可持续工作直至整个编辑完成。这个系统无须进行操作调整即可确保可互换编辑的精确磁迹跟踪,并提高编辑效率。

DVCAM、DIGITAI-S、Betacam-SX、DVCPRO等低价位数字录像机的出现,立即成为数字记录设备的主流产品,也是目前市场上最为流行的品种。它们之间没有兼容性,不同的录像格式分别具有不同的应用场合。下面分别介绍它们的记录格式。

(2)DVCAM录像机:DVCAM是SONY公司在民用DV格式基础上推出的数字

分量录像机格式,采用 1/4 英寸金属蒸镀磁带,4∶2∶0 取样,8bit 量化,帧内 5∶1 数据压缩,压缩方式采用 DCT(离散余弦变换)技术,视频数据率为 25Mbps,每帧由 12 条磁迹。每条磁迹又分为 ITI(插入和磁迹信息)、音频、视频和子码区。ITI 是用于精确磁迹跟踪的基准信号和子码区的时间码,能确保高精度的编辑,并支持复杂的多层特技,如图 4-5 所示。具有 PCM 数字立体声录音系统,两声道状态下采用 16bit/48MHz 的数字音频,四声道状态下则采用 12bit/32MHz 数字音频。

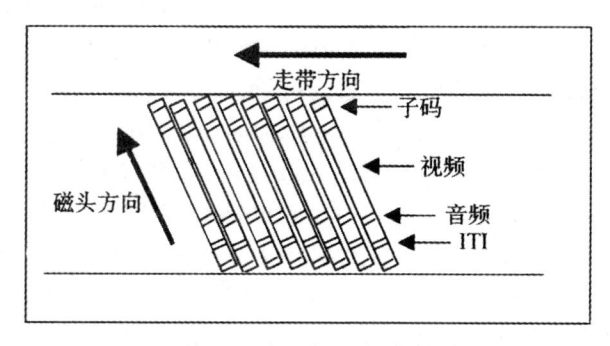

图 4-5 DVCAM 的磁迹图

　　DVC(Digital Video Cassette)是松下等世界上 50 多家公司联合制定的家用 DV 数字分量录像机。统一的 DV 系统使得系统之间进行压缩的视频和音频数据是无损传输,不存在任何额外的压缩、解压缩或模数转换、数模转换。DVCAM 兼容 DV 格式,可以在同一台机器上使用标准盒式磁带和小型 DV 盒式磁带,而不需采用特殊适配器。磁带盒内装有一个小的半导体存储器芯片,用以存储 ClipLink 记录数据,以提高编辑效率。ClipIrink 功能会自动生成两类型的常用信息"索引画面"与"ClipLink 记录数据"。索引画面是在记录活动画面的同时,每一个镜头的静帧画面都经过缩小 64 倍面积形成的静止画面。这些索引画面暂存在 DVCAM 摄录一体机的内置存储芯片上,每盒磁带录制结束时,索引画面会全部记录在磁带最后一段素材的尾部。如果使用带有 16Kb 带盒存储器的 DVCAM 专业磁带,最多可记录 198 幅索引画面。当磁带放入连接在非线性编辑站(ES-7)上的 DVCAM 录像机中,所有的索引画面会装载到非线性编辑站中,并显示在屏幕上。编辑人员通过索引画面可以直观地判断哪些素材需要、哪些素材不需要,决定上载的素材段落。ClipLink 记录数据是拍摄时存储到盒带专用半导体存储器芯片(CM:Cassette Memory)中的记录数据。如磁带号(Reel No.)、场景号(Scence No.)、拍摄号(Take No.)、OK/NG 状态、入点/出点时码、Cue 点时码等。在拍摄节目时,有时须反复拍摄某一个镜头,其中有好有坏,磁带记录不易删除无用的素材,后期也没必要将素材全部拷贝到硬盘中。使用 OK/NG 功能,不好的素材按下 NG 键即可,成功的素材不按 NG 键,表示 OK。每段素材的 OK/NG 状态,都将作为 ClipLink 记录数据记录到带盒存储器中。当 ClipLink 索引画面显示在显示屏上时,可以只显示 OK 状态的素材,不显示 NG 素材,当然也可以显示全部素材段。当长时间不停机拍摄时,素材量大,后期编辑困难。使用 Cue(打点)功能可以在拍摄过程中按下 Cue 键,在素材上作个记号。后期编辑时,利用 Cue 点能很快找到所需素材,适用于素材量大,不可预测的事件(如足球、篮球比赛等,通过 Cue 标记进球处)拍摄。还有 Mark 功能,拍摄时按下 Mark IN 键,确定素材的入点、出点,且此数据被记录。编辑时,可很快找到所需编辑的素材段。

(3)DIGITAL-S(数字 S)录像机:DIGLTAL-S 录像机格式是 1995 年 4 月日本 JVC 公司推出的一种新型的广播专业级数字录像机。它是以 S-VHS 技术为基础开发的具有高效编码数字技术 S 格式的录像机,重放 S-VHS 的图像信号,采用金属涂覆录像带,宽度为 1/2 英寸,完全按 CCIR601 标准设计,采用 4:2:2 取样,取样频率为 $Y:13.5MHz,R-Y/B-Y:6.75MHz,8bit$ 量化,采取 50Mbps 的记录码速和 DCT 为基础的帧内编码,压缩比为 3.3:1,两声道 16bit/48MHz PCM 音频信号。

走带机构以成熟可靠的 S-VHS 走带机构为基础,磁鼓尺寸为 62mm 分三层,上、下鼓固定,中间鼓旋转带有旋转磁头。这种形式可以减小磁带张力,编辑录像机的录、放磁头分开且重放磁头超前 90 度,因此使该机具备先进的图像预读功能:即录像机在记录一个新信号之前,可在同一点事先放磁带上的数字信号。利用这种功能在不需要第三台机器的情况下即可完成二对一编辑系统之划变和叠画等功能。

数字 S 所使用的磁带是能记录与重放高清晰度电视广播的 W-VHS 带,它是金属涂敷带,具有同等类型磁带的最高性能。在记录时间上使用 W-VHS 带为 104 分钟。

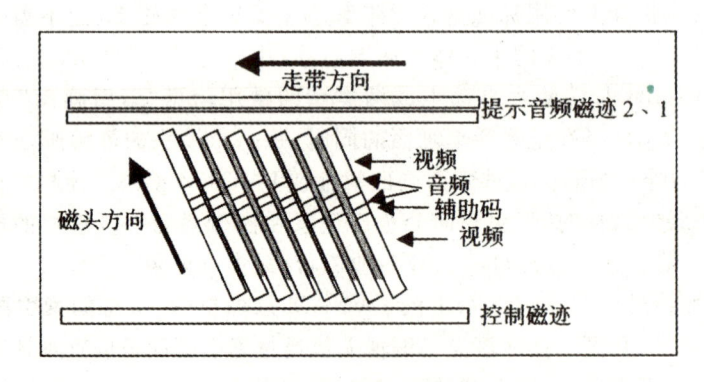

图 4-6 DIGITAL-S 磁迹图

记录与重放磁头是各用 4 个视频磁头以 15 度的方位角成对配置,2 条磁迹同时记录。1 帧的视频数据在 625/50 系统中用 12 条磁迹予以记录。

音频信号在一帧图像内可以记录四种声音数据,这些声音数据以每两条磁迹为一组被分离记录下来。数字 S 的声音通道在格式上可有四条声道,但目前市场上只有二条声道机型。

数字 S 装有四个重放磁头,即使发生一个或二个磁头被堵住,由于图像是每二帧更换一次,故可用前帧的图像进行掩错。

数字 S 的记录系统。首先,模拟 $Y、C_R、C_B$ 要按 4：2：2 格式数字化,亮度取样频率 13.5MHz 是与水平同步信号同步。按 4：2：2 标准,625/50 格式每帧有效行数为 576 行,即从 23 到 310,335 到 622 行。

数字 S 为了确保磁带的互换性,使用了在数字磁迹上三个 ITI 号来进行跟踪伺服。

此外,在磁带运动方向上还有二条提示音频磁迹与控制磁迹,用它可获得良好的编辑操作性。控制磁迹是用来实现快速搜索和逐帧插入编辑的快速伺服锁定。

DIGITAL-S 被美国 SMPTE 认可为一种新的数字标准,称为 D-9,它提供高级数字录像机的广播级性能。

(5) Betacam SX 录像机：Betacam-SX 是 SONY 公司盘带结合型数字录像机,记录 8bit,4：2：2 的数字分量信号,记录码率约 40Mbps,可以实现低比特率的高速传输,将视频信号降低为 18Mbps,提高了信号的传输效率。4 声道 16bit/48MHz 的 PCM 数字音频。它采用了 MPEG-2 MP@ML 的扩展 4：2：2P@ML 标准。因此,该录像机在保证高图像质量的同时有较高的压缩比(10∶1),配合硬盘的机型可现场作非线性编辑,配备 SDDI(Serial Digital Data Interfare)串行数字数据接口的录像机可用同轴电缆以四倍重放速度传送记录的数据。Betacam-SX 设备可以兼容重放模拟 Betacam SP 格式的氧化物带和金属带。一盘小型磁带可录制 60 分钟,一盘大型磁带可录制 180 分钟。

Betacam-SX 磁迹格式如图 4-7 所示。使用磁带为 1/2 英寸的金属涂敷带。磁迹的组织与其他录像机不同,不是按照帧来组织,而是按 GOP 组织的(相当于两帧,即 I 帧,B 帧)。对于 525/60 制式,每个 GOP 加纠错码后组织成 10 条斜磁迹;而对于 625/50 制式,使用 12 条斜磁迹,在磁迹的安排上,视频磁迹放在两侧,中间安排 8 段音频数据和两段系统数据。另外还有三条纵向磁迹,一条辅助磁迹,一条时码磁迹和一条控制磁迹。

盘带结合录像机将线性与非线性功能集于一身,既保留有线性工作模式,在操作上与原有的模拟方式一样,又能够实行非线性操作。在硬盘编辑时,先向硬盘拷贝磁带的任意视音频数据,然后根据文件索引可按任何顺序进行编辑。这一过程并非真的改变磁盘内容的顺序,而是改变编辑决定表(EDL)。SDDI 编解码接口,使录在磁带上的数据可以四倍重放速度向硬盘拷贝,节约了素材上载到硬盘的时间。模拟 Betacam 格式的素材可以正常放像速度复制并数字化之后记录到硬盘上,并进行非线性编辑。盘带结合型录像机硬盘中经过编辑的素材,只能以正常放像速度录制到磁带上。

Betacam-SX 的另一个特点是重放磁头增加了一倍。一般情况下,由某个磁头正常读取数据即可,这样降低了对磁迹精度的要求。使用多磁头跟踪技术可使±1 倍速

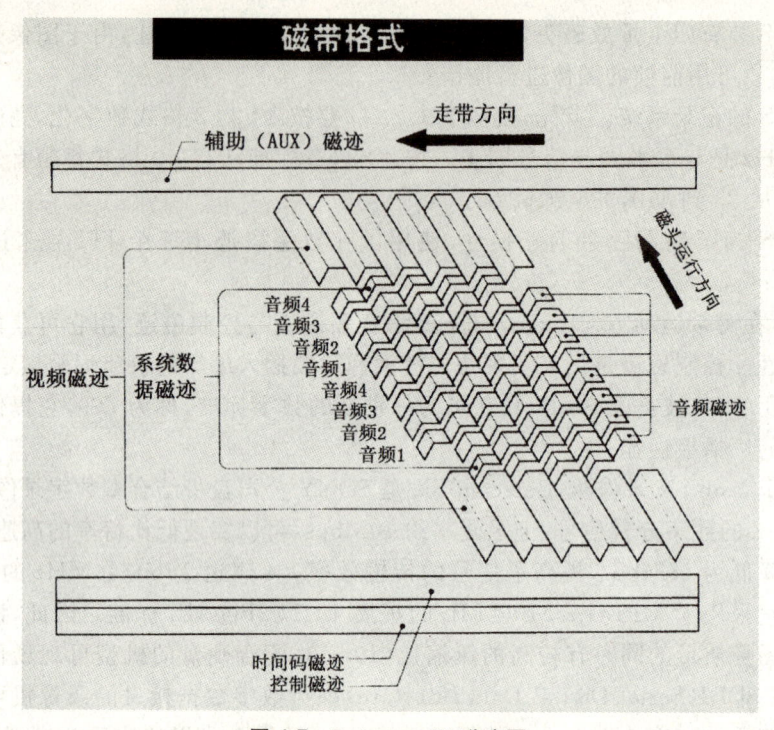

图 4-7 Betaeam-SX 磁迹图

范围内重放得到无杂波的图像,不需要 DT(动态跟踪)磁头,减少了更换磁头的费用。

(6)DVCPRO 录像机:DVCPRO 是一种充分挖掘和拓展了家用 DV 数字录像机格式,兼容 DV 格式,能够重放所有基于 DV 格式记录的磁带。它有 DVCPRO 25Mbps 和 50Mbps 两种格式,其最大的特点是小盒带和长重放时间。由于使用 1/4 英寸的磁带,使得磁带传送机构也相应缩小了。它的压缩方案对所有可能的参数如压缩的损伤、运动码率、图像主观质量、耐用程度、多代复制性等进行了综合考虑,从而产生了一种从普通数字电视到高清晰度电视,包括各种级别的综合系统。对普通电视信号采用 4:2:2、4:1:1 或 4:2:0 数字分量,由于保持了亮度分量的全部样值,分辨率是很高的(与 D1、D5 一样),4:2:2 使用的压缩比为 3.3:1,码率为 50Mbps;4:1:1 和 4:2:0 使用的压缩比为 5:1,码率为 25Mbps。绝对数码率的减少可使 DVCPRO 压缩系统工作在帧内,因此可进行帧精度的控制和编辑。压缩方案虽然不一致,但是对机械结构、带盒、记录格式和数据结构进行了精确的描述和定义,使它们之间具有兼容性。

磁带采用高可靠的金属粒子带(MP)。因为金属粒子带适于进行纵向记录(与金属涂敷带不同),这样可以提供模拟音频提示磁迹(在上边缘)和控制磁迹(在下边缘)。使用控制磁迹可使伺服系统在机器从停止到重放的转换过程中快速锁定,这是缩短预

卷编辑时间和帧精度编辑的关键。提示磁迹不仅提供用户第三个音频通道,它在音频搜索时,当数字音频得不到的情况下,提供另一种获得音频的方法。

  与通常的 1/2 英寸盒式录像机相比,DVCPRO 录像机的磁鼓直径要小 3.5 倍,转速为 150 转/秒。这不仅减小录像机总的机械体积和重量,而且同时也减小了录像机的功率损耗和磁鼓旋转的噪声。磁鼓上安装有六个磁头,即两个记录磁头,两个即时重放磁头和两个旋转消磁头。旋转消磁头用以辅助完成插入编辑功能,即时重放磁头可用于记录的同时重放图像以便即时检查记录质量,也可与录放磁头一起共同完成正、反方向的慢动作重放。声音通道以 48kHz 取样,16bit 量化,同时记录两个通道的非压缩数字音频信号。

  DVCPRO 的磁迹格式见图 4-8。ITI(插入与跟踪信息:Insert and Tracking Information)码,主要用于插入编码时提供插入和跟踪信息,新数据将记录在 ITI 码后面,除了重新记录,ITI 码不重写。在随后的音频数据段和视频数据段左右都加有编辑间隙共 3 段:G1、G2、G3。在 G3 后有子码(Subcode),记录有纵向时间码或逆程时间码数据。再后面还留有一定余量。每帧 12 条磁迹(625/50 系统),±20 度方位角记录。磁带速度为 33.813mm/s,音频是二通道 PCM,1 通道纵向提示磁迹,抽样频率为 48kHz。另外有两路独立的 LTC/UITC 时间码。两种时间码可在任意磁带速度时被读出。

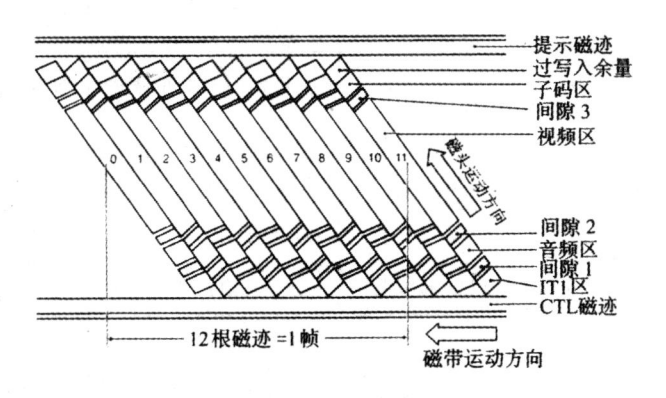

图 4-8 DVCPRO 磁迹图

  DVCPRO 有 DVCPRO50 和 DVCPRO25 两种,它可以在 4:2:2、4:1:1 和 4:2:0 三种取样格式之间进行切换,压缩率也有所不同并可切换。它们的信号结构之间是兼容的,也可在 525 行和 625 行电视制式间转换,可以 25Mb/s 和 50Mb/s 两种格式记录和重放素材。DVCPRO 是通过使用两组 DVCPRO 芯片组并行来实现 4:2:2 记录的。DVCPRO50 的压缩比降到 3.3:1,而 DVCPRO25 的压缩比为 5:1。DVCPRO50 不仅在重放和记录与 DVCPRO25 兼容,它同样在数据流层次上也完全兼容,可实现无缝切换。这使得 DVCPRO 可以存储 25Mb/s 和 50Mb/s 文件的服务器中切换和创建系列节目。通过 CSDL(压缩串行数字接口)数字图像可以实时地或以常规系统的 4 倍速度进行传输。DVCS(DV 压缩串行信号)接口可以使 DVCPRO 数据以其 5:1 的压缩形式进行传输。DVCS 格式的设备,包括通过卫星传输压缩的 DV 数据的 DVCPRO 调制解调器能提供 DVCS 输入和输出,同时还提供将输入的模拟信号转换成 DVCS 信号并进行传输的功能,以及接收 DVCS 信号并将其转换成模拟信号,然后输出。经过 5:1 压缩的数字信号能按原样或进一步压缩通过数字模拟电话线路传输出去,使新闻报道能及时传送到地球上的任何地方。

DVCPRO 具有数据记录功能。记录过程中,每段素材的起点和终点的时间码、OK/NG 标记以及文本数据都记录在摄录一体机的芯片内存中或 PCMCIA 卡中;磁带退出时,数据会记录在磁带上;使用非线性编辑机时,这些数据会显示在显示屏上编辑的图像索引。

表 4-1 为三种数字录像机的记录格式的主要规格。

表 4-1

规格\格式	DIGITAL-S	Betacam-SX	DVCPRO
图像编码标准	4:2:2 分量方式	4:2:2 分量方式	4:1:1(4:2:2)分量方式
图像压缩方式	帧内压缩的 DCT 方式	基于 MPEG-2 的 P@ML 方式	帧内压缩的 DCT 方式
压缩比	3.3:1	10:1	5:1(3.3:1)
码率(约)	50Mbps	18Mbps	25Mbps(50Mbps)
音频标准	16bit/48kHz 不压缩 4 通道	16bit/48kHz 不压缩 4 通道	16bit/48kHz 不压缩 2 通道
磁带	1/2 英寸金属涂敷带	1/2 英寸金属带	1/4 英寸金属粒子带
记录时间	最长 104 分钟	180 分钟(大型带) 60 分钟(小)	123 分钟
磁鼓直径/转速	62mm/75rps	81.4mm/75rps	21.7mm/150rps
磁迹数/帧	12 条(625/50) 10 条(525/60)	12 条/COP(625) 10 条/COP(525)	12 条(625) 10 条(525)

续表

规格\格式	DIGITAL-S	Betacam-SX	DVCPRO
磁带速度 mm	57.8mm/s(625) 57.7mm/s(525)	59.575mm/s(625)	33.813mm/s(625)
磁迹宽度	20μm	32μm	18μm
记录方位角	±15 度	±15 度	±20 度
磁迹倾角(度)	5.57	4.621	9.1784
重放的兼容性	具有 S-VHS 重放功能	可重放现有的 Betacam 氧化带和金属带上的素材	DVCPRO-25.50 可兼容
图像质量	接近 DVW 水平	相当 BVW 水平	PVW(接近 DVW)
磁鼓寿命	≥800h	是 PVW 的 3 倍,约 2400h	>1500h

"格式之战"由来已久,对于用户来讲有喜也有忧:喜的是因众多的格式竞争,使各种机器的性能及价格有了选择的余地;忧的是选型不当会给工作带来很多不便,甚至造成积压和浪费。因此,在选购数字录像机时,应根据具体情况及使用场合选购,要注意资源使用配置的合理性,设备的系统化、开放性、兼容性和运行成本等,并应适当考虑前瞻性,尽量做到物尽其用,以最少的投资,得到最大的效益。

从图像质来看,数字 Betacam 格式是 4:2:2 取样,10bit 量化,帧内 2:1 压缩是当今压缩数字设备中的最高档次。Betacam-SX 是帧间 10:1 压缩,码率 18Mbps 是现代几种录像机中码率最低者,因此降低了运行成本,其图像质量稍逊于数字 Betacam,但可达 B 水平。SONY 在家用 DV 格式上开发的 DVCAM 格式 4:2:2 取样,8bit 量化,帧内 5:1 压缩,图像质量接近 PVW 水平。松下的 DVCPRO50 是 DVCPRO 的升级产品,帧内 3.3:1 压缩,码率为 50Mbps,图像质量接近 DVW,而 DVCPRO25 码率 25Mbps,图像质量可达到 PVW 水平。JVC 公司的 DIGITAL-S,帧内 3.3:1 压缩,码率 50Mbps 图像质量接近 DVW 水平。

总之,目前这几种数字录像机仍处于发展阶段,某些技术问题尚待进一步改进。相信不久的将来这种数字录像机设备会越来越完善,价格会越来越便宜,图像质量也会越来越高。

五、录像机的维护

1. 使用录像机注意事项

(1) 使用前,阅读使用说明书,弄清机器的开关、键钮、输入和输出端子等的功用和操作规程,并严格按说明书要求进行。

(2) 录像机电源电压要一致。

(3) 录像机要在空气流通、温度适中、干净、不潮湿、无振动和周围没有强大磁场的环境下工作。

(4) 从冷处到热处,会导致内部金属零件上结露。

(5) 做好盒带准备工作。

(6) 不要经常或过长时间使用暂停键。

(7) 连续使用时间不要过长(4 小时以上)。

(8) 录像机不用时,要拔掉插头。

2. 磁鼓组件的维护

录像机要定期进行清洁和润滑。灰尘吸附于磁头或磁带上时,使磁头与磁带不能很好地接触,造成信号失落,图像信噪比下降,严重时甚至完全不能重放图像,所以磁头与磁头鼓要经常进行清洁。

(1) 磁头的清洗:当重放的图像出现严重的雪花点子或伴随着画面有上下 2/3 以上跳动时(数字录像机出现马赛克现象),可以判断为视频旋转磁头脏或损坏。另外,还有在图像略有黑白对比明显的边缘处出现拉黑条的现象。

• 用清洁物直接擦洗磁头:在录像机关机状态下,拆下机壳。将酒精等清洁剂倒在麂皮上,用手指将其轻轻按住磁鼓旋转磁头清洗,顺时针转动磁鼓。注意不要过轻或过重,切勿反方向旋转磁鼓或垂直清洁磁头,否则会损坏磁头。另外,全消磁头、CTL 磁头、音频磁头等也要清洗。清洁带对固定磁头不起作用。

• 用磁头清洁带自动擦洗磁头:一般录像机每使用 50 小时后应用清洁带清洁,注意时间不要超过 5 秒钟,不能倒带反复使用。清洁时,将清洁带装入录像机,装好后按下 REC 键+PLAY 键或 PLAY 键,5 秒后退出清洁带。在准备状态时,切勿将清洁带留在录像机中,这时磁头还在与磁带接触磨损,长时间会损坏磁头。如果使用 5 次清洁带后,磁头阻塞现象仍未改进,就应停止使用,找专业人员进行检查维修。

(2) 走带导柱的清洗:凡磁带要经过的地方都应进行及时清洗工作,如导柱、磁鼓的外圆柱面、主导轴、压带轮,可用干净的织布蘸上酒精清洗。

另外,录像机的转动部件如蜗轮、蜗杆等,须定期用录像机专用润滑油润滑。录像机的视频磁头以及蜗轮、蜗杆、传动皮带、压带轮等易损件,由于不断受到磨损,须定期进行更换。否则,会使记录或重放的图像质量下降,录像机工作不稳定,甚至折带、卡带。一般视频磁头使用 1000 小时后应更换,具体情况应根据录像机说明书进行。

第二节　磁带录像机编辑

早期的录像带编辑，像电影胶片一样是物理剪接，这种方法很快就被淘汰了。后来出现了电子编辑设备，既磁带录像机编辑。它可以将需要的素材一段段拷贝到另一盘录像带上，这就是人们所说的线性编辑。现在，随着计算机技术和数字技术的发展，以计算机为载体的非线性编辑设备推陈出新，逐渐成为电视节目制作领域的主流和发展方向。

将镜头素材进行挑选、整理、组接和加工的工作叫做剪辑。这是最终以声画形式表达内容的创作环节和操作过程。录像机剪辑也叫录像机编辑，是利用录像机的功能，对记录的电视画面与音响信号进行有选择的转录。与复制比，电视画面的编辑在剪辑位置的精确性和技术质量上要求更高。电子编辑要求编辑好的磁带与一次录成的节目相同；以黑白帧为单位编辑，接点在奇数场的场同步前消隐期间相接。

一、磁带录像机编辑系统

1. 具有电子编辑功能的录像机

录像机都具备放像与录像功能，任何两台录像机都可以进行视频、音频信号的转录复制，但并不一定能进行电子编辑，还必须增加旋转消磁头、消隐切换开关等，提高编辑质量，这种录像机称之为具有电子编辑功能的录像机，即编辑机。

编辑的视频信号的特点是连续性和基准频率的精确性，表现在图像上应当持续不断和没有闪跳与扭曲。普通录像机达不到要求，与普通录像机相比，电子编辑系统的录像机应具有以下技术条件：

● 录机必须具有同步锁相功能：当录机将一段段的视频信号进行编辑组合时，要求录机上已录好的视频信号在频率和相位上严格一致，保证视频信号的瞬间切换同时在放机与录机视频信号的场消隐信号期间，从而保证镜头切换平滑、不跳动。因此，录机伺服电路控制自身马达根据预先设定（前一个镜头的控制信号）或外部同步信号（输入视频）同步旋转。这个同步锁相的时间（叫预卷时间）应尽量短。伺服锁相（SERVOLOCK）：在录制或重放状态，控制磁鼓相位和磁带走带速度的机构称伺服机构。伺服锁相可使磁鼓转动和磁带速度同步于基准信号。

● 录机必须具有旋转消磁头：对视频信号进行局部修改处理的插入编辑，旋转消磁头对局部视频磁迹消磁，录像磁头紧接着进行记录。旋转消磁头在录放磁头前一点，稍微高一点，保证对准磁迹。用总消磁头，会出现重叠区（入点）和梯形空白区（出点）。原因是总消磁头与视频磁头有距离，运动规律不一样引起的，如图4-9所示。

第四章 编辑技术

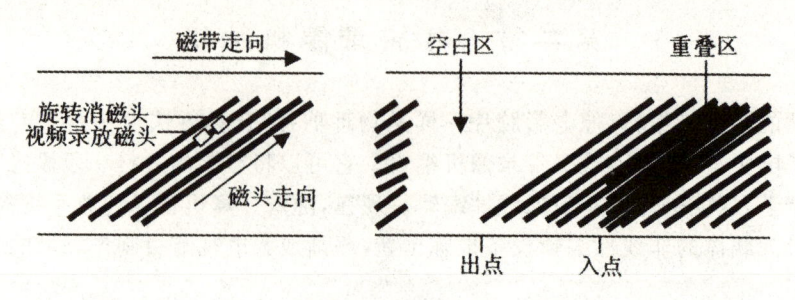

图 4-9 磁迹分布图

- 录机、放机应当有预卷功能：预卷是使伺服锁定时间提前，防止伺服锁定过程对编辑入点的影响，如图 4-10 所示。

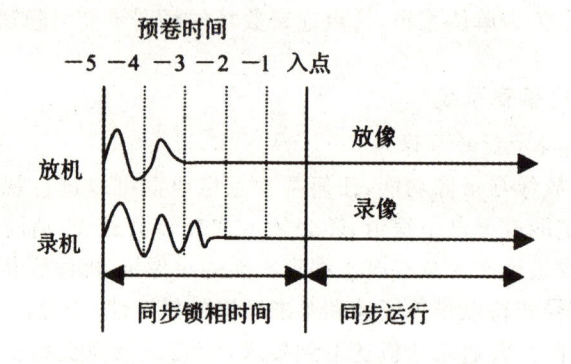

图 4-10 预卷

由于机械运动所造成的操作时间差、磁头时间差，为保证机械常态一样，利用预卷时间，达到精确编辑的目的。用 CTL 时间来检测、确定，保证放机和录机的剪辑点相同。

把录像机的基准信号强加在放机上，保证录机的 REF、信号与放机 REF 一致，REF 即保证磁头位置一致。预卷是把放机与录机在编辑之前，入点的位置对准，关系一致，使录机跟踪放机。录制时，视频信号帧同步脉冲控制磁鼓磁带运转，有一定伺服时间。预卷时间依据录像机的机械精度来定，不同型号，不同机器预卷时间不同。同时，为了保证伺服锁相过程，根据信号源质量选择预卷时间 3、5、7、10 秒。质量好，预卷时间可短，节省时间，提高效率；质量差，则可延长预卷时间。

开拍之前，磁带要留有预卷时间，才能在剪辑机上剪辑，否则，第一个镜头就作废了。断磁就是断 CTL 信号。剪辑时，只能剪辑放机断 CTL 以后 5 秒的内容。因此，拍摄时尽量不要断 CTL。

- 录机、放机应当具有搜索功能：可以快速寻找镜头，精确确定镜头的起始、终止

画面，能够一帧帧搜索。

●场消隐切换：切换点必须落在场消隐脉冲期间，否则落在画面期间，会造成切换点对重放画面的干扰。当视频信号不同步时，场消隐信号部分在屏幕上会出现，显示为水平黑条。

●具有声音组合磁头：声音组合磁头包括声音消磁头，记录、重放磁头。在记录重放磁头之前，专门设置声音消磁头，离得很近，形成了声音组合磁头，保证不出现重叠和消失现象。

2. 磁带录像机编辑系统设备

磁带录像机编辑系统，简单的只能做对编。编辑机包括编辑放机、编辑录机和编辑控制盘。带 DT 磁头的放机可以实现慢动作重放。复杂的则具有特技、字幕和其他一些图像处理功能。要想实现编辑操作，我们要对编辑系统的构成及周边设备功能有一个了解。

(1) 连接线及其接口：视频接头是视频信号从某一设备传输到另一设备上，比如从摄像机到录像机，或是从录像机到监视器，都必须由电缆和接头来实现。最常见的接头有多针接头、同轴电缆卡环型接头(BNC)、S 接头(S-VIDEO)、莲花接头(RCA)、射频接头(RF)以及 Firewire 接头等。如图 4-11 所示。

图 4-11 中，多针接头可将视频、音频和遥控信号通过一条电缆一起传送。多针接头有好几种，不同的摄像机和录像机各有专用的多针接头，录像机之间、录像机与监视器之间都有不同的多针接头。BNC 接头(俗称 Q9)只能传送视频信号。S 接头也只能传送视频信号，它是 4 芯的，输入和输出那些被分离为色度信号和亮度信号的 Y/C 分离视频信号；复制信号(DUB)，Y、C 分别传输，可以避免高频损失，提高清晰度。莲花接头可传送视频或音频信号，但无法用一条电缆同时传送两种信号。射频接头则可以将视频和音频信号同时传送到普通电视机上。Firewire 接头能够将数字信号从一台设备传送到另一台设备。越来越多的数字摄像机开始使用这种接头，它的信号可以传进一台有 Firewire 接头的计算机。

视频线常用同轴电缆，直径有 $\phi 3$、$\phi 5$、$\phi 9$ 等，且电缆的芯线越细、距离越长，信号频率越高，则衰减量就越大。视频信号的电缆不能使用声音信号的电缆，因为频带不一样，前者宽，后者窄。分量信号需要三根同轴电缆，分离两根，复合一根。射频电缆是专为天线使用的，特性阻抗为 51Ω，扁平馈线的特性阻抗 300Ω。同轴电缆的特性阻抗为 75Ω，可传输 30～40 个频道的射频信号。

音频电缆和接头：传声器电缆内含铜丝导线，外皮通常用塑料制成，可分成平衡电缆和不平衡电缆。平衡电缆有三根导线：正极、负极、地线。不平衡电缆只有两根导线：一根用作正极，另一根用作负极和地线。平衡电缆有独立的地线隔离性好，不易被干扰。家用设备一般使用不平衡电缆，因为价格便宜，而专业制作中都使用平衡电缆。

摄像机的多针接头

监视器的线头

BNC 接头

S 接头

莲花（RCA）接头

射频（RF）接头

Firewire 接头

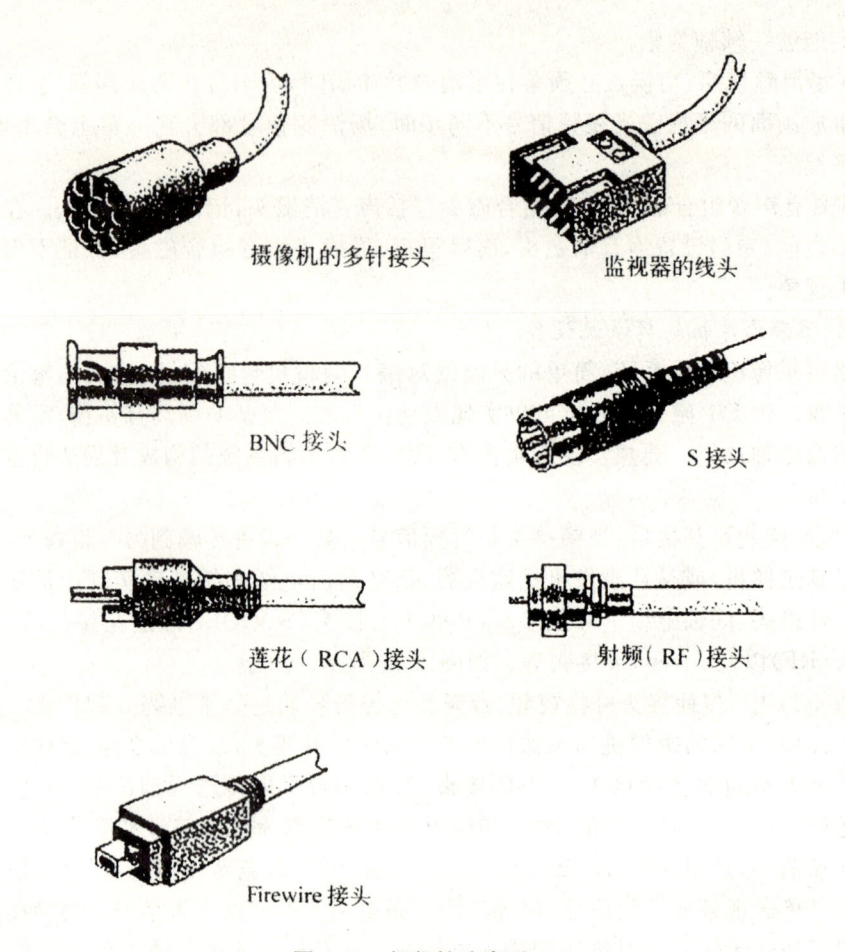

图 4-11　视频接头类型

音频接头有 XLR 型、莲花插头 RCA 型、耳机/传声器插头 PHONE 型(6.3mm)、小型耳机/传声器插头 MINPHONE 型(3.5mm)，如图 4-12 所示。MINIPHONE 型用于监听耳机。XLR 型(俗称卡侬公头、卡侬母头，或阴阳头)：3 芯，1 接地线，2 接信号高端，3 接信号低端，平衡输入，特性阻抗 600Ω，阻抗低，质量高。

音频线有单芯屏蔽线、两芯或三芯屏蔽线。所有上述接头都有插头和插孔两部分。通常插头位于信号线的输出端，而插孔则为录音设备的输入端。耳机/传声器和小型耳机/传声器接头既有单声道的，也有立体声的，只有一圈外接环的是单声道，有两圈外接环的是立体声插头。莲花接头和卡侬接头只有单声道的，如果想要立体声效果，那就需要两个接头，分别接于左右两个声道。

专用电缆：如 9 芯遥控电缆，4 芯供电电缆，14 芯、26 芯摄像电缆等。

另外，不同的制作设备需要使用不同的接头，有时一条电缆两头是两个不同类型

图 4-12 音频接头

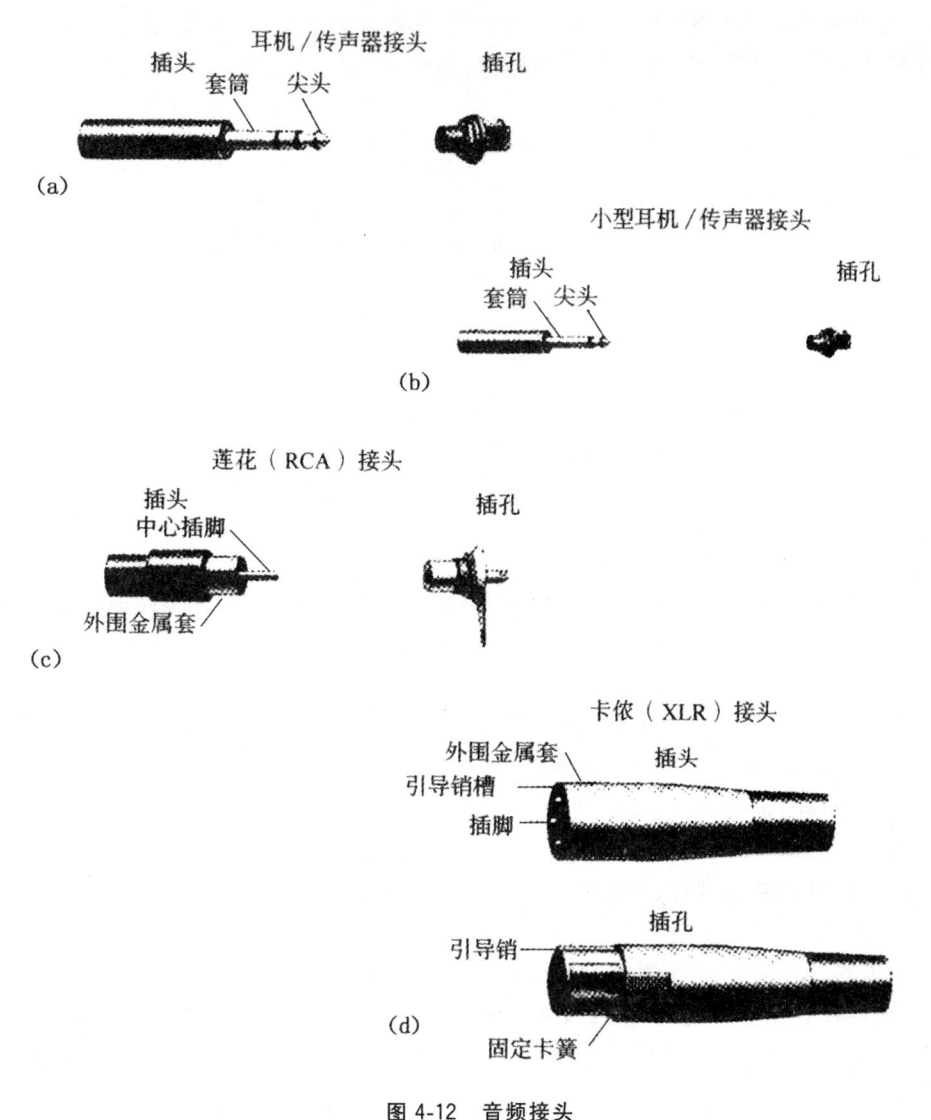

的接头。还有许多种转接头,可以将不一致的插头和插孔连接起来。如 RCA 型转 BNC 型就可以将 RCA 型接头插在转换头的上转换成 BNC 型插头。

在使用这些连接线和接头时,绝对不可以拽着线拔插头,应该抓住插头轻轻地把它从插孔中拔出来。有些接头有固定销,一定要按要求把它松开,严禁生拉硬拽。收电缆线也要方法得当,可盘成圆圈或"8"字形。

(2)切换分配设备:一路信号要分多路使用,可以串联,但信号会有大的损耗;一般用视、音频分配放大器(VD、AD)。这是一种将信号多路输出的设备,自身带有稳压电源,具有良好的视频频宽,保证全部输出的信号都在规定幅度范围,通常视频为1V。该设备常常用于多路复制或其他多路输出,如图4-13(a)所示。

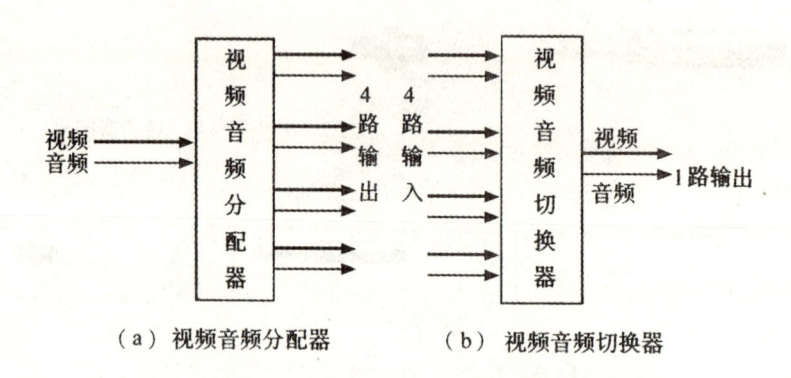

（a）视频音频分配器　　　（b）视频音频切换器

图 4-13　视频音频分配器和切换器

视、音频切换器用于从多路电视信号任选一路输出至下一级。有时也叫"开关"。这是一种利用按键通断开关控制的选择器,可以用来作为波形示波器对多路信号进行监测时的输入选择。质量较高的电子开关可以实现多路信号切换在场消隐期间进行,切换不会产生严重的图像跳动。这样的切换器可以作为简单的切换台使用,如图4-12(b)所示。

选多路输出,实现信号的调度用矩阵切换器。另外,设备的连接常常使用跳线板,便于信号的交换,避免在设备后面换线,提升安全系数。

(3)信号源:包括话筒、摄像机、字幕机、电视信号发生器、录像机等。摄像机可提供彩条、黑场、视频画面,有的还在彩条输出的同时伴随1kHz的音频信号。电视信号发生器可提供彩条、黑场以及各种测试信号。字幕机可以产生图表和字幕。

(4)监视、检测设备:

监视器(monitors):普通的监视器,与家用电视机相似。专业的监视器没有高频头,不能接收电视台播放的信号,有视频、音频输入,可以通过8芯专用多针接头、BNC接头、莲花接头、S-VIDEO接头接收复合、分量等视频输入以及音频输入,前面板有相应的输入选择。清晰度比普通电视机高。普通的为350线左右,高档的为500线以上。监视器不用时断电,不要频繁开关,防高压、防尘。

录像监看:在录像过程中,家用级录像机对输入信号没有作任何处理,录像信号直接用电间(E-E)方式输送到监视器,只代表输入信号的质量,不能代表录到磁带上的质量。专业级与广播级录像机的监看信号通过所有信号处理过程,包括记录和重放通道性能,监看到的图像只是越过了磁头和磁带的录与放的过程。这才是名副其实的电间(E-E)监看方式。

重放监看:在录像机重放过程中,监看图像应该是经过磁头和磁带作用后的信号,叫做重放(PB)监看方式,这种监看也可在摄像机寻像器上进行(有的须按下 SET 键)。

监看的自动转换:高档录像机有 PB/EE(或 TAPE/EE)功能选择开关,在快进、倒带、停止或者准备状态选择 PB(重放)或 EE(电间)信号作为视频信号或音频插座的输出信号,如表 4-2 所示。按下录像机的 EDIT 键,可看到 EE 信号。

表 4-2

设置\状态	弹出磁带	绕带	放像	录像	编辑	搜索	快进倒带	停止	准备
PB/EE	EE	EE	PB	EE	EE	PB	EE	EE	EE
PB	EE	EE	PB	EE	EE	PB	PB	PB	PB

(5)电视测试信号和常用测量仪器:插入测试信号一般采用 10 种测试信号组合出一种特定的测试信号,插到场消隐期场同步脉冲后的一些空行里。插入测试信号发生器的用途:①高精度的视频信号源,以满足各种测试需要。②具有插入功能,可将电视信号插入到测试行中一道传输。③噪声的"消除"和插入功能。

• 波形示波器:除具有一般示波器的功能外,还具有测试电视信号的特殊功能。主要作用是选场、选行(包括逆程行)、时基扩展、色度信号、亮度信号的分离等,并对波形定量测试,测出视频通道的线性和非线性失真情况(与插入测试信号发生器配合使用)。是插入测试行通道监测不可缺少的仪器。

波形示波器可以显示视频信号的波形。信号波形显示在一个分成 140IRE(IRE 为广播工程师协会,The Institute of Radio Engineers)单位的刻度盘上,分布于 0IRE (该场景的最暗部)和 100IRE 单位(该场景的最亮部)之间。实际上,最暗部的设定会略大于 0,一般位于 7.5 单位处。刻度盘底部的负数区(0 和 -40IRE 之间)显示的是场消隐期的技术信息,如图 4-14 所示。

它可以精确提供视频信号的电平幅度,画面的亮度和反差等信息,高于 100IRE 的部分为曝光过度,而低于 7.5IRE 部分会因为太暗而失去细节层次。

• 矢量示波器:矢量示波器是用来监看视频彩色信号的,能将正交平衡调制的色度信号显示于极坐标中,观察色度信号的相位和幅度,测量出 DG、DP 的失真情况。如图 4-15 所示,极坐标用向量代表饱和度,夹角代表色调。矢量示波器是对彩条信号和传输质量进行监测的仪器。其主要用途是在多机拍摄时统一各摄像机的色彩还原,以及在后期制作阶段进行色彩分析和调整。

另外,还有综合视频测试仪等设备。

(6)信号处理设备:录像机中磁头和磁带的相对速度在记录时必须符合标准,在重放时必须与记录完全相同,如果不一致,则重放信号的频率和相位就和记录时不一样了,产生了频率和相位的失真。这种失真用时间表示称为时基误差。

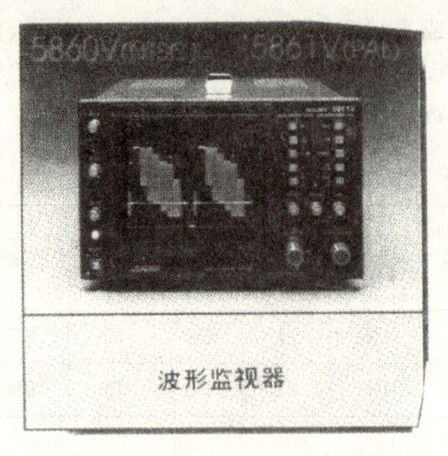

图 4-14 波形示波器中彩条信号的波形 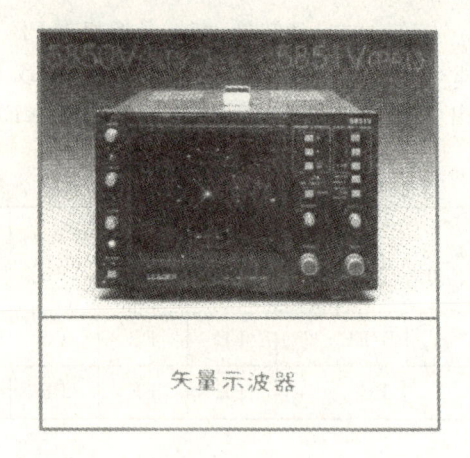　　图 4-15 矢量示波器中的彩条信号

时基误差产生的原因：①信号必须通过电缆传输时，会使信号劣化，同步信号源本身不稳定更会加重问题的严重性。②在重放和记录时，产生时基误差的原因是温度、湿度的变化和机器本身的不足，例如磁鼓与主导轴的旋转误差，磁头与磁带的运行波动，驱动信号信杂比的变化，磁头的安装误差，走带机构位置的变化，电机转速的改变，油污、脱落的磁粉对传动机构的影响，磁带张力的变化，磁带变形，供带及收带盘变形，惰轮偏心，磁头逐渐磨损等。③时基误差将随着磁带的多代复制而混加起来，当其超过磁带录像机伺服系统或监视器锁定的范围后，录像机便不能正常重放节目带。

在磁鼓转动及磁带走带过程中，在重放图像中产生的不规则颜色变化和画面滚动，可由电子线路自动地进行校正而达到稳定，这种电子线路称为时基校正器（TBC）。时基校正器采用数字储存技术，可以暂时储存放机中输出的画面并将其读出，从而使机器保持同步。现在高档的录像机都内置有时基校正器。

时基校正器分模拟式和数字式。TBC 的作用：放像机输出后连接时基校正器，可以改善信号质量，但同时会降低信号频宽，所以，摄像机或有时基的放像机一般不要外接 TBC。TBC 对视频信号的幅度、色度、亮度、对比度、色副载波的相位、水平扫描的相位和外同步的相位可以调整。

另外，编辑系统中的信号处理设备还有很多特技台、调音台、同步机、调制器、解调器、混合器、放大器、数/模（D/A）转换器、模/数（A/D）转换器、降噪器等。降噪器用来降低噪波，价格高。调音台可以调节音频信号的高、中、低频，混响，延迟，大小，并可对多路信号混合。SONY 的 MXP-290、MXP-210 是编辑系统中常用的调音台。

3. 电子编辑系统的连接

(1) 一对一编辑系统：对编系统包括两台录像机、一台或两台监视器以及一个编辑控制器。一台录像机称为放机，用来放原始素材；另一台称为录机，用来选择和编辑素

材。两台监视器中的一台用来显示放机中输出的素材,另一台则显示录机中编辑后的内容。编辑控制器用来设定编辑点并执行编辑操作命令。如图4-16所示。

VO-9800P—>PVW-2800P 对编系统

图 4-16　一对一编辑系统连接

（2）A/B卷特技编辑系统:简单的对编系统只能将两个画面连接在一起,不能做叠化、淡入淡出、划像等特技转换编辑。如果要做这些,必须要有两台放机,这样才能同时将两个图像转录到录机的编辑带上。这就是A/B卷编辑。但是我们不能只是简单地把两台放机中的素材输送到编辑机上,而是必须经由特技切换台来实现画面的特技转换,如图4-17所示。

（3）多机联动编辑系统:两台以上放像机的编辑系统,称多机联动编辑系统。它的自动编辑性能很高。通常由带微机功能的编辑控制器控制,通过微机程序的设置,可操纵多台录像机,进行自动寻找编辑的入点、出点,自动编辑,还可以控制特技画面的实施及声音的编辑,是一种自动程序控制的编辑系统。这种系统操作复杂,一般须有专职人员操作。

二、磁带录像机编辑方式

电子编辑的方法针对不同的工作流程,有这样一些说法:直接编辑和间接编辑,

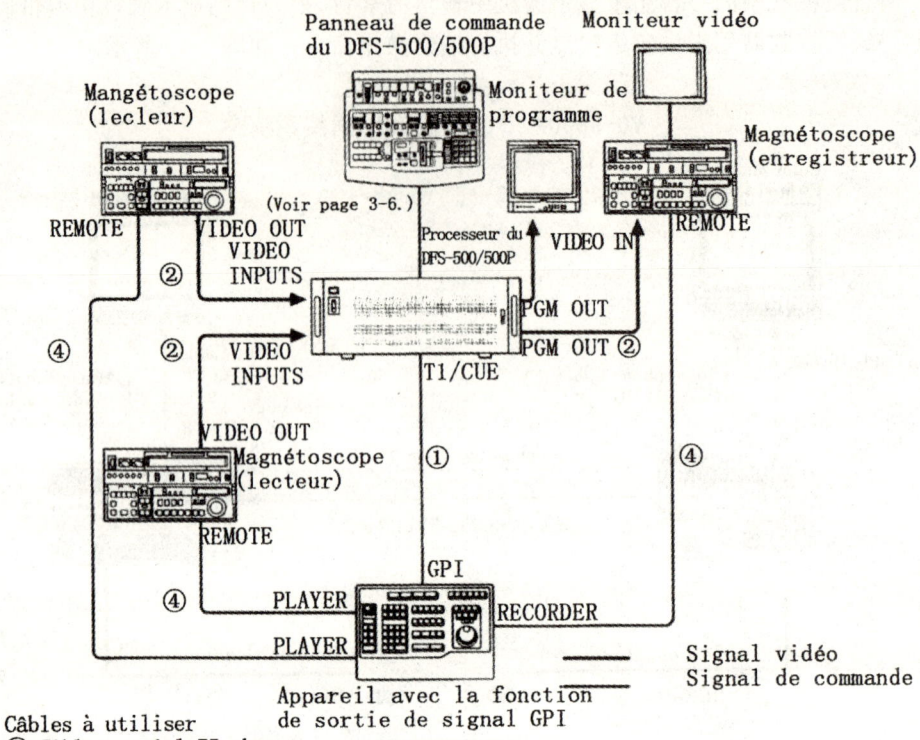

图 4-17　A/B 卷编辑系统连接

CTL 编辑和 TC 码编辑，联机编辑和脱机编辑，组合编辑和插入编辑，线性编辑和非线性编辑。其中组合和插入是最基本的电子编辑方式。

1. 直接编辑和间接编辑

直接编辑就是将一台或若干台录像机上的素材内容直接编录到录像机的工作母带上，是最常用的编辑方法。

由于在编辑节目磁带时，常常为了检查画面质量，或为寻找一个准确的编辑点，要将素材磁带反复放像、倒带。供播出的节目素材是用价格昂贵的高质量的设备录制的，反复寻找画面不仅使设备磨损大，而且使磁带上的图像质量下降。这是直接编辑的缺点，它不太适合于大型节目（或连续节目）的制作，因为工作时间长，效率低，容易出现编辑点错误，会降低图像和声音质量。

间接编辑是利用时间码的特性，将原始素材带（带时间码）转录到工作带上，即低档录像机的磁带上，编导人员在低档录像系统中进行画面的选择、编辑预演、实际编辑

等,无须考虑图像质量的损失,更不会增加高档设备的损耗。对于每个镜头的编辑入点及编辑程序(镜头组接清单),将编辑程序输入到高档设备编辑系统中,(原版带与工作带上的时间码是一致的)用原版素材带,进行高效率的编辑。

2. 控制磁迹(CTL)编辑与时间码(TC)编辑

(1)控制磁迹编辑:CTL 编辑需要使用视频信号的控制磁迹。所有记录过信号的录像带上都有这条磁迹,它有助于维持画面的稳定。CTL 信号是帧频方波脉冲,磁带运行时,编辑机对 CTL 脉冲记数,每 25 个 CTL 脉冲为 1 秒,可以反映磁带运行的位置。我们可以用 CTL 信号确定录像带的编辑入点和编辑出点。CTL 叫相对地址码,没有序号,CTL 信号计数在编辑机上是可以任意位置复零(RESET),便于计算每个"镜头"的长度。编辑入点清零,编辑出点的时间,即为此"镜头"的长度。

采用 CTL 直接编辑,对前期拍摄不需要录制时间码,后期不需要脱机编辑,而是一步到位,直接进行联机编辑。显然这种方式操作简单,购置费比较低廉。但 CTL 编辑还有一些缺点,CTL 信号不能以数字形式显示在录像带上,这样我们无法把编辑点记录下来,先作好编辑方案,然后再实际操作,而且编辑精度不高,可重复性差。这是因为它是依靠 CTL 进行相对定位的。如果录像机工作状态不好,录像机质量不高,就有可能丢失一些帧脉冲,使 CTL 记数出现误差,造成所谓"跑点"现象。所以,编辑精度不够高。为了解决这个问题,可采用在空白带上事先录好 CTL(即黑场信号或彩底信号),然后用插入编辑对整个节目进行编辑。

(2)时间码编辑:要进行时码编辑,其素材带一定要录有时间码,新型的录像机中,都具有时码发生与读出器插件,直接可以录制时间码。时码发生器具有产生标准时间码的功能,与录像机配合可记录时间码,一般在拍摄的同时与图像、声音信号同时记录,或者将原素材重新复制时一并录入时间码。常用的时间码发生器能同时产生 LTC 和 VITC,可以进行时间码的预置和外来时码从属锁定,具有 8 位数字显示功能。时码读出器用于无时码读出功能的录像机进行时间码读出。它一般具有字幕发生器,通过监示器能看到叠加有时码显示的图像,同时自身也具有 8 位数字显示功能。

时间码编辑是电视节目后期编辑的一种先进编辑方法,编辑精度高、自动化强、效率高,被广泛应用于电视节目制作当中。可以使编辑工作精确到帧,不会跑点。编辑设备可以将入点和出点的时间码记下来,只要把这些数据存入计算机,我们就可以随时读取,完成编辑操作。主要有素材录制、工作带复制、脱机编辑、联机编辑四个环节。在前期拍摄时,素材磁带的每个镜头都要同时录制时间码;在复制工作带时,要保持与素材带的时间码一致。

CTL 编辑较为简单,用于一般节目。TC 编辑用于工业化生产,把磁带的入点出点精确表示,多用于专题片,电视剧。

3. 脱机(离线)编辑(offline editing)与联机(在线)编辑(online editing)

(1)脱机编辑:是相对于联机编辑而言的,是磁带编辑的主要形式之一。在电视节目的制作过程中,为了节省成本,人们利用低档的编辑设备先进行预编,用充分的时间决定镜头的取舍及镜头片断的过渡形式等。经导演及各方审看满意后再到联机系统上形成节目完成版,这种形式的编辑方式就叫脱机编辑。它是一个粗编过程,与一般的录像机编辑方法相同,操作简单,编导人员完全可以训练掌握。脱机编辑要将所需镜头的时码记下来,最后形成供联机编辑用的编辑清单 EDL(Edit Decision List)。

(2)联机编辑:是一个编辑母带的过程,利用脱机编辑后得到的编辑清单,可以很快地找到要编辑的镜头进行编辑,并加入特技、字幕和图表,校正色彩,声音混录,使最后的成品趋于完美。在联机编辑中,由于设备昂贵,并且要求节目质量高,因此它应是一项效率很高的工作。

脱机编辑产生的 EDL 经过整理后,可以存储在穿孔纸带和软磁盘上。非线性编辑系统中 EDL 存储方式是后者。将 EDL 加载到联机编辑系统中,由于联机编辑采用计算机化的编辑系统,它能将存储的 EDL 的编辑点按顺序一个个调出,编辑系统按照自动组合方式对 EDL 规定的编辑点进行剪辑、加字幕、加特技等。脱机编辑往往与计算机相连,计算机能够跟踪录像带的时间码并产生一份编辑清单 EDL,联机编辑可以读出 EDL 表,从而加快联机编辑的过程。

随着非线性编辑技术的发展,脱机编辑和联机编辑的界限变得模糊起来。磁盘非线性编辑系统大多数是既可进行脱机编辑,也可进行联机编辑。或者说在这个系统中,先进行脱机编辑,产生 EDL(editing decision list)表,然后从系统直接输出,即联机编辑。但是,未经压缩的高质量视频信号要占用大量的硬盘空间,而经过压缩处理的低质量视频信号则可以节省存储空间。因此,有时候编辑会将视频信号大幅度压缩后再输入非线性编辑系统,用这种低画质的编辑产生 EDL,就是离线编辑。离线编辑结束后,所有的素材都从硬盘中删除,然后把那些成品中需要的镜头以低压缩、高画质再输入非线性编辑系统,然后参照 EDL 表组接成异步成品,就是在线编辑。习惯上,人们在录像机编辑环境下使用脱机和联机的概念,而在非线性编辑环境下使用离线和在线的概念。英文中脱机和离线、联机和在线分别是同一个词。

4. 组合编辑与插入编辑

这是电子编辑的两种基本方式,无论编辑流程如何,最终衔接图像、声音的方法是组合编辑或插入编辑。

(1)组合编辑(Assemble):组合编辑是把新的画面加到已录好的画面之后,同时传送视频、音频信号和时间码,如图 4-18 所示。组合编辑的特点:

①组合编辑的消磁:垂直总消磁头、旋转消磁头都进入工作状态。总消磁头消去所有的旧信号。在编辑入点处,总消磁头和旋转消磁头同时工作。此刻包绕在磁头鼓上的那部分磁带被旋转消磁头逐场消除,同时由视频磁头记录上新的视频磁迹。待经过全消磁头消磁的磁带到达磁头鼓入口处,只用总消磁头消磁。所以说,在组合编辑时,仅在编辑入点开始大约 5 秒之内使用旋转消磁头,而总消磁头将一直工作到组合

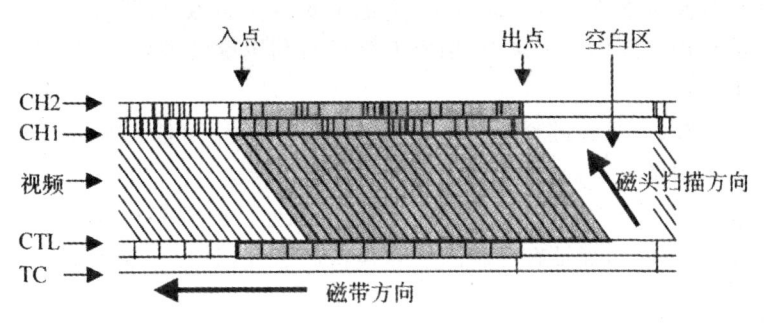

图 4-18 组合编辑磁带

编辑结束。

②重新记录所有磁迹：就是在组合编辑时，素材带上的视频信号、音频信号、控制信号和时间码信号都同时被记录在新编节目带上，它们全都是重新记录的。

③末尾处磁迹状况：此方式中，在停止编辑时，会留下被总消磁头消去的梯形状空白部分，所以，记录有完整节目磁带中间用组合编辑插入新画面，在出点画面会出现丢失现象。因此，要特别引起注意。

组合编辑法只需确定编辑入点，一旦确定好入点就可开始编辑。等记录完所需要的部分后，选择适当的位置停止编辑。然后将母带倒回到所需要部分的尾端，即不需要部分的开头处，再把它定为接下去编辑的入点，编辑第二个画面，一个接一个地进行编辑。组合编辑是图像和声音同时编辑的方法。因为控制磁迹信号也同时记录，所以用空白磁带按顺序连接记录画面时，较为方便。但是，如果从一个新磁带的起始点或在磁带空白段之后进行组合编辑，在最初的编辑入点前不得不录制一个至少 10 秒的控制信号，此可以简单地使用录制方法复制一段磁带以此代替录制控制信号。

（2）插入编辑（Insert）：插入编辑是把一段新节目插入到磁带的预定点。视频信号、两个音频通道及时间码可以被分别或同时传输，如图 4-19 所示。它的特点：

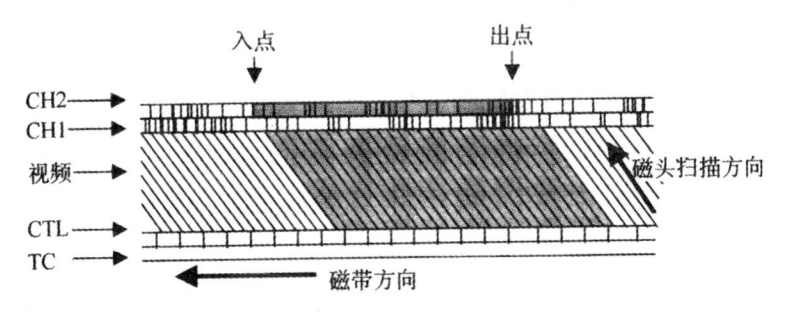

图 4-19 插入编辑磁带

①必须具有控制磁迹。插入编辑时,不记录新的控制磁迹,仍保留原有磁带上的控制磁迹。从录机的工作情况来看,插入编辑只是利用旋转消磁头消去视频磁迹,而固定消磁头不工作。

②可插入视频、音频磁迹和时间码磁迹(在高级录像中可插入时间码磁迹)。插入编辑能单独插入图像或声音,也能同时插入图像和声音。

③有精确的插入镜头的首尾衔接点。利用事先记录在磁带上的信号进行编辑,插入视频信号和音频信号,保证在编辑入点和编辑出点处,磁带上的视频和音频磁迹准确地连接。

④末尾处磁迹不会中断。

插入编辑方式有以下几种形式:

①在已有完整节目的磁带中间插入新图像或声音,以代替原来的信号。

②在已录有图像的磁带上加音乐或解说词。

③在已录有图像的磁带上加图像。

(3)组合编辑与插入编辑比较:组合编辑是在存在节目的磁带后面接上新的节目。把放机上的图像(视频信号)、声音(CH1/CH2)、时间码(TC)、控制磁迹(CTL)传送到录机上,也称拷贝方式。插入编辑是在完整节目的磁带中间换上新的节目。根据需要可以插入视频信号、声音信号,录到录机上。

要注意的一点是,使用组合编辑方式,在记录视频和音频磁迹的同时,也记录了控制磁迹。使用插入编辑方式,在记录视频和音频磁迹的同时,并没有替换控制磁迹。

插入编辑不能像组合编辑那样在空白磁带上进行,必须在记录有控制磁迹的磁带上才能进行,如果要使用全新磁带,则事先要把控制信号录好。现在,一些新的录像机在没有CTL信号的地方也可以完成插入,但是,由于没有CTL信号,录制信号不稳定,也没有CTL码显示。

组合编辑精度低,插入编辑精度高。组合编辑的CTL信号是不同带子的CTL信号,存在着位置差,插入编辑的CTL信号是同一个CTL信号,比较稳定。

录像机有全消磁头、视频录/放磁头、视频消磁头、时间码录/放磁头、时间码消磁头、CH1/CH2录/放磁头、CTL录/放磁头、CH1/CH2消磁头。组合编辑与插入编辑的磁头工作方式区别在于全消磁头是否工作。插入编辑时全消磁头不工作,不替换CTL信号。拍摄过程记录时,就是一种组合方式。修改磁带内容不能用组合方式,组合编辑时全消磁头工作。

三、电子编辑机的使用

1. 编辑控制器介绍

电子编辑遥控器是具备微型信息处理装置,能够进行程序编排的开关控制器。它通过多芯电缆,将电子编辑系统中的放像机、录像机连接起来,将录像机的功能控制操

作集中于一体,如倒带、放像、录制等等。它只起一个遥控作用,信号系统不通过电子编辑控制器。高级的电子编辑控制器,内部装有微型计算机、数字存储单元等,可以进行编辑程序的设置,储存各种所需数据,实施自动化编辑。能否进行电子编辑取决于录像机是否具备电子编辑功能,而电子编辑控制器的使用只是可以使电子编辑系统的编辑性能高度自动化和多样化,起决定作用的还是具备电子编辑功能的录像机。

编辑控制器通常是一个独立的设备,不过有些录像机本身就可以确定编辑点,因而不需要外部控制器。通常控制器可以执行一般录像机的所有功能——放像、快进、倒带、暂停、停止,而且通过它的遥控线,编辑既能控制放机,也能控制录机。为了能够以不同的速度搜索两台机器中的带子,找到确切的位置,控制器上还装有搜索盘。通过这个控制器,我们可以在放机上找到理想的镜头起始位置,打好入点;再在放机上找到开始记录这个镜头的理想位置,同样打好入点。出点可以在放机上设定,或在编辑完成后按下编辑停止键。

放机和录机都有预卷供机器调整速度,编辑控制器可将预卷时间设置在 10s、7s、5s、3s。这就是为什么要在素材带的入点之前预留几秒钟的原因。如果不这样的话,大多数的编辑系统会对素材的前几秒无法进行编辑。

控制器上的计数器可以用来指定位置。如果录像带上有时间码,那么这个计数器将显示每一帧画面的时、分、秒、帧数码。如果设置为 CTL 码显示,计数器上仍将显示时、分、秒、帧,录像带每走一帧,它都会增加一帧。但是这些数字是相对的,可以在任何一点上按 RESET 键将计数器归零,从这个点上开始计帧数。如果计数器在某一点上停止不动,而带子仍然在继续走,这说明从这里开始磁带上没有控制磁迹。

大部分控制器上都有帧调整功能,可以在编辑点增减若干帧画面,而不必重新设定入点或出点。在控制器上,我们可以通过设定组合编辑、视频插入编辑、音频插入编辑,选择需要的编辑内容。

2. 电子编辑过程中的逻辑功能

(1)预演(PREVIEW):在一个镜头的编辑程序设置完成后,可进行编辑效果的模拟,编辑人员可通过监视器对画面的编辑进行检查,可以反复多次。我们可以在监视器上看到编辑后的镜头效果,但实际上录机并没有把它录下来。

按预演钮后,录机与放机都进行预卷功能的实施,倒带 5s,然后暂停一下,开始正常放像,到达编辑点后,录机不进入录制状态,放机继续重放画面,此画面通过电-状态,直接显示在录机的监视器上,编辑效果出现了。

(2)自动编辑(AUTO EDIT):确定了编辑入、出点后,按下自动编辑钮,编辑过程能自动完成。首先,录机和放机快速搜寻编辑点,并完成预卷功能,然后同时正常放像,到达编辑入点,放机继续重放图像,而录机自动进入录制状态,到编辑出点,录机自动解除录制状态,编辑结束,放机、录机均暂停于出点位置。

(3)组合编辑结束和插入编辑结束(END):组合编辑时,当按下结束钮(END)时,放机仍要继续走带2秒,录机也要在结束点后多录2秒,然后再返回结束点。这是因为编辑误差会造成漏信现象,所以要多录2秒的图像信息。

插入编辑时,当按下结束钮时,放机继续放像2秒,而录机则立即由录制状态转换为放像状态,走带2秒,然后返回结束点。由于是插入编辑方式,所以在编辑出点后肯定有画面存在,不会出现漏信现象。

(4)重演(REVIEW):编辑结束后,想检查编辑效果时,可以利用重演功能来进行检查。此时,只有录机重演,而放机是停止不动的。

3. 电子编辑的操作

(1)编辑准备工作

• 录像带:放机放入素材带,录机放入空白带或节目成品带,注意防误抹,编辑前务必在母带上开始端记录不少于1分钟的彩条或彩底,给片头留好位置。

• 编辑系统检查:系统是否完好,检查各种电缆连接以及辅助设备是否正常。

• 放像机:打开电源;调节音频重放(PB)电平使音频信号最佳,注意有的机器不能调整重放音量大小;将计时显示开关置于 CTL 或 TC;TRACKING(寻迹)控制设成FIXED(定位),或根据图像进行调节至稳定位置;将 REMOTE/LOCAL(遥控/本机)开关置于 REMOTE。

• 录像机:打开电源;将 REMOTE/LOCAL 开关置于 LOCAL,如果录像机被编辑盘控制,将 REMOTE/LOCAL 开关置于 REMOTE;根据输入信号类型,使用 INPUT SELECT(输入选择)开关进行输入选择;调节音频录制(REC)电平;录音时,表头指针应在 0dB 附近,不能过大或过小;音量控制允许瞬间的音量超过表头红线,手动录音时可防止噪音的产生,自动录音会把不需要的噪声小信号自动放大。因此,连续性音响信号,如音乐、街道噪声等,用自动;不连续信号,如讲话等,用手动。将计时显示开关置于 CTL 或 TC;TRACKING(寻迹)控制设成 FIXED。

• 编辑控制器:用 LEARN 键,测量 VTR 启动延迟。PREROLL 选择开关选择预卷时间,用 SYNCHRO 选择开关选择同步。用 TC/RTC/CTL 选择开关选择计时显示格式。

• 监视器调整:放像机监视器与录像机监视器所显示同一图像的色彩和亮度有差异,可能是信号传输系统有问题,也可能是两个监视器本身重现图像的性能不一致。所以,使用前必须要调整各监视器的一致性。方法是:给各监视器输入彩条信号,关闭彩色调节钮为最小,用亮度和对比度调节黑白图像,使彩条信号的各个灰度等级清楚,再调节色度(以肤色为准)。

另外,还要进行录、放机功能键开关选定以及初始菜单的设置等工作。

(2)手动编辑

手动编辑是不需要专门的编辑控制器,直接用录像机面板上编辑操作键来进行节目编辑的方法。当使用无预卷功能的录像机编辑时,不能提高编辑入点的准确性。当

使用有预卷功能的录像机编辑时,能提高编辑入点的准确度,满足录机放机"锁相同步"所需的时间。图像质量不太好时,可适当延长预卷时间。

手动编辑的操作步骤:

①选择组合编辑状态或插入编辑状态;

②同时按下放机和录机的重放键;

③在入(IN)点处,同时按下录机上的编辑(EDIT)键与重放(PLAY)键;

④在出点(OUT),按下编辑录机的重放(PLAY)键,编辑结束。但是重放仍继续进行,按下停止(STOP)键停止重放。

注意不要在停止状态开始编辑,在插入编辑时,不要用停止键停止编辑。否则,由于没有预卷时间,图像在编辑点会出现失真或跳动。为此,在开始编辑前,录像机在重放状态要运行两秒以上再进行编辑。

(3)自动编辑

可以记入编辑入点、编辑出点,能自动进入和结束编辑状态。

遥控线连接的双机编辑:在具有遥控编辑功能的放像机与录制机之间连接一根多芯(多为9芯)遥控电缆,以传递控制信息,这样就可以单机操作,通过按键转换录制机的面板状态,选择面板被放像机或录像机操作。

编辑控制器连接的双机编辑:由两条遥控电缆将编辑控制器与放机、录机连接起来,放机、录机的本机/遥控开关均搬到遥控位置。放机、录机的功能操作全部由编辑控制器控制,编辑操作由控制器来完成。

一对一编辑系统——切换编辑的操作步骤:

切换编辑是一种瞬时从一个画面转换到另一个画面的技术。在组合模式下,音频和视频信号在同一时间切换;在插入模式下,可独立切入音频和视频。

①选择编辑方式——组合方式或者插入方式

● 组合方式:按下 ASSMBLE 键,键灯亮,在按下 ASSMBLE 键前,若任何一个插入方式键灯(V、A1、A2)已亮,应先按下它们令其键灯熄灭。

● 插入方式:根据需要插入的信号,按下一个或多个 V 键、A1 键、A2 键,键灯亮。在按下插入方式键前,若 ASSMBI 正键灯已亮,应先按下该键令其键灯熄灭。

②设定编辑点

● 旋转搜索盘寻找编辑点:在高位时转动搜索盘,用于有极变速方式,前进或倒带放像,取决于角度(以中间位置为准)。在中间位置,可感到一卡位,出现静帧。按下去并转动搜索盘,用于无极变速方式,前进或倒带,取决于转动的方向及速度。停止转动此盘,出现静帧。寻找到所需要的画面时,正常放像状态,按 STILL 键;有极变速方式状态,将搜索转到中间位置;无极变速方式状态,停止转动搜索盘。

● 设置编辑点:搜索到所需要的画面后,将 ENTRY 键与对应所要设置的编辑点 IN 或 OUT 键,只要按下两键,就能设定编辑点(有的设备是 MARK IN 和 MARK

OUT 键）。与编辑点对应的 IN 或 OUT 指示灯亮。如果编辑点的指示灯闪动,则说明编辑点尚未设定。设定 3 个编辑点后,PREVIEW 和 AUTO EDIT 键灯闪动,说明可以预看和执行编辑。

③预演编辑

预看功能是在执行编辑前进行预演、预看时,放像机和录像机准确地按所要执行的编辑形式走带。结果显示在监视器上,供观看审查,但不录制编辑。如果对编辑结果不太满意,可以调整编辑点并再次预演。

如果未设定编辑 OUT 点,则磁带一直下去。可以按 AUTO EDIT 键,执行自动编辑,可以按下 STOP 或 ALLSTOP 键,停止预演。

④执行编辑

编辑点设定好后,可执行编辑,按下 AUTO EDIT 键,正式进行录制编辑,录像机走到 OUT 点后两秒停止,然后倒回到 OUT 点,并停止。RVW/JUMP 键灯闪动,表示可以重看。也可以继续编辑下一个画面。

⑤编辑检查

如果需要检查一下编辑效果,可按 RVW/JUMP 键进行编辑检查,录像机从预卷点到 OUT 点的两秒之间进行重放,以供观看。观看完 IN 点后,可以再按下 RVW/JVMP 键,磁带快进到 OUT 点前 5 秒位置正常放像,至 OUT 点位置停止。

编辑点的检查,注意夹帧,看画面中间有无划伤与闪点,如有重新编辑。在编辑过程中,有把握时,编一段后重放监看一次,无把握时,一个镜头监看一次,直到技术上、内容上都没问题,再接下一个镜头,这样可以避免重复劳动。

(4) A/B 卷编辑

A/B 卷编辑程序与切换编辑不同点:必须指定两台放像机(FROM 和 TO 信号源);必须独立设定两台放像机的编辑点;必须设置一个效果持续时间。其他方面,A/B 卷编辑与切换编辑基本操作程序相同。下面以 PVE-500 为例说明操作方法。

选择 FROM 和 TO 信号源:按下 A/B 键,键灯亮。若灯闪动,它会停止闪动,并点亮,在 FROM TO 部分的 FROM 排,绿色指示灯亮。按下 P1 或 P2 键,选择 FROM 信号源。键灯亮,同时,在 FROM 排的 P1 或 P2 红色指示灯亮。绿色 FROM 指示灯灭,而绿色 TO 指示灯亮。按下余下未亮的 P1 或 P2 键,选择 TO 信号源。键灯亮,在 TO 排的 P1 或 P2 红色指示灯同时亮。绿色 TO 指示灯熄灭,现在两个绿色指示灯均熄灭。

编辑点的设定:一共有 6 个编辑点,只要设定 5 个编辑点,就可以进行预演和执行编辑。设定放像机的编辑点时,需要按下 P1 或 P2 键选择 FROM 或 TO 信号源,其他步骤与切换编辑程序相同。

注意 FROM 信号源 OUT 点,应该设置,否则,特技效果从 FROM 的 IN 点开始执行。

效果转换时间的设定:效果转换时间是作为连接的切换台在执行特殊效果开始点到特殊效果结束点之间的帧数。

确认 A/B 键灯亮后,按下 TRANS 键,键灯亮。转换时间显示在 EDIT、NO/TE-ANS/DUS 显示窗。用 EDIT NO/TRANS/DUR 三个键输入所要的帧数。

(5) 分离编辑

可以设定独立的音频和视频 IN 点,在插入方式模式下,相对于视频 IN 点,音频 IN 点可作超前或延迟。分离编辑也有其局限性:不能独立设定 1 声道和 2 声道的分离 IN 点;可以设定录像机音频或放像机音频分离 IN 点,但不能一同设定;分离 IN 点不能用于 DT 动态编辑;A/B 卷编辑中,不能设定 TO 信号源的分离音频 IN 点。

分离编辑的操作与切换编辑基本相同,只是增加了音频编辑点的设置。可以通过 AUDIO IN/OUT 键设置,或通过 PVE-500 编辑盘上 AUDIO SPLIT 键设定(键灯亮设定音频编辑点,键灯闪设置完成)。

(6) DMC(动态运行控制)编辑——变速放像和静帧

用有 DT(动态跟踪)功能的放像机,可以从某一特定的初始速度开始编辑,然后录制时,通过转动搜索盘,改变速度,以得到变速放像画面。下面以 PVW-2800 录像机说明操作方法。

• 设置动态运行控制(DMC)编辑点:操作与切换编辑基本相同,只不过要先按下 DMC EDIT 键,进入 DMC 编辑方式。在 DMC 编辑状态,不能设定放机的出点。

• 设置放机的初始速度:放机的初始速度决定于搜索盘的位置。如果搜索盘处在中心位置,放机就被初始设定为静止状态。选择无级变速(SHUTTLE),按下 PLAY-ER(放机)键。按下 DMC EDIT 键,计时器显示目前的设置速度。旋转搜索盘,按显示器设置初始速度,然后松开 DMC EDIT 键。

• 记忆重放速度:在预演期间,旋转搜索盘改变重放速度。此速度被记忆,以在 DMC 编辑中使用。按下预演(PREVIEW)键,当磁带到达入点时,MEMORY(记忆)灯开始闪烁。旋转搜索盘调整重放速度,当磁带到达出点时,MEMORY 灯点亮,重放速度就被记忆下来。停止搜索盘操作,按下 STOP 键使磁带停止。

• 执行 DMC 编辑:预演并记忆速度之后,按下自动编辑(AUTO EDIT)键,编辑将以记忆速度进行。

• 通过 PVE-500 编辑盘操作:将放像机搜索盘升到高位(SHUTLE),按下 VAR (ENTRY+FF)键,放像机进入变速放像方式。放像机放像,旋动搜索盘选择所要速度。放像机 IN 点的画面位置,同时按下 ENTRY 键,以及放像机的 IN 和 OUT 键。当前的磁带位置被设定为 IN 点。当前的磁速速度被设定为初始 DT 放像速度。按下 DUR(ENTRY+TRANS)键,键灯开始闪动。用 EDITNO/TRANS/DUR 键输入编辑持续时间。设定录像机编辑点。按下 AUTOEDIT 键,执行编辑,此点的放像速度将是 DT 初始速度,通过 IN 点后,可旋动搜索盘,改变放像速度。

(7) 编辑指令

4 个编辑点设定 3 个就可以，第四个编辑点自动设置。一般编辑入点是必须设定的，而编辑出点设定 1 个就可以。注意不要出现出点设在入点之前的误操作。通常插入编辑指定编辑的入点和出点，而组合编辑只需要编辑入点就可以了。

● 入、出点设置方法。入点：①打点，按下 IN ENTER 或 MARK IN 键；②CTL 复零（按下 RESET）；出点：①打点，按下 OUT ENTER 或 MARK OUT 键；②手动设置，在编辑结束时，按下 END(STOP) 键。

● 修正编辑指令方法：如果编辑点选择有误，可进行编辑点微调或重新设置编辑点；按下编辑点键的同时，按下 TRIM（修正）键．TRIM＋键使编辑点向前移动一帧，TRIM -键使编辑点向后移动一帧。如果连续按下 TRIM 键，则编辑点连续移动。编辑有误差时，通过 CTL 复零可以消除编辑指令，使错误指令消除，但同时正确指令也会被消除；还可以采用删除键(DELETE)＋要删除键(IN、OUT)的方法删除错误的编辑点。还可以重新打点替代原来对应的编辑点。

● 确定编辑点方法：按下放机或录机的 IN/OUT（入/出）键中想确认编辑点的一个键。与按下的键所对应的编辑点时间数据将显示在计时显示器上，直到放开该键后，显示器回到磁带所在位置的时间数据。同时按下 IN 和 OUT 两个键，与所按下的键相对应的区间数据将出现在计时器中，放开按键后消失。这可以帮助检查编辑段的长度。同时按下 PREROLL（预卷带）与 IN/OUT 键，磁带卷到相应的编辑点处停止。有的编辑盘上有 GO TO 键可替代 PREROLL 键实现这一功能。只按下 PREROLL 键，磁带被倒回到入点前 5 秒（与预卷时间设置有关）处。

(8) 断磁处理

磁带的一段磁迹所有信号被删除后，这段磁迹上就失去了 CTL 信号，从而使磁带出现断磁现象（初学者最容易出现）。弥补方法：继续用组合使断磁迹的一段补充上来，但相应地后面的磁迹又出现断磁，无法用插入编辑。

编辑节目时断磁处理：①重新编辑，即在出现断磁的地方开始用组合编辑重新编辑，或将编辑母带重新倒版时，在断磁处将它们接上；②在组合编辑方式下，让磁带离开全消磁头，消磁对磁带不影响。如用纸或物体放在磁头与磁带之间，使它们隔开，使全消磁头停止工作，这样就可以进行 CTL 信号插入。但需要专门的技术人员操作。

(9) 夹帧现象

在前后两个相连的镜头中间，出现一帧或几帧编辑时并不需要的画面，在重放过程中，看上去好像两个镜头中间的接点不稳定，接点处出现闪动的现象，就是夹帧现象。由于夹帧往往是一闪而过，所以不太会注意到。造成夹帧的原因是由编辑点设置有误或编辑机精度不高跑点造成的。因此，设置编辑点时，编辑入点要设置在所需画面开始帧的后一帧或几帧（根据编辑机的精度来定），编辑出点设置在所需画面结束帧的前一帧或几帧。编辑过程中，可通过预演、返看来检查是否有夹帧。

(10)连续黑场插入方式

由于空白的录像带本身并没有控制磁迹,因此在编辑前要先将控制磁迹录上去。有时,先把整盘带子录彩条或黑场,即录 CTL 磁迹,然后再插入图像和声音信号。把带子放在连接视频信号的录像机里,然后让它从头到尾都在记录状态下走一遍。这样记录到的视频信号都是黑场。理论上讲,记录图像同样可以给带子铺上一条连续的控制磁迹,但是通常人们都倾向于用黑场,原因在于编辑时因跑点出现夹帧,黑场不会干扰图像。在拍摄时,除录彩条以外,也可以录几秒钟的废镜头,也就有了 CTL 磁迹。

(11)怎样不断磁迹(拍摄时)

①不关电源情况下,换电池会出现断磁;②频繁开关电源,会出现断磁;③拿出磁带,再放入会出现断磁;④锂电池无电,关机后会出现断磁。⑤找到上一个画面的结束点前 1 秒钟,按下 STOP 再开始录像。

4. 磁带录像机编辑过程中常见问题分析

编辑过程中,通常会出现许多问题,可能是系统设置不当,也可能是机器故障,通常是伪故障,我们可以根据现象分析故障,由简到繁排除故障。

现象:放像机或录像机不能正常重放。

● 如果计时器不走字,可能是磁带没有磁迹。

● 计时器走字,但看不到图像,可能是磁头脏或损坏,也可能是监视器连接或选择错误。

● 出现告警,功能键失控,可能是录像机的机械故障,或磁头结露等问题。

现象:放机正常,但放机的图像录机看不到,没有视频指示。

● 检查前面板视频输入选择是否在正确位置(与连接线对应)。

● 检查后面板视频输入连接线是否有损坏(与输入选择对应)。

● 连线正确,但连接线、连接头有损坏,出现断路现象。

● 机器内部故障。

现象:录机可以看到放机来的图像,但图像质量不好。

①如果是录像前看到的 E-E(电电)图像质量不好。

● 可能是放机本身的图像不好,有噪波,调节放机磁迹跟踪旋钮(TRACKING),直到射频电平最大且稳定;图像上部扭曲现象,调节放机张力杆(SKEW),放机磁头脏或损坏;素材带磁粉脱落或录制时就不好;素材带制式与放机不符。

● 录机视频电平过高或过低,调节视频电平旋钮。

● 视频信号的连接线或连接头接触不良或质量不好。

● 视频输入 75 欧姆阻抗匹配开关设置不正确。

● 如果是分量输入,出现偏色、无色,可能是放机输出 Y、U、V 与录机输入 Y、U、V 三条 BNC 电缆连接不对应,或其中一条有故障。

● 环境强磁场干扰,有杂波或网纹。

- 不同步,连接基准信号。

②如果是录制后重放图像质量不好。
- 图像有噪波,看不清楚,可能是录机磁头脏或损坏。
- 图像上有白色噪点或噪带,可能是录制磁带磁粉脱落、变形。
- 录机 TRACKING 旋钮没有放在 FIXED 位置,磁迹出现偏差。
- 录像磁带不兼容。
- 插入编辑时,未选择视频插入,图像无法记录。

现象:视频信号正常,音频信号不正常。

①首先检查音频电平表,如果没有指示。
- 调整音频电平旋钮使之正常。
- 检查音频信号连线是否正常连接,或连线、连接头有断路现象。
- 音频输入电平(AUDIO INPUT LEVEL)开关位置是否正确(后面板),如:PVW-2800 话筒输入时,置于 LOW,线路输入时,置于 HIGH ON 或 HIGH OFF。

②如果音频信号电平表有指示,指示正常,但听不到声音。
- 看监听选择开关是否正确设置。
- 监视器的连接、输入选择、音量大小是否正确设置。
- 有的监视器如果没有视频信号输入,只有音频信号输入时,也听不到声音。

③如果是录制后,音频重放不正常。
- 插入编辑时,没有选择音频 CH1 或 CH2 插入方式。
- 分离编辑时,音频入点设置不正确。
- 音频磁头脏或损坏。

现象:录机能看到放机的正常视音频信号,但无法正常进行编辑。

①录像机本身问题。
- 机械部分故障,磁带无法正常进入,或运行过程中突然中断,并有错误显示。
- 磁头结露,机器除起仓键(EJECT)外都不能正常工作,待蒸发后再用。
- 面板按键、旋钮长时间使用,损坏或失灵。
- 机器过热或过冷,自动保护不工作,取出磁带,关闭电源。

②录像机设置不正确。
- 遥控失灵,遥控线连接是否正确,遥控开关位置是否正确。
- 模式选择等功能键设置是否正确。
- 编辑点设置是否正确。
- 编辑方式选择是否正确。

③录像带使用不正确。
- 磁带的防抹钮是否存在。
- 机内是否有磁带,且磁带是否加载。

- 放机、录机磁带 IN 点前是否有 5 秒的预卷磁迹。
- 插入编辑时,录机磁带的被插入段没有磁迹。
- 磁带是否已经在磁带的头尾。
- 磁带是否松弛或绞带。

第三节　非线性编辑

　　以计算机软硬件技术为代表的数字化后期制作技术在近年来得到迅猛发展,以前所未有的速度进入到电视节目的后期制作领域,改变了传统的影视节目制作方式。在不到 30 年的时间里,电视编辑从最初的机械剪接,后来的电子编辑,发展成为应用计算机进行处理的先进的非线性编辑制作技术,它广泛地应用于新闻、专题节目、电视广告、MTV、节目包装等领域,为电视带来了全新的制作手段。

　　数字非线性编辑,或者说硬盘编辑,代表着电视制作的发展方向,它也大大推动了数字视频,特别是数字录像机的发展以及数字视频网络的发展。电视技术领域的一场革命正在稳步地进行。电视台运行所需要的高速网络,将决定电视台的整体结构。

　　非线性编辑是在线性编辑的基础上产生和发展起来的。线性编辑方法在非线性编辑中也不同程度地采用,只不过更灵活、更方便罢了。非线性编辑系统的价格从几千元到几百万元不等,低档的属于家用型,只配有最基本的软件,高档的则用于电视台节目的专业编辑。不同厂家的产品,只是用不同的操作方式来完成基本上相同的编辑任务。从整体上来看,先要将镜头素材存在素材库里,然后用拖拉、点击或击键的方式把它们从存储处移动到时间线窗口选定的位置上。所以,你掌握了一种编辑软件,其他的编辑软件只要进一步学习它所特有的击键、菜单功能,其使用原则基本相同。

一、以计算机、光盘为基础的录制和储存系统

　　为了满足非线性后期编辑的需要,很多系统已经推出了不用录像带储存图像和声音,而是采用硬盘,读写光盘。这一系统最大优点是可以立即得到任意一幅画面。

　　数字声音和图像储存在硬盘和光盘上只能录制数字式信息,存在的一大问题是需大量的数字储存空间。这一需要导致了各种压缩方法的产生,即录制中失掉所有不重要的数字信息,播放时重新恢复,但即使是最高级的压缩方法,也会降低图像质量,其规律是压缩越少,图像质量越好。

- 硬盘录像机:单一大容量硬盘适合作录制和储存,但不能快速得到内容,须将大容量的硬盘分割成一定数量的小型硬驱。
- 便携方式硬盘:硬盘怕振动,所以不易经常移动。但现在已有比较防振的硬盘,能装配在摄像机上作一体机使用,叫摄切机。可直接播放某镜头,删除不好的镜头并编辑各种镜头,作删切和编辑。

● VCD(VIDEO COMPACT DISC)机:是一种数字视频光盘机,采用 MPEG1 标准(民用级)对视音频信号压缩。对图像的压缩比为 120:1～130:1,对音频为 6:1,数据率为 1.4Mb/s。VCD 水平清晰度为 250 线,播放时间为 74 分钟/盘。

● DVD(DIGITAL VIDEO DISC)机:对视频信号采用 MPEG2 的压缩技术标准。水平清晰度达 500 线,信息量为 VCD 的 10 倍。数据传输率为 10.08Mb/s,播放时间为 140 分钟/盘。

● 硬盘、光盘存储系统的质量:数字环境下决定视频质量的关键问题是带宽,即视频数据的传输速率。PAL 制下数字视频传输速率约为 20Mbps,这个速率对于目前的计算机技术来说,不仅是速度而且从其相关的存储量来看都太大了。所以目前的数字非线性编辑系统都采用数字压缩特性(M-JPEG 技术),在低损失下最大限度地利用现有带宽。系统视频指标越高,要求的传输速率就越大,单位硬盘所能存储的视频画面就少,所需要的硬盘容量也就越大。当然数据传输速率只是部分地依赖于压缩比,图像内容和初始方式也很重要。

要注意的是,压缩和解压缩时会有一些损失。大容量硬盘的需求对于目前的硬盘技术来说并不是轻松可以解决的,对于 10G 甚至是 20G 的需求可以采用单块或多块硬盘简单串联的方法解决,但安全性和所连接的硬盘数量成反比。因此,大容量应该采用硬盘阵列来解决,它的安全性可以满意,但价格相对有较大提高。

二、非线性编辑概述

1. 线性与非线性编辑的概念

(1)线性编辑:"线性"与"非线性"是英文中"Linear"和"Nonlinear"的直接意译。线性的意思是指连续,线性编辑指的是一种需要按时间顺序从头到尾进行编辑的节目制作方式,它所依托的是以一维时间轴为基础的线性记录载体,如磁带编辑系统。磁带的线性编辑方式称为电子编辑,它是用电子手段根据节目内容的要求将素材连接成新的连续的画面。通常使用组合编辑将素材顺序编成新的连续的画面,然后可以用插入编辑方式,对某一段进行同样长度的替换,但是要想删除、缩短、加长中间的某一段就不可能了,除非将那一段以后的画面全部抹去重录。就像打字一样,打字机打的稿子中间是不可能像计算机打字那样进行插入和修改的。

传统的电视节目后期制作使用录像机作为录机和放机,同时使用编辑器、特技台、调音台、字幕机和时基校正器等其他设备一起工作,完全使用录像带作为素材和结果的记录媒体。此系统的优点是直观、实时,但也存在着致命的缺点:

①模拟编辑系统信号全部为模拟信号,由于模拟信号复制存在衰减,进行编辑及多代复制时,信号传输和编辑造成的损失在图像质量上更为明显。

②系统设备较多,安装调试较为繁杂。各种设备起着特定的作用,须用大量的电缆(视、音频线等)连接起来,常常会出现不匹配现象,而且各种设备的性能指标也不一

致。当它们连接在一起时,会对视频信号造成较大的衰减,特别是一些低档的字幕机和特技机,更会使信号严重劣化。

③录像机只能进行线性播放,即按照录像机的顺序播放,系统只能进行线性编辑。线性编辑中必需找到正确的入点,在寻找入出点的过程中会耗费较多的时间及操作者的精力,由于反复搜索素材,会导致磁头的磨损及素材磁带的损耗。

④难于进行修改。在节目制作过程中,经常要对画面进行修改,要相对编辑完成片加长或删除某一段是不可能的。这样一来从改动的画面开始后的所有画面及声音就要重新编辑,大大增加了工作量。当然也可以把节目带翻录一版,但对于模拟记录方式来说,节目信号质量将会劣化。

(2)非线性编辑:非线性编辑是相对于线性编辑而言的,是指素材的长短和顺序可以不按制作的先后和长短进行任意编辑,对于素材可以随意地改变顺序,缩短或加长其中的某一段。非线性编辑可以随机存取素材,以交叉跳跃的方式进行编辑;对已编部分的修改,无须对其后面的部分进行重编或转录。

以计算机技术为主导的非线性编辑系统能克服线性编辑的缺点,它有以下特点:

①全数字化的制作流程:全系统以计算机为核心,采用高速硬盘作为存储,进行数字化信号处理,在系统中进行编辑处理和多代复制时几乎无衰减。任何修改不会影响节目的图像质量。所存储的数字视频信号,无论做多少次,无论指定多少层画面相互重叠,无论修改多少次,都能保持始终如一的质量。非线性系统并不是一点损失都没有,随着素材的不同,多少会有一些损失,但比起转录损失大大减少。非线性系统下只需要转录两次——输入素材和输出成品。无论怎样,都能得到的是第二版质量的播出带。

②系统集成度很高,集多种功能于一身,省略了除录像机以外所有传统设备(如编辑控制器、特技台、调音台及字幕机等),消除了由于多种视频设备连接共用而带来的视频损失,大幅度地提高了编辑制作的效率。视音频系统同时处理,互相配合,操作者在同一个环境中完成图像、图形、声音、特技、字幕、动画等工作。

③具有编辑顺序任意性、跳跃性的非线性编辑特性,如编辑点瞬间即可找到,可以任意改变、删除或加长画面等。编辑节目中镜头的顺序是可以任意编辑的,可从前向后进行编辑,从后向前进行编辑,或者分成段落进行编辑;一个镜头能够直接插入到节目的任意位置,也可以将任意位置的镜头从节目中删除。

④对于素材的管理方面等,都具有明显的特点。素材使用方便。传统的磁带编辑,审看素材只能看到一段素材,而非线性编辑系统中每一个素材都以帧画面的形式显示在计算机屏幕上,寻找素材也很容易,可以随时取得任意素材,不必像传统的编辑系统那样来回倒带,只需用鼠标拨动一个滑块选中所需素材,就可以轻而易举地找到需要的素材。同样可以逐帧搜索,打入、出点很容易,编辑精度可以精确到0帧,而且没有预卷、录制时间,入、出点确认后,这段素材就编上了(或把它拉到节目的相应位

置上)。

⑤操作的任意性。先按导演的要求将所需镜头编辑成为一个序列,从而把整个节目的框架结构完成;然后对该结构进行仔细的调整,使整个节目在内容上达到要求;最后再为整个节目加入特技、字幕,并完成音频的制作。

⑥充分体现编导的意图。传统编辑系统中编导在编辑前必须把节目设计成熟,对每一镜头的长短、何处使用要反复考虑,可以说操纵机器只是完成制作。而非线性系统中,编导可以边思考边制作而先不用去考虑特技、字幕,甚至可以设计不同的版本,如国内版、国际版、宣传版、等等。节目的内容是实质,而特技、字幕等只是实现内容的手段。因此,能够最大程度地体现编导的创作意图。

⑦系统简单、可靠、易维护、易升级。大大降低了成本,可以长期使用,避免了(因录像机磁鼓磨损、制式不统一等)传统设备很快过时而造成的浪费。一般情况下,只要通过软件的升级就能实现功能的增加,随着新的可添加硬件的出现,软件功能的提高,系统也会随着技术不断发展而扩充,性能会越来越好。

⑧易于节目制作网络化,实现自动播出、节目录制和数据资源共享。非线性编辑系统可以提供一个理想的采、编、审、播环境,在一个网络视频服务器中共享数字化的节目素材,加快了信息的传播速度。网络化、数字化,大大提高了电视节目信号传送、播出的质量和效率。

⑨特技制作方便、丰富。视频信号数字化后为计算机处理能力地发挥提供了广阔空间,可以在硬盘上和其他素材进行混合叠加,可以制作多层特技画面以及二维、三维特技效果,真实场景与虚拟场景的完美结合可以创造出许多以前无法想象的特技效果。节目编辑中的连续特技可一次完成无限多个,不仅提高了编辑效率,而且丰富了画面的特技层次。

⑩图像处理功能强大。在采集时,可以方便地对图像的亮度、色调和色饱和度等参数进行调整;在加工处理过程中,可以方便地改变图像的艺术效果。

⑪声音信号的同步处理。在非线性编辑系统中,能完成许多传统录音方式无法胜任的特殊处理,如声音可不变音调改变音长(即声音频率不变,延长或缩短时间节奏),利用声音波形进行编辑等。另外,图像与声音的同步对位也很准确方便,有利于对画面和声音特别需要同步的电视节目的后期编辑。

⑫编辑手段多样化。计算机环境中,可以使用丰富的多媒体软件,设计出无限多种数字特技效果,而不是依赖于硬件有限的数字特技效果,使节目制作的灵活性大大提高。

2. 离线与在线、脱机与联机的非线性编辑

在线非线性编辑就是直接编辑直接播出。在线非线性编辑设备与离线相似,但有其自身的特点。离线编辑主要是编辑 EDL 表,即编辑决定表,而在线编辑是编辑实际要播出的节目;离线编辑要存储许多素材,存储容量要大,存储节目时间和成品节目时

间比为 8:1，而在线编辑的节目播出完就可以抹掉，不需很大的存储体，存储节目时间和播出节目时间比值 1.5:1。离线编辑可以使用非实时特技，而在线编辑必须使用实时特技。

传统的编辑系统一般工作在联机方式下，需要连接多台放机和至少一台录机。非线性编辑系统既可以工作在联机状态下，也可以工作在脱机状态下，还可以工作在联机/脱机并用的混用状态下。联机状态下，非线性编辑系统控制多台放机和至少一台录机进行编辑，它集中了编辑器、特技台、调音台等，比传统系统设备有更高的集成度，更可靠的视频传输通道和更好的人机界面，实际上是在线性编辑状态下工作。联机/脱机混用状态下，非线性编辑系统把自身硬盘回放的信号和控制外部放机产生的信号共同作为信号源，同时控制外部录机完成录制，实际上把硬盘当作硬盘录像机使用。使用者可以把时间较长、需编辑部分较少的素材留在录像磁带上使用录像机播放，而把需要较多编辑但比较短小的素材输入硬盘，这样既可以节省存储也可以发挥硬盘非线性编辑的优势。

(1) 视频编辑决定 EDL(Edit Decision List) 表

大多数非线性编辑系统都产生一个 EDL 表，它指出节目是如何放在一起的，即节目是如何将各个镜头或片断衔接在一起的。这是非线性编辑系统最基本的工作产品，但并不意味着每一个非线性编辑系统都能或必要提供这样的 EDL 工作产品。应该指出的是，不同的 EDL 方式，适应于不同的联机编辑控制器。编辑控制器可以翻译 EDL，并按照 EDL 所指明的顺序及方式完成节目制作。

(2) 直接输出——节目完成版

1992 年以前生产的非线性编辑系统，都不能将系统直接输出作为节目完成版，那时非线性编辑的目的是产生 EDL 工作产品。所谓直接输出，就是从非线性编辑系统上直接输出，也就是说从系统上进行重放，其重放输出就变成了节目的最后版本。这种系统是脱机编辑和联机编辑的结合，一旦原始素材变换到系统之后，就可进行编辑、加字幕、特技或配音等，整个节目编辑完后就记录在磁带上。目前这种方式已是数字非线性编辑的主流。

3. 非线性普及存在的问题

① 不能实现安全、有效、经济的网络化，严重制约了它的发展；

② 前期摄像采用的记录介质能否实现磁盘化成为瓶颈：复制过程、倍速上下载；

③ 存在一定程度上的不稳定性，限制了它的应用范围：系统死机、数据丢失、播出新闻上应用困难；

④ 电视工作人员对计算机的认识及使用存在严重的不足；

⑤ 现有的模拟电视制式不利于非线性编辑设备大范围的使用。

综上所述，非线性编辑设备更多的是利用其一机多能和价格上的优势，在电视后期制作领域发挥它的作用，还不可能完全替代线性编辑设备。

三、非线性编辑系统的基本构成

非线性编辑设备是计算机技术和数字化电视技术相结合的产物。数字视频编辑需要高速度的处理器和大容量的存储空间。数据的处理速度和数据的传输速率对整个系统显得尤为重要,然而影响系统处理速度和传输速率的因素在很大程度上取决于系统的硬件构成。非线性编辑系统是以计算机平台为基础,配以专用的视、音频卡,压缩解压缩卡,DVE 卡,高速大容量硬盘以及相应的控制软件和编辑软件来完成电视节目的制作。其基本构成如图 4-20 所示。

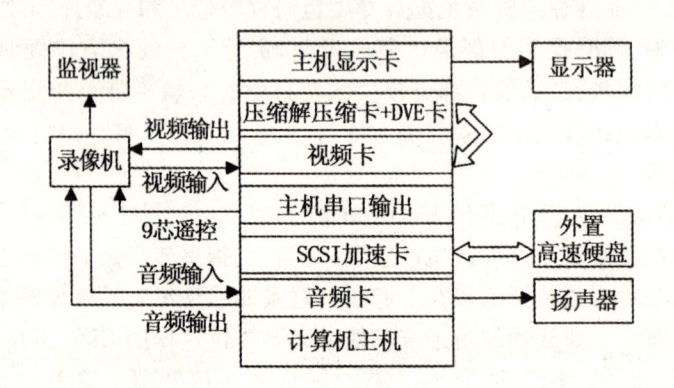

图 4-20 非线性编辑系统的基本构成

从图中可以看出,非线性编辑系统把来自录像机或其他信号源的视频、音频信号分别经图像卡、声音卡完成模拟转换,转换后的数字视音频信号再经压缩后存入高速大容量硬盘。编辑人员根据创作意图,运用编辑软件进行视音频编辑,实质上是利用时间和地址码的二维检索和记录,来实现其跳跃性的信号连接、删除和复制。其全部过程就是编写一个完整的有关数字视音频信号地址和时间的数据文件,最后计算机读取这一文件的同时也完成对数字信号的解压缩,视音频信号的数/模转换形成模拟的视音频信号输出。

非线性编辑可以实现传统电视编辑设备的多项功能:
①数字硬盘编辑录像机:记录、重放、编辑点、编辑方式;
②切换台:轨、层,实现多路信号的切换(利用软件);
③特技机:利用软件、特技板卡、二维与三维特技;
④字幕和图像创作:字幕机、图文的叠加;
⑤数字录音机和调音台:混合、调整、输入、输出。

非线性编辑系统的处理过程是数字的,从素材的采集到最后的节目输出,都是经数字化算法来完成。在这一过程中,除了编码、解码、压缩、解压缩、软件特技的生成,

不同文件格式的转换会引起信号损失之外,无论怎样对原素材进行修改,都不会影响图像和声音的质量,从而可以消除传统模拟编辑系统中,在反复修改和复制以及制作多层特技画面时,所引起画面劣化的忧虑。

非线性编辑系统是以计算机平台与其他板卡硬件来实现系统内部的连接,从而避免了传统设备连接时所产生的同步和信号差异问题,也无须掌握多种设备的操作技巧。多个非线性编辑系统之间还可以联成网络,实现资源共享,并大大地提高工作能力和工作效率。

非线性编辑系统的诞生,给我们提供了一种全新的制作手段,同时对制作人员的素质也提出了更高的要求。

1. 计算机是数字非线性编辑系统的核心

目前国内外市场上的非线性编辑系统所采用的计算机平台主要有苹果公司的 Macintosh、PC 机的 Pentium 和工作站 SGI。Macintosh 具有较强的图形硬件支持和声音网络的支持,非线性编辑早期运用较广泛,并获得一定数量的软件支持。如 AVID 公司的 Media Composer,Data Translation 公司的 Media100 等。PC 机的发展非常迅速,加上 PC 机有较好的开放性和较高的性能价格比,普及快,软件资源丰富,大有后来居上之势。工作站 SGI 图形、动画功能强,价格昂贵。

2. 硬盘

另一个影响系统功能和速度的要算硬盘。非线性编辑系统通常分为机内硬盘和外置硬盘,机内硬盘主要存储系统文件和编辑软件,外置硬盘存储视音频数据文件。

SCSI(小型计算机系统接口,Small Computer System Interface)硬盘阵列:由于活动视频的信息量太大了,1GB 硬盘只能存几十秒信号,54GB 的硬盘也只能存 25 分钟不压缩图像,这对于后期三维制作或是二维合成都是远远不够的。在专业的非线性编辑系统中,独立硬盘阵列应为首选。硬盘阵列是利用若干硬盘驱动器加上控制器按一定的组合条件,形成一个大容量的高速存储子系统。由于非线性编辑系统中有大量数据需要高速读写(视频压缩和实时播出),虽然高速硬盘转速已达 10000~12000 转/分,仍无法记录一路无压缩视频信号。RAID(独立磁盘冗余阵列,Redundant Array of Inexpensive Disk)是目前提高速率和冗余的主要手段。目前非线性编辑系统一般采用独立于计算机的硬盘阵列,具有独立的机箱和供电系统,用一根 68 芯线与计算机 SCSI 扩展口连接,这种 RAID 不占计算机 CPU 资源,也与计算机操作系统无关,安全性高,传输速率可做到 100Mb/s 以上。然而,只要采用了 RAID 硬盘都会降低系统的可靠性,因而在速率达到的情况下,应尽量减少硬盘数量,提高单个硬盘的容量。因此,发展高性能、大容量的硬盘阵列是存储技术发展的方向。

3. 系统的视音频处理系统

除计算机和硬盘外,非线性编辑系统的硬件部分还包括视频处理卡、音频处理卡、压缩解压缩卡、特技卡等。

视频处理卡(也叫视频采集卡、数字卡)性能的好坏决定了系统所能产生的最佳画质级别。它提供系统的视频输入和输出接口,当系统处于输入状态时,视频处理卡将模拟的视频信号转换成数字视频信号;而当系统处于输出状态时,视频处理卡将数字的视频信号还原成模拟视频信号。视频处理卡还可以对采集的信号进行调整,包括行相位、副载波、色度、色饱和度、亮度信号等分别进行调整,以保证输入信号的质量和标准。

音频处理卡是对音频信号进行模/数和数/模转换。音频处理卡通常有两路以上的输入、输出接口,通过软件可以进行声音的混合、均衡控制和电平的实时调整。

模拟的视音频信号经转换成数字信号后,并不直接存入硬盘,而是经过压缩后再存入硬盘。反过来,从硬盘中读取数字信号经解压缩后,再转换成模拟信号。目前,非线性编辑系统逐步采用 MPEG-2 标准代替以前的帧内压缩 M-JPEG 标准,但是,各厂家的文件格式各不相同,给系统间的文件交换带来诸多不便。用于电视广播的视频压缩比宜取 2:1 至 8:1 之间,音频的取样频率不低于 44.1kHz。

早期的非线性编辑系统在制作特技效果时多使用软件的方式,方法简单、生成时间长、信号被重新压缩、图像质量劣化。现在的非线性编辑系统中,常采用硬件的方式即 DVE 板,来完成特技的制作,并能实时回放。

大多数专业非线性编辑系统须用两个显示器,因为在非线性编辑过程中同时要看多个窗口和图形显示。另外还有一台监视器,用于观看编好的片子在电视上的效果。除了鼠标、键盘、软驱、CD-ROM,还要配备一对高质量的计算机音箱。此外,有的非线性编辑系统内置字幕卡,用于提供编辑时的字幕产生和叠加。

4. 非线性编辑的网络化

非线性编辑系统更大的优势在于网络化发展带来的数据共享。同时还能弥补非线性编辑系统单机使用的数据存储等问题,而这就必然依赖于高带宽的网络技术。

四、非线性编辑系统软件操作流程

我们得到的数字视频一般都是原始的素材,需要经过剪辑加工的过程把它变成成品,这需要由数字视频处理软件来完成。数字视频的特点是能够像在文字处理软件中处理文本那样对数字视频进行编辑和处理。每一帧画面都能通过单击鼠标来完成复制、删除、移动,并且能够在任意点处进行播放以观察它们的播出效果。另外,还可以进行各种特殊效果的合成。

目前,国内外市场上的非线性编辑系统种类很多,如美国 Data Translation 公司的 Adobe Premiere、美国 AVID 公司的 Media Composer、法国 Fast 公司的 Fast、德国 BTS 公司 Bravo VE、加拿大的 Matrox,等等。就其基本功能与操作而言大同小异,从信号的采集、画面声音的剪辑,到特技的处理和字幕的加工均能满足一般电视节目后期制作的需求。我们以美国 Adobe 公司推出的 Adobe Premiere 软件作为例子来介绍

数字视频的处理过程。

操作界面：虽然不同的软件系统操作界面各不相同，但大体上在计算机显示器上都能提供采集窗口、素材库窗口、编辑窗口、时间线窗口、特技效果窗口等工作界面。如图 4-21 所示，为 Adobe Premiere 5.5 的操作界面。在使用非线性编辑系统时，首先要了解它的性能，必须仔细阅读用户手册；在使用过程中，使用"帮助"菜单提供的各种信息。

图 4-21　Adobe Premiere 5.5 的操作界面

1. 素材信号的采集

要进行编辑，首先要把拍摄的素材采集进计算机的硬盘里。这一过程一般是通过视频采集卡进行的，把它插好之后，安装上驱动程序，就可以使用了。在开始采集之前，我们应该设定视频和音频质量。

（1）输入方式：系统能提供多种视频信号的输入方式，包括 NTSC 制、PAL 制的模拟分量视频信号和复合、S-VIDEO 的信号输入。输入时可对各种参数进行调整，如电平、色彩平衡、相位、亮度、饱和度等。这些调整效果可在监视器上直观地看到，确保了你所采集的效果正是你所希望看到的。

（2）压缩比：压缩和解压缩功能可以由硬件实现，也可以由软件实现，选择素材的采集压缩比。影响素材存储量大小的因素是硬盘容量和压缩比。我们可以根据使用机的硬盘大小、素材多少，尽量选择低压缩比以保证画质。同时防止因空间不够而出现的诸多麻烦。比如制作几分钟的 MTV 或几十秒的广告节目，素材少、节目质量要求高，我们可以选用低压缩比或者不压缩。

（3）显示：系统内置的波形监视器和矢量示波器，可在数字化过程中观测和调整视频信号,帮助调整素材片段的亮度和色彩。音量表则可以观测两路音频的输入、输出和监听。时间线上的音频轨可以用波形显示,它可以将声音以视觉化的方式表现出来。这样可以方便地进行声音编辑。用户可以清楚地看到声音从哪里开始,到哪里结束,哪里音量有所提高等,从而可以对它进行精确的编辑。

双屏幕工作方式,一个是菜单监视口,它包括节目与素材在内的文件管理和各种命令在内的显示窗口;另一个是编辑监视口,它是由一个素材窗口和一个录制窗口(相当于传统编辑系统的放机和录机监视器)以及若干编辑键和时间线组成。

(4)采集:素材录入要保证素材有连续完整的时码。把素材上载到硬盘上有三种方法:手动、自动(遥控)和批采集。遥控和批采集能够依据时码自动精确采集相关素材,要求视频采集卡有控制功能,或有专门的控制装置。批采集能把所有镜头的入点和出点都列出来后再把它们一次全部录到硬盘上,大大降低了废品素材量和上载时间。如果素材带中间有断磁,计算机就无法根据 TC 码来寻找磁带上的素材。没有时码的素材只能手动采集。

素材窗口以画面或文字显示方式来描述素材信息。素材采集信息一般包括:素材名、节目类型、磁带号、标识等。有特征的信息便于素材寻找和节目编辑。素材库列出了每个素材片段的名称、编号、出点和入点的时间码等内容。为了方便识别,也可以把每段素材开头和结尾部分的一帧画面采过来,作为图标。我们可以用不同的方式搜索、整理、归类和组织所有的素材库。

我们在 Adobe Premiere 中打开 File(文件)菜单,选择 Capture(捕获)命令后,出现四个子菜单,可以进行 Batch Capture(批量捕获)、Movie Capture(影片捕获)、Still Capture(静止图像捕获)以及 Audio Capture(音频捕获)等操作。我们选择 Movie Capture(影片捕获),出现了一个对话窗口,这个窗口就是我们所需的采集界面,它与视频采集卡有关,不同的采集卡有不同的采集界面。一般都有采集窗口、采集质量设置、视音频源设置等功能,专业的视频采集卡还有控制功能,可以使我们用鼠标在计算机屏幕上控制编辑录像机进行采集和回录工作。

我们以手动采集为例,在采集窗口上方一般都有 Record 按钮,当我们在窗口中看到需要采集的视频画面时,按下 Record 图标就可以进行采集了,按一下 Stop 就可以停止采集。采集到的画面回放到窗口上,然后以 avi 的视频文件格式存储到硬盘上,这样就完成了一段素材的采集,完成了视频的数字化过程。

2. 基本编辑

在编辑窗口中每个片断的影像和声音通常显示为沿时间线的一系列静止画面。片断可在时间线上各点被拷贝和插入,还可从时间线上被删除,而剩下的影像和声音仍有连接。对数字视频的剪辑操作,实际上并不改动素材在硬盘中的真实位置,而只是访问地址的改变,比如对一段长度为一分钟的素材来说,我们需要第 10 秒至第 30 秒的镜头,那么,只需要在这两个时间单位设定入、出点,标明只选取这段镜头就可

以了。

　　素材经过数字化后,我们就可以开始编辑了。对每段素材进行剪辑,寻找编辑点,设定入点、出点。编辑点可根据画面及时码设定,可精确到每帧。剪辑时可随时以计算机小画面及监视器全屏反复播放。我们可以把素材片段从素材库拖到时间线窗口,也可以双击这个片段,画面就会显示在素材监视窗口上。这个窗口的控制键和录像机一样:快进、快倒、暂停、停等。在素材窗上打入点、出点后,再追加到时间线上。每帧画面都能显示在时间线上,通过扩展或压缩时间线,可以改变一次能看到的内容的多少。一般的非线性编辑软件有两条轨道,简单的镜头切换只需要其中的一条就够了。可以拖动片段的尾部缩短或延长镜头;可以用鼠标把剪刀形的工具放在我们需要的编辑入点和编辑出点处。时间线上的编辑可以选择插入编辑和覆盖编辑两种状态。插入编辑状态:在所决定的编辑点插入一个镜头,而此点以后现存的镜头将顺序后移,所以整个节目的时间将会变长。覆盖编辑状态:在所选定的编辑点放置一个镜头并且保持整个节目的时间不变,所以部分现存的镜头将会被替换。如果想恢复剪掉的素材,我们可以把片段拉长,重新把它们恢复。还可以改变片段的速率,达到快、慢动作以及静帧效果;可以通过调整暗度达到淡入淡出的效果。另外,还有替换编辑、多轨信号的编辑、微调编辑、声音编辑、段落编辑等多种编辑方式。

　　剪辑可以是对一段画面(即一个视音频文件)进行剪辑。方法是:在 Premiere 软件中,可以在播放窗口设定入、出点,可以用编辑窗口下工具栏中的入点、出点工具,也可以在编辑轨上直接改变入点、出点。如果想把一个素材分开,则使用工具中的刀片工具在要分离的那一帧把素材切开。

　　另外,大量用到的是多个镜头的编辑。多个镜头的组合更加方便,最简便的方法是将素材库中的素材直接拖放到编辑轨上进行排列,可以方便地调换次序,如果要进行精确的编辑,除了上面提到的剪辑工具外,还可以用编辑窗口进行编辑,通过加减帧进行编辑,精度可达±1帧。

　　3. 特技编辑

　　在以往的节目后期制作中,工艺复杂的莫过于特技编辑了。然而,非线性编辑系统的出现,使这一工作变得简单起来,同时也较好地保证了画面的质量。这一点在制作多层画面和复合特技效果时尤为突出。

　　目前,非线性编辑系统的特技方式分为软件和硬件两种。前者是依靠计算机所编程序,对特技进行运算,生成一段特技段落后,特技才能实时播放;后者则是用硬件(特技处理板)实现对特技的实时处理,免去了软件特技生成所花费的时间。当然,以上所讲的都是对单个特技的处理,对于复杂特技的编辑,我们常将软件方式和硬件方式合并使用。

　　(1)场景过渡:如果想做叠化、划像或其他镜头转换效果,需要使用两个视频轨道,这样两个镜头才能相互重叠。也就像录像机编辑中的 A-B 卷编辑。时间线上有一转换轨(transitions),可以添加多种转换方式,使用时只需在特技窗口中所需转换方式位置,按下鼠标左键并拖动鼠标到转换轨上 A、B 两轨重叠的位置即可。还可以改变它们的参数,比如转换时间等。在 Premiere 中有一个特技选择窗口,上面显示着 75 种转场方式,以动画的形式标示出来。

如果素材配有声音,系统会自动把声音放在第一音轨上,并与画面保持同步。如果两声道上都有声音,则会使用两个音频轨道。如果需要,我们可以解除声画之间的锁定状态,移动声音,也可以在音轨上加入许多其他的声音素材。

我们可以随时锁定时间线上的某一轨,以免在编辑其他轨时不小心出现误改。还可以把暂时不用的轨道隐藏起来。

(2)特效处理:对一段数字视频本身可以进行特技处理,处理方法与用数字图像处理软件处理数字图像类似,可以有以下几种处理方法:亮度、对比度和画面层次的调整;色彩的调整,如色调的改变,色彩的替换等;画面几何变换,如水波纹、球面化等;运动效果,可以使一段画面像文字一样进行移动、缩放、翻转等。

非线性编辑系统还提供改变图像外观的过滤器。它们有的能使图像模糊,有的能制作幻影效果,有的能使图像变形,还可以给图像加光校色。当然,还有许多特技效果在非线性编辑软件中不能实现。不过这些特技可以通过其他专门软件生成,然后再载入非线性编辑系统。

(3)合成:数字视频处理的又一个强大功能是进行画面的多层合成,可以进行多层画面的叠加,也可以进行局部画面的叠加,如色键抠像、亮度键控等,还可以叠加字幕。从理论上说,数字视频可以进行无限多层的合成操作,如 Premiere 就可以进行多达 99 层的叠加合成。

在非线性编辑系统中,字幕和特技可以在画面完全编辑完成之后再添加,也可以两者同时进行。大多数非线性编辑系统有一个内置字幕机,可以用来制作片头片尾字幕和其他文本材料。利用下拉菜单可以打开一个专门制作字幕的屏幕。这里可以选择是把它加在视频画面上还是加在某种底色上,还可以选择字体、字号以及字符的颜色,并对底色和字符进行修饰,如变渐变色、加边、变粗、变斜体、改变字的行距和字距等,而且修改也很方便。另外,还可以把一些参数做成模板保留下来,用于制作下一个字幕。字幕系统可以制作图表。它有一些预设的图形供我们选用,如三角形、正方形、长方形等,可以任意调整,并可以自己的想法画出各种各样的图形。我们也可以采集一帧视频图像,把它处理成一个标识。

字幕和图表制作完成以后,就可以把它们像视音频素材一样放在时间线上,然后在这里确定它们的形式,如划像、飞像、叠化、缩小、旋转等特技效果,还可以通过关键帧设计特技的运动路线。如果我们想把字幕放在视频画面上,就需要把它键入,也就是把字幕叠在背景画面上。

如果我们想要制作三维动画,可以使用三维动画软件。生成后的三维动画可以载

入非线性编辑系统,参与编辑或合成。同样还可以把由平面设计软件制作的照片或图形载入非线性编辑系统。

4. 节目输出

在非线性编辑系统中,时间线上编辑的片子只是一份编辑清单,如果你不满意,可以随时进行修改。非线性编辑系统的输出形式主要分为两类,一类是 EDL 输出,即编辑表;另一类是转换成模拟信号或数字信号的节目输出。前者是将包括原母带时码在内的编辑数据文件打印以及输出到软盘上,以此来控制以磁带为媒介的编辑系统进行线性编辑。这种方式的特点是能保证较高的信号质量(节目信号未经系统的压缩处理),但是投资大、效率低。随着非线性编辑系统压缩比的不断降低,采用后者的输出方式已经成为主流,因为它最能体现非线性编辑系统的特点和优势(输出的过程要进行解压缩)。

经过合成处理后的节目以模拟视频输出:用视频卡的回放功能将数字视频录制到录像带上,在目前仍以模拟视频信号为主的情况下这是一种主要的方式。数字视频输出:可以通过数字接口将数字视频以数字格式录制到录像带上,或刻到光盘上,如电子出版物,还可以制作成 DVD、VCD 光盘。

在正式输出片子之前,有的非线性编辑系统需要花费很长一段时间生成影片,具体时间长短要看软件质量和影片的复杂程度。

用于进行数字视频处理的软件还有许多种,功能各异,但基本思路与处理方法大致相同,在掌握一种数字图像处理软件后就可以触类旁通,可以很快地适应其他软件及非线性编辑系统。

五、非线性编辑系统产品简介

现有的非线性编辑设备产品,大致可以分为下列几种:

(1)以 AVID 的 Media Composer 系列、Discreet 的 edit * 和 Media100 等产品以及 Quantel 的 Editbox 为代表的国外著名厂商的产品。产品质量好,软件都是英文界面,早期产品均以 Mac 机为基础,配套软件少,现也向 PC 机方向发展。

美国 Avid 公司于 1989 年率先推出数字非线性编辑系统。Media Composer 是 Avid 公司为广播电视行业开发的基于硬盘联机和脱机数字非线性编辑系统,所有图像数据均采用 JPEG 压缩,具有强大的特技效果制作和音频编辑功能。Media Composer 系列有三类:脱机产品 Film composer、联机产品 MC1000、联机/脱机产品 MC8000。MC8000 将 Avid 的非线性脱机、联机和 24fps 的影片编辑能力全部融合在一起,具有广泛的修饰功能,包括双场图像质量、实时三维数字视频特技、24 个视频轨、无限键帧控制、平滑运动效果、实时字幕和 24 轨 DAT 质量音响。

(2)以新奥特的 NC98、大洋的 DY3000、索贝的创意 99 等产品为代表的国产非线性编辑设备。中文界面、PC 机,引进国外视音频处理板卡,WINDOWS NT 平台。

索贝创意 99 的特点：

全中文专业电视非线性编辑软件"创意 99 4.0/LE"，使双通道全实时非线性硬件核心 DigiSuite LE 的性能得以充分发挥。简洁的全中文操作界面，源窗口、节目窗口、素材/特技/背景库、时间线构成了无限创意的平台。时间线采用单轨过渡，支持内部和独立音轨，使常规编辑工作量减至最低。画面、过渡、轨道特技的组合和智能处理又使强大的硬件特技效果得以充分发挥。时间线上少量的编辑功能可完成大量复杂编辑效果，关键点提示使操作更加准确。编辑支持型在线帮助引导你完成各种实用编辑特技效果。轻松完成接点编辑、调音、配音、三点编辑等常用音频处理功能。RS-422 控制录像机精确自动批采集。在快速的新闻编辑播出、复杂的后期编辑、演播室联机制作及网络环境中，创意 777/797 非线性编辑系统均有上佳表现。

①中文 Windows NT 平台上图形化用户操作界面；

②采用 Open DML AVI 文件格式及 NTFS 文件管理模式（无 2GB 限制）；

③独有 Print-Disk 功能，无须占用系统资源，直接快速合成；

④独有 TriMedia 芯片，实现板卡与系统资源的加速功能；

⑤压缩比 1.3∶1～200∶1 实时可调；

⑥模板化特技方式"点"到即成；

⑦实时画面特技、二维实时划像特技、二维 DVE 窗口实时特技；

⑧实时硬件电子背景（单色、渐变色、图案和动态）；

⑨四轨音频同时采集，八轨音频音量、均衡实时调节；

⑩实时两路活动视频、图文、外视频和动态背景，共五层画面特技叠加；

⑩实时中英文字幕制作播出；

⑩采用 Fibre Channel 网管协议，符合 SobeyNet 结构规范，全面支持网络。

(3) 以 SONY 的 ES-7 编辑站和松下的 AJ-DE77 为代表的非线性编辑设备。盘带结合的操作方式，即编辑控制器仍采用传统的编辑控制器，充分利用了线性和非线性的优势。但其产品自成体系，开放性较差。

ES-7 的主要特点：

①采用直接数字链路：由于 ES-7 采用与 DVCAM 录像机相同的压缩技术，所以由 DVCAM 摄录一体机记录下来的信号可以通过 QSDI 接口直接进行传输，可避免磁带和磁盘间上载和下载过程中反复压缩/解压缩造成的信号损失。这种从摄录一体机到录像机，再到非线性编辑系统，全部采用相同的基于 DCT 的压缩方式，信号可以通过 QSDI 进行传输的方式，即 DDL（Direct Digital Link）直接数字链路是 ES-7 编辑站的一大特色。

②高速连接：在 DDL 传输下，如果使用 DSR-85/85P 编辑录像机与 ES-7 相连时，可以四倍速将录像机重放信号送至 ES-7 磁盘记录单元，当然也可将 DVCAM 提供的素材编辑成节目后，再以四倍速送回编辑录像机 DSR-85P，这也是 ES-7 一大特点，它

大大缩短了磁带-磁盘间上载和下载的时间。

③全数字系统：由于 SONY 提供了一整套数字产品，从摄录一体机、录像机到编辑系统，并且这些产品都采用了相同的压缩方式，这样就可以通过 QSDI 接口进行直接数字链路而避免上载的损失。ES-7 还可以通过 SDI 接口进行全部数字操作，使得 ES-7 可以与 SONY 数字 Betacam 录像机等其他设备相连接，每个视频信号中可以包含四路音频，ES-7 同样支持 AES/EBU 和 IEC958 模式音频的输入。

④盘带结合操作：ES-7 既支持非线性编辑，也支持线性编辑，即具有半非线性编辑功能。ES-7 可以连接多达 4 台录像机，其中 3 台作为放机。另外，ES-7 还为用户提供 B 卷编辑，在这种操作中，当 A 部分和 B 部分在同一磁带上时，B 部分将被自动拷贝到 ES-7 硬盘上。

⑤实时分层操作：ES-7 允许同时两路重放，一路录制，因此可支持实时的反复数字 A/B 卷编辑、色键和字幕，所有这些操作都是在磁盘记录单元内部进行的。也就是说，都是在全数字范围内完成的，即使是复杂的多重分层效果都可以完成。

⑥上载时可进行其他操作：现在非线性编辑系统的一个不方便之处，就是要花去很多时间把磁带素材上载到硬盘记录单元中，并且上载的过程中不能进行任何其他操作。而 ES-7 可允许在上载的同时，用已上载到硬盘上的素材进行 A/B 卷预演，并可进行图形创作，这样用户就不必将时间花在单纯的等待上。

⑦Clip Link 操作：用 DVCAM 摄录一体机摄像时，在磁带上记录索引画面和 Clip Link 记录数据，当拍摄好的素材磁带被放进编辑录像机之后，索引画面会在几秒钟内读出，并依次显示在 ES-7 编辑站监视器上。这时编辑人员可以很方便地选择有用的素材段，以四倍于正常速度的方式拷贝到 ES-7 硬盘中。即是说，根据索引画面及 Clip Link 记录数据，可利用素材段进行初编，只有被选中素材段相应的数据，才会上载到编辑站硬盘记录单元中，既可节省宝贵的存储空间，又可节约宝贵的时间。

⑧数字特技切换板：SONY 提供了两种可供选择的数字特技切换板，即基本 DME 切换板或高档 DME 切换板，高档 DME 切换板可以提供 4：2：2 信号处理和线性特技键、下游键的功能。一些二维特技，如翻转、变焦、马赛克等作为标准特技，而透视、翻页和卷页等三维特技是选购特技。

⑨多种输入/输出方式：ES-7 支持多种输入和输出方式，标准信号是模拟复合，S-VIDEO，RGB 和模拟分量（Y、$R-Y$、$B-Y$），利用一个选购接口，ES-7 也可以支持数字分量 SDI 和 QSDI 信号。

⑩音频处理：标准配置中包括一个内置的音频调音台，它采用 16bit 线性量化和 48kHz 采样技术。它不仅提供了全自动音频跟随视频的功能，而且还提供了对每一个音频通道进行单独控制的功能，调音台使用模拟或 SDI/QSDI 数字格式，四路音频输出。

第五章　电视节目的后期制作

电视节目的后期制作是节目制作中关键的一环，也是形成一个节目最终的视觉效果、节奏感以及观众感受的最后步骤，包括画面和声音的编辑、音乐的创作、搜集并制作音响效果和现场环境音响、对口形配音、制作片头及片尾字幕和其他字幕、录制音乐、混录声音、加入字幕和图表等过程。把一堆原始的素材镜头制作成一部完美的电视节目。

遵循制作流程的科学性，可以使制作工作有条不紊地进行，任何一个环节出现疏忽，都会给节目的制作、节目的质量带来影响。尤其是后期制作工作，如果不计划好，会增加节目的制作版数，造成节目图像技术质量降低。所以，应科学利用工作流程制作电视节目，以提高效率、提高节目质量。

第一节　后期制作的流程

一、整理素材

在进入编辑机房前，准备工作做得越充分越好。如果制作阶段的场记做得很细，那你要找自己想要的镜头就省事多了。如果场记不理想，就要在开始编辑之前先看素材，做场记。列镜头的时候应该注明录像带编号、场次序号、拍摄次数，以时间码记下每一个镜头的入点、出点位置以及镜头内容的简单描述和好坏评价，甚至作出纸上的编辑决定。如果编辑时使用非线性编辑系统，你还可以按照需要的每个镜头的时间码依次录入系统。这样既可以减少录入硬盘的素材镜头，节省硬盘空间，又可以达到初剪的目的。

1. 审看素材

检查素材内容是否满意，是否充足；镜头画面有无"穿帮"，焦点彩色是否清楚，镜头画面是否平、稳、准、匀；画面彩色是否偏色，是否为拍摄所要求的色调效果，曝光情况如何，有时为了达到某些艺术效果，要手动控制光圈；声音是否有杂音，背景声是否太杂。

检查素材磁带的录制质量，可以观察正常重放的素材画面，如果图像出现左右晃动、上下跳动、画面上有黑道或白道、雪花干扰等现象，则这段素材画面质量较差，不宜用于编辑使用。也可以用搜索盘快速搜索。在监视器上具有杂波带的搜索画面中，如果杂波带平直，均匀地滚动，则画面是稳定的；杂波带不规则扭曲或出现撕裂，则画面是不稳定的。

2. 素材镜头记录

为了在实际编辑时,迅速找到所需画面,提高工作效率,可以在初始拍摄提纲上做注释,也可以单用一张纸来记录素材镜头内容,包括镜头号。一般前期拍摄时,每一个镜头前要"打板",板上写着镜头号和拍的次数,使编辑时可以轻易地分辨出每个镜头的开始和结束,以及所拍的遍数。景别与技巧,全景、中景、近景、特写要注明,镜头的表现方式,是推、拉、摇、移,还是固定镜头。画面的内容要写清楚,主要记内容,在编辑工作时,容易找镜头(因为有时是工作在 CTL 方式下)。声音的内容,有无同期声,背景声是否太乱。最后画一表格,一目了然。

进行编辑时,浪费时间的事情常常是寻找素材画面,不知所需画面在哪盘磁带中,在什么位置。所以,重新做记录是很必要的。审看的同时,有些镜头的取舍就可以确定了。如画面有明显失误时,某些画面拍了好几遍,确定用第几遍等。

3. 纸上预编

进行笔头编辑,根据素材记录、分析每个镜头、基本确定入、出点,再安排一下镜头的顺序,看看是否符合节目内容要求,脑海中过一过画面(形象思维)。经过周密思考后,整理出编辑顺序再去实际编辑就会很充分。

二、演播室录制

大多数电视新闻节目的场景,是采用一张桌子和新闻播音员,加上播音员后面的背景。电视新闻中常用的背景产生方法有三种:①现场实际的景物片;②色键抠像虚拟景物合成;③色键抠像录像景物合成。

电视新闻口播的制作:从口播新闻上讲,它没有新闻现场的影像画面,是以语言为传达信息的主要手段。现今的口播新闻可以运用抠像等电视特技,灵活地使用照片、图表、地图、实物、标题字幕和活动资料形象做背景,来弥补口播新闻缺乏现场画面的不足。

灯光的运用(见图 5-1):首先照亮前面的新闻播音员,然后再考虑背景,因为新闻播音员通常用高调照明,对主光的方向性没有要求,所以主光灯可安置在摄像机的任何一边,假如把主光灯安置在摄像机的左边,一般可把一只 2kW 的聚光灯安置在左向 30 度和竖向 35 度的位置。背光灯采用 1kW 的聚光灯。辅助灯采用 1kW 的泛光灯。聚光灯最好都带有挡光板,能够精确地控制散射光线。背景光的照明,要根据布景的要求来确定。抠像合成的蓝色幕布需要均匀的背景照明,可以用一组泛光灯作背景照明。有时,为了美化播音员,可以在主光灯和辅助灯前面加上柔光纸,可以使播音员的面部光线柔和。

三、画面编辑

编辑负责把拍摄到的素材组织在一起。他们不但要熟练地操作设备,而且必须懂得编辑艺术,是技师与艺术家的合一。

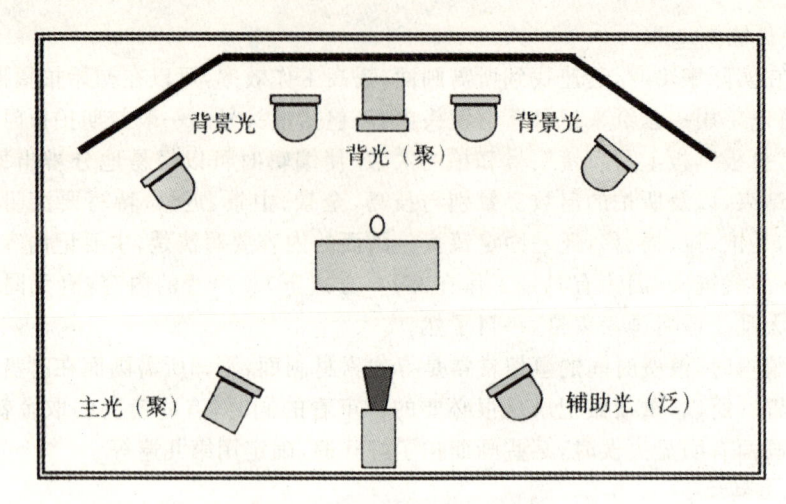

图 5-1　新闻口播的三点布光

粗编:对素材进行筛选剪接成一部完整而流畅的节目。审看时,如果发现节奏显得太慢太快,调换镜头,调整顺序。

精编:使节目更加流畅、精致,可以在原版素材上进行,直接制成原版节目带。也可以把经过粗剪的节目带重新剪接之后再复制成副版节目带。在实际的编辑过程中,专业编辑人员通常不严格地区别粗剪和精剪,比如,经常在粗剪时就做好特技转场和声音混录,而这些一般都属于精剪过程。

画面和声音的编辑顺序根据节目内容的不同和编辑的习惯不同,可以先编辑画面,后配音、配乐;也可以先配音,再编画面、配乐。制作声音包括选择什么样的音乐、音响效果和环境音响,它们与画面的关系是怎样的。还要做最后的混录工作。

1. 准备工作

磁带的准备:如果使用插入编辑方式,编辑母带上应事前录制好控制磁迹,一般为连续的黑场、彩条或蓝底信号。实际编辑前,编辑母带上正式节目内容前,录上 1 分钟彩条及音频测试信号(1kHz)的带头。编辑的设备检查,系统是否完好,其他辅助设备(字幕机、特技机等)应提前要求,以调节和准备合适的电缆及接头保证正常使用。同时对放像机、录像机、监视器进行调整。

2. 按照编辑顺序实际编辑

根据需要选择编辑模式,组合编辑或插入编辑。寻找放机上素材镜头的入、出点,并确认。寻找镜头时,可正常重放,也可以用搜索盘快速搜索。在编辑点附近慢速搜索,以准确找到编辑点位置。然后可以预演,可以实际编辑,正式录制。反复进行上述工作直至镜头全部编辑完。当然,复杂系统中,包括特技、调音的操作。

3. 利用插入编辑,作局部修改

初步完成的编辑母带上,经审看有不适合的画面,或者有些画面的衔接不符合组

接规律等,可以使用插入编辑功能,将不需要的画面替换掉。采访、谈话中明显地谈到了某个地点或物体,需插入相应的画面,如谈话中谈到了某个地点或物体,需插入相应的画面作说明;或者谈话者镜头画面太长,易让人厌烦,常常需插入画面,以调节观众的情绪;或者特写镜头不好,特写镜头与特写镜头转换之处,均需插入相应的画面。

要注意的是,线性编辑的插入编辑修改,只能替换原有画面的长度,整个节目时间的长度是确定的,所以它不能进行增、删镜头的修改。

4. 编辑应注意的问题

(1)技术方面:①复版的问题,能复一版完成的不要复两版,比如:加字幕,粗编加采访人身份,精编加同期声采访字幕;②视频、音频信号的质量:强弱、稳定性、偏色、亮暗;③接点的质量:稳定、避免夹帧、跳动;④规范化操作:节目带规范、引带录制、声道的分配,比例要适当,转场不突然,自然、流畅地起落;⑤素材带的保存及修改画面时尽量用素材带。

(2)艺术方面:挑选镜头、安排顺序、注意长短和节奏以及镜头的连贯性。要求根据节目内容需要来挑选镜头;按创作意图决定镜头顺序;确定镜头的长短和节奏以创造出预期的效果。

四、字幕、动画与特技

同期声、主持人、被采访者身份、标题、片花、片头、片尾等字幕、图形,先要在字幕机里做好,然后再叠加到画面上去。叠加不是直接印上去,必须复版。字幕机可以做出各种形式的字幕,而且修改起来也很方便。当然,要想做好字幕工作,还需要具备美术设计的专业知识。

(1)字幕的意义和作用:字幕能够确切地表意传情;字幕擅长于表达理念,揭示微观变化;字幕具有强化重点内容的突出功效;字幕是画面构成的重要元素。

(2)字幕与画面的相互配合:认真选择字幕的颜色;注重字幕的背景设计;选择恰当的字体字型;认真设计和选择字幕在画面上的排列方式和位置;用光线对字幕进行辅助造型;适时地为字幕加上边框,可以是对称、不对称边框或衬底。

特技机和非线性编辑系统都能够做一些基本的特技。但要想制作复杂、大型的特技,就需要专门的、能处理大量视频信号的计算机来完成了。

(3)特技的运用:特技图形的选择应与画面内容的表达相结合;特技图形的选择与前后镜头相呼应(运动方向、状态、速度);特技图形的运动应与镜头的运动方式相结合;特技图形的选择运用应注重整体感。

(4)动画的运用:动画能形象地解释抽象的道理,揭示事件的内部结构,直观地再现肉眼看不见的微观变化;动画适合于表现真人实景不宜表现的题材;动画与真人实景相结合,有效地增强了动画效果的真实感和可信性。

五、配音、混音

声音在录制剪辑时还必须注意语言、音乐、音响的音量、音调,其高音与低音的变化,及语言的纯净度,或同期声、效果声在不同距离形成的远近感、层次感等,都要清晰可辨。各种声音的功能只有统一布局,全面安排,几种声音"各尽所能",才能充分发挥声音的艺术表现力。所以在电视片中,不仅视觉的"画"要加以艺术与技术的修饰,听觉的"声",同样也是经过了艺术与技术的加工。用它来描绘环境、烘托气氛、衔接镜头,更可以用丰富多彩的音响造成各种各样画面无法表达的意境。它或发挥,或点缀,或强调,或渲染,或补充,与画面交相辉映。当然它不能喧宾夺主。而是通过技术手段自然而然地用声音把观众引入片子新创造的情景之中。用声音加强画面的真实感和艺术感。

1. 配音

配音工作根据不同的需要,可以在画面编辑前完成,也可以在画面编辑后完成。如有的专题片,解说词提前写好,可根据解说词编辑画面,这就需要提前配音。配音时,由于没有画面,可在空白带上配音,并同时录制黑场或彩条、彩底。也有的节目需要根据编辑完成后的画面内容来写解说词,这就需要根据画面的节奏,看着画面,在画面上插入解说词。

(1)音乐:音乐的制作,可以是现成的音乐作剪辑,也可以根据片子作曲专门制作音乐。采用现成的音乐,虽然简单、省事,但通常需要解决版权问题。还有一个问题,就是将它们插进节目时很难与节目内容保持协调关系。因为它们不是专门为某部片子创作的。音乐的起落点与节目内容往往不一致。如果想要音乐与画面在时间上和气氛上完全吻合,那就更困难了。因此,往往根据节目的要求来创作音乐。

在有些剪接中,音乐决定节奏,画面起补充作用,如音乐电视。画面的剪接取决于歌曲的内容、节奏以及音乐给人的感觉。这样处理尽管有些麻烦,但可以保证每个画面的切换点都能落在音乐的节拍上。

(2)同期声:在拍摄时与画面一起记录的人物对白与环境音响。

(3)解说词(旁白):要注意协调画面与声音的关系,以免造成信息重复。如果解说词只是讲述画面内容,不但会显得啰唆,还会给观众留下说教的印象。解说不是画面内容的简单重复,它是在叙述中传递与画面有关或画面之外的信息。有时是画面的补充。

音响效果及环境音响可以暗示时间、地点以及人物性格。

2. 混音

画面编辑完后,常常需要复制一版配音带供配解说、音乐使用。混音就是将同期声、解说、音乐三者之间按节目需要有机地结合在一起,录在一个声道上。

当所有的声音元素,包括对白、旁白、对口形配音、音响效果、环境效果、动作效果

以及音乐（包括原创音乐与非原创音乐）等都准备就绪时，就可以进行混录了。从录像机到录像机的混录，只能控制音量。一个比较好的办法是将不同的声音通过调音台输入到录像机中。

正规的混音工作需要调音台来完成。没有调音台时，可以利用编辑放像机音频的监听输出，它可以是 CH1 和 CH2 的混合输出，分别调节编辑放像机的 CH1 和 CH2 音量的大小，按节目需要混合输出的大小比例进行混音。也可通过二对一的连接线将两路输出混合在一个声道上录制。

具体做法举例：母带上原有同期声（CH-2），在需要的位置录上解说（CH-1）。配音版中录上音乐（CH-1），母带装入放机中，配音版装入录机中，放机的监听输出连接到录机的 CH-2 输入接口，进行声音插入编辑，调节放机的 CH-1 和 CH-2 音量调节钮，则录机 CH-2 上混录上同期声与解说。将两盘磁带调换位置，再进行上述操作。同期声与解说（CH-2）声音和音乐（CH-1）声音混录在母带上的 CH-2 声道上，完成了三者的混录。

混录工作中要掌握的是准确操作音响设备，什么时间加入音乐或解说，三者的音量大小如何处理。通常情况解说的作用是交待背景，给以概括；同期声的作用是体现场效果、真实感；音乐的作用是渲染气氛。三者同时出现时，解说首位，同期声次之，然后是音乐。当然不同的节目类型，有不同的要求，对于音乐技术上的处理，常常采用渐起渐落手段，因为经费不足不允许单独作曲，可以选用一些音乐，但时间未必正好，会觉察出音乐不完整。为了不给人以不适的感觉，应将音乐起落在解说词或同期声中。

六、播出带的合成

1. 串联编辑

把片头、广告、小片头、片尾等，与节目编辑带串成一个完整的节目播出带。

2. 检查复制

节目编辑完成后，应该连续完整地看一遍，同时复制一盘，留做资料或存档，检查一下镜头组接是否流畅、编辑点是否抖动、声音的编辑点是否干净。

3. 填写表格

专业电视台，有统一的表格填写，便于播出、存档。一般制作单位，也应如此，防止出现错拿、误消，造成不必要的损失。

4. 播出带的要求

在磁带的起始部分做一段带头。带头可以提供必要的技术和识别信息，并能防止节目内容记录在容易受损的磁带起始位置上。标准带头内容包括彩条、基准音、场记板和倒计时。应根据电视台的要求，录上 1 分钟彩条及音频测试信号（1kHz），音频信号由调音台输出（使音量表指针为 0dB）。如果要在别的系统中放我们做好的带子，彩条和基准音是非常重要的。技术人员可以利用矢量示波器和彩条调整片子的色彩，使它的重放效果能和制作效果保持一致。同时只要保证基准音处于 0dB 的水平，还音效果就会和制作效果保持一致。然后是 10s 左右黑场信号，上面可叠加节目的名称，使播出人员了解、检查节目播出带是否正确。场记板用于识别节目内容，一般包括片名、日期以及片子的长度。有了这些内容，播放人员就可以保证片子不会放错。节目正式开始前有 10s 无字幕黑场或倒计时加黑场。倒记时显示的是距离正式内容播出还有多少秒，一般从 10 倒数到 2，然后是黑画面，这样在影片出现之前就有两秒钟的黑场，如图 5-2 所示。

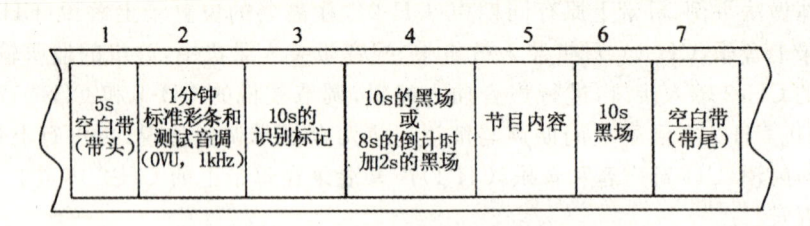

1	2	3	4	5	6	7
5s 空白带（带头）	1分钟标准彩条和测试音调（0VU, 1kHz）	10s的识别标记	10s的黑场或8s的倒计时加2s的黑场	节目内容	10s 黑场	空白带（带尾）

图 5-2　电视节目播出带的格式

　　国际声是指语言以外所有声音。为便于节目对外交流，通常将语言与其他声音分开录制在两个声道上。国际声道是录制语言以外所有声音信号（音乐和各种音响）的声道。另一声道可录画面语言（对白、解说词）。为防止播出时差错，将所有的声音信号（合成声音）记录在一个声道，作为播出声道。

　　通常节目播出带音频记录要求：所录制的节目应有单独的国际声道（新闻节目除外）。12.65mm 节目磁带，声道 1(CH1) 记录单声道节目混合声，声道 2(CH2) 记录国际声。19mm 节目磁带，声道 1(CH1) 记录国际声，声道 2(CH2) 记录单声道节目混合声。

　　Betacam 数字带有四个独立的声轨。第一和第二声轨用来产生立体声效果，包括节目中所有的声音元素。第三和第四声轨主要供备用。其中第三声轨只包括对白，第四声轨包括音乐和各种音响效果。二者分离的好处在于：如果出现什么声音问题，解决起来比较方便。假如节目要在国外放映，配音版可以把对白录在第三轨上，与录在第四轨上的音乐及音响效果混合播出。

第二节　画面剪辑技巧

　　画面剪辑是影视节目制作中一个重要的环节，它与前期的拍摄有密切关系。画面剪辑是根据节目的要求对镜头进行选择，然后寻找最佳剪接点进行组合、排列，包括对声音进行设计和处理，以彻底地传达出创作者的意图。

　　镜头的剪辑，又叫蒙太奇，根据影片内容的要求、情节的发展以及观众心理合乎逻

辑、有节奏地切分或组合,从而起到引导、规范观众注意力,支配观众思想与情绪的作用。镜头的发展和变化要服从一定的规律,这些规律除了要符合一定的思维方式和影视表演规律外,我们还要考虑视觉效果流畅的规律。

一、幻觉

在观看影视节目时,观众幻觉的产生是因为影像和声音刺激人的视听神经所带来的感觉和人在实际生活中的经验十分接近。我们知道,影视画面看起来是动态的、连续的影像,但其实是一格一格静态的影像连续播放产生的幻觉。从视觉上来讲,生理学解释是视觉残留效应造成的;从心理上来讲,格式塔心理学解释是似动现象。

1. 视觉残留效应

当图像的光信息刺激人眼时,就会产生视觉反应。但当影像在人眼视网膜上形成后,如果瞬时中断,人的视觉印象并不立即消失,原来图像的光信息仍能保留一个短暂的时间,这一现象称为人眼视觉残留效应或视觉惰性。

人眼视觉残留时间约为 0.1s 左右,这是实现电影和电视传送运动图像的物理基础,因为电视和电影都是依靠快速更换固定或静止图像画面,利用人眼残留效应,便可使人的大脑中形成图像内容有连续运动的感觉。

2. 似动现象

所谓似动现象(apparent movement phenomenon),是指先后出现的两个刺激,被个体知觉为从前一个刺激的位置向后一刺激位置运动的现象。惠特海默用速示器来做实验,他采用了很多种形式的刺激,我们这里仅举一个简单的例子加以说明:在白色的背景上呈现两条黑线(如图 5-3,a 为水平线,b 为斜线),如果这两条线同时呈现,则它们在一端相连组成一个 45°角。如果依次呈现则会出现下面的情况:当两次呈现时间间隔 $t=60\text{ms}$ 时,呈现主体会引发最佳的运动现象。当 $t=30\text{ms}$ 时,则引起静止主体的同时出现。当 $t=200\text{ms}$ 时,则会有静止主体的先后出现。

图 5-3 似动现象的实验刺激之一

惠特海默称这种原先静止的两条线,在一定条件下知觉为单线移动的现象为似动现象,他命名为 Φ 现象(phi phenomenon)。

电影是运动的,没有运动还叫电影吗?我们必须认识到,人们对运动的东西感兴趣,人的眼睛喜欢看运动的。因此,我们在拍摄和剪辑画面时,要尽可能地让你的画面动起来。同时,电影是平面的,但观众又可以产生立体幻觉。我们可以通过摄影机以及被摄物体在长宽高立体空间中的运动,来加强电影的立体感;多拍摄一些曲线、斜线的运动,水平的、垂直以及纵深的运动镜头。

电影除了有静态幻觉、动态幻觉以及立体幻觉外,还有声音的幻觉。我们有这样的视听经验,在观看一部电影中人物说话时,感觉声音是从人的嘴里出来的,但实际上是从两边的喇叭出来的。人对声音的反应比画面快,往往是听着声音找声源,所以,我们在影片的制作过程中,利用声音的大小和音色变化,可以让观众感觉到声音远近的变化,形成空间发生变化的听觉幻觉。例如,让摄影机向上移动,主体的声音越来越小,就感觉到主体到下面去了,这就是声音和画面结合产生的幻觉。

原北京电影学院周传基教授在《周传基讲电影》的教学片里提到电影有三个特点:
(1)观众看到了屏幕上没有的运动

人的感知有一种倾向,就是把他所感觉到的光波刺激变成可辨认的形式或形态。可以说,观众所看到的一切,其实都有幻觉在其中起作用,幻觉的存在使观众在二维的银屏上似乎看见了三维立体,一个个静态的画面在观众心中变成了活动的影像。营造运动和立体感是幻觉在影视中的根本作用。

(2)谁都能看得懂这种运动的幻觉

影视以 1/24 或 1/25 的间歇运动来造成光影运动的幻觉。观众之所以会感到运动是观众根据生活经验,承认连续出现的姿态不断在变化的影像是同一个被摄体。而两个画面之间所断掉的部分则由观众根据生活中的感知经验做了心理补偿。所以,影视作品中的视觉形象不是在银(屏)幕上完成的,而是在观众的脑海里完成的。视觉形象的形成是以生活经验为基础的幻觉作用,而生活经验是每个人与生俱有的,所以看影视作品不需要文化。这就是为什么影片可以被剪辑,动作为什么可以不连续,中间的省略过程被观众心理补偿了。例如,我们在剪辑汽车快速运动的画面时,当汽车还没有开出画面,而只是部分开出画面,就剪辑掉。由于汽车运动的速度快,观众感觉汽车已经出画了,这就是心理补偿实现的。好莱坞的娱乐片就充分利用了心理补偿,使观众感觉画面很流畅。

(3)幻觉的不可抗拒

幻觉和错觉不同,是取消不了的心理活动。即使是观众知道了影片剪辑的详细情形,还是会看到同样的现象。

3. 幻觉的作用

(1)叙事中的幻觉

幻觉可以帮助意义的形成。每一个镜头都是一个独立、完整的叙事单位,有各自的意义,但当它们被剪辑后,新的意义在剪辑的过程中产生了,同样的素材用不同的编辑方式可以获得不同的意义。这是因为观众在观看时是把一系列镜头当成一个整体来看待的,他们会根据自己的生活经验,在镜头之间建立联系,库里肖夫实验就证明了这一点。演员没有表情的脸部特写,分别和汤、孩子、棺材连接,所有的观众都认为演

员的表演精彩,看见汤是饥饿的表情,看见孩子是慈爱的表情,看见棺材是悲伤的表情。事实上演员是没有表情的,他的表情是在观众的心理幻觉作用下,在观众心理产生的。

(2)利用幻觉制造特殊的动作效果

动作的省略:以睁眼、闭眼的动作为例,取动作的头尾两帧,分别延长到25帧剪辑在一起,感觉动作依然是完整的。同理,剪辑开门、关门时,只要取开门动作的最后一帧直接就可以接人出门,开门的动作过程观众会自我进行补充。

改变动作的快慢感:在完整的动作中抽去几帧或将帧进行复制。如果剪辑一场足球赛,把球沾地或沾脚的一帧(格)剪掉,球赛会变得更为紧张激烈。武打片大都是用22格拍摄的,再以24格播放,这样可以加快动作的速度。

在剪辑中,我们要考虑控制节奏和速度,造成一种情绪效果和特定的气氛。每个镜头都有自己的速度和节奏,这是由镜头内容以及摄像机或演员的运动速度决定的。但是剪接师可以通过改变镜头的长度和数量来改变这种节奏,镜头越短,节奏就越快。我们可以通过音乐的速度来选择剪接点,可以创造出某种特定的韵律感或节奏感。

(3)形成错觉,制造视听刺激

电影刚出现的时候,人们观看《火车进站》,看到银幕上的火车开过来,纷纷躲闪。《巴顿将军》开始的第一个镜头原来只有一面美国国旗,没有参照物,当小小的身影刚一露面,镜头里出现了参照物,幻觉顿时引起了变化。首先是国旗和人的比例相差悬殊,令人感到国旗突然变大了;其次,这个身影出现在国旗前面,国旗仿佛突然变到背景上,因此显得更大了。这里,国旗本身的大小并没有变,只是因为人的幻觉,造成了国旗变大的感觉。这个例子充分说明:"影视所创造的幻觉依靠的是接受者自身的生理——心理机制的自愿认同。"

二、剪辑的流畅与跳跃

所谓流畅的剪辑或者说剪辑的连贯性就是指通过剪辑在上下镜头之间建立起来的自然过渡关系。也就是巴拉兹所说的"具体的方法是在每一个镜头里安排一个足以承先启后的东西,一种活动,一个手势,一种形态。"剪辑是否流畅,事实上看的是上下镜头之间视觉重点的流动和转移的心理依据是否充分。剪辑的技巧在于没有剪辑,这就是美国好莱坞所推崇的"零度剪辑"、"隐藏的剪辑",也有人把它称之为"心理剪辑"。

我们经常在剪辑课本里看到许多剪辑的原则,但很多电影的剪辑中经常又有打破这些原则进行剪辑的。那么,这些原则是否应该遵循?什么时候应该遵循?什么时候又可以打破呢?

幻觉是影视剪辑的基础,是剪辑的视觉心理依据。在影视画面剪辑中有很多原则,但这些原则大都是为了保证画面衔接的流畅、符合逻辑为前提的。事物的关系都是辩证的,有"流畅"就有"跳跃",有"轴线"就有"跳轴"。我们要辩证的看问题,不能仅仅一味地讲"流畅"、讲"轴线",知其然而不知其所以然。实际上,为了达到艺术创作的目的,我们有时候也需要视觉的跳跃,这时恰恰可以打破这些剪辑原则来进行剪辑。下面我想通过影视的基本原理——似动现象的分析,来从本质上看清这些原则后面的依据,这样我们就知道怎样做到对剪辑原则的立与破。

镜头是剪辑的最小单位吗?其实不然,剪辑应该是以帧(格)为最小单位,图5-4中六格"奔马"图片连续反复播放,就会形成马在奔跑的活动影像。我们拍摄的一个镜头其实就是一格一格静态画面的连续播放,但是为什么我们感觉一个镜头的前后帧之间是连续的、流畅的,而两个镜头的剪辑点之间,却能看到镜头衔接的痕迹呢?这是因为一个镜头中的前后帧之间特别相似,在我们的视觉上形成连续的、流畅的视觉效果。既然是这样,两个镜头之间的剪辑点前后帧如果也非常的相似,镜头之间有联系,那么,镜头之间的衔接也一定会是流畅的。其实我们拍摄的快速运动镜头中,前后帧之间也会有很大差异,但我们还是会认为它们是一个镜头内的两个帧,而不是两个镜头,这又是为什么呢?这是因为差异会引起我们产生速度快的感觉。因此,我认为在剪辑过程中,速度与相似是我们为了达到视觉流畅性必须注意的两个基本元素。剪辑点前、后画面之间的相似度越大,画面变化速度越快,画面感觉越流畅;相反,差异越大,画面变化速度越慢,画面感觉越跳跃。也就是说,画面前后帧的相似度与流畅感成正比,与画面的变化速度成正比。

即 流畅感=K×画面前后帧的相似度×画面的变化速度

式中,K表示流畅系数。

图 5-4 六格"奔马"图片

剪辑中视觉效果流畅与跳跃的重要依据就是相似与差异,下面我们具体分析一下剪辑中的一些原则,并针对不同情况做出选择。

1. 镜头的相似形成流畅

剪辑经常要做到前后镜头的形状、色彩、运动相似匹配,来达到画面剪辑的流畅。在剪辑过程时,我们要善于找匹配关系,来实现镜头剪辑的流畅。只要我们在生活中善于发现、善于思考,在前期拍摄和后期剪辑中注意到镜头之间的匹配关系,就能很好地处理画面的剪辑点。

(1)形状、位置相似匹配

前后镜头中景物的形状相似,在视觉上,可以使画面的剪辑感觉流畅。比如,做圆接圆,方接方、三角接三角。圆接圆,而且是同心圆剪辑在一起,作为中心的那个圆没

有动。于是观众会感觉是一个镜头,这就达到了连贯的效果。但如果两个圆有位置的差异,同样看上去会不流畅。

停机再拍的拍摄方法是固定摄像机的机位、机身和镜头的景别,开机拍摄一段画面后停机,对被摄景物进行位置的调整或数量的增减,然后再开机拍摄。停机再拍的镜头剪辑在一起,看起来比较流畅。但如果遇到同机位、同景别的画面,机位由小调整的两个镜头接在一起,由于相似物的位置发生变化,就会在人的视觉上产生跳跃,破坏了画面的连续性,这种镜头是不能组接的。

因此,前后两个镜头中如果有相同形状的物体或线条,而且位置、大小都一致,这样的两个镜头进行剪辑,画面就会感觉很流畅。但如果只是形状相似,位置和大小不一致,反而会感觉组接不流畅,有跳跃感。

(2)影调、色彩相似匹配

影调是指画面明暗的层次变化。黑白画面上的景物,不论原来是什么颜色,都是由许多深浅不同的黑白层次组成软硬不同的影调来表现的。对于彩色画面来说,除了一个影调问题还有一个色彩问题。无论是黑白还是彩色画面组接都应该保持影调、色彩的一致性。如果把明暗或者色彩对比强烈的两个镜头组接在一起,就会使人感到生硬、不连贯,影响画面内容的通畅表达。

在剪接镜头时,剪辑者必须防止两个明暗基本色调迥然不同的镜头连接起来。当用一组镜头表现同一场景中的连续事件时,镜头组接点附近的画面一般不应该出现影调和色调强烈反差。我们常利用前后镜头影调、色彩相似,来实现流畅剪辑。例如,焊接的闪光接湖面太阳倒影的闪光;大色块的运动模糊经常是我们选择的最佳剪辑点。

(3)运动匹配与速度匹配

动作剪辑:借助人物、动物、交通工具等动作和动势的可衔接性以及动作的连贯性、相似性,作为镜头的转换手段。影视武打片基本上是以动作剪辑点为主要选择,遇武打戏时,剪辑师都力求准确地找到每个镜头动作的最佳爆发点作为入点,动作最有力或最高处的点作为出点,这样选择能最大限度体现武打的力度。不能等画面运动到落幅才接,这样会影响流畅感,很多人以为画面一定要长到看清楚才行,其实画面剪辑是一种调动人想象力的技巧,一个很短的镜头因为人的经验、想象,自然而然地把未表现的内容当成是已表现的。

画面中同一主体或不同主体的动作,运动镜头和固定镜头剪辑,需要遵循"动接动"、"静接静"的规律,来达到顺畅、简洁过渡的目的。镜头剪辑还可以利用上下镜头之间的造型和内容上的某种呼应、动作连续或者情节连贯的关系,使段落过渡顺理成章,有时,利用承接的假象还可以制造错觉,使场面转换既流畅又有戏剧效果。《丹麦交响曲》利用火车和轮船在运动方向的一致性进行画面连接;流水线上酒瓶的快速弧线型运转和环形跑道上自行车比赛的队员一致的运动状态,使得两组镜头的交替穿插出现,和谐自然。

为了给人造成一种节奏紧张、跳跃的感觉,也有"静接动"或"动接静"的镜头,画面会给人一种跳动的视觉感。

2. 利用镜头之间的反差形成跳跃,表现特殊含义

剪辑要剪出叙事结构、空间关系、人物关系,还要剪出节奏、气氛。面对视听素材,剪辑没有一定之规,主要是要服从整体效果。圆可以接方,再接圆,再接方,形成积累;动作及镜头角度可以跳跃;光和色可以统一,也可以对比反衬。

(1) 抽帧

一位在好莱坞工作了近六十年的女剪辑师曾写道:"对剪辑师来讲,最忌讳的是保留了影片内容所不需要的长度。"作为一个剪辑师,准确的保留影片内容需要的长度,达到镜头外部频率和镜头内部节奏的和谐统一,使画面转换干净流畅、声画同步,是剪辑工作最基本的要求。

剪辑应该是以格(帧)为剪辑的最小单位的,但我们剪辑镜头的时候,常常自觉不自觉地会以一个镜头作为剪辑单位,无非选择一下镜头的入点、出点,镜头长短。抽帧是比较常用的效果处理手段,可以制作出具有空间停顿感的运动画面,形成画面的跳跃、速度加快、节奏紧张的感觉。对武打动作中间过程缓慢部分进行"挖格(帧)"处理,可以调整镜头频率,同时也可以加快武打的内部节奏。

(2) 跳轴

轴线的基本定义是镜头转换中制约摄影机视角变换范围的界限;运动轴线:由被摄物的运动方向所形成的轴线,有时视线也能形成方向轴线;关系轴线:由被摄对象的关系和视线所形成的轴线。所谓的"轴线规律"是指拍摄的画面是否有"跳轴"现象。当然有很多种合理跳轴的方法,如可以通过特写、全景、骑轴镜头的过渡来完成。

轴线重要吗?需要明确反映人物关系和环境关系以及人物和环境的关系时,就很重要;如果是表现人物内心、状态时,就不那么重要,如心理式剪辑、情绪式剪辑。跳轴的画面给人一种跳跃的感觉,可以表现心理和情绪上的变化;人物关系置于一个全景之中,镜头剪辑关系上不去表现人物关系,表现的是完整的时间流程;还有采用同机位顺跳,形成运动的连续性,一气呵成。

周传基教授分析前苏联影片《这里的黎明静悄悄》一文中说:"在镜头语言中,跳轴不仅是被允许的,而且还有它特殊的效用。甚至可以成为某种风格。既然有遵守镜头轴线的手法,那当然也就有不遵守轴线的手法,这是一种辩证关系。"

(3) 跳切

跳切:利用前后镜头在景别、动静变化等方面的巨大反差和对比,来形成明显的段落间隔;利用短镜头的反复跳切增强剧情节奏感;利用静态的短镜头跳切造成动势感。跳切是一种诗化手段,是电影视听手段诗化的方法。

常见方式是两极景别的运用。由于前后镜头在景别上的悬殊对比,能制造明显的间隔效果,段落感强,它属于镜头跳切的一种,有助于加强节奏。两极镜头指的是景别

差异相当大的镜头——大特写加大远景,两极镜头的跳切可以产生视听冲击力。最早人们安排画面组接,多以观察事物的视觉习惯为根据。一般是先看全貌(全景)再看细部(特写),为了过渡顺畅中间再加一中景,形成全-中-近-特的组合,这就是所谓的前进式的句子;后来人们又考虑到人们的心理活动以及作者要达到的艺术效果,又创造了近-中-全的组合,就是所谓的后退式句子。现在人们为了强调艺术表现效果,又发现了两极镜头跳接的方法。

陈凯歌经常运用强烈的明暗对比、鲜明的色彩对比以及两极镜头跳切,来表达一种力之美。《黄土地》、《孩子王》、《大阅兵》、《荆轲刺秦王》等影片无不体现这种力度美。正是通过这种方式,使他的电影获得了一种"阳刚之美"。

通常情况下,同机位剪辑是大忌。不能把既不改变景别又不改变角度的同一对象的画面(三同镜头)组接在一起,不然会产生视觉跳动。如果作为一种特殊手段硬要把同一景别、同一角度、同一对象的镜头组接在一起,属于特殊技巧,但要用得确切。同机位跳切重点表现重复和省略;跳切一般要求画面简单、单纯,画面内动作足够大,来表现省略时间。

戈达尔式跳切:属于无技巧剪辑手法。它打破常规状态镜头切换时所遵循的时空和动作连续性要求,以较大幅度的跳跃式镜头组接,突出某些必要内容,省略时空过程。跳切既以情节内容的内在逻辑联系为依据,也以观众欣赏心理的能动性和连贯性为依据,排斥缺乏逻辑性的随意组接。戈达尔在叙事段落的跳切,是"破坏美学"的夸张跳切;叙事的跳切,破坏了叙事中的连续性和完整性,是一种特殊的表现手段。

(4)白闪、黑闪

剪辑的时候,为造成一种特殊的视觉效果,我们可以将所需要的闪亮部分用白色画格代替,在表现各种车辆相接的瞬间剪辑若干黑色画格,或者在合适的时候采用黑白相间画格交叉,有助于加强影片的节奏、渲染气氛、增强悬念。白闪、黑闪的剪辑有跳跃感,但正是利用这种跳跃感来起到这种突然爆发的效果。

白闪能够制造出照相机拍照、强烈闪光、打雷、爆炸、照相馆中的闪光灯、大脑中思维片段的闪回等效果,它是一种强烈刺激,能够产生速度感,并且能够把毫不关联的画面接起来而不会太让人感到突兀,适合节奏强烈的片子。

由于人眼的瞳孔对于突发的强烈闪光来不及缩小调整"光圈",而强光消失后"光圈复位"又有一个恢复期,造成前快后慢的特点。因此,仿真这个过程,一般白闪的时间遵循"前快后慢"的原则,例如闪入为3～5帧,闪出为12～15帧。

挡黑镜头:所谓遮挡是指镜头被画面内某形象暂时挡住,依据遮挡方式不同,大致可分为两类情形:一是主体迎面而来挡黑摄像机镜头,形成暂时黑画面;二是画面内前景暂时挡住画面内其他形象,成为覆盖画面的唯一形象,比如,在大街上的镜头,前景闪过的汽车可能会在某一片刻挡住其他形象。当画面形象被挡黑或完全遮挡时,一般也都是镜头切换点,它通常表示时间地点的变换。

3. 画面变换速度对流畅感的影响

所谓流畅感其实就是剪辑中的节奏对人的冲击带来的心理影响。一条片子不能没有节奏，镜头所表现的事物的内在逻辑关系形成的内在节奏，这是本来就有的；利用外加的音乐、音响等因素控制节奏，这是人为的。影片节奏除了通过演员的表演、镜头的转换和运动、音乐的配合、场景的时间空间变化等因素体现以外，还需要运用剪辑手段，严格掌握镜头的尺寸和数量，整理调整镜头顺序，删除多余的部分来实现。

快速剪辑能够增强画面的节奏和角色的动作速度，造成应接不暇的视觉效果，这是因为我们会将镜头切换速度与角色的动作速度联系在一起，感觉上产生幻觉。一般来说，同一个动作，景别越小，则画面主体速度越快，因此快速剪辑大多使用小景别，单个镜头都不到一秒。景别逐步推进能够增加剪辑的流畅感，可以突出表现紧张的情绪。

当然，处理影片的任何一个情节或一组画面，都要从影片表达的内容出发来处理节奏问题。如果在一个宁静祥和的环境里用了快速剪辑，就会使得观众觉得突兀跳跃，让人难以接受。

4. 声音对画面流畅感的影响

电影是声画的组合体，声音是不可缺少的成分，利用声音可以完成许多画面无法做到的事情。使用声音来配合画面表达情节是电影最基本的表现手法。

利用声音可以在听觉上对观众进行引导或欺骗，以传达画面无法传达的信息。利用前后镜头中声音的相似性来剪辑，可以使前后镜头剪辑更流畅。例如《从毛泽东到莫扎特》中外国音乐家在拉琴，他的动作接到小姑娘在拉琴，仍奏的同一支曲子，音乐没有停顿和变换，镜头剪辑感到很顺；《鬼子来了》中日军答应给粮食，姜文以为是做梦，要求再扇自己一巴掌，巴掌落下，"啪"的一声，挥动鞭子，大马车拉着粮食在土路上飞驰，动作和音响接得都很好；《丹麦交响曲》中有这样一组镜头，打气筒的声音、气泡的声音、沙滩上老者踩踏板的声音，还有给足球打气的声音很相近，利用声音的相似性串联起一串不相关联的镜头；还有，小船与前方掩映着河面的树杈相撞的一瞬间，这段影片的组接利用枝杈被撞击的断裂声和大树被放倒时树干的断裂声，两种声音的相似性，自然和谐地从游客们乘坐游船游览两岸风光的段落过渡到砍伐树木、生产木材的段落。

影片中有大量声和光匹配很好的例子可以证明，声音与画面的配合以及声音前后的匹配，都能增强剪辑的流畅感。有些好片子如果不听声音，只看画面，你会感觉有跳跃。声音的连续是很关键的，给你的片子加上一些和谐的音乐或现场音效后，会给你的片子带来更好的流畅感。

5. 情绪剪辑的流畅

随着影视文化的日新月异和数字化技术的发展，剪辑思维和手段已经今非昔比。过去，以动作剪辑点和台词剪辑点作为镜头的主要衔接点；当今，新的剪辑观念已经

是：以情绪积累作为镜头剪辑点选择的主要组接依据，也就是以寻求剧中人物情绪与观众情绪的最佳呼应点为主要衔接点。当然这并不是说，动作剪辑点、台词剪辑点、音乐剪辑点、明暗剪辑点、速度剪辑点、色彩剪辑点等就不复存在。一部影视片以什么剪辑点为主要选择，还是要由剧中内容、风格、样式诸因素来决定。

　　学术上把蒙太奇分为叙事、思维、节奏三类。镜头更迭的频率，也就是蒙太奇的节奏，是影响观众情绪和心理的重要手段。而这种情绪和心理以及由此产生的联想正是影片要达到的效果。情绪式的剪辑：不以叙事为依据，以剧中人物、导演或观众为依据进行剪辑；故事讲清楚，情绪化的东西提出来渲染；大量情绪式剪辑需创造一定的节奏和速度；只要是剧中人物的情绪渐变过程把握得准确，那么整部片子的戏也就顺畅了。剪辑情绪片有一点尤为重要，那就是在剪近景人物眼神、面部表情时，千万要注意上下镜头人物情绪延续的连贯性，对点的选择要异常精确，哪怕一格（帧）的误差，都会影响镜头转换的流畅。

　　当然，镜头的流畅与跳跃还有很多因素会影响。镜头的流畅感还依赖与人们对日常生活认识的心理补偿达到画面组接的流畅。两个不连续的镜头组接，符合人们的生活认识，观众就会在自己心理上去补偿两个镜头之间的联系，在心理上形成画面的顺畅。

　　三、"技术废片"的艺术利用

　　前苏联电影理论家玛哥尔多夫斯卡娅在《电影艺术》杂志1979年第7期的"按照自己的感受去拍摄"一文中写到："摄影师与摄影技师的关系长久以来就是复杂而紧张的，技师们往往以'正规'的标准去评价画面的质量。有些拍摄素材具有真正的艺术性，但却违反了通常关于技术质量的传统概念，因而往往被列为摄影废品。改变摄影技师对这种素材的态度，有助于取得重要的摄影成就。"这一现象在影视界已存在多年。就电影生产而言，创作人员和技术分管部门多年来不断发生纠葛和摩擦。有时也能引起一些"内部官司"，解决的结果常常是不了了之。生产过程中我们经常会遇到很多想象不到的现象，有时是出乎意料之外的可喜收获。但这些怪现象如果用在创作上是非常独特的。但技术主管部门经常会搬出某些文本，以某章某条为准，不准采纳，不得使用。"新现实主义"和"新浪潮"的年轻人，也是在这种摩擦中出现和成长的，最后形成了独特的流派。影视艺术的发展在很大程度上归功于那些天才而大胆的实验家，他们找到了关于制作的新的艺术方法和手段，而突破了正规的标准。因此，我们必须敢于突破某些成规。

　　那么，什么是"正规"的标准呢？

　　从画面上讲：在操作摄影机时，必须注意几个技术问题，即平、准、稳、匀。"平"是指摄影机（或摄像机）要保持水平，不能倾斜。"准"是指画面构图要准确、曝光准确、焦点准确。"稳"即摄影机需保持平稳，不晃不抖。"匀"指在拍摄时摄影机运动速度要匀。只有在摄制中做到平、准、稳、匀才能有效地保证画面的技术质量。从磁带的录制技术质量讲,图像不能出现左右晃动、上下跳动,画面上不能有黑道或白道、雪花噪波干扰等现象。从声音上讲:声音要清晰,音量大小合适。不能出现声音失真或噪声过大。声画要同步、对位。从剪辑上讲:镜头转换的最基本要求,就是要在转换过程中使人的视觉注意力感到自然、流畅,使人的注意力从这个镜头自然地转到下一个镜头,也就是说不要产生视觉的间断感和跳跃感。不能出现跳轴、相近景别机位的剪接等。技术质量要求接点要稳定,避免夹帧、跳动、断磁(磁带)等现象。

那么什么可以叫"技术废片"呢?我还没看到有关这方面的定义,这里就把不符合"正规"技术标准的画面和声音叫做"技术废片"。在影视作品的制作过程中,我们常常为了实现某种特殊效果,专门制作出一些不符合技术标准的片子,以便达到内容与形式的统一,来满足艺术创作的要求。或者已经拍摄的一些不符合技术标准的片子,我们采取补救措施,进行合理的艺术利用。这样的做法,有些已经被我们多数人认识到,并被普遍采用。如为了表现某种情绪和气氛,调整摄像机的白平衡使画面偏色;又如,我们利用画面的虚实变化,达到转场的效果,等等。但也有一些方面并没有被我们认识到,或者说没有给予足够的重视。下面主要从画面的拍摄来谈谈"技术废片"的艺术利用。

①画面曝光过度或不足,甚至全黑全白。虽然违背常规,但有时却能更好的表现主题。在拍摄公安追捕罪犯的过程中,有时画面会摇摇晃晃,一片漆黑。但这时如果同时录下同期声,配上这样的画面,更能表现当时事件的突然和危险。我们曾做过一个记录性的电视栏目,节目的主人公是一个顽皮的小孩,在一次拍摄过程中,小孩对着镜头表演一番后,就走过来拿镜头盖来盖摄像机的镜头,我们的摄像就下意识的把摄像机关掉了。事后在剪辑时编辑才觉得如果能将小孩盖镜头,镜头变黑的过程全部记录下来,既能表现小孩的顽皮,同时又可以很好地利用黑画面进行转场。在很多新闻拍摄过程中,也常会遇到被拍摄者对摄像机采取各种干扰,记录下来本身就可以反映出被拍摄者的态度,这需要摄像师有技术废片利用的意识。在剪辑画面时,通过强光照射、曝光过度后进行转场也是常见的。

②胶片因过期、磨损、划伤或烧片产生的画面效果。磁带因断磁产生的雪花点,因划伤产生的黑白拉条,磁头磨损产生的画面亮暗边缘的毛刺现象。这些都可以用来制作旧片效果,也可以做画面的过渡效果。如:电视剧《走向共和》的结尾就是将画面做噪波和拉条处理,来表现历史的久远和沧桑感。还有电视剧《书香门第》的片头也采取了这样的处理方法,将画面做旧。

国产影片《良家妇女》的拍摄更为特殊。由于拍摄使用的是已经过期三年的胶片,这就要求适当加大曝光量。在灯具不足的情况下,为了增加照度,只能将高色温和低色温两种灯混合使用才能达到一定的照度。日景采用高色温灯做面光,低色温灯做轮廓光;夜景采用低色温灯做面光,高色温灯做轮廓光。突破了高色温和低色温两种灯

不能混合使用的常规做法,结果创造出了绘画式的银幕效果。该片就是成功打破技术规章,在利用一切不利因素条件下,最后竟能把"废片"拍成了具有"国画式"的水墨淡彩效果。

③镜头不稳定,来回摇晃。法国影片《不可撤消》开头的段落就是运用大段的反复摇晃、极其不稳定的镜头来表现男主人公神志失常的状态。我还看到过有的MTV拍摄画面采取敲击三脚架的方法,造成镜头晃动的效果,来产生一定的画面节奏。

④利用白平衡失调,产生色彩失真,让画面偏暖色或冷色,来表现不同的情绪、气氛效果,这已是司空见惯的方法了。

⑤虚焦,我们认为一般画面焦点越实越清晰越好,但有时我们会利用镜头的虚实变换来转移观众的注意力,还可以通过虚焦来达到转场的目的,等等。

我们如果仔细一格一格地去分析美国好莱坞的一些影片的激烈打斗、追逐场面的剪辑,不难发现它是怎样紧紧抓住我们的眼睛,造成视觉上强烈冲击力的。在《角斗士》角斗场一场戏中,为了加快节奏,体现出打斗的激烈程度,在打斗镜头间经常穿插几帧看不清为何物的快速晃动镜头。又如在《不可掉头》片头部分汽车压死野猫的精彩瞬间,就是有包含两个"技术废片"的镜头段落构成的(如表5-1)。

表5-1 "技术废片"的镜头表

镜头号	景别	摄法	画面内容	镜头长度	备注
1	近景	固定	人物开车犯困,回头,摇头	5′15″	
2	全景	固定	公路上猫从画面右侧入画(人物主观镜头)	1′05″	
3	特写	固定—急推	后视镜中的人物面部表情	1′06″	
4	特写	急推—固定	猫的表情	0′10″	
5	特写	固定	运动中,模糊不清的猫的身体部位	0′09″	技术废片
6	近景	固定	快速运动模糊的汽车的侧面	0′05″	技术废片
7	特写	固定	人物表情	2′00″	
8	全景	固定	以死猫做前景,汽车远去	5′00″	

前苏联电影工作者给越南拍了一部影片《小青鸟》,耗片很高,因而废片也很多。影片完成后,苏联专家回去了。越南电影工作者利用他们留下的"废弃物"重新又编辑了另一部影片,发行效果也不错。

技术规范是人为的、死板的,有碍于创作的新思路和特殊的新创意。影视制作的每一个环节都是在不断发现新因素的情况下发展的。出其不意,反色彩、反衬托的效果，经常是违规犯章的结果所致。

　　以上列举只是很少的一部分，希望能达到抛砖引玉的作用，引起大家对"技术废片"的思考和重视。2002年戛纳广告节上的一则啤酒广告，描述了这样一段情景，一个歌舞厅的调音师不小心把啤酒撒到了正在播放的唱片上，他急忙去擦，跳舞的人们先是一愣，然后就随着来回摩擦唱盘发出的特殊音乐节奏翩翩起舞。我不知道这是不是这种音乐的起源，但至少说明，因设备故障或技术操作上的失误造成画面、声音上的"技术废片"，如果我们能引起一定的重视，合理利用，还是可以达到意想不到的效果，更好地丰富艺术表现形式。如果我们都能做个有心人，相信会有更多的"技术废片"会被我们合理利用，银屏的表现手段会更丰富。

　　另外，再说明一点。我在这里说了很多不符合技术标准的做法，不是说我们日常做片子都可以这样做，而是提供这样一种可能。大量的影视节目制作还是要在一定的技术标准下进行的。我们只有掌握了正规的技术标准、常规的创作原则，才可能谈得上"技术废片"的艺术利用，才可能谈得上反常规的艺术创作。我们也不要从一个极端走向另一个极端，一味地追求盲目的技术创新。

第六章 电视特技

"特技"就是一种特殊的技巧,它给人以不同寻常的感觉。电视特技即运用特殊的技法进行拍摄、制作,以得到特殊的电视画面效果。

电视与电影一样,都是"视听艺术",在艺术处理方法上,电视模仿和借鉴了电影艺术创作的特技方法。在电视节目制作中,电视特技的运用越来越普及和多样化,表现手法经常翻新,向着高难度、复杂化发展。计算机技术和数字技术的不断发展,使电视制作中可以不受限制地预先设置大规模的场景且随意组合,去掉画面中不要的东西,甚至还创造新的角色。如给演员系上保险带,使演员在空中飞舞,后期制作中抹去演员身上的保险带。由于许多历史镜头因存放时间久远,底片划伤、褪色、画面抖动、亮度变化等需要修复,这些工作都要在计算机上完成。

第一节 电视特技概述

一、特技的作用

我们运用特技的目的是想把电视编剧、导演、摄影师、美工等节目制作人员的创作意图,真实、形象地表现出来。具体地说,特技有以下几方面的作用:

(1)特技制作,形成了一套独特的画面语言,丰富和扩展了画面语言,扩大了电视画面的表现力,使画面的表达更细腻。

(2)字幕和图形的叠加,能对屏幕上的部分画面起强调作用,突出地提示与表现。

(3)改变画面的节奏,扩展或压缩动作的持续时间。即加快或放慢动作的速度,以产生抒情或喜剧效果等。

(4)以假代真、以假乱真,可以做到天衣无缝,消除或减轻制作工作中的危险。

(5)可以节省大量资金,缩短制作周期。

(6)能够进行电视画面的意境创新。

(7)具备创造性和修补性,创造出人们从未去过的地方,或者从未见过的东西。

二、特技的分类

电视特技效果可分为:光学特技、机械特技、摄像特技、录像机特技和电子特技等特技效果。

1. 光学特技

(1)特殊效果镜头:利用特殊效果镜头,可得到一些特技画面。光导纤维镜头,把医学上普遍使用的高性能光导纤维镜和摄像机的超近拍摄镜头组合到高灵敏度的摄像机上,就可以拍摄到人体内部器官蠕动的景象。鱼眼变焦镜头:在普通变焦距镜头前套上一个鱼眼附加镜头,就形成了一个鱼眼变焦距镜头。这种镜头视角特别宽广,但会使物体变形。

另外,还可以通过星光镜、十字镜、柔光镜等摄像机附加镜片,拍摄出星光、十字光芒的光源和柔化的画面效果。

(2)照明手段:通过照明手段也能获得特技效果。将电光、色彩和阴影三者有机地结合起来,可以烘托场面气氛,使节目内容、形式更加吸引人。

背景屏幕的投影,用投影仪把幻灯片投影到背景屏幕上能很好地使演员与背景结合,演播室的节目常常用这种办法。利用光源形成效果,如利用电路控制光源,按时间、情节或音乐节奏变化,使光源呈现闪光的效果,能控制光照的方向和区域,多用于大型舞台演出。利用特殊光源产生效果,如在演播室的舞台上,使用纤细的激光束可以在立体空间内描绘各种图案,创造出光怪陆离的场景。利用紫光灯能使荧光物质发出独特色彩的荧光,能产生令人惊讶的效果。如在一幅图案的边缘用荧光颜料勾画出轮廓,在紫光灯照射下,就好像整个图案浮现起来,里面有光源照射从图案边缘渗出的感觉。

2. 机械特技

机械特技效果是建立在模型摄影和特技道具上的,常常在电视剧的制作中使用。

(1)模型摄像:影视作品中,常常用模型来代替实物以节省经费。如《侏罗纪公园》、《泰坦尼克号》等影片中,借助于恐龙模型、轮船模型来形象地描述无法再现的天地。

(2)特技道具:最常见的就是产生雨、雪、风、烟、火、闪电等效果的道具。

• 雨:把演员的衣服用水淋湿,用录像带上的下雨作叠影。如果通过窗户或汽车玻璃显示下雨,用窗户作背景的抠像,在窗户区域抠入下雨的图像,并在窗户上洒点水。

• 雪:利用喷雪器将雪喷在镜头的前面,使演员身上披满雪花(塑料雪或肥皂片);在演播室常从天棚上抛"雪"。

• 风:用大型的电风扇、鼓风机模仿风,使演员的头发、衣服飘起来。尤其在演播室拍摄演员镜头,与外景背景抠像合成时,要使前景与背景之间风的效果达到一致。

• 烟:利用烟饼、烟油机等产生烟的效果。烟机使用烟油,产生的烟雾弥散在空中可以使光柱得到表现,填充画面空间,表现空间的透视效果;干冰机使用干冰(固体二氧化碳),产生的烟雾溜着地面走,常在舞台上用来模仿云雾。

• 火:在演播室内,可在背景上用闪烁的光线效果来模拟火焰。

• 闪电:可以使用闪光灯、电弧灯的闪光,同时配上雷电的音响效果。

要注意这些机械效果不需要使演播室内的人看起来很真实,要考虑的只是电视屏

幕上所出现的效果怎样。

3. 摄像特技

(1)高速摄像:为了仔细观察物体的运动状况,重放慢动作画面是有效的手段之一。摄像机以三倍于标准速度扫描,录像机也以同样的速度记录。这样以三倍速度记录下来的磁带,再用标准速度重放时,图像变成了三分之一标准速度的慢动作画面。这种摄像机和录像机都是为达到上述摄像功能而特殊设计的。当然用带有动态跟踪(DT)磁头的录像机也可以以任意速度来实现重放。但二者的效果以及图像的质量完全不同。高速摄像的图像质量比普通摄像用带 DT 磁头录像机重放的慢动作图像清晰得多。电影胶片的高速摄影用得最为普遍,并且可以达到更高速度的摄影。在影视作品中,高速摄影无处不见。动作片中的打斗场面,子弹穿透玻璃的瞬间;广告中美酒、矿泉水的慢速流淌,让人感受到酒的芳香、水的清醇。这些效果都是高速摄影的神奇魅力。

(2)逐帧低速摄像:与高速摄像相反,摄像机以很低的速度拍摄,控制摄像机每隔一定的时间摄制一帧画面,比如每隔一秒录制一帧(实际上可以达到很长的时间间隔),摄制完成的录像带再以正常的速度重放,就可以达到 25 倍标准速度的快动作。低速摄像的关键是逐帧拍摄控制装置,用它来设定拍摄的间隔时间和每次拍摄的帧数。电影胶片的低速摄影,也叫低格摄影,或延时摄影。每摄一帧(格)的间隔时间可以是不定的、可变的。我们在屏幕上常见的在极短的时间内花蕾绽放、种子发芽、云彩滚动等不符合常理的现象,就是采用了逐帧延时摄像。美国影片《蹦蹦猴》就大量地运用了延时摄影,首先把木偶模型每一点的变化拍摄一格,一格一格地拍摄,最后以每秒 24 格放映,就形成了木偶的动画效果。

(3)停机再拍:停机再拍的拍摄方法是固定摄像机的机位、机身和镜头的景别,开机拍摄一段画面后停机,对被摄景物进行位置的调整或数量的增减,然后再开机拍摄,如此循环往复,最后的画面效果是景物一件件逐一呈现或逐一消失。也可以表现一个物体在画面上循着一定的路线移位。物件出现、消失或移位的速度取决于编辑时镜头的长短。它可以由普通的摄像机和编辑机来完成。

另外,还有高灵敏度摄像机,可以拍摄到普通摄像机很难捕捉的、在暗处活动的动植物等夜间景象。水下摄像机可以拍摄具有色彩鲜明、质感强的水中动植物。钢笔、眼镜等隐形摄像机可以进行偷拍,但一般画面效果较差,常用于新闻事件的暗地调查。

4. 电子特技

(1)录像机特技:在后期制作中,快慢动作和静帧特技大部分是在录像机上实现的。也可以通过数字特技机或非线性编辑系统来实现。在带有 DT 磁头的放像机放像时的带速高于录像时的走带速度时,就形成了画面的快动作。相反,放像时的带速低于录像时的走带速度时,就形成了慢动作。放像机保持放像工作状态而只将磁带停止,出现一幅静止的画面效果(即定格),就是静帧特技。还可以实现倒带放像,即逆慢动作或逆快动作,而且快慢动作的速度是可变的,形成变速动作,创造出特殊的艺术效果。慢动作可以起到情绪、气氛的渲染、进行抒情等。快动作是对时间因素的浓缩,加快了运动节奏。

(2)模拟特技:模拟特技是指直接利用模拟电视信号来实现特技效果,它只能是各信号之间的相互取代,整个画面的尺寸、形状、方向和位置等是不能随意改变的。最基本的电视模拟特技有"混"、"扫"、"键"、"切"。

(3)数字特技:数字特技是利用了数字电视技术,将模拟电视信号变成数字信号后,记入存储器中,然后再取出还原为模拟电视信号。改变取出的速度与方式就能改变电视信号的时间轴及像素的顺序,因此可以改变画面的尺寸、形状和位置等,实现画面的放大、缩小、翻转、卷曲以及产生三维空间运动的效果。

(4)电脑特技:电脑特技是利用计算机的软件和硬件来实现特技效果的。它能把实际拍摄的图像进行任意的修补、合成、变形,并可以创造出新的场景和角色。

第二节 视频切换系统

当你懂得了简单切换台的基本原理和功能后,就能操作比较复杂的切换台了。即使最复杂的计算机辅助图像切换系统,也和简单的切换台一样实施相同的基本功能。当然大型切换台具有更多的图像输入和能操纵更多的视频通道。

一、视频切换系统

视频切换系统是以某种方式从两种或更多种节目源中选出一路或多路信号送出,实现节目多样化,并达到一定艺术效果的电视设备系统。该系统用于电视信号播出或节目后期制作。早期的视频切换系统主要用于节目播出,随着录像机及电子编辑设备的出现及发展,该系统常用于节目后期制作。以多路信号源为素材,使用特技切换创造出具有新的图像效果的节目。

1. 视频切换系统的功能

(1)选择信号源:从几个输入中选择适当的信号源。

(2)视频信号切换:在视频信号之间作基本的切换。

(3)创造特技效果:产生特殊效果。

(4)同时还用于技术员调整和监测电视中心设备,叫技监(输出)。

2. 切换方式

切换的方式可分为快切和特技切换,特技切换又分为混合(慢转换)、扫换(划像、分画面)和键控(含字幕键)。制作后画面上的结果则分为"合成"与"过渡"两类。

(1)快切:又称硬切换,从多路输入视频信号中交替选择一路输出,在电视屏幕上表现为一个画面迅速变换成另一个画面。

(2)特技切换：是从多路输入视频信号中输出以某种特定方式混合或相互取代的组合信号。

3. 矩阵切换器

多路输入、多路输出的切换设备，叫矩阵切换器，也叫开关矩阵，用"N×M"来表示 N 选 M 开关矩阵。N 是能供选择的图像源数，即输入信号的路数，M 是需要选用图像的使用场合（用户）数，即输出信号的路数。这一开关矩阵就要用 N×M 个交叉点开关。

对于每一个开关交叉点，一个主要的指标是漏信。每一排只有一个交叉点接通，其余都应关断。来自每一个关断交叉点的漏信叠加在被选通的图像上对其产生干扰，叫做"串扰"。串扰是开关矩阵的一项主要指标，当然频响也是重要指标之一。

开关矩阵多用于播控中心、演播中心。有预监矩阵、演播室分配矩阵，以及规模较大且变化范围很宽的开关矩阵，即中心分配矩阵，路由开关矩阵，统一切换台内外信号的输入输出。

4. 视频切换系统的信号流程

如图 6-1 所示，横线和竖线组成的阵列称输入信号矩阵，竖线表示输入信号通路，横线表示输出信号通路，又称母线。交叉点代表视频信号的通断开关，称为视频交叉点，各路输入视频信号（图中画出 4 路）经缓冲放大器后输入矩阵，当某一视频交叉点导通时，连到该交叉点的输入信号就可以通过与该交叉点相连的母线输出，然后，再经缓冲放大器输出到混合/效果（M/E）放大器。混合效果放大器受不同信号控制可工作于混合或划像状态，实现这两类特技切换。从混合/效果放大器输出的信号再进入下游键部件，叠加字幕或叠加其他画面（如彩场，与黑场淡入淡出），最后输出的信号便可用于录制或播出。

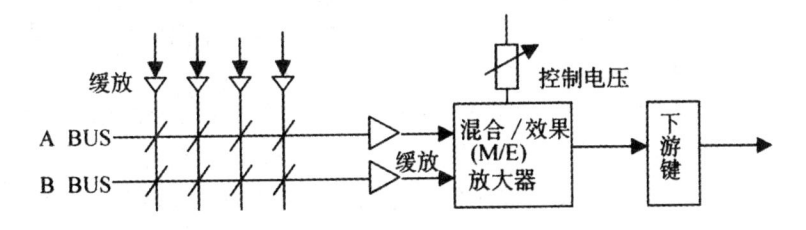

图 6-1 视频切换系统简化方框图

5. 混合/效果放大器（M/E）

早期的视频切换系统中，实现慢切换所用的混合放大器和实现分画面特技和键控特技的门控放大器是各自独立的。现在切换设备中两者合一为混合/门控放大器（M/K）或混合/效果放大器（M/E）。通过按键改变控制电压与控制波形，就可以获得"混"、"扫"、"键"状态的随意变换，这样一套完整的电路就称为混合/键控放大器。

二、视频切换系统的技术要求

1. 参与切换视频信号的"三统一"

电视演播中心必须确立全台的时间基准,使各路视频信号在相互切换时能够平稳的衔接,避免画面流动、跳跃、撕裂或丢色等现象出现。

为确保节目播出和制作质量,参与切换的信号源必须做到"三统一",即节目制作系统内的时间统一、相位统一、幅度统一。

(1) 时间统一:就是严格同步,其行、场信号的频率和相位要一致。为此,各路视频信号应由同一个同步机提供同步信号。

为了保证收、发两端扫描频率和相位一致,在发送端需产生一些专门的同步信号,与视频信号一起送到接收端,去控制接收端的行、场频率和相位,使之与发送端一致,以实现同步。如同步(SYNC)、黑场(B.B)、基准(REF)等信号都可以用来使各个相连设备同步。同步机:即同步信号发生器,是专门产生同步信号的设备。各电视中心台都配有两套同步机,其中一套正常运行,另一套处于热备份,且能自动倒换(否则起不到备份作用),以保证安全播出。也有的中小电视台为节省资金,用黑场信号发生器或切换台来代替。黑场信号发生器提供黑场同步信号,价格便宜。同步机价格贵、信号稳定、质量好。

用于保证扫描同步的脉冲,称黑白同步信号(SYNC)。现在,同步信号的分离易于实现,且摄像机等信号源中也备有同步机,所以,主同步机送往这些信号源的同步信号多为彩色电视信号所代替(如黑场或彩条信号)。黑场信号(BB),是指行正程 $52\mu s$ 期间信号内容为黑色电平的彩色全电视信号。用彩条作为系统定时信号时,也只是取其同步脉冲部分(含色同步)。用于定时的信息有:行、场周期、色副载波频率(4.43MHz)和逐行倒相的色相位信息(起始相位基准)等。为保证各信号到达切换输入端的时间基本一致,应当选用相同长度的视频电缆,或用专门的延时均衡器电路,对各路信号进行时间的均衡。

注意,"同步"不是"同时",如"收与发"之间同步,切换信号之间同步,但不一定同时。比如卫星信号比微波信号的传送慢 0.2 秒,它们不同时,但可以同步。

(2) 相位统一:指的是色副载波相位。它是彩色色调的标志,是以各路信号源自己的色同步信号作为基准来"测量"的。彩色电视系统强调彩色副载波的锁相,指的就是要有较严格的 SC/H(副载波/行同步)相位关系。

为满足这一要求,通常是将各编码器送来的彩色全电视信号经视频切换输出后依次送入矢量示波器进行副载波相位比较,可任选一路作为标准,然后调整其余各路信号所用编码器中的 360 度移相电路,以便对各路信号进行相位均衡。

(3) 幅度统一:指信号源的信号电平幅度应该一致。

只要满足上述三个统一,特技切换就能顺利进行,并且连续完整、真实性强,给人

们以舒服感。否则,图像会出现撕裂、滚动、变色、亮度不一样等现象。

2. 系统定时延时线

视频信号经过无源器件(如电缆线)和有源电路(如电子开关分配器)都要产生"延时"或"移相"。以切换台为准,从各路输入的信号中选取电缆最长的一台摄像机到切换台的超前量为参照值,其他各路通过加延时线的办法或通过可调延时量的校正放大器进行微调,最终做到进入切换台输入端处各路信号的时间和相位一致。不同设备和不同电缆长度的延时量不等,有以下参考数据:同轴电缆(75Ω)用于视频或脉冲信号传输时,延时量为 5ns/m;分配放大器(DA)的延时量为 25～70ns/m 不等,视型号而异;帧同步机不仅可调延时量,还可调超前量,是接收外来信号后处理定时关系最为灵活的设备。一些具有双通道帧同步器功能的小型切换台,容许定时要求降低至能接收任意的外来信号,包括时基多变的录像机信号,都可以无需时基校正器,直接进入切换台。

为保证系统的时间统一、相位统一和幅度统一,需要选用同步锁相系统、场逆程处理电路、时基校正器、自动相位校正、帧同步器和自动电平校正器等设备。已校准好"三统一"关系的系统,不能随意更换摄像机或接入新信号源,甚至一根电缆。否则,需要重新调整。录像机的放像信号是通过时基校正器实现锁相的。

3. 系统锁相

不同节目源的多路信号进行各种方式的混合与切换时要进行锁相。如果这些节目源是来自同一同步机提供同步信号,则只需通过调副载波相位(SC PHASE)和行同步相位(H PHASE)等方法使这些信号的副载波和同步脉冲的相位与混合点一致。如果节目源来自不同的同步机,必须保证各同步机产生的同步信号同频、同相。同步机的这种工作方式称为锁相或跟踪工作方式,分两种:台从锁相和台主锁相。台从锁相:使本台同步机和同步信号跟踪外地同步机的同步信号的锁相方式。台主锁相:由本台同步机产生的同步信号去控制外来信号中的同步信号的锁相方式。

采用台从锁相方式时,同一时间内本地电视台只能被一个外来信号源同步。如果需要与多路外来信号源联播时,则每转换一个信号源便需要锁相一次,且要一定的锁相时间,这对于高质量的稳定播出不利。这种情况下,适宜采用台主锁相方式。如多部转播车同时转播时,这时几部外同步机同时跟踪于中心台同步机工作。此时,给外地台送去同步信号,往往需要启用专门的线路,如微波等,因此很少使用。随着数字电视技术的发展,大容量帧存储器的出现,利用帧同步机可以进行开环锁相,不需传送误差信号的线路,就能迅速从一个台的节目切换到另一个台的节目。

帧同步机(FS),也称数字同步机,它是对信号在时间轴上进行数字处理的数字电视设备。①帧同步机像数字特技那样,核心是帧存储器,但不像数字特技那样对数字信号进行处理运算。而是一种使两个不同步(在一帧时间内)的电视信号能够同步工作的设备,亦即起到一个同步变换的作用,是一个数字式的图像相位变换装置。②帧同步机成功地解决了电视中心台信号源与外来非同步信号的混合划变、特技切换等问题,省去了锁相反馈系统。有的还增加了时基校正器的功能。正常运用时,存储器中的数据每帧更新一次,若停止写入,最后一帧写入的数据就保留在帧存储器中,反复读出它,便可得到静止图像。

数字时基校正器(DTBC):时基校正器实际上是一个延时量可以控制的延时电路。它给有时基误差的视频信号以不同时间的延时,使相对于基准信号提前的部分延时量大些,滞后的部分延时量小些,从而输出时基稳定的视频信号。数字时基校正器与帧同步机基本相似,其不同之处主要有:写时钟脉冲发生器、读写地址发生器以及存储器的容量。

摄像机的锁相:①在现场转播车上都有锁相同步机;目前,彩色摄像机本身都带有同步系统;为了实现多机工作,摄像机也都具有外锁相(LOCK)装置。对于外锁相装置而言,只要在外锁相插座上接入一个标准的彩色全电视信号,如彩条、彩底或黑场信号,那么摄像机的同步信号就完全被锁定于基准信号,从而实现外锁相功能。②如果两台摄像机的距离较远(或距转播车较远)则需要较长的电缆,其电缆上的衰减较大,这样即使是单摄像机录制也不允许,此时必须使用摄像机控制器(CCU),通过与CCU相连的专用电缆锁相。③目前,特技切换器本身也都带有同步机,也可由它输出锁相信号(基准信号)去锁定摄像机,省去了外附同步机装置。

三、模拟特技

1. 快切(CUT)

快切是电视台采用较多的一种切换方式。为了实现快切,早期都是使用机械开关或继电器进行切换,现在广泛采用电子开关。

快切是指从某一路电视信号源瞬间切换到另一路电视信号源的过程,在电视屏幕上表现为一个画面迅速转换到另一个画面。

如图6-2所示,只要按下节目母线(PGM)上相应的键就能从一图像源切换到另一图像源。用这种直接切换的问题是下一镜头不会出现在预看监视器上。除非在控制室内每个图像输入有各自的预监,否则只能在播出时才能看到新的图像。要想看到紧跟的镜头,确定想要的或者新镜头与已在播出的镜头切换在一起时是否合适(提供视觉上的连贯性),我们可以先在预监母线(PST)上选择图像,然后可以通过执行键(TAKE)

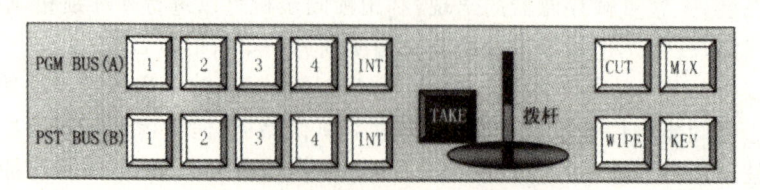

图6-2 视频切换台的基本面板示意图

或拨杆从预监母线切换到节目母线上。但首先需要选择切换方式为快切(CUT)。

快切是最简单的转场方式,迅速、简便。切换过程的速度是固定不变的,但切换的频率是可变的。快切可使画面的情节和动作直接连贯,给人以轻快、利索的感觉。切换的次数多少可以改变节目内容的节奏。切换能从根本上改变视频空间的时空关系,恰当地运用切换,还能迷惑观众。如利用替身演员拍全景,切换为特写时就成了演员本人。

2. 混合(MIX)

(1)混合的方式:混合又叫慢过渡或慢切换方式,它是将两路信号在幅度上进行分配组合,又可分为相加混合和非相加混合(NAM)。相加混合是以慢变的方式使电视屏幕上的一个画面渐显,另一个画面则渐隐,这可同时出现两个画面。非相加混合是在混合过程中画面上的每个像素取决于信号幅度大的那一路信号,它不会同时出现两个画面。

相加混合的特技方式有两种(如图6-3所示):

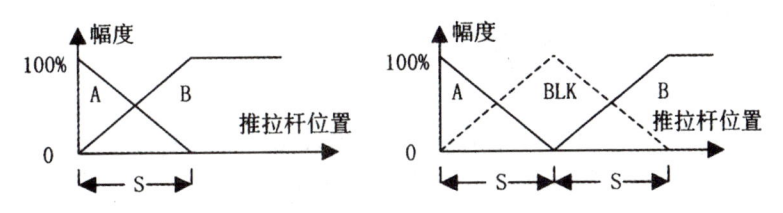

图 6-3 X 切换和 V 切换

①X 切换(Dissolve)(化入化出),即在慢转换的过程中,一路视频信号由最大逐渐变小直至为零,与此同时,另一路视频信号由零逐渐增至最大,在屏幕上表现为一内容的画面由最强逐渐变弱而消失,而另一内容的画面逐渐呈现,直至增强到取代前一画面。

②V 切换(Fade)(淡入淡出):即在慢转换的过程中。一路视频信号先由最大逐渐变小直至为零,然后另一路视频信号才由零逐渐增至最大,在屏幕上表现为这一内容的画面由最强变淡直至消失后,另一内容的画面才开始出现并逐渐增强。

另外,慢转换与快切相结合,可以实现切出-化入或化出-切入。实现混合的电路称之为混合放大器。

(2)化入化出(渐隐渐显):为作慢切换,首先要将 MIX 键按下设定为混合功能。从信号源1化入化出到信号源2,需要把节目母线的信号源1切出,此时信号源1就在播出中。然后在预监母线切出信号源2,在镜头转换时把推拉杆作全程的推上或拉下。转换速度取决于推拉杆的快慢,当把推拉杆推拉到头时,化入化出就完成了,并且信号源2的图像就完全取代了信号源1的图像。

可以在主监视器上看到化入化出。在化入化出的开始显示信号源1的图像,在化入化出的结束显示信号源2的图像。虽然这两排按键组能短暂地作为混合A和B,但很快就会回到节目和预看的功能。因为节目母线指挥什么图像作播出,预监母线把信号源2的图像输入在渐隐渐显的结束时变换到节目母线,并为下一个图像选择留出空位。

还可以采用"自动转换"方式来实施渐隐渐显,即不采用推拉杆推上或拉下,而是按下自动转换键(TAKE)就能发挥推拉杆的功能。渐隐渐显的速度取决于调节的画面帧数。因为电视系统是以每秒钟25幅画面运作的,所以2秒钟的渐隐渐显就是50幅画面。速度变化可以快得像切换,也可以慢到——展示细节。

X切换也称叠化,体现了动作、情节、过程的省略,使画面过渡柔和自然,常用于文艺晚会。由于两个画面会出现重叠,因此,适合表现回忆、倒叙、幻想、梦境等精神活动。转换速度要把握画面内容、音乐节奏和观众的心理,符合节目的内容和气氛。比切换更符合观众的欣赏心理。

叠化常常会用到以下几种方式:

①相似叠化:摄像机不动,拍摄两个人物主体变化的镜头,最后将两个镜头叠化,背景相同,人物主体相似,给人以特殊的、不连续的主体运动的感觉。

②摇叠化:一台摄像机拍摄摇离主体的镜头,另一台摄像机拍摄摇入主体的镜头,背景为黑色或灰色效果更佳,然后作两个镜头的叠化。常用于电视文艺晚会的演唱。

③虚实焦叠化:前一镜头虚焦隐去,后一镜头实焦进入,产生朦胧、迷离效果,用来表示时空的转换。

(3)叠画(Super):如果在节目按键组A和预监按键组B之间作渐隐渐显时停止在中途,就能得到叠画效果。两排按键组都起作用,各排输送一半图像(信号强度)。如果想要偏重于按键组A的图像(使原先的图像更强些),只需使推拉杆停止在到达中间点之前;想偏重按键组B的图像(叠入的新图像),将推拉杆推过中间点。

叠画常用来创造内心活动的效果,如思想、梦或想象的过程。梦的传统叠画是将梦中的活动叠加到做梦人的脸上。有时叠画用来使事件更复杂。例如,可能想要把一特写的舞蹈者叠到同一舞蹈者的远景上,如果这效果作得适当,就能提供一个新的视点观察舞蹈者。这就可以让观众既看到舞蹈者的动作全貌,又看到舞蹈者的动作细节。叠画后的画面,对原画面是有要求的,叠画后构图要完美。

(4)淡入淡出:淡入是从黑渐显出图像;淡出是从播出的图像渐渐隐到黑。怎样使用切换台从黑变到信号源的图像?下面是转换的程序。

①按下节目母线的黑场(BLK)键(在这里INT键可以产生彩色、黑色或彩条等内部信号源,选择黑场画面),由于节目把图像输送播出,主监视器显示黑色图像。

②按下MIX键,正如以上所述,这些设定控制键能使节目母线和预监母线调到混合的特效功能。

③按下预监母线的1~4路任一想要播出的信号源键。

④将推拉杆推到相反的位置，淡入的速度取决于推杆的快慢。

按下预监母线的黑场键，并将推拉杆拉到底，信号源的图像(已转变到节目母线并在播出中)变黑。因为画面渐隐地使图像变黑，所以也能用自动转换控制作淡出。

V 切换可用以表现一段故事情节的结束和另一段故事情节的开始，在视觉上让观众得到短暂的休息。适合表现时间的流逝、时代的变迁等效果。专题片的段落转场，表示节目的不同组成部分。淡出还可以加强对前一场面的回味，给观众留下思考的时间。例如，在重大的灾难性新闻之后，慢慢隐去画面，为观众提供了沉思的时间。淡变这种分割段落的功能用得较多，但不宜乱用，过多的运用会把作品分割得零碎松散，造成节奏缓慢拖沓。

3. 扫换(WIPE)

扫换，也叫划像或分画面特技，它是使一个画面先以一定的形状、大小出现于另一个画面某一部分，接着其形状或方向不断扩大，最后完全取代另一画面。也可以这样说，分画面特技就是整个屏幕被 A、B 两个画面所分割，分割的形状由特技波形发生器提供的波形来决定，而且两个分画面的相对面积可通过拨杆控制。

划像的操作与化入化出类似，只是要选择功能 WIPE 键，然后，在划像的方式选择按键组中选择划的特定形状。不同的切换台选择操作方式不同，大型切换台靠输入数码选择，能达到近百种不同的形状，还能控制划的方向。划像分界线有：硬边、软边、色边、调制边。软划减弱了过渡的痕迹，有时更像叠化。

划像可产生明显的流动感和节奏感。停顿操作则画面效果为分画面，分割线可以是动态，也可以是静态。划过可吸引观众注意画面过渡，如转播足球赛时，从现场直播的画面过渡到录像重播的画面，常用划像来提醒观众二者间的区别和转换。划像有图形与方向的变化，必须事先考虑好画面主体位置向上一画面主体位置划过，使下一画面主体形象先出现，而上一画面形象后消失，可以造成平行发展的印象，或者加强镜头之间的对列关系。划像同样具有时空转换效果，当你想同时报道两个或多个事件，或同时报道同一事件的不同侧面时，屏幕分割就显示出独特的功效。如羽毛球比赛，两个相距较远的选手可以同时以近景出现在屏幕上。多画面可表示品种的丰富多彩，但注意画面越多，每一个分画面的尺寸就越小，画面所包括的信息超过观众的接受能力，观众就会分心，感到混淆，忽略其真正的价值。

当然，这种方法容易使观众实际上感到画面上划的图形有边的存在，从而削弱画面形象的真实感，如果处理得生硬和节奏过快，会使人感觉眼花缭乱和显出明显的斧凿痕。

4. 键控特技(KEY)

英文的 KEY 是钥匙的意思。在一幅图像上抠掉一块再填进另一图像。这类图像合成方法很像钥孔的关系，且这一形象的比喻给这类图像合成方法带来了"键控"的技术术语。而"抠"和"填"是"键控"技术的实质。

第六章 电视特技

在电视画面上插入字幕、符号或以某种复杂图形的轮廓线来分割屏幕时,需要采用键控特技。键控特技实质上也是一种分割屏幕的特技,只是分割屏幕的分界线多为不规则形状,例如文字、符号、复杂的图形或某种自然景物等。

键控的基本目的是在背景图像上加上标题,或把另一图像(天气预报员)切入到背景图像上(气象云图)。标题的文字一般是由字幕机提供的,也能采用摄像机拍摄手写体字标题(黑背景上白字或白背景上黑字)。正常情况下,被抠的图像是背景图像,填入的图像为前景图像。用来抠去图像的电信号称为键信号,形成这一键信号的信号源称为键源。键控特技包括自键、外键和色键三种。

(1)自键:自键也叫内键,它是以参与键控特技的其中一路信号作为键信号来分割画面的特技,也就是说键源与前景图像是同一个图像,如图6-4所示。

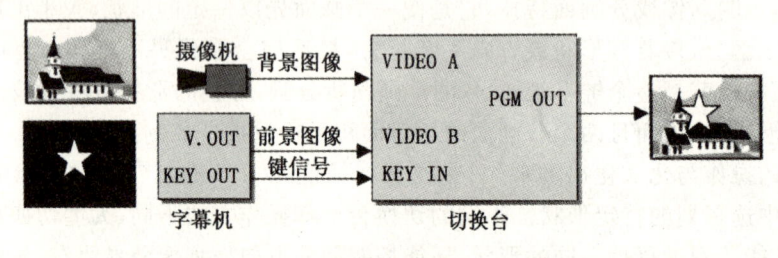

图6-4 自键

键源信号通常是在黑底上的白色字符或图形,它的电平只有高低两种,而且,白色部分的电平比较高。那么经过非相加混合电路后,在键源信号高电平时输出键源信号本身,在键源信号为低电平处则输出背景图像(常用于黑白字幕的插入)。

(2)外键:外键是相对于内键而言的,外键的键信号由第三路键源图像来提供,而不是参与键控特技的前景或背景图像,如图6-5所示。

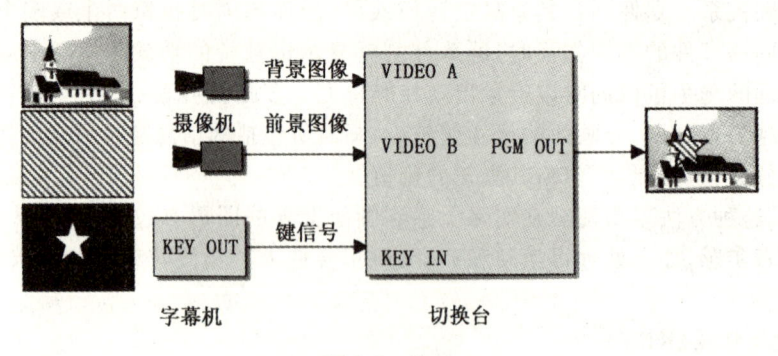

图6-5 外键

外键特技可以弥补扫换图案的不足,制作复杂形状的分画面图案,更多的是用于

彩色字幕的插入。单一色调的信号源 B 通常由彩色信号发生器担任,它所产生的彩色信号其色调、饱和度和亮度均可任意调整,色调单一。

(3)色键(抠像):前面介绍的自键和外键特技都是利用键源图像的亮度电平来形成键信号(门控脉冲)的,所以又叫亮度键。

色键特技则是利用参与键控特技的两路彩色信号中前景图像的色度分量来形成键信号的。它也是自键的一种形式,与亮度键不同之处是前者要求键源图像有比较高的亮度反差,而此处是要比较高的"色度反差"。事实上,可以选择任何颜色作色键形成,选择什么颜色,合成画面上将抠去什么颜色。稍不注意就会出现人体"透"了、杯子"空了"等现象。

● 色键原理:

如图 6-6 所示,摄像机 1 是前景信号,一般是在高饱和度的单色幕布前拍摄出来的人(或物)像。幕布的颜色应和人的肤色有较大差距,演员服装的颜色应和背景不同或者饱和度低一些(举例:一般用蓝幕布,服装抠空,与黄色互补,脸色还原好)。摄像机 2 是背景信号,它可以是摄像机摄取的某外景信号,也可以是录像机或别的信号源提供的外景信号。上述两路信号源送出的彩色全电视信号同时送入(混合门控放大器)高速电子开关,同时将摄像机 1 产生的 R、G、B 信号送至色键门控电压形成器,用三基色信号中的色度信号分量形成门控脉冲(键控信号)去控制电子开关。当摄像机 1 传送单一色调的背景信号时,电子开关接通摄像机 2,当摄像机 1 传送演员所对应的信号时,电子开关接通摄像机 1。这样,最后输出的信号就是演员置身于摄像机 2 的背景之中而成为合成画面。

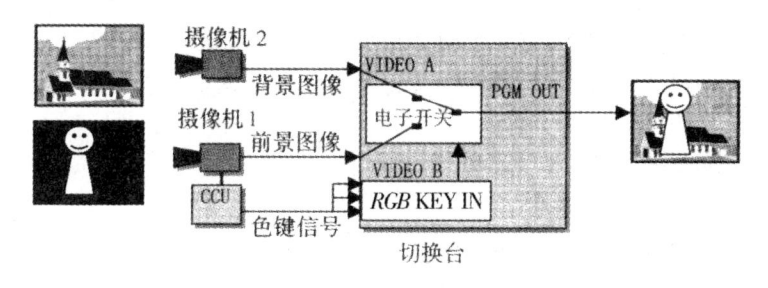

图 6-6 色键

①色调选择器:能从图像信号中选出具有某一色调并达到一定饱和度的信号,并相应地形成门控电压。操作人员可利用色调选择器选择不同的角度,选择不同的色调,利用色键电平调节器可调节色键电压,使色键获得最佳效果。

②延时网络:由于色键门控电压是由前景信号源给出的 R、G、B 组成的 R－Y 及 B－Y 信号形成的,而它通过高速电子开关控制的信号却是经编码后的彩色全电视信号(处理过程不一样),两者有时间上的差异,因此,色键门控电压需通过一个延时网络

来补偿。实际运用时,对延时网络的延时量要根据色键门控电压和彩色全电视信号的时间差来调节,以避免在合成画面中的前景与背景的交界处出现显眼的幕布色镶边。

③RGB 色键和编码色键:用前景信号的 R、G、B 分量形成色键门控电压,通常称 RGB 色键。用前景信号的彩色全电视信号解调出 $R-Y$ 或 $B-Y$ 分量,再按与 RGB 色键同样的方法形成色键门控电压,称为编码色键。

一般来说,编码色键的效果比 RGB 色键效果差。这是由于编码色键中采用的 $R-Y$ 和 $B-Y$ 信号频带较窄,且解调时还存在 Y 信号干扰。但是,在需要信号源或录像机信号作前景信号时,编码色键则显出其优越性,一般的视频切换系统 RGB 色键和编码色键兼备,但有的只有 RGB 色键,就必须使摄像机用多芯电缆连接 CCU,产生 R、G、B 分量输出。

● 色键的调整旋钮:
①色调调整(HUE):选择抠出的颜色色调;
②临界值调整(THERSHOLD):微调用色调调整;
③插入增益调整(INSERT GAIN):调整插入画面亮度;
④自然/硬化调整(NATURAL/HARD):使影子或布皱纹的亮度变化表现得更自然。

用键控的方法合成两个图像要求"天衣无缝",这个"缝"称键控缝。它的表现形式是:①分界线抖动;②分界线处彩色闪烁;③键缝处有幕布色镶边等。如:字幕的边缘有明显的闪烁边,播音员的轮廓(尤其头发周围)有彩色闪烁边。这些缺陷成为键控合成图像的鉴别特征。前后景互为补色,色饱和度高时,键缝闪烁越大。

● 抠像注意事项:
①光照要均匀,键电平调节要恰当。
②人物不要离蓝幕太近,蓝幕本身避免强光照射。蓝背景反射到他的衣服或头发上也会引起图像边缘的撕损。
③人物的阴影不要落在蓝幕或蓝色地板上。
④前景人物聚焦要清楚。
⑤前景中避免过细的线条,可加轮廓光。
⑥上镜人不要穿与背景色彩相近的服装,否则会出现服装被背景取代,人体"透"了的现象。甚至特写镜头中蓝眼睛也会出问题。
⑦对头发的处理,灯光照明可以打棕色或焗油成棕色,使头发与背景之间产生层次。

利用色键特技,我们制作电视节目就不一定非在现场或实景中拍摄,可将外景拍摄成录像带,制作时用它提供背景,演员则能在演播室内进行表演,并进行合成,创作出各种特技效果。但是,如果处理不好,容易出现两张皮,前景发虚、假的感觉。如早期拍摄的《西游记》就有这样的感觉。

前述的色键技术是利用色键门控电压形成器所得前后沿很陡的键信号对混合放大器进行门控，其合成图像的分界线有突变的形式，使人感到生硬、不柔和，称此色键技术为硬色键。

●硬色键的缺点：

①合成画面的分界线产生晃动。因为色键信号来自摄像机的 R、G、B 信号，它始终含有随机性杂波，当放大色键信号时，其杂波同时被放大，所以在进行切割时得到的键控脉冲，其前、后沿会受杂波的干扰而产生抖动。

②对于头发类细线条图像的键信号，由于频率甚高，杂波干扰产生的前后沿抖动会加宽或变窄键控信号，所以会引入明显的来自背景幕布的蓝色闪烁性镶边。

③当摄取玻璃杯、纱巾、烟雾等透明或半透明的物体时，由于背景蓝光的部分渗透，使键信号出现合成图像不连续的片断，这是不允许的。

④前景中的人或物落在幕布上的阴影，本应在合成画面中呈现衰减了的背景图像，但硬色键技术却无法反映这种效果。

(4)软色键：采用相加混合形式制作色键合成图像的软色键，它能克服硬色键的上述缺点，可在普通的摄像条件下，制成高质量的合成图像。

如图 6-7 所示，它将硬色键中的门控电路改为线性混合电路，并采用了软色键信号发生器。当摄取半透明景物时，会有部分来自蓝幕布的蓝光透过。若前景中的人或物挡住了主光源，则使蓝幕布上呈现暗蓝色的阴影。此时，将其经软色键发生器后形成相应的键控脉冲，通常称为半蓝键信号。在半蓝键信号的控制下，线性混合电路按半蓝键电平的相对幅度进行背景和前景信号的相加混合，如果半蓝键电平为全蓝键电平的 60%，则其混合信号中背景占 60%、前景占 40%。但是混合区域内前景中的蓝幕布色会出现在合成图像里，所以线性混合前，须将前景信号中经透明物透过的蓝幕布色消去，这就是前景信号通路中须加入"消色电路"的原因。

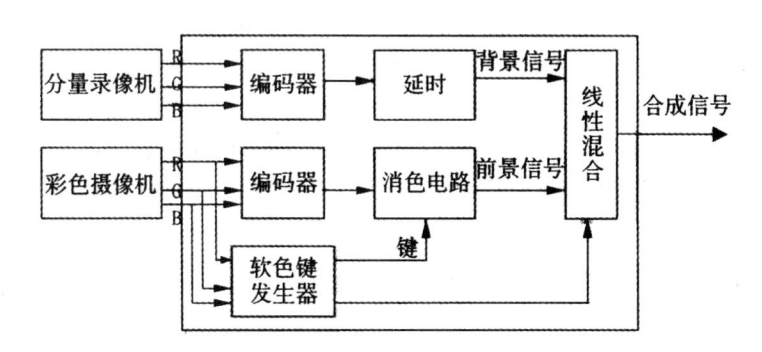

图 6-7　软色键系统原理方框图

键控也可用作过渡。键控作过渡其实是一种摄像技巧，可以通过前景摄像机的变焦、散焦来实现前景与背景的过渡。

四、视频切换台及其应用

1. 视频切换台的分类

视频切换台是电视台演播中心的重要组成部分。按其使用要求可分为播出切换台和节目制作切换台。节目制作切换台又可分为摄制切换台和后期制作切换台。

播出用视频切换系统具有以下特点：①主要应保证工作稳定可靠；②操作简便；③有相应的应急措施，保证安全播出；④输入信号的通道多；⑤同步切换视、音频信号。

制作用视频切换系统具有以下特点：①主要满足特技效果花样多；②设备功能全；③组合画面能力强，组合方式灵活，有与数字特技装置和编辑机连接接口。

(1) 播出切换台：播出线上的切换台是用于日常以录播为主的节目播出，实时播出时，要求切换器性能稳定可靠。目前，省、市级电视台已使用计算机控制播出程序，实现了播出自动化，若切换器有故障时，它能自动跳过障碍点保证播出。播出上使用的切换器，其特技效果比较简单，主要是混合，加上十多种切换图案的功能。除此之外，还有下游键进行字符叠加等。

由于是进行实时播放，因此要求有声音、图像同步切换功能，伴音也同时通过一个音频开关矩阵同步地进行切换，切换器上配有音量表，并可控制音量。

(2) 摄制切换台：摄制切换台应用于演播室多台摄像机和现场摄制。它们主要的应用目的是选择特定的图像源，通过切换、渐隐渐显、划像等特效作播出。摄制切换台必须可靠，容易操作并完成这些使命。当作现场直播节目时，没有出错的余地。

摄制切换台必须提供足够的输入以便容纳各种图像源，即使是中等的演播室摄制也可能需要的输入有三台摄像机、一台字幕机、两台或三台录像机以及两三条现场回输（如转播车、卫星接收器）。因为切换台上的各按键只能操纵一路输入，所以这种摄制切换台需要一排按键组至少有 10 个按键，把黑色按键也算作一条图像输入。有些大型的摄制切换台具有 30 或更多的输入。尽管有如此充足的输入，有些场合导播仍然感觉不够用，尤其是作国际性新闻的现场报导或大型的体育活动，因而还可能附加一台切换台作些特定的转换，例如用作重放。

摄制切换台都有一定数量的内装数字特技，也可用作后期制作切换台。

(3) 后期制作切换台：节目后期制作时使用的切换器，要求其特技功能齐全，对视频信号进行多种处理，以达到更高的艺术效果，也可用计算机辅助处理，从而实现各类新颖、复杂画面的构图。由于各电视台的具体情况和要求不同，但它们使用的视频切换器的结构大同小异。

2. 切换台的基本组成

切换台一般由视频开关构成的开关矩阵，1～4 个混合键控放大器及其变型"下游键"，以及各种特技效果发生器组合而成。不同的组合方法和数量可获得不同规模和用途的切换器。

①开关矩阵：M×N，M表示源数、输入数，可以是摄像机、录像机、字幕机或其他图像源，M个视频信号源中选取若干个图像送到一个或几个混合放大器加工；N表示用户数、输出数，可以是节目、预监或其他图像输出母线。

②节目播出(PGM)母线：如果只作从一个信号源到另一个信号源而无需预看的切换，那么就可以采用单排按键的切换台，每一按键再现一个信号输入。这一排按键能把各种信号源直接送到发射机或录像机，并供主监视器用。

③预监(PST)母线：预监按键组可以把图像在推出播出之前先供观看。预监按键组与节目按键组的按键数量、形状和安排完全一样。它们的功能也非常相似，除了预监推出的信号不是供播出或录制外，它只是供预看监视器用。

有的切换台是用前景和背景母线代替预监和节目母线。

④特技效果组：通过混合键控放大器(M/E)进行混合、划像、标题嵌入和其他图像的操纵（形状和色彩的变化），切换台的基本设计至少应该包括两排特效按键组和一个推拉杆。

⑤设定控制键：这些控制键可作为选择转换方式或特技。

⑥下游键：它实际上也是一级混合键控放大器。由于它总是配置在切换器的最后一级（下游），并且主要是用作键控及其他特定功能，故而称作下游键。它完全独立于其他按键控制，下游键对切换台的上游部分不受影响。所具备的功能有：字符叠加，叠1~4路字符信号，可以用快切、化入化出、扫入扫出等方式，还可镶边、填色；换幕，转换为黑场或彩场，字符叠加在换幕之后，不消去字符；双稳混合与自动过渡，一排正在播出的节目播出(PGM)图像与一排将要播出的预监(PST)图像，在慢转换速度预先选定按下自动过渡(TAKE)键后，节目播出的换成预选的图像，预选的换成节目播出的图像；逆程处理（并不是都有此功能），在行消隐期间换以标准的同步和色同步信号，有利于录像稳定，逆程不变，在下游键里完成。

⑦辅助装置：内部信号源，黑场、白场和彩色背景控制。大多数切换台，它能提供彩色背景，甚至给文字或标题和其他书写内容提供各种色彩或色彩的镶边。色彩来源于切换台内装的彩色发生器。控制包括调节色度、饱和度和亮度。辅助切换排，如键信号母线；与数字特技间的信号配接；还有可以用作技术监测的母线排。视频延时线，为了保证"三统"。锁相同步信号发生器，不用外接同步机就可工作，在演播中心，可被中心的同步信号锁相同步。

⑧控制线路与提示、通话系统。

3. 画面层次概念和切换器的规模

(1)画面层次（通道）：一台切换器能处理多少层画面可以这样来理解：在荧光屏上同一瞬间（包括过渡的瞬间和合成画面）可能同时出现的画面数就是该切换器能处理的最大画面层次。注意通过下游键叠加不论多少层字幕只算作一层画面。

(2)切换器的节目制作能力：把图像信号比作流水，把切换器比作一条长河，一条源远流长的河流,下游蔚然壮观。判断一台切换器的节目制作能力有以下几个因素:①M/E数量的多少;②特技效果装置配置的数量(如扫换发生器、色键发生器、键形成、彩场、非相加混合装置、数字特技等);③开关矩阵的大小;④布局是否合理,设计是否先进,否则部件多,操作难,许多功能用不上。

目前,第四代切换器具有以下特点:用多层效果 M/E 放大器——SFX 放大器(顺序效果放大器),能在一级 M/E 中实现多层画面组合效果的新型 M/E,只有一副推拉杆,是将数个 X 切换电路组合在一起,每一个有固定的某个键控功能,最后有一个 X 切换"过渡"效果。还有再进入开关与无限再进入功能,如图 6-8 所示。典型产品有加拿大 CD 公司的 CD 系列切换器和美国 GVG 公司的 300 系列切换器。第四代个性差别大,应仔细熟悉切换台的每个基本节目制作功能和操作逻辑,否则有些效果将没被利用。

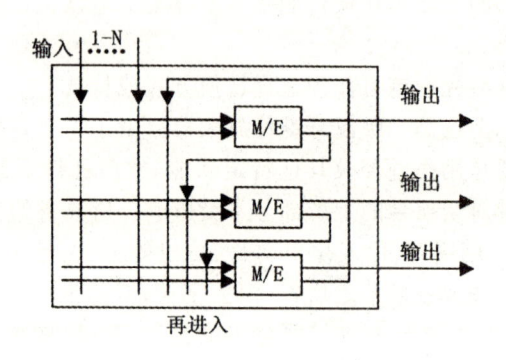

图 6-8 再进入与无限再进入

4. 数字视频切换台

随着电视技术向数字化方向发展,视频切换台也数字化了。它的工作原理与模拟视频切换台的工作原理基本相同,只是进行的是数字信号处理,因此相应的能完成许多模拟切换台不能完成的功能。如:帧存能完成静帧功能。数字切换台的优点是能直接处理数字摄像机等数字化设备信号,数字信号不像模拟信号容易受图像杂波的干扰。好在数字切换台操作面板和操作方法几乎与模拟切换台一样。有一些高级数字切换台,还能进行一些数字特技处理,可以任意放大、缩小、完成马赛克、油画、负片等数字特技效果。

数字切换台的输入输出信号与模拟切换台不同,它产生串行数字分量信号,传输速率为 270Mb/s,可以是 525/60 或 625/50 隔行扫描制式,信号的宽高比可以为 4:3 或 16:9。为适应不同的制作系统,还备有不同的配件,以便能输入输出模拟复合、分量信号以及并行数字分量信号。

总之,由于数字视频切换台减少了数/模、模/数转换,大大提高了视频指标,功能

更齐全、操作更简便。

　　5. 计算机辅助节目制作(CAP)

　　由于对画面效果处理要求越来越高,系统处理能力越来越强,切换系统也越来越复杂,人机矛盾突出,受限于人体反应时间、判断能力而不能和谐操作一项复杂的视频效果,因此,就需要用计算机来控制、操作、记忆的切换台。现在,有的切换台基本上是计算机驱动的,可以用特定的计算机软件来执行各种切换、混合和划像。最常见的切换台软件是 NewTek 推出的 Toaster,在 Windows 98 上操作或者在 Apple Macintosh 面板上操作,不是按下按键而是简单地按鼠标,但面板的操作模式与有按键和拨杆的切换台操纵盘基本相同。画面制作的过程都是:①选择信号源;②选择画面合成模式;③调节各种效果有关电平设定;④选择过渡模式;⑤试演;⑥修正选择或时间调整;⑦再试演直到满意为止。这些都可用计算机辅助节目制作功能实现,通过编辑效果存储器存储特技序列(sequence)。

　　各种专业切换台都有不同的功能和操作方法。除了熟悉切换台的基本功能,为了能胜任使用某种切换台,还需要阅读操作指南和实践。

第三节　数字特技

　　特技效果可能使人眼花缭乱,但不能替代基本的信息。然而使用得当,很多特效能增强摄制并能给信息增加冲击力。在使用特技时,不能为了用特技而用特技,而应该先有创意,然后看是否需要特技?是否有助于创意的表现和增强?应该选择什么特技?尤其把特技用于直播时,要可靠、恰当。

　　要想恰如其分地使用特技效果,就要先知道有些什么特技可供使用。

一、概述

　　数字视频特技(DVE-Digital Video Effect),简称数字特技,它是以帧同步机为基础发展而来。1973 年 NEC 公司在帧同步机上附加了帧冻结功能,为避免冻结运动图像时所产生的帧频闪烁,又增加了场冻结功能。这种禁止写入而重复读出 1 帧(或 1 场)图像的冻结功能就是数字特技的雏形。以后,又增加了图像压缩和移位功能,这就为 DVE 的发展奠定了基础。

　　数字特技是运用数字技术将输入的视频信号在电视屏幕的二维或三维空间中进行各种方式处理,把许多不同的图像元素组成单一的复杂图像或使画面具有压缩、放大、变形、油画、裂像、负像等处理效果。它与前面介绍的视频切换系统中的特技切换(模拟特技)不同,并不是数字化的模拟特技,有本质区别。模拟特技所能实现的屏幕效果主要是两路或若干信号以不同的幅度比例进行组合,或者以各种形状和大小分界线在屏幕的不同位置上分割屏幕,分割屏幕的分界线尽管能沿不同方向移动,但并不能对各路图像本身进行处理。

数字特技是数字技术和计算机技术在视频领域应用的结果。它把模拟信号变成数字信号后存储于帧存储器中,然后通过对这些数字信息进行不同的处理,就可以得到各种数字特技效果。

1. 数字特技的特点

(1)对图像本身的视频信号进行尺寸、形状和亮、色变化的处理。因而可对图像进行各种几何变换,如:扩大、缩小、旋转、多画面、随意轨迹移动和多重冻结等;

(2)它可进行一帧数字图像的存储,帧存储是数字特技设备的核心,用 RAM;

(3)它能对特技进行电子编程存储(模拟特技做一组特技,只能靠熟练动作)。

2. 数字特技的功能

数字特技设备诞生之前,电视设备对创作设想的限制很大。自从视频信号实现了数字化,数字处理技术及计算机技术应用于视频领域,使电视节目从制作手段到图像处理方法都发生了根本性变化。数字特技设备使电视屏幕的艺术效果更加丰富。

模拟特技(或叫普通特技)的功能是叠加、切换、亮度键、色键。

数字特技的功能就是使输入的 4:3 正常画面按照节目制作的需要产生变形,获得摄像机不能直接拍摄到的具有特殊效果的画面。

(1)通过对输入的视频信号进行数字处理,改变技术参数,可以产生马赛克、油画、版画、负像、镜像、清晰度、对比度、色饱和度、亮度、色调、黑电平等效果;

(2)通过对尺寸、位置、旋转等的控制,可以使画面在三维空间放大、缩小、上下左右移动,还可以沿 X、Y、Z 轴方向自由旋转;

(3)通过效果编程,可以使画面沿着设计好的各种轨迹在三维空间中进行连续运动。

(4)通过改变视频信号的几何图像,可以制作出一系列精彩的曲面特技效果:翻页、卷筒、圆球、水波纹、油滴、栅条效果等。还可以产生独立的光源,投射在特技画面上。

(5)特技效果的多次合成制作,可以使由多个画面组成的复合图像出现在电视屏幕上,实现多层画面的艺术效果。

(6)通过改变图像的运动时间规律,可以产生静帧、频闪、延时、拖尾等效果。

综上所述,三维特技的制作就是操作员根据预想的特技效果对输入的 4:3 视频图像进行一系列参数控制,并使之程序化,通过运行来产生连续变换的特技效果。

3. 数字特技的分类

(1)二维数字特技:所实现的图像变化和运动仅在 XY 平面上完成,在反映图像深度的 Z 轴上并无透视效果产生;

(2)三维数字特技:具有一定立体视觉感的特技,尽管电视图像本身是平面的,但在进行三维特技变换时,会使变换的图像在屏幕上产生远近变化的感觉。

二维特技不能使画面产生近大远小的透视效果。虽然二维特技也设置操纵杆,可以对画面进行上下、左右的平移控制,也可以对操纵杆旋转来控制画面的放大缩小,但并没有 Z 轴变化,只是同时完成 XY 的变化,通过对 XY 方向的扩展与压缩,使画面按 4∶3 的比例放大缩小。二维特技没有旋转效果,有些二维特技利用不断的压缩、扩展功能及对画面内容的准确切换,给人造成一种旋转的感觉,但并不像三维特技产生透视效果,只不过是通过快速的压缩、伸展再压缩、再伸展……模拟出旋转的效果。

因此,图像旋转时在 Z 轴上有无透视效果发生,是判断二维数字特技和三维数字特技的一个主要标志。

4. 数字特技的基本形式

如图 6-9 所示,在数字特技系统中,首先把 PAL 制彩色全电视信号经模拟解码器得到 Y、U、V 模拟分量,然后分别进行 A/D 变换,将模拟信号转变成数字信号,进入存储器,通过微处理器控制图像参数的存储,改变存储器的写入或读出地址,使得图像在画面上的位置有所改变;再将数字信号还原成为电视模拟信号,然后由编码器将 Y、U、V 三个分量组合成彩色全电视信号。写时钟与写地址发生器是从输入视频信号中导出的,以便使其具有正确的时序关系。读时钟与读地址发生器是从基准信号中导出的,以保证正确的时基。

这仅是数字特技的基本形式,实际的数字特技远比这些复杂。数字特技和模拟特技不同,它是一个单输入单输出系统,本身就具有对一幅图像进行处理的能力。

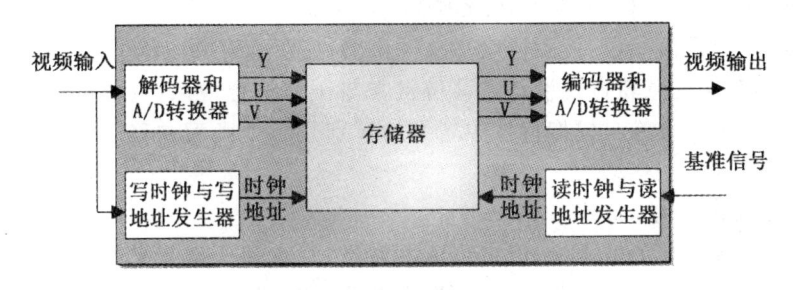

图 6-9 数字特技的基本形式

数字特技与计算机动画系统的区别:

(1)动画设备是按照创作意图创造画面,从无到有。计算机动画是在计算机上用软件绘出各种几何图形,然后使它们活动起来,给予各种质感和色彩并制出光线效果,就像用实际的灯光操纵的一样。但也可以通过贴图等手段把真实的画面包裹在所创作的三维动画模型上。

(2)数字特技对电视图像(摄像机拍摄的图像、照片或绘画)进行各种变换处理,对画面进行美化或改变的艺术修饰。

(3)现在很多电影和电视制作的形象是两者的相互结合,计算机图形通过抠像与真实的前景物体或现场活动相结合。

二、数字特技效果

1. 图像压缩、扩大及连续压缩(也称变焦效果)

模拟电视中,图像的缩放只能通过摄像机镜头的变焦距才能实现。而 DVE 可以实时改变摄入全景的尺寸与位置,不同的是变化时仍带有原画面的边框。水平与垂直压缩连续缩小,屏幕上得到的整幅图像连续不断地缩小,直到为一点从屏幕上消失。

图像的放大使若干样点重复读出,这虽使输入信号中的局部图像在屏幕上放大为整幅,但必然会使放大的图像因分辨力降低而呈现粗糙感,所以实际使用不多。例:修剪画面(去掉图像的某一部分),有的画面构图边缘出现不想要的画面,放大后使它隐出屏幕外面。

伸缩:图像的压缩与放大,可以使图像整个变形,使图像达到一个新的宽高比。最常见的是在播出时尚类节目时,比如时装表演,刻意把图像拉长,突出一种修长的感觉。也有在节目最后,配合字幕的要求把图像压扁。还有的电视遮幅效果(画面的上下部分有两条黑色遮带),就是只通过垂直方向的压缩,使画面看上去更加饱满,达到一种特殊的效果。

压缩图像可以置于画面的任何位置,并且使画面活动起来并扩展到全屏幕。通常在新闻节目中可以看到,新闻播音员肩上方的小方框内图像活动起来,并且充满画面。

2. 移位及移进移出(也称滑动、飞像)

可以将整幅画面移位,使图像水平移进移出,或在垂直方向移上移下,也可以是对角线的移动,甚至任意轨迹的滑动。移位常常与压缩结合使用。例如:集锦式片头中连续的过片效果。飞像与模拟特技中划像的区别是整个画面在移动,而不只是前景、背景画面的分界线在移动。

3. 裂像效果

原输入图像分裂为若干块,能得到水平裂像、垂直裂像和复合裂像。与模拟特技的划像的区别是原画面向屏幕外移动,裂像最后消失,而不是分界线在移动。

4. 冻结效果

原画面内容由活动图像变为静止图像,称冻结或定格。一般可分为场冻结(Field Freez)和帧冻结(Frame Freez),即从存储器中反复读出 1 场图像内容为场冻结;反复读出 1 帧图像内容为帧冻结。理论上,虽然帧冻结比场冻结的清晰度高一倍,但如果 1 帧中两场画面内容不一样(如快速运动的手),会使不同内容部分产生 50Hz 的场间闪烁(手抖动),而实际上,这两种方式的视觉效果大致相同。

冻结的位置和时间可任意选择,常常与压缩、移位结合使用。将原画面缩小成几幅静止画面,每幅小画面可以任意的顺序陆续呈现于画面上的确定位置,称多画面冻结。

5. 频闪效果

也称运动轨迹效果,原来是静止物体的后面留有若干个间置的物体痕迹。如果按一定程序同时进行缩小与移位,就得到频闪效果,即同时在眼中留下几幅图像。常用于展示舞蹈演员的优美姿势和动作轨迹。

6. 动画效果(间歇)

使存储器的输入信号每间隔一段时间后,输入一次,活动画面呈现出有节奏的停顿,称为动画效果。音乐片中常见到此效果的运用。

7. 旋转效果

能够围绕三个坐标轴(X、Y、Z)旋转的特技,称图像旋转特技。所谓旋转的特技常常特指围绕 Z 轴旋转的特技,而围绕 X 轴的旋转被称作翻滚,围绕 Y 轴的旋转被称为翻转。三个坐标轴的旋转可以分别或同时使用。在旋转的同时,加透视效果,可以使形象变形看起来像三维效果。

8. 油画效果

使画面的亮度和色度的量化级数减少,造成人为的假轮廓,视觉上就得到类似油画的粗犷感。如果衰减色度信号,并使亮度信号显现大面积的反差层次,则类似版画效果。图像的粗糙程度、色彩可以由操作盘控制,得到不同需要的效果。如整个画面以红黑作为基调,常用于政论片、专题片,反映以往年代。

9. 色彩替换和负片效果

在数字特技里,还能将各个色彩的阴影瓦解,使画面偏色。比如,怀旧的画面就常常采用做旧加黄或者偏蓝。在亮度范围被减少后,也可将色彩变为黑白,而且还可以逆转亮和黑的区域。实现一种照片底片的效果,常见的用处以表现瞬间的激烈情绪或者代替某些定格。

10. 马赛克(瓷砖)效果(MOSAIC)

图像被破碎成很多分离的相同大小的有界线的亮度和色彩方块,看起来很像瓷砖镶嵌的图案。可以进行局部马赛克、渐变马赛克效果。马赛克效果可用于模糊被拍摄者的身份,能使人意会到画面所反映的内容,给人一种隐隐约约、虚实相间的感觉。与此类似,还有模糊效果。不同程度的模糊可以使画面柔和,比如,体现梦境和比较虚幻的场景。

11. 多活动图像效果

输入满幅图像,经过变换后,在屏幕上显示同一内容的多幅活动图像(一幅画面不同时刻),并以各自的速率更新画面,也叫抓拍效果。可以构成从一图像到另一图像波浪起伏的效果。适用于体育节目画面的要求。

12. 镜像效果

原画面在水平和垂直方向可以分别或同时产生对称的画面,如同镜子中倒影一样的效果。

13. 翻页效果

就像翻书一样，前景画面卷走，露出下一页背景画面。这种翻页效果已成为观众喜欢的转换方式。

将一系列图像变换按一定的规律在时间上联结起来，可以组成各种特技效果。如连续翻转效果，图像压缩、成线、扩大、再压缩，同时再加上纵深方向的压缩变换；曲线移动效果，使一幅图像以某条曲线为轨迹从大到小，或从小到大地移动。

数字特技与视频切换系统中的混合效果（M/E）放大器、摄像机等其他特技设备组合可以组成新的特技效果。如色键跟踪效果，将一预先录好的外景图像信号送入数字特技装置中，数字特技工作于色键跟踪状态，摄像机摄取一幅以蓝色幕布为背景的节目主持人画面，一路送入色键发生器，从而产生以蓝色幕布为依据的键信号，使外景图像缩小并嵌入蓝色幕布的方框中，前景信号的另一路输出一起在 M/E 放大器是进行混合，从而实现色键跟踪效果，如图 6-10 所示。

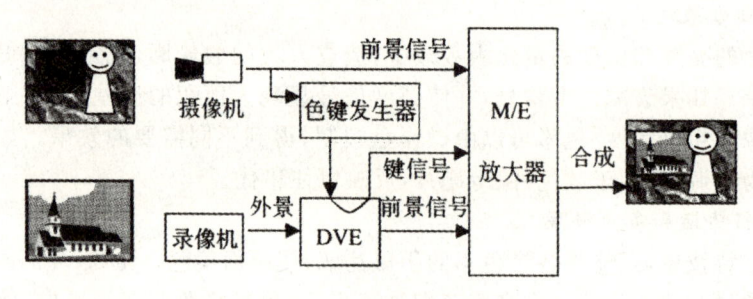

图 6-10　色键跟踪效果

另外，还有其他附带的特技效果。彩色边框与背景发生器，在压缩图像的周围常需加彩色边框；背景彩色发生器，其色调和饱和度可按需要选择，也可由 ROM 存储电子背景。照明效果，就仿佛用某一个实际光源照射画面一样。光源的形式、位置和亮度可以选择，如点光源、线光源、面光源等。阴影效果，就像可以在背景上突出地衬托出标题一样。数字特技可以为前景缩小的画面在背景上提供一个画面形状的阴影。阴影的位置、透明度可调。拖尾效果是将输出图像反馈到存储器的输入端，经延迟并衰减后叠加到原输入图像中而形成的重复或拖尾效果。通常用于标题，也可以在舞蹈等节目中使用，增加画面飘逸和舒缓流畅的感觉。

上述特技效果经过相互排列组合，就可以形成许许多多的视频数字特技效果，组合的方法和过程可编程成序列（SEQUENCE）存储在软磁盘中，由磁盘驱动器调出使用。

三维特技具有空间运动和旋转的效果，即画面可在空间任意旋转、翻滚、漂移和扭曲，同时能产生远近变化的透视感。画面进行处理后，图像边缘是直线的称线性特技，图像边缘是曲线的称非线性特技，非线性特技可以将图像卷成柱面、球面或其他曲面

形状。

随着新技术的不断出现，不断地有新的视觉特效产生。而传统的后期制作程序也发生着变化。

三、特技制作要点

(1) 了解所要使用特技系统的功能、特点。

(2) 根据节目内容构思需要的特技效果。

(3) 同一种特技效果可能会有几种实现方法，选择既省事、可行，质量又高的方法和流程。如慢动作的实现可以采用高速摄像、录像机慢放、非线性编辑系统慢放等多种方法，又如，遮幅效果的实现可以通过黑场遮罩、分画面特技或垂直压缩遮幅画面等方法来实现。不同的方法制作出的效果，不但质量、程序不同，而且特技效果也不尽相同。

(4) 构图问题，作为特技效果的原画面，在拍摄时，就应该考虑到它的构图是否适合。例如，后期要做遮幅，前期拍摄就要留出天地，以免遮掉需要的部分，但也可以通过后期补救，如移动画面位置、压缩画面等。使用模拟特技还是数字特技，如画中画与分画面都可以实现大画面中放置小画面，但一个是压缩画面，一个是裁剪画面，因此，拍摄的构图也就不一样。特技效果画面要符合构图规律，有一定的节奏感、平衡感。

(5) 当使用压缩、合成等效果时，尽量用特写镜头为宜，否则会看不清楚。

(6) 注意主画面与分画面的和谐，如色调、对比、构图等方面。

(7) 初学者往往喜欢滥用特技效果，哗众取宠，这是不可取的。特技的使用要有一定的目的性，对节目内容的表达要起到正面的作用，否则会适得其反。在一条新闻中如果大量应用各种特技，可能会引起人们对它的真实性的怀疑。当然，有时，为了起到视觉的冲击作用，也需要适当使用特技。应该说使用特技的最高境界是看不出修饰的修饰，如电影《泰坦尼克号》中大量使用特技，作为普通观众并不能注意到。

四、特技制作系统

1. 多通道特技

单通道特技一次只能处理一个特技画面，如果将两个或多个特技设备组合使用，配置一个特技混合器，就组成了双通道或多通道特技系统，一次就能完成两个或多个画面的特技制作。例如一个旋转的立方体，在每个可见的三面上显示了不同活动的或静止的画面，用多通道特技系统，三个画面一次完成，如果是单通道要经过三次倒版制作。模拟特技制作系统采用多通道特技，有利于提高节目的图像质量。

2. 数字特技制作系统

特技制作系统除了数字特技设备外，还需要配置视频切换台和摄像机、录像机等信号源。如图 6-11 所示，数字特技借助于视频切换台的辅助母线，切换选择来自摄像机、录像机等设备的信号源,然后对其进行数字特技处理。通过数字特技处理后的视频信号与其键信号又作为信号源送到切换台的输入端,利用切换台具备的混、扫、键、切等功能再对画面进行处理。切换台与数字特技的巧妙配合可以得到千变万化的图像效果。现在,大部分数字特技切换台是切换台和数字特技两种设备的集合,如图6-11中虚线框所示。

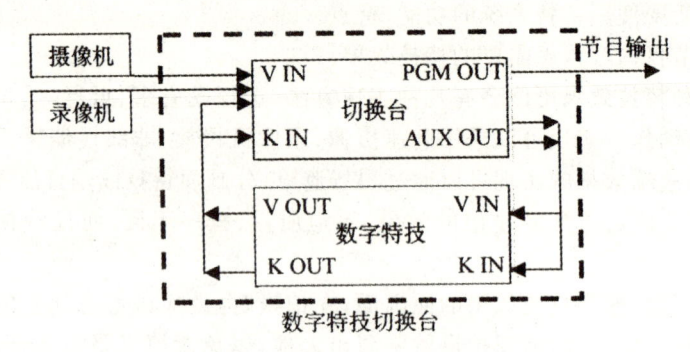

图6-11 视频数字特技制作系统

对于较为复杂的节目需经过多次制作完成。在模拟系统的制作环境下,为了保证节目制作质量,切换台应M/E级数多、功能强,数字特技尽可能采用多通道,通过一次完成单通道特技多次完成的效果,避免多次倒版带来的信号劣化。为了对整个系统进行电子编辑控制,保证特技效果的准确性,特技制作系统一般都配置一台编辑控制盘。它是根据系统的工作状态,按照编辑操作的要求控制整个系统,使系统中的各个设备按照编辑的程序自动完成工作。全数字制作系统中,数字特技设备选择的着眼点与模拟系统有所不同,在同样价格下,应选特技效果制作功能强的设备,而特技通道量多少次之。因为倒版对图像质量的影响不大。

数字特技制作系统制作复杂的节目,相对于非线性编辑系统或视频工作站,其灵活性、可控制性差,操作难度大,因此,现在许多后期特技制作是在非线性编辑系统内完成的。但是,数字特技可以实时完成,即时的输入、即时的输出、即时的完成,可作直播在40ns以内完成。有别于非线性编辑的实时,非线性编辑是针对特技的软件来说,在换上特技卡后,不用生成就能完成。但非线性编辑必须先把信号输入硬盘,完成特技,存储入硬盘,输出,所以它不能即时输出,只适用于后期制作。

当前电视设备正处于由模拟向数字过渡的转换时期,电视制作系统处在模拟复合、模拟分量、数字复合和数字分量各种系统混杂并存的阶段。现在,许多设备有可供选购的多种输入、输出接口,它们是模拟复合、模拟分量、串行数字、并行数字等,可根据需要选购输入、输出板。对于有串行数字输出接口的设备,在机器内部要进行时分复用处理,使Y、U、V信号通过一根电缆传输。Y、$B-Y$、$R-Y$三个分量信号经过时分复用就得到一串符合CCIR655标准的270Mb/s的数字信号流,即$B-Y$、Y、$R-Y$、

Y_1、$B-Y$、Y、$R-Y$、Y_1、$B-Y$……

3. 数字特技切换台 DFS-500P 介绍

DFS-500P 的功能

内部以数字分量方式处理所有输入信号,输入信号在由特技发生器处理之前先进行 A/D 转换,如图 6-12 所示。

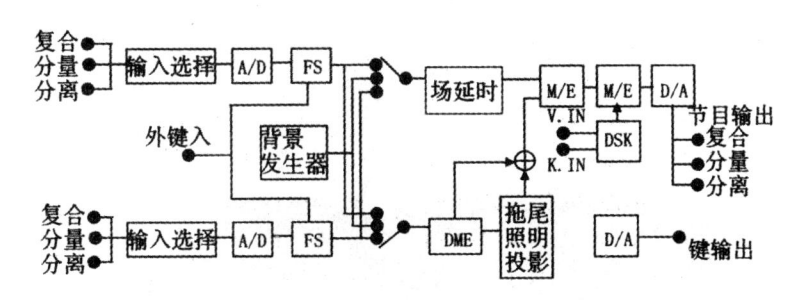

图 6-12 DFS-500P 方框示意图

(1)把视频切换台和多功能数字特技 DVE 结合为一体;

(2)体积小,功能多;

(3)适合中小型电视台使用;

(4)四个基本信号输入端,输入信号可用复合、分量、分离信号,它的四个初级信号输入端允许这些信号进行任意组合,并在系统内予以处理;

(5)两根母线,前景和背景母线;

(6)视频信号发生器(内部),产生彩条、格子、彩底和各种浮雕式背景图形,用于背景源图像、加边、阴影及下游键(DSK)加边;

(7)一级 M/E 放大器和下游键,快切、混合、划像以及字幕、字符叠加(选购件 BK-DF-504P 下游键板的效果);

(8)手动、自动变换,自动变换时间 0~999 帧可调;

(9)具有二维、三维、线性和非线性数字特技效果;

(10)拖尾、下垂边、阴影和投光功能(选购件 BKDF-501P 的效果);

(11)可存储 300 多种特技效果,包括划像、压缩、旋转、滑动、裂像、镜像、流动、油画、马赛克、手风琴、波纹、融化、破裂、翻页、卷页、球面、多重像、画中画、飘扬等,用数码键盘输入效果号码可以很容易调出任何一种特技效果,另外还可以进行用户编程;

(12)具有两个帧同步器,使基本母线上的输入信号自动地同步。两个帧同步器分别处在初级线上,前景视频信号、背景视频信号首先被存入帧存储器,然后以同一个时钟频率再从帧存储器内读出,这个时钟频率是内置信号发生器产生的。由于前景和背景信号是以共同的时钟频率被读出,这两路信号就会自动同步。所以,系统不需要外基准信号,可以使用不加时基校正的录像机,而且能提供锁定外加基准信号的同步锁

160 ...... 第六章 电视特技

相功能；

(13)不具备色键功能，需选购另一设备 DCK-500P 数字色键发生器，具有高质量色键。

● 控制面板

前面板如图 6-13 所示。

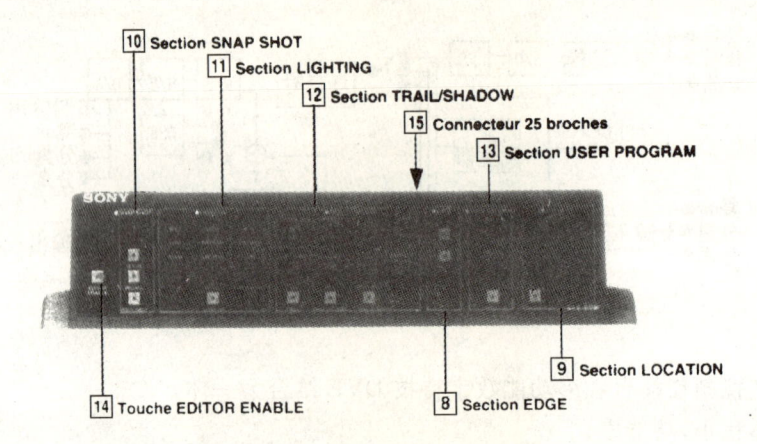

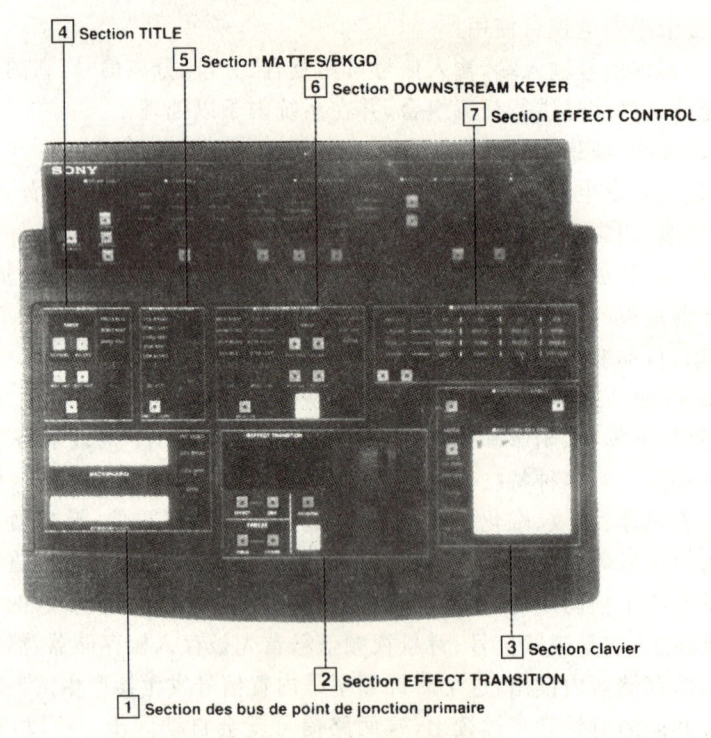

图 6-13　DFS-500P 的前面板

后面板如图 6-14 所示。

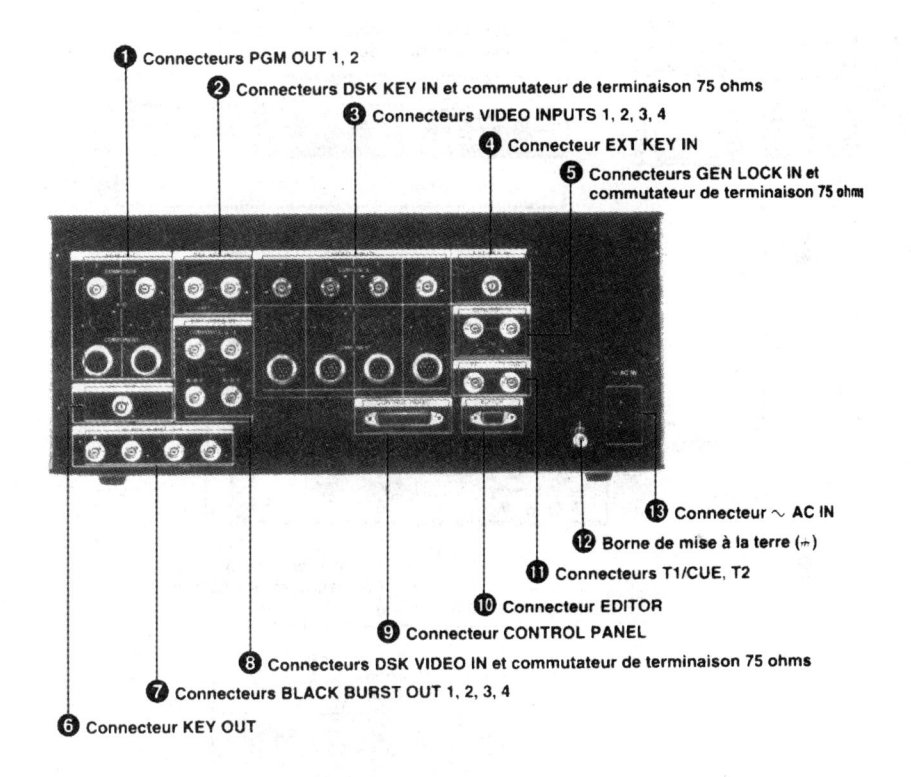

① Connecteurs PGM OUT 1, 2
② Connecteurs DSK KEY IN et commutateur de terminaison 75 ohms
③ Connecteurs VIDEO INPUTS 1, 2, 3, 4
④ Connecteur EXT KEY IN
⑤ Connecteurs GEN LOCK IN et commutateur de terminaison 75 ohms
⑥ Connecteur KEY OUT
⑦ Connecteurs BLACK BURST OUT 1, 2, 3, 4
⑧ Connecteurs DSK VIDEO IN et commutateur de terminaison 75 ohms
⑨ Connecteur CONTROL PANEL
⑩ Connecteur EDITOR
⑪ Connecteurs T1/CUE, T2
⑫ Borne de mise à la terre (⏚)
⑬ Connecteur ∼ AC IN

图 6-14 DFS-500P 的后面板

第六章 电视特技

● 系统的连接

基本系统连接如图 6-15 所示,键信号连接如图 6-16 所示。

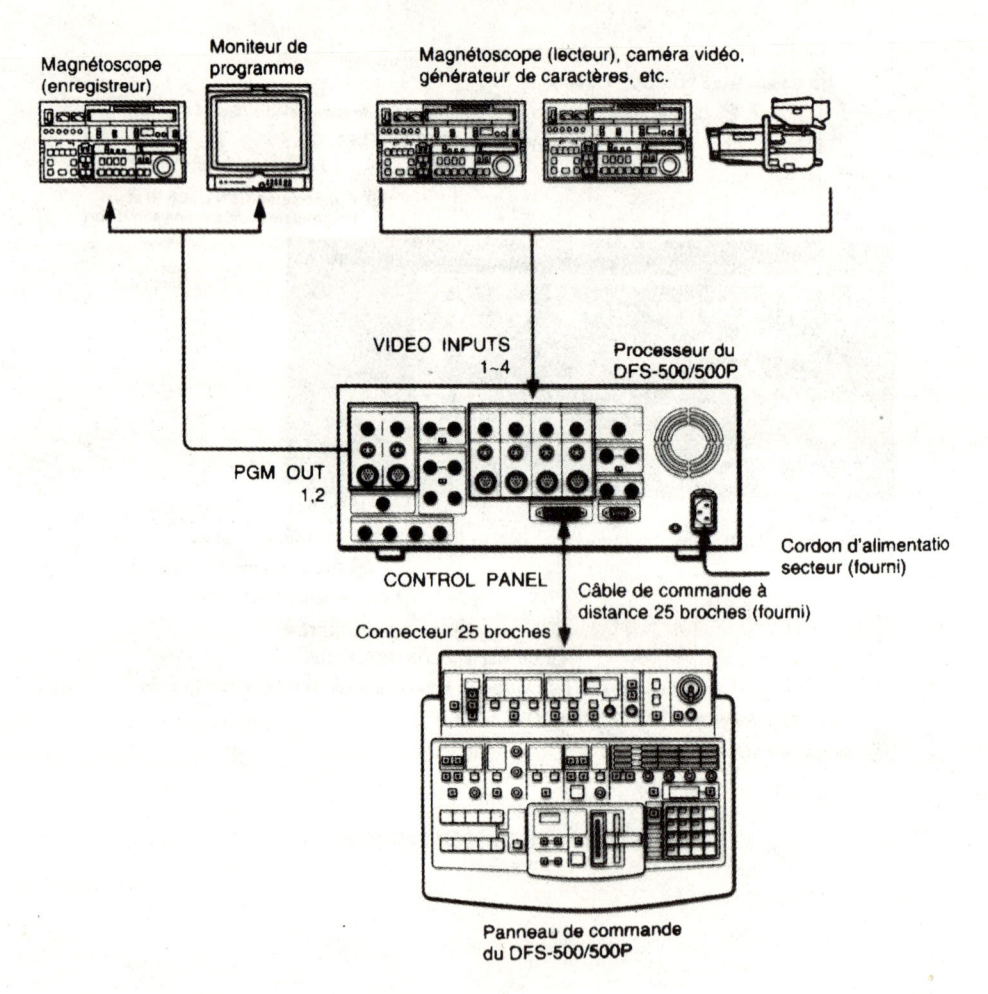

图 6-15 基本系统连接

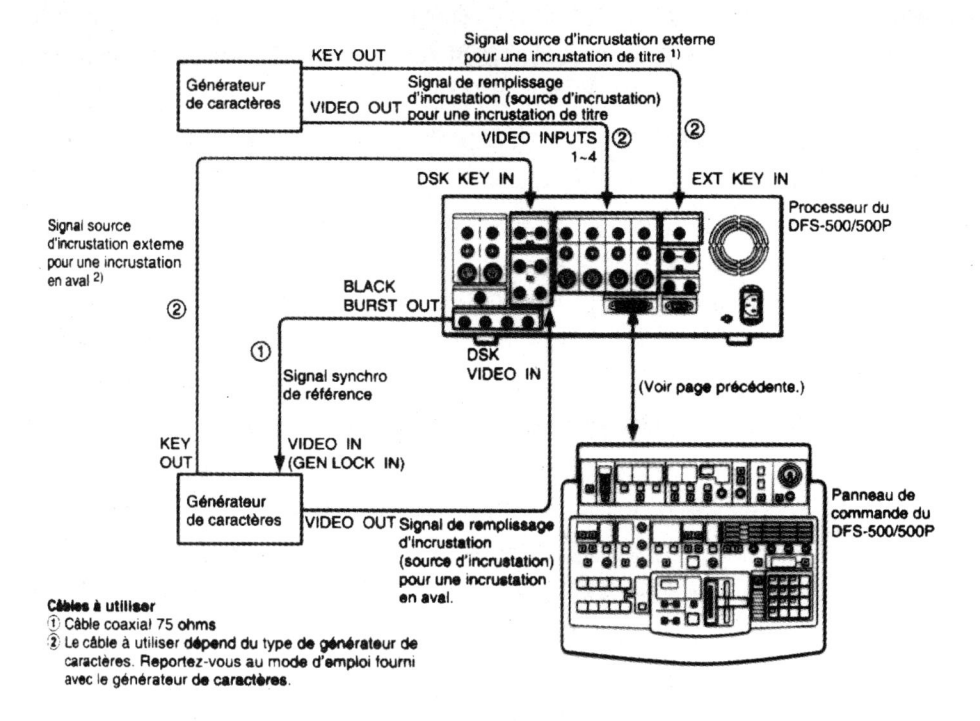

图 6-16　键信号连接

第四节　电脑特技

　　从 20 世纪 90 年代数字技术的介入,使电影从制作到放映都以一种全新的方式显露出来。这股浪潮源于美国,又以飞快的速度席卷整个世界。20 世纪 80 年代,电脑动画开始进入电影制作,如《魔宫传说》、《外星人》、《木乃伊之谜》等。1991 年影片《终结者Ⅱ》让人们看到了电脑特技的强大视觉效果;《侏罗纪公园》将道具与计算机特技结合起来,逼真地再现了消失的世界;《阿甘正传》则让影片阿甘与肯尼迪总统握手;《勇敢者的游戏》中那一个个魔幻般的场景,都出自电脑数字特技。为了利用数字特技进行制作,需要先将电影胶片转换成电视信号。由此,电影与电视就有了相同的制作方式,但电影在拍摄时还需要胶片,因为传统电视的清晰度达不到电影的要求。而 HDTV 则打破了这最后的技术差别,实现了电视与电影的统一。网络和 HDTV 的发展,代表了未来电影与电视互相结合的一种形式。电影、电视与计算机和网络的融合,将产生功能强大的影像表现手段,其前景是无限的。

　　计算机图像 CG(Computer Craphics)制作是数字制作的焦点之一。利用运动捕获器(Motion Capture)记录人的动作,再运用到动画的动作上。目前,在电影的后期数字制作中,由于制作量比较大,电影制作本身对设备的要求也较高,所以一部影片大都细化到几个中、小型公司完成,且大量的使用 Adobe After Effect 进行简单的合成。由于大型合成软件 inferno 的造价极为昂贵,目前新的软件大都是国外的,软件手册也都是英文的,中国制作人员的英文水平大都偏低,这就阻碍了中国制作行业的发展。中国国产电视剧较多使用数字特技的有:《壮志凌云》(18 分钟)、《西游记》(20 分钟)、《孙中山》(12 分钟)、《笑傲江湖》(30 分钟)、《英雄郑成功》、《紧急迫降》、《冲天飞豹》等,国产影片运用数字技术都比较成功。

电脑特技所提供的功能是非常强大的,且具有很强的应用灵活性,其基本功能有:去除线条、移动画面、拼接画面、控制色彩、着色、修补画面、改变形态多种转换、蓝银幕(绿幕)活动遮片、制作遮板、绘画接景、电脑动画等。电脑特技由于投资大、过程繁杂、大量用于电影特殊效果制作,但需与常规的电影特技及摄影技术配合,才能获得神奇的效果。

电脑特技在电影中的杰作比比皆是。如《星球大战》塑造了深邃宇宙场面,庞大的银河舰队,怪奇的外星生物;《无底洞》中深海透明生命体则创造了另一种形态感;《龙卷风》里在美国中西部肆虐的超级飓风;《失落的世界》中由岛上前往美国本土嚣张的恐龙;《真实的谎言》中跨海公路爆破及摩天大楼上的猎鹰战斗机;《泰坦尼克号》利用数字特技创造了灾难片之最。数字视频设备,随着软件的不断开发,它的功能将会不断得到改进、扩展,创造出更富有表现力的画面。

由于计算机为特技制作提供了更多更好的手段,所以视觉特技发展到今天,已经可以实现许多人在实际拍摄中无法达到的效果。况且,由于采用了相同的计算机平台,许多电影特技与电视特技也越来越相通。

数字复制:可以通过拍摄一小部分画面内容,再将其进行若干次拷贝,使之布满画面。

场景延伸:可以将一个小型模型通过抠像、跟踪和适当的扭曲,再造一个宏大的背景。比如《角斗士》一片中的古罗马街景。

光线、粒子和其他效果:可以设置各种灯光,照射画面,并且产生和三维物体一样的效果。还可以加炫光、光晕、光束、闪电等效果。粒子系统也可以制作出雨、雪、烟、火等效果。

随着数字特技在影视界的广泛运用,以及这种技术与网络技术将来的联合,势必会改变影视传媒的表达传导方式和观众的接受习惯。然而特效可能会让人眼花缭乱,但不能代替镜头本身的信息。只有合理恰当地使用视觉特技,才能给人以一种真正美的享受。

现在越来越多会用到数字合成技术,也就是把分别拍摄的不同元素组合起来。如《泰坦尼克号》、《侏罗纪公园》等影片的大量镜头,就是利用这种技术在计算机里合成的。另外,利用计算机生成的变形技术,可以将一种物体逐渐演变成另一种物体。变形技术实际上是利用了计算机从一帧画面到另一帧画面之间可以做一些细微的变化。

如一个人的脸变成另外一个人的脸;一辆摩托车变成一只老虎。一些计算机软件的修复技术,可以除去画面上原有的划痕、灰尘以及演员身上的保险钢丝绳,也能修正镜头中的颜色、变形和损伤。

第五节 虚拟演播室技术

一、概述

虚拟演播室系统(The Virtual Studio System,简称 VSS)是近年来随着计算机技术飞速发展和色键技术不断改进而出现的一种新的电视节目制作系统。它是传统色键抠像技术的改进,是自动跟踪技术和计算机合成图形处理技术在电视领域中应用的产物。

色键系统的主要不足在于:前景在运动,但背景却不能做出与前景运动相应的动作。也就是说,色键系统没有保持住在背景和前景之间存在的空间关系,使得前景没有"溶入"到背景中,从而限制了色键系统的应用范围。而色键技术的发展,要求背景画面的变化与前景的变化同步,甚至前景人物能穿插于背景物体之中,两者紧密联系形成有机的融合,这就是虚拟演播室技术。这一技术的应用使真实演播室可以变得非常简单,演播室面积无需太大,只要铺满蓝幕就行,不仅不用复杂的搭景和灯光照明,而且换景便利、快捷,可大大缩短节目制作周期。背景画面可以是真实拍摄的场景,也可以是用计算机创作出的图像。节目人员可以充分发挥艺术想像力来构思场景而不受外景或搭景条件的限制。VSS 的特技也是其他技术难以完成的,例如物体可以不顾重力原理而悬浮在空间、一个物体可以从另一物体中往上升、视频图像可以在任一平面上显示出来、场景可由动态物质构成、很小的物体能立即变成巨大的物体等。

早在 1993 年,美国的 Ultimatte 公司就开始展示了他们的虚拟演播室系统。1997 年,中央电视台购买了美国 Evansand & Sutherland 公司 MindSet 虚拟演播室系统。目前,中央电视台已用以色列 RT-Set 公司的虚拟演播室系统制作出许多优秀的电视节目,如:科技博览、音乐时代、银幕采风、每日佳艺、百年经典、春节歌舞晚会等。

近年来,虚拟演播室技术已成为世界新的热点,随着技术的不断发展,各种虚拟演播室产品层出不穷,采用这种技术制作的电视节目开始出现在电视屏幕上。国外主要的代表公司有:GMD 公司的 3DK 系统,以色列 Orad 公司的 Cyberset 系统,美国 Accom 公司的 Elset 系统,美国 Evansand & Sutherland 公司的 Mindset 系统,以及 NHK 公司的 Syntherision 系统等。国内多媒体虚拟演播室系统的发展也非常迅速,如在 BIRTV'99 展览会上,展出的国内产品就有奥维迅的"新闻虚拟演播室系统"、北大方正的"方正虚拟布景系统"、大洋的"大洋虚拟演播室系统"、索贝的"新视野虚拟场景合成系统"等。虽然国内产品与国外产品还有不少差距,但可以相信,随着时间的推移会不断改进,达到可与国外产品竞争的水平。

二、虚拟演播室技术

虚拟演播室是建立在高速图形计算机和视频色键基础上发展起来的演播室技术。一台工作站可与多台摄像机连接,摄像机可在虚拟演播室中随意移动,突破了传统布景、道具、灯光、场地等演播室制作工艺的限制。同时,用户还可以通过建立三维模型得到真实道具所不能达到的特殊效果。技术制作人员可以利用鼠标器来激活或改变场景中的任何事物。虚拟演播室无需很大,可是却为制作人员提供了无限的自由创造空间。

虚拟演播室系统一般由联机和脱机两个部分组成。联机部分包括:演播室色键合成系统,含色键合成器和具有蓝色幕布的虚拟演播室;跟踪系统,能够检测和提供摄像机参数、表演者位置参数;场景生成系统,能够根据摄像机参数实时生成背景场景图像;合成系统,使前景中表演者的图像和虚拟场景图像实时合成。脱机部分一般包括虚拟场景的设计和生成,如场景的整体设计和建模渲染等。

虚拟演播室技术主要包括跟踪、背景设计和计算机生成、色键及 Z 轴深度等技术。它除了传统演播室所具有的装置外,还必须有能获取摄像机运动参数的摄像机运动跟踪系统以及能实时生成与前景图像保持正确透视关系的背景图像。最后,来自摄像机的前景和生成的背景在色键合成器中合成并输出。

1. 摄像机运动参数的获取

摄像机的运动参数包括镜头运动参数(变焦 zoom;聚焦 foeus;光圈 zris)、机头运动参数(摇移 pan;俯仰 tilt)及空间位置参数(地面位置 X、Y 和高度 Z)等。这些参数的获取对虚拟演播室系统来说是至关重要的,它可直接影响到虚拟背景的生成。目前有两种方式可获得摄像机的这些运动参数,即机械跟踪方式和图像分析识别方式。

(1)机械跟踪方式:这种摄像机跟踪系统采集摄像机的位置及透视数据,它通常被安装在三角架或基座之上。为测量摄像机的镜头运动参数,需要在摄像机镜头上安装附加装置。这个装置中包含有传感器和有关电子装置,称为镜头运动参数编码器。这是一种精确的旋转编码器。镜头编码器通过托架与镜头上变焦环和聚焦环的齿轮紧密咬合,当变焦环或聚焦环发生位置变化时,编码器能够检测出上、下、左、右摆动的细微角度并将其编码输出。信息数据通常通过一些串行接口类型如 RS-232 或 RS-422 传送给计算机。

摄像机的地面位置 X、Y 及高度 Z 也可用类似的编码器方式测量,即用相应的传感器检测摄像机的升降和云台脚的转动,并对其参数值进行编码。X、Y 及 Z 跟踪器允许传感摄像机上、下、左、右全方位的信息,可以装在滑轨或升降架上。不过,用这种方式测得的 X、Y 参数精度较低;另有一种测量 X、Y 参数的方法是读条码法。这种方法要求在云台上安装一个专用广角摄像机,同时在演播室一面墙的底边安装有条形码板,通过广角摄像机扫描条形码可测量出摄像云台在演播室中的绝对位置。这种方式

精度较高,但缺点是必须保证条形码处于广角摄像机的视野范围之内,否则就无法确定位置。有些系统可同时使用两种方式确定 X、Y 位置,即当广角摄像机能拍摄到条形码时,采用读条形码法,而当广角摄像机无法拍摄到条形码时(例如中间有遮挡物),则自动转到对云台脚轮转动的编码方式。

机械跟踪系统有一些缺点,首先,由于这种方式必须在摄像机镜头及云台上安装专用编码器,使得演播室中可使用的摄像机的种类及数量受到限制,一般只限于 ENG/EFP 型,并且每台摄像机必须有一个跟踪器;其次,不能使用手持式摄像机,因为摄像机的机械跟踪系统部分过于庞大、笨重,增加了摄影师灵活使用的难度;再次,机械跟踪需要对摄像机的镜头进行精确的测量,校正困难;最后,就是定位,在拍摄之前,需要一个非常耗时的过程来获取摄像机的初始位置和方向。

(2)图像分析识别方式:机械跟踪方式是直接对摄像机的各种运动参数进行测量,而图像分析识别方式与之截然不同,是利用图像分析识别技术在拍摄期间同步控制并检测摄像机的各项运动参数,包括位置参数(X、Y、Z)、水平转动参数、垂直转动参数和变焦参数。所有这些参数都被转化成位置参数,这就使得摄像师能够在拍摄过程中随意移动摄像机,而且也不需要特殊的摄像机。目前已在使用的一种在蓝箱正面用浅蓝色组成的网格图案,而且正面是倾斜放置的。这种精确的网格图案以两种不同的蓝色形状绘制于蓝背景上,蓝背景整体采用与传统演播室相同的蓝色,因此仍可利用色键合成技术。摄像机拍摄这种图案后,与计算机跟踪软件及硬件预先确定的模型进行对比,以确定物体与虚拟场景的透视关系及距离。所以,当启动摄像机后,系统会对蓝背景网格进行定位追踪,利用图像分析的方法检测出其亮度的变化,通过计算机计算出每一幅图像中由于摄像机运动而引起的水平位移、垂直位移及镜头变焦参数的变化。这些参数被送入图形工作站中,控制着用计算机制作出的虚拟场景中摄像机的运动,这样在虚拟的摄像机中看到的场景中物体的位置及透视关系与实际拍摄的摄像机完全一致。这种图像识别技术解决了用传感器的摄像机系统所造成的限制及校准要求,便于摄影师能运用各种摄像机以不同的角度进行拍摄。数字视频中包含有大量的数据流,需进行数亿次的图形计算,从而导致了图形工作站产生的图像滞后于现场摄像机拍摄画面 7~15 帧的延迟。为了解决这个问题,虚拟演播室使用视频和音频延迟硬件以达到摄像机图像和图形工作站制作的背景图像间的同步。传输中的延迟量取决于摄像机的跟踪方法和图形工作站的处理能力。

2. 背景的生成——强大的图形计算机系统

这项技术关键是让背景画面随前景图像的运动而运动(将实拍外景画面按三维实时处理有一定难度)。背景多为计算机生成的三维图像,而通过将外景画面镶嵌在计算机三维图形的某个部分产生大屏幕效果。典型的三维背景画面就是虚拟演播室。

虚拟场景的制作:在虚拟节目准备中的一个重要任务就是建立三维场景。虚拟演播室的背景图像可以是来自录像机或摄像机的活动图像,也可以是静止图像等,但使用最多的是由计算机创作出的二维或三维图形 CG(Computer Graphics)，即虚拟场景。这些场景用三维软件及材质完成。制作人员可以用开放的平台及软件（例如 Softimage、Wavefront、Alias 或 Multigen 等）建立三维场景，并把它们直接送入系统，也可以在三维数据库中选用，同时还可使用标准动画软件工具对三维模型进行修改处理。

实时生成背景是指在摄像机运动参数控制下，背景生成装置对制作好的背景信号进行处理，实时生成与前景有正确透视关系的背景图像。所谓实时，是指生成速度可达到 50 场/秒。

3. 系统的用户界面

安装工具用于确定各种虚拟场景的部件、模型、材质、物体、动画等。另外，用户可以预设许多表单，每一个表单都包括一系列的操作指令，用以在节目拍摄过程中进行演示。这些操作可包括摄像机的切换、三维场景的改变、触发一个动画等。这些表单存储在内存中，每一个都可用鼠标按钮一触即发。事实上，这些表单组成节目制作的序列表。安装工具完成的结果是一个数据库，包括所有模型及序列信息。

现场工具可以合成来自安装工具的信号及来自现场摄像机的信号。用户通过用户界面控制节目流程，这个用户界面允许他们选择所期望的任一时刻的特技及操作。另外，预定的序列表可以图形化，并且用户可以选择任一预先确定的表单来完成自动运行的一系列操作。所有上述的步骤都可轻易地实时完成。

4. 蓝室设计和灯光

(1)蓝室设计：由于虚拟演播室系统允许摄像机运动，蓝室设计变得非常重要。虚拟演播室的摄像室一般是由一面或多面蓝墙和蓝色的地板组成的"蓝室"，对蓝色舞台没有实际的物理尺寸限制，真实蓝背景的大小可以决定有多少演员在虚拟场景中活动。如果制作是相当静态的并只有极少的演员在活动，那真实舞台就可以极小；如果制作需要在一个大的虚拟范围中有许多演员活动，那真实的背景就应该非常大。演员背后更大的蓝色墙壁允许多种类型的摄像机进行尽可能的摇移。建立蓝色的边墙是另外一个得到更大视野范围的办法，可以因此得到最大的视角。有一件事需注意，正面临近的墙的角度应大于 90 度，这将更容易打灯光，并且墙壁之间也不会互相反射。而且，当摄像机取远景时，不仅需要播音员身后是蓝色，地板也要求是蓝色的。阴影要落在地板上。否则落在真实背景之外的阴影将被剪除。有时这会为制作带来一些麻烦。如果在真实布景中有折角，打光会非常困难，同时需要在键控器上进行额外的调整来均匀明暗差异，这将使保留阴影变得更困难。圆滑的角落可以帮助减少灯光的明暗差异。

(2)灯光：对虚拟演播室来说，灯光是最困难可又是最重要的问题之一。在通常情况下，蓝色舞台需要被照得非常均匀。在虚拟演播室中通常用冷光源。如果没有冷光，有时可以用蜡纸盖住标准演播室的灯光来代替，应有灯光测量来保证灯光的均匀。

灯光越均匀,用户就越少需要在键控器上完成"修饰"。最少的修饰可更为容易保留阴影。

灯光应经常保持足够高的角度来使阴影落在地面上而不是背景墙上。在大多数情况下,阴影应该避免落在真实墙壁上,除非虚拟墙与真实墙的轮廓相似。这样可以允许用户制作虚拟演播室比真实演播室深得多的特技。地面上的阴影使观众看到真实的效果,真实物体与虚拟地面天衣无缝的连接了起来。如果真实背景太小,真实阴影被突然剪掉会产生负面效果。

我们也极力推荐地面的辅助光。如果没有来自下面的灯光,只能靠蓝背景对灯光的反射来照亮前景物体的下面部分。这将降低键的质量,并且蓝色反射将会影响键的效果,同时还要注意下列一些问题:

①由于地板与墙相对于光源有不同的方向,因而会有不同的光强,且沿边界的部分将表现得最为明显。这就要求前景的被摄物光强和色调应与背景协调。所以把墙与地板间设计成一个弧度,比起直角来,能减弱光线上的差异,以获得更理想的效果。另外,过多的蓝光反射在物体上,这种蓝溢出在合成时虽然能去掉,却损失了侧光和背光。

②影子问题:演员及真实道具在蓝室中投下的影子也要随演员及道具一起进入虚拟空间。为了更好地提取阴影,灯光的设置应使阴影处的蓝色电平与背景蓝幕布的蓝色电平有较大的区别。影子的方向也要和虚拟空间中的光源方向一致。

③为表现虚拟背景中反光地板上的影子效果,可在蓝室地板上铺设蓝色透明塑料。虚拟演播室中的影子效果一般只限于地板,但如果要求演员或真实道具的影子投射到虚拟空间的墙壁上,就要在蓝室中相应于墙壁的位置上放一个大的蓝色物体以产生这种阴影效果;如果要求影子投射到虚拟空间的不规则物体上,实际很难在蓝室中用灯光模拟出逼真的影子效果。另外,在蓝室中可以放置蓝色的物体,再用虚拟物体覆盖它们,并要做到允许虚拟物体支撑或碰撞实际的物体。

三、虚拟演播室系统的发展

虚拟演播室技术经过数年的发展之后,已从初创阶段走向实用阶段。目前的虚拟演播室系统不仅在关键技术上有了很大改善,而且还在系统类型上得到了完善,在应用领域上也有了较大扩展。

1. 系统类型的完善

随着虚拟演播室技术的发展,虚拟演播室的系统类型也得到不断的完善。目前,已出现了能满足各种需要、适应各个阶层的系统类型。从功能上看,除了最基本的三维系统和二维系统之外,还出现了一些能实现特殊功能的系统类型,如虚拟出席、移动场景以及为适应高清晰度电视系统而开发的 HD 虚拟演播室系统等。

三维系统,属于高档虚拟演播室系统,其特点是可创建全三维的虚拟场景。由于三维场景的实时描绘需要非常大的计算量，所以这类系统必须采用功能强大的图形工作站或专用的高速图形处理器作为背景生成装置。在摄像机运动参数的获取方面，可使用图形识别方式，也可以使用机械传感器等方式。用摄像机运动参数来控制背景生成装置就可得到与前景图像成正确透视关系的三维虚拟场景，然后通过色键合成技术将前景与背景合成后输出。这类系统配合以虚拟阴影及反射、像素级深度键等新技术后，可达到非常逼真的全三维虚拟场景效果，是节目制作的最佳选择。

目前，用于直播的多讯道三维系统应用还不太多，主要原因是造价高，三个讯道的虚拟演播室要 300 万美元，仅高性能计算机就要 75 万美元；还有就是场地较简单，计算机不能产生复杂的与实际环境接近的场地；最后是可靠性问题，需要有备份。如果要直播，除三台摄像机和三台高性能计算机外，还要准备计算机作备份，防止计算机出意外。

二维系统的出现是为了迎合某些用户的愿望，即能在较低的价位上建立一个简单、实用而且图像质量高的二维虚拟演播室系统。这类系统的背景生成装置一般采用图像处理器硬件，可生成类似于二维 DVE 效果的背景图像。与一般 DVE 系统所不同的是，在这里各种数字视频效果的生成是在摄像机运动参数的控制下进行的。例如，当摄像机推近前景图像时，在相应运动参数的控制下，图像处理器会产生一个放大的图像，与前景配合。合成之后，前景看上去就好像确实处于图像处理器产生的虚拟背景之中。此系统由于是二维系统，所以摄像机不需移动。

二维系统的用户工作站只要一台，就可控制 4 台摄像机。用户工作站用来计算摄像机位置信息，控制单元移动背景，以接近真实感觉。二维的虚拟演播室可大量制作节目，大大改善节目包装。很小的演播室可以做规模很大的节目，不可能实现的画面可以做出来，只要是你能想到的。至于造价方面，据估算，三维虚拟演播室约需 300 万美元，而二维三讯道的虚拟演播室大约 50 万美元，只有三维的六分之一。

虚拟出席是在基本系统的基础上增加的一个特殊功能，它能将异地传来的实况视频无缝地组合入本地演播室。也就是说，虚拟出席可将异地演播室中的表演者与本地演播室中的表演者实时地结合在一个虚拟场景中，而不需要通过视频窗口。两个表演者可以在虚拟场景中面对面地相互交谈、表演，观众觉察不到他们是身处异地。这一功能的好处是异地的节目嘉宾可以不必再亲临本地演播室参与节目制作，他们只需到最近的蓝幕演播室处，便可实时且无缝地进入到节目中。

移动场景也是一种具有特殊功能的系统，它可将视频及动画插入到室内和室外的节目中。这里使用的是一块绘有格子图案的小型面板，拍摄节目时将它放置在需要插入视频或动画的场景位置上。摄像机可从任意角度拍摄，得到的格子图案信息可控制生成装置生成与面板透视关系一致的视频或动画。最后经色键合成后，在相应于面板的位置就会出现视频或动画，且其透视关系与面板完全一致。移动场景功能非常适合于体育报道、实况采访、天气预报、现场新闻报道等节目，它可给节目增添活力，带来耳

目一新的感觉。

2. 应用范围的扩展

虚拟演播室技术最初只是用于演播室节目的制作，但现在它的应用范围有了很大的扩展，特别是在体育节目的报道及广告方面，出现了以虚拟演播室技术为基础的一些新技术，如虚拟重放系统、数字重放系统及虚拟广告系统等。利用这些技术制作的节目可得到非常好的效果。

虚拟重放系统主要应用于足球等球类比赛的转播及评论节目。它可提供球场、队员及球的动态三维图形图像，同时可连续改变虚拟摄像机的拍摄视点。虚拟重放系统的工作过程是这样的：首先选择一帧要分析的视频图像，画面在这一帧冻结起来。接着冻结起来的二维视频图像渐渐变成一幅动画形式的三维场景，即球场、队员及球等都变成了相应的三维图形画像。虚拟摄像机可围绕这一场景进行自由的"飞绕"拍摄，因此观众可从任意角度观看这一瞬间的比赛情况。这套系统需要事先存储体育场的三维模型。另外，准备素材需要几分钟的时间。虚拟重放系统将逐步改变体育节目的转播方式，它可部分代替慢速重放，可从各个角度模仿真实比赛的情况，因此呈现在观众面前的将不再是"有争议"的或是难以判断的情况。目前，虚拟重放系统可用于美式足球、足球、冰球等比赛项目。

数字重放系统主要应用于体育比赛的报道及评述节目。它能迅速重放各种精彩场面。在重放时，通过使用先进的视频跟踪技术，可突出显示并自动追踪关键运动员或球，显示他们的运动轨迹或路线，测量并显示运动员和球的速度以及两物体之间的距离，可在视频图像上直接描绘各种箭头、轨迹、路线和标志。对于观众来说，数字重放系统可使他们更清楚地了解比赛中的每一个细节，从而能更好地欣赏比赛。对于体育评论员和球队教练来说，数字重放系统是一个理想的分析工具。

虚拟广告系统可在体育节目或文艺节目的直播期间，将演播室制作的虚拟广告牌插入到赛场或表演场的空地上，或用虚拟广告牌替换掉场地上原有的广告牌，合成后可达到以假乱真的效果，观众丝毫不会察觉。利用虚拟广告系统有很多优点：首先，在对不同的地区进行转播时，可插入不同的广告，增强广告的有效性，提高资源利用率。其次，赛场上的广告可以不再是静止的，可以将插入的虚拟广告做成动画形式，各种二维或三维的动画广告更能吸引观众的注意力。其次，使用虚拟广告后，广告位置不再局限于场地的边边角角，如果愿意，整个场地都可以放置虚拟广告，广告尺寸也不会有任何限制，而且虚拟广告可插入到以前无法利用的空间，如水面、沙滩、雪地或非常高的地方。

有了虚拟演播室系统，电视台不需要高额的布景搭建费用，也不需额外的设备和维修费用，并且多个场景可重复、循环的使用，没有空间的浪费和重复建设的费用，更无需花费大量的时间和人力，就可以制作出丰富多彩的节目。随着电视事业的发展，虚拟演播室必将获得广泛的应用。它将适用于电视新闻、专题报导、天气预报、金融信息、股市分析、电视广告、体育报道、比赛结果分析、MTV、儿童娱乐、教育节目、综艺节目以及电视商场、戏剧创作、电视电话会议等。

　　虚拟演播室技术正处于发展阶段,仍存在很多问题。例如,虚拟背景的逼真性还不能令人满意。其原因除了软件功能存在缺陷外,硬件的速度问题也是一个制约的因素。另外,对于摄像机运动参数的获取,不论采用何种方式,都存在局限性,有待于改进。除了技术上的问题之外,虚拟演播室对节目制作人员也提出了新的要求。它的创作也更加复杂,不再是一两个人就能充分使用好的系统,它需要导演、创意者、美术设计、二维建模者、三维建模者、演员及虚拟系统的操作者等人员的通力配合。能否真正发挥虚拟演播室的功能,创作出高质量的特技效果,还在于制作者的想像力和他们之间的配合。

　　虚拟演播室技术的发展是和数字视频技术、计算机技术以及其他相关技术的发展息息相关的。随着这些技术的发展,虚拟演播室技术也在不断地发展和完善。另外,虚拟演播室技术的应用也扩展到了互联网上,目前已有了具有虚拟实况和网络重放功能的互联网节目,观众不仅可以通过互联网即时欣赏到全运动的三维比赛精彩场面,还可以在互联网上分析关键的比赛瞬间。虚拟演播室技术的发展方兴未艾,相信它终将会成为一种最为有力的节目制作工具。

第六节　电视图形、图像处理

一、电视字幕

1. 字幕机系统

　　字幕机是指在电视节目制作和播出过程中产生字符、图形等的专用电视信号发生器和处理器。它是电视节目制作和播出中不可缺少的设备。电视节目片头、片尾的标题、演职人员名单、新闻标题、同期声,字幕无处不在。

　　随着字幕机技术的发展,字幕机的功能也越来越强大。狭义的字幕机是指只有字幕功能,满足于在电视画面上叠加字幕。广义的字幕机,也可以叫做电视形象创作系统或图文创作系统,包括叠加文字及图形的功能,二维、三维动画功能,对电视画面的整体形象创造,等等。

　　字幕机主要由计算机、图文处理卡、PAL 合成器以及与其相配套的软件系统。如图 6-17 所示,PAL 合成器由 PAL 同步机、PAL 编码器、键控混合器组成。从外来视频信号中分离出同步信号将 PAL 同步机锁相,PAL 同步机产生的行、场同步信号再输出给图文处理卡作外同步源。PAL 同步机一般设有行相位、副载波相位连续调整,以使字幕机在制作系统中同步工作。同步机同时还提供给 PAL 编码器所需的各种同步信号。图文处理卡是能产生各种字符、图形的计算机插卡,一般插在计算机的扩展槽内,有键信号输出,以便与外来信号叠加时作键控。PAL 编码器接收图文处理卡的 *RGB*

图文信号进行编码,编码后的全电视信号送给键控混合器与外来视频进行叠加。图文处理卡输出的键信号经相位调整后,一路供内部键控叠加,另一路直接输出提供给外部视频切换台,作外键信号使用。从键控器输出的视频信号可直接送至录像机。现在的图文处理卡一般使用图像卡,有的还将图文处理卡和 PAL 合成器集成在一块卡上。

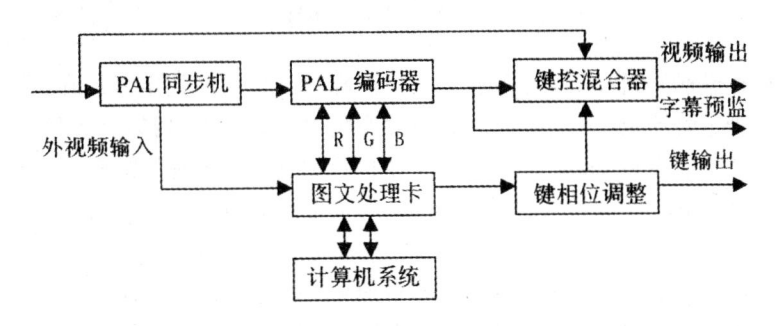

图 6-17 字幕机的工作原理方框图

利用字幕机进行节目制作时,有两种工作方式,一种是将字幕机产生的字符信号作为信号源,通过切换台上的下游键,将字幕信号叠加到摄像机、录像机等输出的视频信号上(如图 6-18)。视频切换台输出的黑场信号作为字幕机的基准信号,字幕机输出键信号和视频信号给切换台。这种工作方式是将字幕机并联在制作系统中,信号质量较好,不会影响整个制作系统的质量。另一种方式是将字幕机串联在视频通道中,放像机的信号输出到字幕机,经字幕机锁相、键控等处理后,输出视频信号送至录像机记录(如图 6-19)。这种方式充分利用了字幕机的字幕和键控混合功能,但由于有的字幕机视频指标不高,会影响视频信号质量。而且没有直通功能的字幕机,在关机或出现故障时还会影响系统的视频通道的安全。因此,在没有切换台的情况下可以用这种方式,否则,应采用第一种方式。

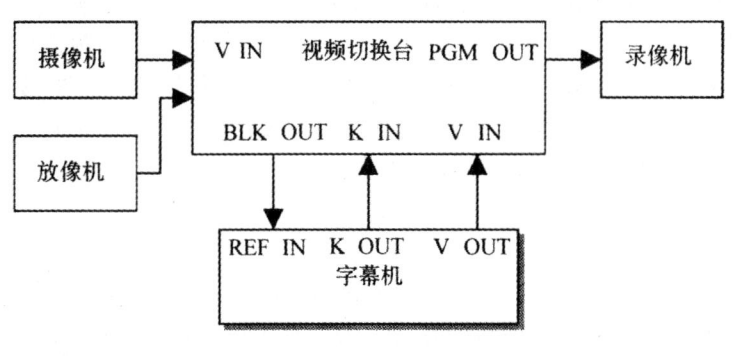

图 6-18 字幕机并联

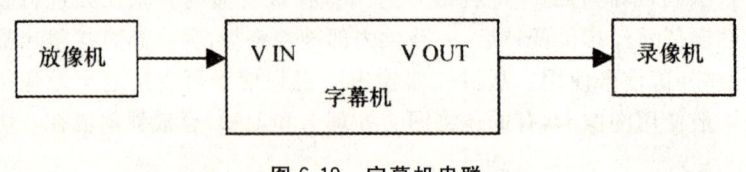

```
放像机 ──→ │ V IN     V OUT │ ──→ 录像机
           │    字幕机      │
```

图 6-19 字幕机串联

在录像机编辑系统中，通常我们无法在不翻版的情况下把字幕加在画面上。要想在编好的母带上加字幕，方法是把它放在放像机中，通过键混器转录到另一盘磁带上；或者找出想叠加字幕画面的原始素材，放在放像机中，通过键混器叠加字幕替换母带上的画面。字幕机有视频输入、输出，键信号输出（KEY OUT），同步信号输入（BB IN）等信号线。

现在，许多非线性编辑系统内置字幕功能，也就是在非线性编辑系统计算机上安装了字幕卡和字幕软件，在系统内部相互调用，无需输入、输出，大大方便了节目制作，提高了节目制作质量。

2. 字幕机软件

一般字幕机软件同所配的图文卡密切相关，决定了操作界面和功能。字幕机软件功能大致可分为系统控制、图文特技编播以及切换、三维动画等附加功能。系统控制用于设置硬件系统，对输入、输出信号进行设置。如选择输入信号通道、设置格式、调整饱和度、亮度、对比度以及设置同步源，调整输出信号的彩色副载波相位、行同步相位、键延时信号。图文特技编播功能分为文字、图形和编辑功能。文字功能包括基本字、字属性及输入方法。基本字由字库决定，字库又分为点阵字库和矢量字库，矢量字库字型好、字体多、无级缩放后无边缘锯齿，目前被普遍采用。字属性包括字体、字大小、字色、加边、旋转、倾斜、投影、字距、行距、横播或竖播等。图形功能包括绘图和外部输入图像处理，有的字幕机还有图像采集功能。字幕机的编辑模式常见的有两种，一种是编辑字幕文本，定义当前字块，设定当前块属性，播出当前字块并记录到播出程序中，执行播出程序；另一种是逐字输入，逐字制作到屏幕上，逐屏制作，逐屏存盘，编制播出次序表，逐屏读取播出。前者优于后者，便于修改和控制。另外，字幕机还有多屏滚动、卡拉 OK 和新闻插播系统。多屏滚动系统适合电视节目中大篇幅字幕的连续滚动播出。卡拉 OK 系统可以根据歌唱的速度，在制作过程中，播出字幕按光标移动的速度逐个依次改变颜色。

3. 电视字幕的制作

节目的开始一般先是标题，它能表明节目的主题思想和基调。作品的外观能增强和补充节目，并吸引观众对后面的内容的兴趣。标题在美观的同时，还要有效地给观众传递信息。较好的电视字幕、图形的设计应该是：①直接明了地表现信息；②通过字幕的形式，建立节目的整体意境和基调；③有助于以直觉表现事实、概念或程序，使观

众更好地理解和欣赏节目。

　　电视屏幕的宽高比是4:3,电视字幕的设计就必须符合或适合这个比率。电视插图正确地按4:3的比例设计,就能最有效最充分地利用电视屏幕的视觉空间。摄像机取景框被分成两个区:"安全区"和"缓冲区"。在安全区的图像,在所有的电视机上都能显示出来。缓冲区内所包含的信息能被摄像机拍摄到,但不一定都能显示在所有的电视机上,有时观众能看到缓冲区内不应有的文字和内容。

　　为了得到较好的电视还原,应该避免用过细线条的字体,因为电视的分辨率根本不能表现出这些微细的细部。这些字在屏幕上可能无法认读,因此电视图表的设计,应该用简单明了的、大小适中的字体。电视摄像机的反差比率范围是20:1。设计得较好的图表要求前景文字和背景之间有较适当的反差,避免用纯白和纯黑。但也有例外,如白色的文字衬在黑色背景上。色彩是字幕设计和图表设计的重要因素。在彩色电视机上红色和橙色还原不好,所以要尽量避免使用大面积的、纯度很高的红色,因为它不但不能正确地还原色彩,还会把图像破坏成一系列的横线条。电视屏幕相对来说是较小的,而且电视插图很少会在屏幕上停留很长时间的,细部过多很容易显得杂乱,因此设计要尽可能简单些和信息量少一些。电视插图应该能使观众产生直觉快速的、一目了然的印象。

　　一个节目的字幕设计应该能表现出节目的风格。现代音乐节目可能适合用高度形式化、抽象化的字幕设计;新闻节目适合用较简单的和严肃的。字幕选择什么样的字体,要从节目与片头的画面美出发,使之和谐统一,产生一种富有艺术性的装饰美。字幕不可过小也不要过大,该强调的应尽量醒目,给观众留下深刻的印象。要处理好字幕与背景画面颜色的关系,如果背景色彩较暗,字幕色彩就要选用明亮的色彩形成反差。色彩是富有个性的,不同的颜色象征不同的意义。在选择字幕颜色时,可参照色彩的个性,使字幕色彩与画面内容相吻合,形成字幕与内容的和谐统一。

二、计算机图形与图像处理

　　电视图像的产生是将一幅幅影像分解成一个个像素,而图像数字化的过程则是将一个个像素分解成一个个数据,利用计算机处理数据的高效功能,对其进行各种各样的组合运算,从而形成新的图形图像。因为任何图像都是由点、线、面组合而成,所以比特的运算也是从形成点、线、面来建立模型的。在计算机内,由于这种数据的合理排列组合的可能是无限的,所以就会渲染出各种各样的奇妙效果。这就是计算机图形图像生成的原理。

　　通常我们将计算机图形图像分为二维和三维。计算机可以完成的图形图像处理功能,可以包括以下几个方面:

　　(1)修复影像:改变原有影像的色度、饱和度及亮度;去掉影像中不需要的内容,如演员做危险动作时的安全保护带;增加影像的对比度等。

(2)制作特殊的造型：自然界中拍摄不到的物体，如外星人、恐龙、奇特的汽车、武器等。

(3)制作特殊的环境气氛：自然界中难以捕捉到的场景，如爆炸、龙卷风、洪水、火山等。

(4)合成：将演员、实景和计算机图形图像进行合成。这种合成画面可以做到几十层，可以制造出非常惊人的画面。

(5)动画：生成各种各样的人物、场景、光效和摄像机的运动以及材质、物体形状的变化。

(6)替换：将图像中原有的人物、物体用另外的人物、物体替换掉。例如《阿甘正传》中的阿甘与总统握手的镜头就是用人头替换术制作的。

计算机只能处理数字化的信息，对于图像来说，其在计算机中的存储方式也是数字化的，所以也称计算机中的图像为数字图像。数字图像有动态和静态两种，动态图像就是能连续播放的图像，即活动图像，静态图像就是静止不动的图像，如一幅照片。

图形(Graphics)通常是指一种抽象化了的图像，是对图像依据某个标准进行分析而产生的结果，它不直接描述图中某一点的信息，而是描述产生这些点的过程及方法。

对于在计算机中的数字图像可以有两种不同的表示方法，一种是点位图像(Bit Map Image)，另一种是叫矢量图形(Vector Graph)。在计算机图形图像处理中，图像是点位图像的概念，它的基本元素是像素；图形是矢量图形的概念，它的基本元素是图元，也就是图形指令。

● 图像分辨率：图像在计算机中的度量单位都是"像素数(pixels)"，图像的分辨率是指图像水平方向和垂直方向的像素个数。例如，640×480 的图像分辨率是指满屏情况下，水平方向有 640 个像素，垂直方向有 480 个像素。数字图像文件的大小与其图像分辨率的平方成正比。高分辨率的图像固然能增强图像的细节，但同时也会使图像文件变大。

● 数字图像的格式：计算机处理的数字信息是以文件的形式存储的，图像文件有各自的类型，不同的类型就构成了不同的文件格式，要保存图像，首先要选择好图像文件格式。目前，在数字图像处理软件中图像格式有 BMP、TIFF、TGA、PCX、GIF、JPEG 等，在存储图像数据时到底使用什么样的存储格式，应该根据实际需要对具体的图像进行具体选择。

● 色彩模式：在类似于 Photoshop 这样的数字图像处理软件中的色彩模式主要包括：RGB、CMYK、HSB、Lab 等彩色模式。电视的三基色是红色(Red)、绿色(Green)和蓝色(Blue)，分别用 R、G、B 表示，简称 RGB 三基色模型，这种模式是能够真实再现图像最佳模式的。任何一种颜色都可以用三种基本颜色按不同的比例混合得到。图像的彩色模式可以通过数字图像处理软件进行相互转换，如在 Photoshop 中选择菜单"图像(Image)"中的"模式(Mode)"命令即可实现图像的色彩模式转换。在转换过程

中,如果在新的模式中无法找到与之相对应的色彩,这部分色彩将会损失掉,因此转换后的图像颜色将有所变化。

1. 数字图像的来源和获取方式

数字图像处理的关键步骤是将传统媒体上的图像转化到计算机中去。这一过程称为图像的数字化过程,即它把一模拟形式存在的具有连续影调的图像转变为数字形式的图像。

数字图像的来源不同,获取方法也不同。数字化图像的来源很多,自然界中一切人眼所能看到的景物都是数字图像的来源。数字图像可以从以下几个途径获得:

(1)直接获取

①可以借助带有硬盘或光盘记录媒介的数字摄像机和数字相机去直接拍摄自然实体,获取以数字形式存储的图像文件序列,这些文件都可以通过相应的接口设备输入到计算机中进行处理。

②可以从现成的电子光盘出版物中得到数字图像文件。

③还可以通过 Internet 网络下载图形、图像。

(2)由软件创建生成图形图像

用于绘图、绘画及三维设计的软件很多,可以利用绘图软件如 Painter,图像处理软件如 Photoshop,图形制作软件如 CorelDraw 等生成矢量图形或点位图形式的数字图像文件;还可以利用二维动画软件如 Animator Studio,三维动画软件如 3DMAX、Softimage、Maya 等生成数字图像序列。

图像处理软件可支持多种格式文件,提供下拉式菜单和剪贴板,并具有图像编辑、变形、变换、自动生成三维立体模型、优化处理等功能;还可以对某个区域进行裁剪、复制、粘贴、水平或垂直翻转、镜像、旋转、透视等操作;也可以调节亮度、对比度和饱和度,进行去噪音、模糊、锐化、边界勾勒及多种特技处理。

(3)从其他素材转化而来

①图像的扫描仪输入:许多图像来源于照片、艺术作品或印刷品,通常的做法是使用扫描仪进行扫描。

②利用数字照相机拍摄图像:数字照相机拍摄景物时,景物直接以数字化的形式存入照相机内的存储器,然后再送入计算机处理。

③利用摄像机捕获图像:摄像机与计算机内的视频卡相连,可以拍摄现场的视频图像,得到连续的帧图像。如果需要静态图像,则需要经过帧捕获器把捕获的模拟信号转换成数字数据,得到点位图。

④从计算机中捕获图像:通过软件播放 VCD 的电影、卡拉 OK 等视频图像时,可使用软件的帧捕获功能从电影画面获取所需的图像。

2. 数字图像的处理

数字图像是存储于计算机中的数据,对数字图像的处理就是利用数字图像处理软件对数字化的图像信号进行编辑、加工、合成,也称为数字暗房制作。

可以进行数字图像处理的软件有很多,我们以目前应用得最为广泛的 Photoshop 软件为例来说明数字图像处理过程。

(1)数字图像的输入

当我们通过各种方法获取数字图像之后,就可以从计算机中调入这些文件,利用文件/打开命令选择一幅数字图像。

(2)数字图像的编辑

在图像的处理过程中,经常要用到图像的裁剪、放大、复制、删除、变比、变形等操作,我们可以根据构图的需要从图像中选取某一局部的画面,类似我们用剪刀裁剪照片一样,但是在数字图像处理软件中更为方便,可以进行各种规格的裁剪,包括矩形、圆形和不规则形状。在 Image 菜单下使用 Image Size 将图像文件的宽高改为 720×576 像素,以适应 PAL 制式电视所需求的满屏画面。如果图像背景色彩比较单一,可以利用"魔术棒工具"选取背景,然后再反向选择,选取图像文件;也可以利用"套索工具"、选取工具或者多种工具同时使用,选取图像。我们还可以轻松地复制、删除一幅图像,可以进行比例的改变,如放大、缩小以及扭曲等变形操作。

(3)数字图像的校正处理

在计算机的环境中,一旦图像变成了数字信号,可以用一个个微小的像素来表示,就可以进行多种多样的加工处理。可以改变数字图像的亮度、对比度,改变某一亮度值的成分,把一幅图像变成低调或高调照片,或者制作成负片。还可以进行亮度层次变化、Levels 色阶补正、Curves 阶调曲线调节等复杂处理。

(4)数字图像的色彩处理

对色彩的处理是数字图像处理的一大优势,可以方便地实现诸如色彩平衡、色彩置换、加色减色等色彩变换效果。

(5)数字图像的特殊效果

在数字图像处理软件中提供了各种各样的类似于相机镜头前特效滤镜的特殊功能,也称为艺术滤镜,只不过这是用数字方法实现的,而且可以在后期加工时实现,所以称为数字暗房,但它却比暗房具有更多的功能。以 Photoshop 为例,它包括了许多滤镜效果,如艺术滤镜、模糊滤镜、勾绘滤镜、扭曲滤镜、噪点滤镜、像素化滤镜、创意滤镜、锐化滤镜、素描滤镜、风格化滤镜、图案滤镜、视频滤镜、自定义设计滤镜等。

(6)数字图像的合成

数字图像处理的一个重要功能是合成的概念,可以把不同的数字图像进行合成,而且可以处理其中一幅图像。下面我们先来介绍通道与图层的概念。

通道:我们知道,数字图像包括各种色彩模式,每一幅图像文件都包含一个或多个彩色信息通道。所谓通道,就是指一幅图像的某种合成成分。例如,一幅 RGB 的图像至少包括三个通道:一个红色(Red)通道、一个绿色(Green)通道和一个蓝色(Blue)通

道。每一通道用 0~255 的亮度值表示所包含颜色的深浅,所以第一通道实际上是独立的灰度图。通道的引入,可以让图像设计师对各个通道进行单独的处理,然后进行各通道的合成,这样会产生一些特技效果。选择好所需图像范围以后,单击 Select 菜单,选择 Save Select 命令,此时,在通道面板上就可以看到多了一个 Alpha 通道。黑色区域就是被剥离的部分,白色区域为保留内容。这时,就可以将制作好的图像另存为 TGA 类型的文件。存盘时,选择类型为 TGA,并注意不要选取"Exclude Alpha Channels"(排除 Alpha 通道)选项。必须存为 32 位的文件格式,如存成 24 位格式,则通道不能被存储。

图层:当新建立一个 Photoshop 图像文件时,它只有背景。这个背景好像一块画布,用户可以随后在其中加入各种颜色和图案。这个背景本身就是一个图层。在缺省设置时,Photoshop 只有一图层。如果想要得到多图层图像必须在图像中创建图层。各个图层都有自己的透明度,每个图层的图像都可以被显示出来,好像每个图层中的图案是被画在一张透明的纸上,除了图像所在的区域外,其余地方是透明的,而整个合成图像的效果就相当于将这些透明纸重合起来观看的效果。在对某个图层进行编辑时,不会影响到其他图层,这样,在多图层图像中,设计师可以对图像中的某些特定部分进行编辑,而不影响到图像中其他区域。如果需要为图像加一个虚边,可以这样操作:选取好所需的图像以后,单击 Select 菜单,选取 Feather 命令,输入一个羽化值,此值越大,羽化范围越大。将前景色设为白色(或者其他颜色),单击 Edit 菜单下的 Stroke 命令,输入一个描边值,大约等于 3 即可。然后给该选择范围添加一个 Alpha 通道。另存为 TGA 格式的 32 位的图像文件。

利用 Photoshop 强大功能可以对单帧画面进行特殊处理,然后在非线性编辑软件中调用,使两者巧妙地结合起来,融会贯通地加以配合使用,才能增加电视画面的可看性。

三、计算机动画

计算机动画(Computer Animation),也叫电脑动画,是计算机图形技术在影视制作上的一个成功应用。自 80 年代末以来,计算机动画在广告、片头制作中得到了广泛应用。传统的实际拍摄与电脑制作的模型及特技效果结合得越来越紧密,使现在的电视广告增添了一种奇妙无比、超越时空和夸张的超自然景观。

电脑动画是一门年轻的学科,计算机动画发展到今天主要分为两大类,一类是计算机辅助动画,即二维动画,另一类是计算机生成动画,即三维动画。

1. 计算机二维动画

为了帮助我们理解计算机在二维动画片中的作用,我们先来了解一下传统动画片的生产过程。传统动画片的生产过程分为以下若干环节:

(1)准备剧本,这里包括文学剧本和分镜头剧本(即故事板),用来叙述一个故事。

(2) 设计稿，对动画片中出现的各种角色的造型、动作、色彩、背景等作出设计，设计者必须完成必要数量的手稿图工作。

(3) 声音节拍，即确定动作与对话、声音相配的一致性。

(4) 关键帧，这是那些位于动画系列中具有动作极限位置的重要画面，通常由经验丰富的动画设计师完成。

(5) 中间画，它是那些位于两个关键帧之间的画面，用于填充关键帧画面中间的空隙，通常由辅助的动画设计者及其助手完成。

(6) 测试，关键帧与中间画面的初稿通常是铅笔稿图，为了初步测定动作的造型，可将这些图输入动画测试台进行检测，这一过程叫做铅笔稿测试。

(7) 描线，把铅笔稿图手工描在透明片上，然后描线上墨。

(8) 上色，给各幅画面在透明片上涂上染料，这个工作需要耐心和准确，透明片要有良好的透明度。

(9) 检查，拍摄之前进行各种检查。

(10) 拍摄，这一工序在动画摄制台上完成，动画摄影师把动画系列通过拍摄依次记录在胶片上。

(11) 后期制作，如编辑、剪接、对白、配音、字幕等。

从以上过程可以看出，二维动画的制作需要非常复杂细致的工作，需要耗费大量的人力，因此，二维动画片的生产需要较长的周期才能完成。计算机辅助动画的出现可以大大提高制作效率，它主要用在以下几个方面：

中间帧画面的自动生成，传统的动画根据两帧关键画面来生成所需的中间帧画面，由于一系列画面的变化是很微小的，需要生成的中间帧画面数量也很多，所以播补技术便是生成中间帧画面的重要技术。在计算机辅助动画系统中，只要给出关键帧之间的插值规律，计算机就能进行中间画的计算。当然，对一些复杂的动画来说，计算机很难生成中间画，这需要动画制作人员给予协助。就目前的技术而言，用计算机自动生成中间画的方法制作的动画片比较适用于教学片中，对一些情节复杂的动画片，还主要依靠手工绘制。

辅助描线上色，这是计算机在二维动画制作中的主要应用领域。在这一过程中，首先将手工制作的全部画面逐帧输入计算机，由计算机辅助完成描线上色的工作，它的优点就是色彩一致，容易控制。

预演，由计算机上色后的一幅幅画面存储在硬盘中，可以立即进行预演，使设计人员及时观看效果，以利于修改。

后期合成，这里包括多层动画画面的合成，以及剪辑工作，另外还有配音配乐，在计算机中进行后期合成的优点就是修改方便，效率高。经过合成处理后的画面用计算机控制记录在胶片或录像带上，最后完成动画片的制作。

综上所述，计算机二维动画是对手工传统动画的一个改进，它与手工动画相比，有

许多优越性。比如说容易上色、便于改动、管理方便等。但是，二维动画有它固有的缺点，这就是计算机只能起辅助作用，只能代替手工动画中一部分重复性强、劳动量大的那一部分工作，而代替不了最富于创造性的初始画面的生成工作。但随着计算机二维动画软件功能的不断提高，它会越来越多地渗透到动画制作的许多方面。

2. 三维动画

如果说二维动画对应于传统卡通动画的话，那么三维动画则对应于木偶动画。如同在木偶片中首先要制作木偶、道具和景物一样，三维动画是采用计算机软件来模拟真实的三维空间，用绘制程序生成一系列的景物画面，其中当前帧画面是对前一帧的部分修改。计算机三维动画生成的是一个虚拟世界，画面中的物体并不需要真正去建造，只是在计算机中构造角色、实物和景物的三维模型，并赋给它表面颜色、纹理；然后设计三维物体的运动，设计灯光的强度、位置及光效，再让这些角色和实物在三维空间里运动起来，而且物体和虚拟摄影机的运动也不会受到什么限制；最后生成一系列可以实时播放的连续图像。利用计算机创造一个虚拟的世界是计算机三维动画的一大特色。

三维动画的制作流程：制作计算机三维动画要涉及建模、色彩、纹理、灯光、运动、摄影机路径、特技效果、渲染处理、预演处理、最终输出和后期编辑等内容。制作一个影视片不仅要涉及上述内容，而且还要涉及动画与实拍镜头有机结合的问题。从一个模型的二维正交视图，到二维的轴侧视图，再到三维的立体透视图，直到被称为四维的动画。从三维计算机几何模型的线框模型到实体模型，直至全色彩明暗模型，最后在计算机屏幕上实现视觉的真实，创造出栩栩如生的动画作品来。

动画师按照一定的变化规律来改变画面的参数，使其按照创意的要求变化。改变画面参数变化如运动、镜头焦距等，以及灯光参数变化如光强、照射角度、颜色等。可以制作出基于物理模型的动画、变形动画、粒子动画、摄影机动画、灯光动画、实时运动捕获动画。在三维动画设计时，人物的动画设计非常耗时耗力，效率比较低，因此采用动作捕捉系统来采集人物的运动参数来形成动画。实时运动捕获动画是一种高级动画技术，它利用传感器或其他技术记录下真实人物的动作，用它来控制计算机中物体运动，把人物运动轨迹赋予电脑制作的三维模型上，这是一种高效率的、性能价格比很高的制作人体动画的方法，目前在三维动画片中应用得非常广泛。

● 动画合成：在影视制作中，三维动画的应用有两类，一类是全部由三维动画软件生成的画面，如三维片头、广告，还有三维电影片，如《玩具总动员》等；另一类比较多的是采用三维动画制作的画面与实际拍摄的画面进行的合成。在合成时要注意动画元素与实拍画面视觉效果的匹配，如运动的匹配、透视关系的匹配、色彩的匹配等。

● 电脑动画输出：目前三维动画在不同的行业中都有应用，因此不同的行业对三维动画的输出也有不同的要求，这是由各个领域内的产品形式以及发送介质的要求决定的。从宏观上说有两大类：

一类是静态图像的输出,这主要集中在艺术设计领域内,三维动画所产生的图像主要在打印纸、胶片和幻灯片等介质上输出,这些艺术领域包括插图、摄影和绘画艺术。另外,在一些三维图像领域里,如产品设计、建筑设计等,需要将作品输出到打印纸上以供观看。

另一类是动态图像的输出,这是三维动画输出的主要形式,主要有:

计算机显示器输出:经过三维动画软件生成的画面连续在计算机显示器上播放,可供预览,另外在要求实时播放的场合如电脑游戏中都是通过计算机显示器播放的。

电影胶片输出:用来制作电脑三维动画影片,把一系列的动画序列图像依次用胶片记录仪记录下来形成电影拷贝。

视频输出:视频输出是将计算机生成的图像转换成视频信号记录在录像设备上,广泛用于电视台播出的动画片的制作。另外还可以以数字视频文件记录在数字媒体上,如光盘、硬盘等。

第七章 演播室和现场摄制

节目制作系统包括演播室制作系统和实况转播系统。演播室制作系统包括：视频系统、音频系统、灯光系统、通话系统和空调、消防、地线、供电系统等。实况转播系统包括：国际卫星转播系统、国内省间和市内场馆转播系统。手段有：卫星、光纤到微波、车载卫星地面站、小微波、无线摄像机等。

演播室有高水平的摄像、音响、灯光控制和效率，多台演播室摄像机是电视摄制活动的主要组成部分。多台摄像机在演播室内摄制的原则适用于所有的大型远距离现场摄制，只是把设备布置在现场而已。

第一节 演播室制作系统

演播室摄制在技术条件方面有较大的优越性。演播室摄制不会遇到现场摄制的空间狭小、工作条件差、天气问题和没完没了的争论。

演播室中录制节目，质量较高，具有较好的音响效果、完备的灯光照明系统、布景、录制设备和控制设备。设备不受体积和重量限制，摄像机、导播台质量较高。该系统分为演播室和控制室两部分。演播室（演播厅）：演出节目的场所，灯光、话筒、摄像机等设备布置在这里。控制室（导播室）：播出或录制信号，演播室内的设备、人员都要听从控制室的控制、指挥和调度。

一、控制室

控制室是与演播室相邻的独室，是所有制作活动相协调的地方。

1. 控制室的功能

（1）节目控制：是指导演选择、组织各种视听输入信号的设备，以便最后出来的结果令观众感到有意义。节目控制区有：图像监视器、声音监视器、扩音器、对讲系统、钟和跑表。

（2）图像控制：按照摄像机或其他视频信号源所提供的电视图像选择排列图像。设备有切换台、字幕机。

（3）声音控制：声音控制室可以认为是一个附属在电视控制室的小型广播电台。由于音响师必须不受控制室内明显的混乱及不可避免的杂音干扰，所以调音室通过窗口与控制室进行视觉联系，调音师通过专线对讲系统或扩音器听取导演的提示。有调音台、接线板、磁带录音机、CD唱盘、提示和节目扩音器、钟和输出监视器。

(4)照明控制:照明控制板放在控制室内或演播室的角落里。放在控制室的好处是照明指导同其他控制室人员接近,而放在演播室调光直观。

2. 控制机房的布置

三个主要区域分别是:以调光台为中心的灯光系统、导控台为中心的视频系统,以及调音台机房内的音频系统。它们可以在一个室内,也可分室设置。

控制机房一般设在靠演播室的一侧(楼上),用隔音墙隔开,中间有透视窗,或叫观察窗(双层玻璃窗或三层,有一定的斜度,互相不平行,防止产生共振),供观望与联络之用。几个演播室可合用一个控制室。控制室内总体上有导控台和电视墙两大块组成,如图7-1所示。

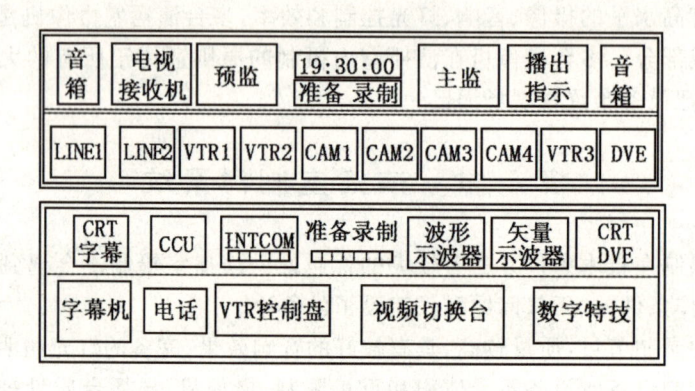

音箱	电视接收机	预监	19:30:00 准备 录制	主监	播出指示	音箱
LINE1	LINE2	VTR1	VTR2	CAM1	CAM2	CAM3	CAM4	VTR3	DVE

CRT字幕	CCU	INTCOM	准备录制	波形示波器	矢量示波器	CRT DVE
字幕机	电话	VTR控制盘	视频切换台	数字特技

图7-1 导控台和电视墙

3. 导控台

导播面前的台子为导控台,它由以下部分构成:对讲系统,导演必须通过通话系统指挥、调度全体人员协调工作。导演与摄像师联络可以通过摄像机内部通话(IN-TCOM),也可通过专线(有线或无线)对讲系统,有条件地采用无线对讲系统,以免影响摄像的灵活性。导演在播出前可将演播室内的扬声器接上,指挥演出人员排练。正式播出后改用对讲耳机。导演在节目播出期间可以通过 I.F.B.(干扰反馈)系统同上镜人讲话。还有电话或无线对讲机等辅助联络手段。CCU 摄像机控制单元,每台摄像机配有一个CCU,用专用电缆与摄像机相连,对摄像机进行检查、控制、调整。摄像机输出信号经CCU送到切换台,同时,CCU为摄像机提供电源、提示信号和导播台的返送视频信号,并建立内部通话。录像机的遥控盘,装在桌面上,供导播直接遥控录像机用,以便重放、录制、插播节目。字幕,由专门的字幕员提前将字幕输入,等到直播或录制时再调出,由导播进行切换或键入字幕。波形示波器和矢量示波器,是监测信号质量不可或缺的,在节目制作过程中,根据它的显示来调整视频信号。数字特技切换台,图像控制的主要设备,由导演指挥技术指导来切换,还有些电视台由导演亲自切换。

4. 电视墙

电视墙,由许多监视器组成,设置在导控台的正前方。监视器,有各路信号源监视器、主监、预监、电视接收机。每台摄像机有一台监视器,录像机和字幕机或其他特效设备都有各自的监视器。一台专用的彩色预监监视器,在画面播出前给导播显示画面;一台连接节目播出视频信号的主监视器;还有一台接收经发射台发射后节目的普通电视机。监听音箱,用于演播室制作人员,尤其导播,监听正在播出的声音内容。导播可以调节监听扩音器的音量而不影响节目输出声音的音量。字符灯箱,在电视墙上有"准备"、"录制"等提示信号灯。钟和跑表、子母钟表示某个节目的开始或结束,可以与CCTV1同步锁定,并送往演播室、播出室。跑表可以倒计时,确切地知道离节目结束时还有多少时间。

5. 机房布置设计要求

(1)设备放置合理,彼此间的连线要求简短、紧凑、合理。

(2)信号线要避免强的电磁场干扰,尽可能避免强电流感应。要避免把信号线和电源线捆成一束或相互靠得很近。在信号线与电源线必须交叉的地方,要使导线互相垂直。

(3)将视、音频设备用一个变压器供电,演播室、灯光、空调等用另一个变压器。配电设备、调光可控硅箱等强电磁干扰源与视、音频设备分开放在不同的房间,房间可用金属网构成屏蔽室。

(4)对安全地、信号地等分别做良好的接地处理。输入、输出插座与电缆插头等的金属外皮都应与信号地相接,而设备机壳及其安全地的接线柱则应与安全地线相接,它们二者之间要很好地绝缘。

(5)电缆尽量选用编织密度高的屏蔽金属编织网,或具有多层屏蔽的电缆。屏蔽层在电缆两端的连接器必须提供屏蔽层良好的电接触。除了电缆束屏蔽层是同轴电缆线的一部分这种情况外,不要把屏蔽层作为信号的回线导体使用。

(6)避免不必要的无线电波干扰,使用无线摄像机、无线话筒、无线通话等设备时,注意同频或邻频干扰。

(7)设备、布线应便于设备的测试和维修。

6. 地线系统

地线,对于电视演播系统来说是个十分重要的问题。但在不少场合,因为缺乏系统知识,致使在新建、技术改造和新老设备更换等过程中不断出现因地线带来的困扰。混接、漏接和错接等隐患常常是难以判断的干扰根源。愈是环节多、系统设备老化的地方,愈是不好办。因为,地线系统十分紊乱。地线因分类方法不同,名称也不一,主要有零线、安全地、防雷地和信号地四种,细分时可多达六七种。

技术系统接地:也称信号地或工艺地。任何电路的电流都需要经地线形成回路,信号地是专门为视、音频信号提供信号回路的地线,是进行布线等工艺设计时体现经验水平的关键地方,必须注意的是要与其他各种地线绝缘,相对集中于一点接至工艺地母线排上,接地电阻要尽量低。以信号系统设备来看,输入、输出插座与电缆插头等的金属外皮都应与工艺地相接。同轴电缆是由一根导线作为中间的芯线,在其周围再包上一层软导线编织而成的屏蔽套管,芯线与层编织套管之间彼此绝缘构成的。用同轴电缆传输信号时,要通过屏蔽层提供信号回路。当电缆屏蔽层接地,必须提供屏蔽层良好的电接触。只要可能,屏蔽层应该沿着连接器外壳的四周,在360度方向上完好地接地。要尽量避免将屏蔽层剥开后梳成辫状,然后再接地。交流电源的地线不能用作信号地线,因为一段电源地线的两点间会有数百微伏、甚至几伏的电压,这对低电平的信号电路来说是一个非常严重的干扰。有效的办法是将电源的接地与信号的接地隔离开来。

二、演播室

电视演播室不同于一般广播用录音室,是利用光与声进行空间艺术创作的场所。录音地点要选择在环境安静、房屋结构符合声学要求、隔音效果好和混响时间合适的地方。灯光要有足够的灯具,保证照明具有足够的空间进行布光,保证图像层次分明、清晰度高、色彩逼真。

演播室可分为:大型($400m^2$以上)、中型($150m^2$左右)、小型($50m^2$以下)和录音间。演播室越大,拍摄会越复杂,制作也会越灵活。我们作新闻和进行采访只需要小型的演播室。音乐、舞蹈、戏剧等文艺节目或观众参与的节目需要大演播室。电视台常常在一个大演播室同时做几个布景,分别做不同的栏目。

1. 演播室布局

大多数演播室呈长方形(避免正方形),这样声学上可以避免回声,并且有利于摄像机的调度和置景的需要。考虑照明灯具要有足够的空间,以及舞台置景长、宽比符合电视的要求,演播室的高度一般不低于4m,大型达9m甚至更高。假如顶棚过低,为得到充足的照明,灯就会靠布景过近,灯的上方就没有足够的地方散热,而且低悬的灯和吊杆话筒也会侵占布景,进入镜头。演播室的地面一定要平整、坚硬,以便于摄像机平稳移动以及布景、道具在上面随意移动。大多数演播室地板都是水泥的,上面铺着油毡、瓷砖或硬塑料。演播室周围分两层或多层,一层为库房、设备室、化妆室、候播室、道具室,二层为控制机房,并有与演播室相连的观察窗、扶梯、门和通道。另外,还有技术维护层和顶棚。

2. 演播室的声学要求

回声与混响在定义上有所不同,但有着相同的效果。回声是指反射一次的声音,混响则是反射多次的声音。没有经过反射的声音是直达声,通常听起来比较沉闷。混响时间是指在闭合的空间里,声源停止振动后残余声音在室内来回反射,每次或多或少会有一部分声音被吸收,直到声能减少到原值的百万分之一所需时间。混响时间的

长短,一方面决定于现场空间的大小;另一方面决定于物体表面材料的吸音能力。混响时间为0.6s左右为宜,太长,声音含糊不清;太短,干瘪沉闷,说话费劲;适中,语言清晰,音乐悦耳。减小混响时间可以通过吸音来解决。室内墙面和顶棚均不要华丽的装饰,全部用于加装不同频段的吸音材料,颜色也应以灰暗色无反光为宜,以防影响主体。吸音材料有石棉、玻璃棉、吸音孔、铝塑板、海绵、空心砖、墙面凸凹、布、地毯等。因此,我们通常设法减小混响,保持声音的清晰。最简便的方法就是在墙壁前挂上毯子,并铺上地毯、放下窗帘、盖上桌布。混响时间可以由专用声学仪器测量,也可以主观听觉衡量,吸音越好,听到的声音越小,感觉传不出去。

为了避免室外噪音进入演播室,通常还要考虑演播室的隔音。建筑隔音包括空气声和撞击声两种。室外噪声,来自墙壁、天棚或门窗(隔音门,尺寸要大,便于道具出入),脚步、桌椅声(避免顶上再建房屋)等;室内噪声,来自空调、排风管道、灯具、硅箱、风扇、设备、电源等。

3. 演播室的照明要求

照度:随着低照度摄像机的出现,大大降低了对照度的要求。但目前演播室要求的标准照度仍为1500勒克斯(lx),才能保证摄像机对场景拍摄的基本效果。如果照度低,摄像机靠使用大光圈调节,结果会出现景深变小、图像不清晰、杂波大和彩色不逼真等弊病。提高场景照度并不意味着越亮越好。这样做会给供电、通风、散热带来负担,演员也会不舒服。另外,还要考虑演播室的照度要均匀。

色还原:摄像机对光源的色温变化十分敏感,其变化会直接影响画面的色彩构成。色还原不能忽视光源色温的作用,必须做到色温平衡,即演播室内光源的色温与摄像机需要的色温一致。如果不一致时,用灯光滤色片提高或降低光源色温,或靠摄像机自身的滤色片以及白平衡调整,实现色温平衡。

演播室大多数的节目制作,需要形成一种色彩基调。这种色彩基调是以一种颜色或相邻的几种颜色构成的,呈现一种色彩和谐、简单、统一的倾向。这种色彩基调要同整个节目的内容统一,便于观众理解和接受。在灯光前加上各种各样的色片,造成一种静态的或动态的五彩缤纷的色光效果,可有效地增加现场气氛。

4. 安全要求

防火:配备消防栓、喷头、安全门,大型节目期间要有消防、交警、武警配合。散热、保温:装有空调、排风管道,因为演播室没窗户,空调是必须的,但要注意空调等的噪音。配电:市电380V~220V,设备与照明最好由两个变压器分别供电,避免干扰;三相电时,注意每一相电负载均匀;电源线要够粗,能承受供电负荷。另外,还要配备专用的发电机,以便特殊情况下供电;机房设备用电要经稳压电源稳压;电源插座布局要求合理、标志清楚,为使用方便应该沿着四壁分布。照明:照明灯的开关在演播室的角落或控制室内,演播室内应配有应急灯、提示灯。

三、演播室视频系统

演播室制作系统可分为模拟复合、分量和数字演播室制作系统。当前，模拟复合、模拟分量和数字串行系统共存或互补。但不管是什么系统，他们的设备配置和系统构成是基本相同的。根据规模大小、要求不同，演播室系统配置也会有所不同。下面我们以图 7-2 举例说明。

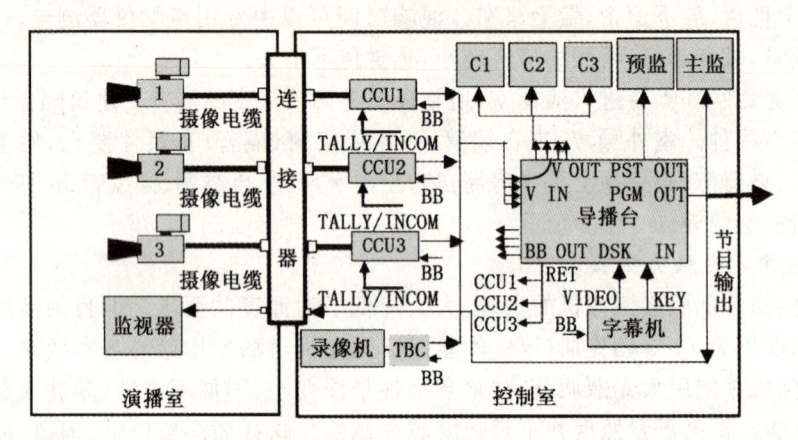

图 7-2 演播室视频系统构成

1. 视频系统构成

由图 7-2 可见，视频系统是以切换台为核心，有四路视频输入，一个时间基准（GENLOCK），也称黑场（BB）输出，用于摄像机和放像机的时基校正器（TBC）同步锁相。一台字幕机作为切换台下游键的一个字幕信号源，也受控于切换台的时间基准。切换台的输出（PGM）连接到录像机和监视器，直播时，可传送至播控中心。

2. 导播切换台

导播台的系统连接：图像输入信号可以是摄像机或放像机输出的信号送到导播台，每个输入信号并接一台监视器，称为讯道监视器，专门用来显示各信号源图像。预看监视器受导播台上预监母线的控制，导播在切出一路信号前，预选确定图像及特技方式，作尝试和观察效果用。节目输出一方面送至到录像机或播控中心，另一方面显示在主监监视器上。

3. 演播室摄像机

演播室用的摄像机是所有摄像机中质量最高的一种摄像机。它产生的图像质量好、具有遥控的功能，并配备高倍率变焦镜头，整机架设在专用的摄像机移动车上，运转灵活。寻像器一般为 6 英寸监视器，位于摄像机上方，便于摄像师观察取景。在摄像机的取景器里有一个小提示灯，当摄像机打开时它便有显示。按住返看按钮，由导播台返送的其他摄像机拍的画面也可被转换到你的取景器中，这样你就可以配合其他

摄像机进行拍摄，当然也可以避免重复拍摄。镜头的变焦、调焦操作都通过镜头伺服装置改装在移动车云台手柄上实施。

4. 摄像机控制器（CCU）

大多数摄像机都设有光圈自动调节功能。在演播室或现场拍摄时，调像员根据监视设备上图像信号的电平和画面质量，通过摄像机控制器遥控光圈。调像员可以使用波形示波器把亮度和对比度变成可视信号，用矢量示波器把色彩变成可视信号，用摄像机控制器进行调整使图像处于最佳状态。有些摄像机分为机头和机身，其机身就是它的摄像机控制器。便携式摄像机不一定要配备摄像机控制器，而用于演播室工作时，一般要配备摄像机控制器。摄像机控制器有调整和控制的功能，可以调节色彩平衡、亮度、对比度等，还可以向摄像机提供直流电源。

5. 摄像电缆

摄像机电缆把所有摄像控制功能输给摄像机，并把摄像机发出的视频信号送回摄像控制器。大多数演播室摄像机仍用标准多芯电缆操作，它有 2000 英尺（大约 600m）长，对于大多数情况下已经足够了。然而，在某些情况下，你仍需要比它长得多的电缆，用于摄像机和摄像机控制设备之间，如转播滑雪比赛或高尔夫球。那样，多芯电缆必须被三同轴电缆或光纤电缆所代替。三同轴电缆由两个同轴屏蔽包着一个中心电线，光纤光缆由一系列软玻璃纤维组成。三同轴电缆和光纤光缆的优点在于它可以多路传输，这就意味着许多信号可以同时通过同一电缆或光缆。大多数摄像机在使用三同轴电缆或纤维光缆之前需要特殊的接头，所有演播室摄像机至少有两个通道供内部通话使用，一个给制作人员，一个给工程人员。还有一些摄像机甚至有传送节目音响的第三个通道。

6. 支撑装置

演播室摄像机支撑装置是用来保证摄像机在演播室或户外运动的易行性和平稳性的。它共有五种基本类型：①三脚架移动摄像车；②演播室基座；③低角度移动摄像车；④主体支架；⑤演播室摄像升降机。支撑装置上的云台具有很好的阻尼作用，可以保证摄像工作的平稳。

"演播室摄像机"这个词有时会产生误解，因为演播室摄像机也可以被用于室外拍摄。然而这个词仍被用来描述高质量的摄像机，尽管这样的摄像机比较笨重。有的摄像机可以由演播室摄像机转变为 ENG/EFP 状态使用。也可以从 ENG/EFP 摄像机转变为演播室摄像机使用。摄像机可以变换的元素通常是：镜头、取景器、摄像机机架和支架、某些摄像机控制。当从演播室摄像机转变为便携式构造时，通常将大演播室变焦镜头替换为较小的镜头；将大取景器变为小的目镜型取景器；整个机头不用支架，可以拴一个肩带背在身上；一些控制设备，如变焦控制和磁带录像机的启动，可以放在镜头上或在一个特殊的控制柄上。大多数高质量的 ENG/EFP 摄像机可以在演播室制作时使用更大的取景器和镜头，也可以将某些摄像机的控制转给遥控装置。

在演播室中，一般同时使用两台以上的摄像机，电视导演利用切换台选择几台摄像机中的任一个画面，直接播放或录在录像带上。这就要求几台摄像机的信号要同步，而且色度、亮度等信号都要一致。

7. 提词器

在新闻或演讲节目中，观众希望新闻播音员直接对他们说话而不是从稿子上读新闻，而播音员又不可能把稿子全背下来，这就需要提词器来完成。提词手段必须能使播音员在阅读提词稿时不失去与观众的眼睛同步。

提词器是一种使上镜人阅读讲稿的同时与观众保持眼睛联系的设备。是采用一台小监视器显示活动的稿子，监视器的屏幕反射到摄像机镜头前有角度的单向镜面玻璃上，刚好在摄像机的镜头前。观众看不见讲稿，也不影响摄像的操作，但上镜人能够在读讲稿的同时仍然直接看着摄像机镜头，并在所有时间内都保持着眼睛与观众（镜头）的同步。稿子可以通过计算机文字发生器提供给监视器，也可以通过播音台上方的摄像头拍摄讲稿，提供给监视器。讲稿的移动速度可以根据上镜人的阅读速度来控制。在新闻直播中，最好给播音员提供书面稿子，以便当提词器出故障时用该书稿替代，同时还可以给播音员有机会扫视稿子内容。

较短的稿子可以采用提词卡，通常采用较大的硬纸板用较粗的笔手写稿子。提词卡应该用较大的字书写，便于在较远的距离阅读。提词卡要尽可能地靠近摄像机镜头。可以由人站在摄像机边上举在镜头旁。举提词卡时应注意演播室灯光所造成的炫光和反光。在上镜人阅读提词卡时，举卡人必须向上移动提词卡，使所读的内容总是在镜头旁，等上镜人阅读完一张后，马上换下一张。实际上，播音员要学会用眼睛的余光阅读提词卡。另外，较长的稿子也可以打印在一卷纸上，让工作人员随着播音员的播音速度转动卷纸，使稿子不断呈现在镜头旁边。

8. 演播室监视器

演播室监视器用来显示从节目切换器送出的视频信号，是摄制人员和播音人员重要的制作辅助设备。摄制人员看到导演选择好的镜头，可以预先考虑下一步的任务。例如，当你看到播出摄像机是小景别镜头而不是全景时，你可以更靠近布景工作而不致于进入播出镜头，而且在看到播出摄像机拍摄的镜头后，另一个摄像师可以拍摄别的镜头给导演提供更大的选择范围。演播室监视器对于播音人员看到的各种录好的或现场插入的镜头，可以知道该做什么。在观众参加的节目里，通常要提供几台监视器以便使演播室观众能看到事件在屏幕上显示的情形。另外，演员候播室也需要一台监视器，以便演员知道节目的进展情况。

9. 波形示波器和矢量示波器

可用于完成时间、相位、幅度三统一的调整，对视频信号实时进行监测。

四、演播室音频系统

1. 音频系统构成

如图 7-3 所示,演播室音频系统是以调音台为核心,将各路传声器拾取的声音,以及磁带录音机、CD、唱机和录像机的线路音频输入调音台,通过调音台选择、处理、混合,再通过各种声音处理设备处理后,输出到录像机和扬声器。

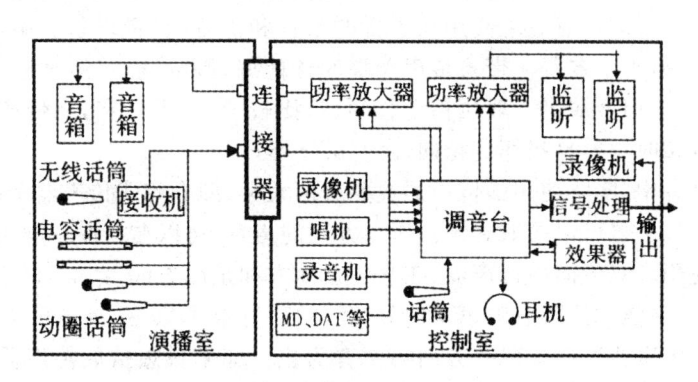

图 7-3 演播室音频系统构成

声音信号在不同的节目类型中呈现出非常复杂的形态。在新闻类节目中主要是现场同期声的录制;而在社教类节目、文艺类节目中则既有同期声,又有配音配乐的问题。其中尤以各类文艺节目、电视剧的音频制作最为复杂。但不管是何种节目类型,声音制作的基本要素是相同的。

录音工艺有拾音、调音、录音、还音几个环节。

(1) 拾音

拾音的成功在于正确选择、设置传声器。我们可以根据声场(如有无混响时间过长或过短、有无颤动回声、声聚焦、声影区、声染区等)、声源的特点选择合适的传声器,并合理地设置它们。

传声器的分类,可根据声电转换方式的不同分为:静电式(电容式和驻极体式)、电动式(动圈式、带式)、压电式、半导体式、碳粒式等。也可按指向性的不同把传声器分为全向、心形、超心形、"8"字形、超指向传声器等。从使用方式和功能分类,可分为鹅颈式、手持式、领夹式、头戴式等。

电容传声器的特点:灵敏度高、频率响应宽、动态范围大、音质优美,保真效果好,是音乐录音中最常用的传声器类型。缺点是价格偏高,使用时比较娇气,工作时需外加电压,在野外作业时不方便。这种传声器对物理震动、温度变化及输入过载都较敏感,但是用于离声源较远地方产生的声音质量比较高。驻极体电容传声器同普通电容传声器一样,具有灵敏度高、频带范围宽、频响曲线平直等优点,不同的是省去了提供极头工作的极化电压电源,对于外接驻极体传声器,可用电池给它提供电源,因其消耗电流极小,可长时间工作(正常情况下5号电池可以工作400小时左右),使用十分方便。同时价格也较低,体积也可以做得很小。动圈传声器的特点:结构简单、稳定可靠,无须电源供电,使用方便,输出阻抗低,固有噪声小。这种传声器最结实,可以在靠近声源的条件下工作,顶得住高音量级而不至于损坏。缺点是灵敏度较低,当有外磁场干扰时,容易产生磁感应噪声,其频响和音质一般也要比电容传声器差一些,但它有夸大爆破音和咝音的特点。主要用在语言的录音和扩音,在音乐录音中,用于拾取声音大的声源,如打击乐器等。带式传声器瞬间性能好、频响宽、灵敏度较高、音质柔和优美,特性很好。但金属带一般用铝合金制造,比较柔弱,不稳定,当传声器近旁气流过强或敲击过猛时很容易损坏。指向性为"8"字形。

在专业录音中,实际使用的传声器主要分两大类,即电容式传声器和动圈传声器。

无指向性传声器可以拾取到来自所有方向的声音,可以在拾取一群人的声音或背景环境音时使用。双指向性传声器,在它的正前方和正后方(0度和180度)的位置灵敏度最高,拾音最强,对两侧(90度和270度)的声音最不敏感,灵敏度为零,呈"8"字形。单指向性传声器以拾取单一方向的声音为主。如果只想拾取传声器前方的说话声,又不想录下背景噪声,可以使用单指向性传声器。单指向传声器按照指向性尖锐程度又可分为心形、超心形、超指向传声器。单指向传声器的特点是,只拾取目标方向的声音,对其他方向的声音衰减很大。因此,在多轨录音、现场直播中可以有效地抑制串音,消除环境噪声,提高直接声的清晰度,抑制回授啸叫,提高节目信号的信噪比。传声器的指向性在高频和低频部分一般都较差,而中频较好。超指向性传声器比超心形传声器的指向性角度还要窄,主要用于新闻或特殊场合,当不能靠近声源时又需要拾取清晰的声音时,可以采用。超指向性传声器有抛物面传声器和枪式传声器。

领夹式传声器:夹在演员的领带或衣服上,可使演员不受传声器的限制,表演自如。但当演员的衣服发出摩擦声,或他转动头部时,这种传声器的拾音质量就不理想了。领夹式传声器有无线和有线两种。无线传声器是通过一个小型发射机传送信号,将接收机放在控制室内,便可以接收信号,使用方便,特别适用于移动声源的拾音,如现场演出。无线传声器载波频率分V段和U段两种,U段的抗干扰能力强,但其价格也贵一些。要注意的是无线传声器在使用时容易出现调谐频率偏移,以至破坏正常拾音。另外,在移动使用过程中,由于发射机辐射电波的多径传输与反相反射,此时天线感应信号极弱,接收机信噪比大幅度下降;或由于金属障碍物产生屏蔽作用,在某些位置上出现接收"死点"。解决的方法是采用分集接收方式。把几个天线组合在一个接收机上;或者在两个天线中进行比较,提取信号电平高的一路使用。无线传声器使用中常常会有干扰源存在,如移动式电话;多只无线传声器同时使用时也会互相干扰,应注意载波频段的选用,避开干扰源或互相干扰。

传声器灵敏度的选择应根据实际需要而定,也并非灵敏度越高越好。如在录制声

学乐器时应选择较高灵敏度的传声器,在录制鼓类等打击乐时,选择灵敏度高的传声器倒往往容易失真;在录制语言信息时,选择灵敏度相对较低的传声器往往可以避免其他噪声的进入,使声音比较干净。在现场扩音中,我们需要信号在场内达到一定的音量,因此倾向于选择灵敏度高的传声器,但这往往会增加回授的可能性。

传声器的频率响应是指传声器的正向灵敏度随频率变化的情况。这种频率响应特性通常用频率响应曲线来表示。一般来说,频响曲线越宽越好,但也不是绝对的。应从实际效果出发,选择适度的传声器,频响曲线选择过宽,则将不必要的频率也包括进来,使杂音加大。此外,在频率范围内的不均匀度要小,也就是说曲线要平。通常情况下,人声频带范围比音乐频带范围窄,乐队演奏比独唱、合唱等频带宽。为获得特殊的音响效果或弥补声音的不足,有很多传声器专门设计成不平坦的频率特性,例如播音使用的颈挂式和佩戴式传声器为高频提升的。

(2)调音台

调音是指对传声器拾取的信号进行混合时作必要的音量平衡以及频率均衡、效果处理等。调音台是录音、扩音必不可少的重要设备之一。不同类型的调音台,其体积大小及复杂程度不同,但基本功能是类同的。

调音台的功能:

①信号的处理:指调音台对每一路输入或输出信号单独进行加工和处理。主要是电压放大(Gain)或衰减(Fade)、频率均衡和声像定位(Pan pot)等。调音台有多路输入。输入端有两种接口,高音量(线路输入)和低音量(话筒输入)。线路输入接收来自录音机、录像机音频通道等设备的电平较高的输出信号。话筒输入接收来自话筒输出的微弱的音频信号,需通过调音台输入部分的前置放大器进行不失真地放大到预定的额定电平,然后给均衡器送到音量调节器,进行音量平衡控制。这样可以降低通路中固有噪声对音频信号的干扰。

②信号的分配:为了对输入信号进行均衡(Equalize)、延时(Delay)、混响(Reverb)、压缩(Compress)、扩展(Expand)等效果处理,将处理好的信号按要求送到双轨母带录音机或多轨录音机;同时,调音台还必须提供监听和返送信号,故调音台必须具备对信号进行分配的功能,即将指定的信号送入相应的立体声输出母线、辅助输出母线、监听选择母线及 SOLO 母线等。

③信号的混合:在录音或扩音过程中,调音台把来自各种音源的音频信号按一定比例进行混合为两路立体声或多路输出信号,再分别送入监听系统、录音机。

④信号的监听与监视:在录音或扩音过程中,必须给控制室的录音人员提供监听信号,以便在整个录音或扩音过程中始终保持对信号的有效监听(包括带前带后监听、SOLO 监听等),以及给舞台上的演员提供返听信号,给观众席提供扩音信号,这就是调音台的监听控制功能。

⑤附属功能:除了上述基本功能外,不同类型、用途的调音台还具有不同的附属功

能。如对讲联络功能(录音人员与演员)、测试信号(1000kHz 的正弦波)等。

(3)录音

录音设备是录音系统中最重要的组成部分。随着录音技术的发展,出现了多轨录音机、数字录音机(DAT)、硬盘录音机、磁光盘录音机(MD)等新型录音设备。

记录声音的方式有：线性、AFM 和 PCM。如果声音是以水平线方式铺在录音带上的，叫作线性录音(linear audio)。音频调频(Audio Frequency Modulation,AFM)和脉码调制(PCM)方式,两者都是以倾斜方式记录音频信号的(就像记录视频信号一样)。音频调频信号和视频信号记录在一起,不能单独抹掉或单独记录。脉码调制(PCM)信号是和视频信号分开记录的,它在磁带上有单独的记录区域。因为这种方式记录的声音质量高,又是数字信号,而且可以和视频信号分离,所以在影视制作中得到广泛应用。

音频连接录音机和录像机一般有两种输入接口：传声器接口和线路接口。传声器输入接口(mic input)用来接传声器,线路输入接口(line input)用来接其他设备。二者之间的区别在于信号的放大程度不同。传声器需要录音(像)机将其输入的信号放大,不能接到线路输入上,否则将录到很小的声音,甚至无法使用。

录音(像)机有一个音量表(Volume Unit meter,VU),能够显示记录到的声音的音量高低。有些机型上以表盘的形式出现,其中一端有一个红色区域,还有一些机型的音量表是有一长串闪烁的格子组成的,不管哪种形式的音量表中,都不应该出现红色峰值,哪怕只是短时间的出现也不应该,因为这时录下的声音就会失真。另外,音量指示如果一直在较低的那端,则音量会偏低。比较理想的音量显示在表上应该处于 20%~80% 之间。

有的设备上有音频信号发生器,它能产生一个 1kHz 的声音信号,作为设定音量控制的基准音。在设定音量控制时把这个声音信号定为 100%,就可以以此为依据判断不同声音信号的相对音量。通常在磁带的开头先录一分钟的基准音,这样当它被放音时,我们就可以相应设置音量表的音量控制,放音的音量就可以和录音时的音量保持相同的水平。

录音(像)机大都有自动增益控制(Automatic Gain Control,AGC),这个装置能防止音频信号过强或过弱。如果信号太弱,增益控制就会自动将其加强；如果太强,则会自动减弱。然而,自动增益控制并不是在任何情况下都适用,如果对话中有一段沉默,自动增益控制会把这个无声信号加强,使环境噪声放大；同样,自动增益控制还会对距离带来的声音差异进行自动补偿,失去真实感。为了避免这些情况,最好采用手动方式控制增益。

(4)还音

还音是把已转换为电信号(包括磁信号)的声音信号经过功率放大、电/声转换,重新还原为声音信号的过程。在电视现场直播节目中,还音系统很复杂,包括录音和现

场扩音两大部分。

(5) 监听系统

监听系统包括专业监听音箱、功放、分频器、耳机等。监听是录音师赖以完成录音工作的依据。调音台上分配的监听信号分为两部分：一是给控制室制作人员的信号；一是给演播室演员的返送信号。

(6) 扩音系统

扩声系统包括传声器、调音台、声音信号处理器、功放、扬声器、音源设备等。在电视节目制作中，还要给现场（演播室、剧场、露天场所等）观众提供扩音信号，给舞台演员提供返听信号。现场扩音是一个很复杂的工作，处理不好就会产生系统回授，轻则引起啸叫，重则损坏设备。同时，扩音系统必须给观众区提供足够的扩声增益，良好的扩音系统才能满足现场观众欣赏节目的要求，使演员处于良好的情绪状态。

对于剧院、体育场馆的文艺演出，扩音系统的设计往往要增加演员的返听信号系统。因为扩音系统往往仅考虑扬声器尽可能覆盖观众区，而舞台上的演员可能会处于不利的听音地位，听不清其他演员或自己的声音，无法掌握表演的分寸和感觉。如果调音师不是在现场而是在监听室中掌握全场声响效果时，扩音系统还要增设监听系统。

演播室内的实况录像和现场直播，例如文艺晚会、专题节目的制作，都有现场观众，因此节目的音频制作系统包括两方面的任务：现场扩音和实况转播。现场扩音要为观众席提供良好的音响效果，如果现场扩音不好，不仅现场观众无法欣赏演出，也会严重影响演员的情绪，使节目失败。从实况转播调音台输出的立体声信号送到转播车上，经转播车上调音台最终调整，送到立体声录音机进行实况立体声录音。同时，转播车调音台将左右立体声信号混合成单声道信号，经微波传送至电视台主控中心，直接播出去。一般情况下，音响系统应采用二级调音（即现场扩音调音及现场播出调音）互为备份的方式。它的优点是改善节目的声音质量，增加了播出的可靠性。

2. 信号处理设备

信号处理设备是对录音系统中的频率处理设备、时间处理设备、动态处理设备的统称，又称为周边设备。

① 频率处理设备是用于录音或扩音中，对声音的谐波成分进行处理的效果器。它包括均衡器、移频器、激励器、反馈抑制器等。

● 均衡器：是一种对频响曲线进行调节的设备。它可以校正各种音频设备、听音环境的共振特性及吸声特性不均匀所产生的频率失真，使声音信号更加真实的再现；在现场扩音中抑制声反馈，提高扩音质量并能使系统的工作状态稳定；在某些场合，除了要求声源的高保真度外，有时还允许对声源作适当的调整，以达到改善音质、美化音质的效果。

● 激励器：是一种对声频信号添加谐波（泛音）成分以改善听感的声音处理设备。在音乐信号中加入特定的失真（谐波成分），可以增加重放音乐的透明度和接近感，从而获得更动听的效果。它可以美化歌唱者的歌声,增加其亮度和穿透力使声音更清晰、细腻;在现场扩音系统中,能使音响效果较均匀地分布到室内每一角落。由于它可以扩大音乐的响度而又不增加电平,因此十分适合监听系统,既能听清自己的声音而又不必担心信号回授;在磁带转录和高频损失严重的旧磁带放音时使用激励器可明显改善高频特性,又不会使信噪比恶化。

●反馈抑制器:反馈是由于扩音音箱与话筒同处于一个空间中,导致从话筒拾取的声音经音箱送出后又被馈入同一个话筒,并再次从音箱送出,这一过程产生的声现象会引起刺耳的啸叫,也叫回授。解决反馈啸叫的方法可降低输入增益或扩音音量;将话筒远离音箱;找到引起啸叫的频率,使用均衡器将其预先衰减。但都有局限性。啸叫只发生在某些频率上,它与房间的结构、话筒的设置有关。反馈的频率有些是固定的,有些是漂移的。反馈抑制器会对系统进行自动检测,在约 0.4s 内把将要发生反馈的频率在啸叫前作适当的衰减,使音质不受到破坏。

②时间处理设备是用于厅堂录音中,对音源的音色和空间方位(直接声与反射声、混响声的比例)、声场的状况(体积、反射条件等)进行逼真再现或模拟的声音效果处理器。它包括延时器、混响器。

●延时器:是一种将输入的音频信号短暂存储起来,经一段短的时间后再输出的专用音频信号处理设备。在扩音系统中,它可以消除回声干扰、提高清晰度;在立体声录音和放音系统中,用来扩展声场和增强立体感;产生模拟立体声效果;产生和合唱效果;产生回声(ECHO)效果。

●混响器:是用来模拟厅堂响声的声音处理设备。它可以增加声音的丰满度、浑厚度。但如果混响时间过长,声音就会发虚、浑浊。它还可以模拟厅堂空间的大小,产生特殊音响效果。通常对流行音乐,特别是摇滚音乐,需要较强的混响;而对古典音乐、民族音乐,特别是京剧等,则应少加混响。

③动态处理设备是对音频信号的动态范围进行处理的专用设备,它包括压缩器、限幅器、扩展器、压扩器、噪声门、降噪器等。

●压缩器:是具有压缩阈的一种放大器,低于这个阈值的输入信号以固有的增益给予放大,高于该阈值的输入信号则以特定的压缩比进行压缩,其增益按一定比例缩小(压缩阈和压缩比通常可以调节并固定)。音乐的动态范围约 120dB,然而,模拟磁带记录的动态范围只有 60dB。为此,在记录之前引入压缩器、限幅器是必要的。它可以避免削波失真,提高信噪比;在扩音系统中压限器可压缩、限制送往功放的信号电平,这样可以起到保护功放和扬声器的作用。

●限幅器:如果压缩比足够大时,压缩器就变为限幅器(Limiter)。它具有特定的限制阈,低于这个阈值的输入信号正常通过,高于这个阈值的输入信号则被限制在同一输出电平上,即输入电平达到或超过限制阈,输出信号不再随输入电平的增加而增加。限幅器大多都用在录音的场合,以避免信号的瞬间峰值到达满幅度。

五、演播室灯光系统

电视摄像机像人的眼睛一样,借助光才能看得清。但是,电视摄像机比人的眼睛敏感性差得多,在同一范围内也不能再现对比度与色彩。一方面,光线不足,拍出的电视画面缺乏力度,结果因视频噪音过多而受损,视频噪音常常被称为画面雪花。另一方面,光线过强,会使画面显得苍白。与舞台照明相反,电视照明的主要目的是取悦摄像机,以最终取悦电视观众。

1. 照明设备

聚光型灯具可产生定向光,强光束照射区域比较小,但产生的阴影边缘清晰,常用来当主光,或作场景主要区域的照明。它包括聚光灯、回光灯、追光灯等。菲涅耳聚光灯是专业影视制作最常用的灯具之一。这种灯因其灯座前端有一个菲涅耳聚光透镜而得名。使用时可以调整灯座后面的控制杆,变换灯管反光面和聚光透镜之间的距离,从而改变光束的宽度。目前,常见的有两种类型的专用聚光灯,一种是杆控聚光灯,这种灯具较适合于规模不大、顶棚不高的中小型演播室。这种杆控聚光灯上有一些可供调控的耳环,耳环与灯的传动装置相连,通过地面上布光者手中带钩的专用杆钩住灯具相应位置的耳环并进行旋转,可控制灯具水平、垂直转动和调整聚散光。另一种是电动机械化聚光灯,这种灯具造价高,需要有相应的机械化灯具控制系统,由灯具控制台控制,主要用于大型专业演播室,它操作简便灵活,减轻了照明工作人员的劳动强度。目前电动机械化聚光灯最少动作为三动作,即调整转向、俯仰、焦距,多的可以做11个动作,包括调整转向、俯仰、焦距、三个扉页的开关、扉页的旋转、灯前色片的变换等。

泛光灯灯具可产生散光,散弱的光束照射区域比较大,阴影柔和,但边缘模糊,而且会造成缓慢的减弱,常用作辅助光。泛光灯灯具包括散光灯、天幕灯、地排灯等。泛光白炽灯,由一个灯泡和一个碗形的金属反射器组成。

柔光灯产生的光比泛光灯更分散、更均匀。柔光灯的灯泡多半隐藏在灯具底部或者灯具前端下方的罩壳后面,因此投射出的光线几乎完全不会产生阴影,光线柔和,常用作辅助光或降低反差。

在灯光前放置一块散光物,可以改变光质。常见的散光物如玻璃纤维、丝布、毛玻璃、涤纶织物、耐高温塑料等,都可根据其散光特性不同程度地改变光质。散光物可以装在灯具的滤光片架或滤光片槽里,也可以架在光源和主体之间。由于散光物都用在温度很高的灯光前,所以越坚固耐热越好。

柔光布可以用来降低光线强度,又不会影响光质和色温。柔光布由半透明的黑色织品或不锈钢丝制成。可以放置在灯具前方,也可置于光源和主体之间的脚架上。

在电视演播室的灯具配备中,有时还要有少量的效果灯,如宇宙灯、投影幻灯、跑灯、束射灯等，专门用于现场气氛烘托，增加画面节奏感。目前，电脑灯被广泛应用于演播室。电脑灯可以变换出丰富多彩的图案、光柱、颜色，并可随着音乐的节奏变化。

2. 冷光源

悬吊装置是演播室灯光系统的重要组成部分。过去，多采用吊杆悬挂灯具。吊杆水平方向长 4~6m，用两根钢丝绳吊在顶棚上。每根杆上固定 4~6 个灯具。为了能用较少的灯具满足电视的要求，现在多采用格栅式顶棚和单点移动式悬吊装置。格栅式顶棚是把演播室的顶棚分成若干块，中间有纵横轨道，灯具的悬吊装置可在轨道中滑动。布光人员在顶棚操作。优点是灯具调动灵活，缺点是手动操作，调光时间长、费工、费力。定点吊杆式，吊杆较短，一般长 2m 左右，且布置得很密，一般 1000m² 演播室要装 500~600 台灯，加之电动遥控吊杆的升降，不需要上顶棚调整灯位，大大地节省了时间和人力。不足是所用悬吊装置和灯具较多。对于小演播室，原来多采用固定式悬吊装置，后来使用一种滑轨式悬吊装置，由纵向轨道和横向轨道组成，横向轨道可以沿着纵向轨道滑行。灯具一般配有可上下伸缩的伸缩器，并通过小滑车挂在横向轨道上。灯具原则上可以在三维空间任意移动。这种装置手动控制，只实用于顶棚高度不大于 5m 的小型演播室，顶棚太高不易操作。对于 35m² 以下的小型演播室或临时演播室，可以采用格架结构或撑杆结构。格架结构是在顶棚上装一些纵横交叉的管子，灯具可以挂在所需要的位置。撑杆结构与此相仿，只是它的机动性强，随时可以安装和拆卸，并不破坏建筑物墙壁与顶棚。另外，还可以把固定式和移动式悬吊装置结合起来。例如，将固定式水平吊杆用"工"字铝合金，使灯具可在杆上滑行。

调光设备：目前均采用可控硅进行调光。可控硅调光的主要优点是可以用计算机控制，调光操作台可以远离调光立柜。这样，调光台可以放在控制室，调光立柜(硅箱)可以放在其他房间。由于可控硅导通时有电磁干扰，因此，演播室的调光设备要单独使用一台电源变压器，与视音频设备分开的；调光设备的输出线远离视音频线，并可将可控硅的输出线加屏蔽，做良好的接地。由于有了计算机控制，灯光人员的各种各样的要求都很容易得到满足，可以对灯光进行编组，存储不同的灯光场次和亮度，满足节目艺术效果的要求。调光设备的功能：①亮度控制：降低灯的照度不仅有助于延长灯的寿命而且有助于控制对比度。②照度变化：迅速而轻易地把某个地区的某种照明变成另一种照明。③特效：借助调光台，可以取得各种照明特效，如各种闪光图案。④存储与检索：计算机辅助调光器可以存储、调出和处理各种调光功能。具体地说，调光台可以在排练时，将布光结果一场一场地存起来。它包括不同灯的组合以及各个灯的不同亮度的存储。正式录像或播出时再将它取出来，并随时可以修改。在一些节目中，要求一部分灯要进行某种效果变化，如跑灯效果，调光台上很容易实现。一场戏或一个节目的整个灯光效果可以在计算机的时序控制下连续、准确地进行。

第二节　演播室节目制作

　　演播室节目制作，既可以采用前期拍摄、后期制作的分段制作，也可以采用多机拍摄、即时切换的同期制作，当然也可以采用二者结合的方法进行制作。

　　近年来，演播室制作的节目越来越多地被采用，已成为我国电视节目的主体，成为发挥电视独特优势的节目发展之路。不仅是室内电视剧、电视综艺节目，而且电视新闻节目、社会教育节目、服务节目及其他多种多样的专栏节目等都大量采用了演播室电视制作。特别是直播节目，可以运用较少的投入，快速、高质量地制作、播出电视节目，以适应数量越来越多的观众日愈增长的需要。

一、演播室摄像

　　摄像师负责选择角度、景别、光线，掌握运动节奏等，通过运用这些造型手段进行画面构图。在电视导播过程中，往往有多台摄像机共同工作，各个机位上的摄像师从不同角度拍摄画面，最后由导演选择切出。

　　现场观看节目的观众可以根据自己的兴趣，来注意现场的任何部位，而观看电视的观众只能看到电视导播、摄像所选择的画面。摄像师在技术方面必须熟练地掌握摄像机的性能和推、拉、摇、移、跟、甩、急推、急拉等操作技术，要使画面清楚、到位，一般情况下摄像机的运动要准确、稳定、均匀。摄像师在艺术方面要了解和熟悉整场节目，根据内容的需要选择机位、景别、角度，选择最佳构图。

　　1. 演播室摄像机的操作

　　第一步：机器准备。尽管技术人员一般事先将摄像机调节好，使之能够产生最佳的图像还原，但摄像师在摄像机准备就绪，即将投入使用前还必须做好以下几件事情：

　　(1) 戴上耳机，检查内部通话系统是否正常。

　　(2) 解开摄像机底座上的锁定机械装置，检查摄像机在固定头上是否平衡（严格平衡的摄像机升降到任何给定的竖直位置都保持平衡，并能操作自如）。

　　(3) 放松转动控制钮，然后调节阻力控制钮，检查摄像头是否能够平稳地摇摄和俯仰拍摄。

　　(4) 检查电缆线与机头的连接是否牢固，是否与录像系统接通，电缆线的长度和位置是否会影响摄像机操作。

　　(5) 在确知摄像机已经装配好并且已经开机预热后，打开镜头盖，这时可以从寻像器中看到实际要拍摄的图像，看看寻像器是否已调节好了；然后将焦点对在一个中景上，同时把稳摄像机，以便录像师调节图像的对比度。

　　(6) 检查焦点控制，调整镜头的各个控制钮，从一个极限位置移向另一个极限位置，看看变焦钮和对焦钮是否灵活平滑。

第七章 演播室和现场摄制

(7)检查、预调变焦镜头：将镜头推近和拉远，看看整个变焦范围是否都能平滑地移动，以及变焦的精确范围是多大。预设一个变焦位置，再变焦回来试一试，看能不能移到预设位置。预调变焦镜头时先将镜头变焦推到最远的物体聚焦，再变焦拉出来，看看整个变焦范围里能否保持聚焦清晰。

(8)检查电缆线的长度是否足够使摄像机在规定的范围内自由移动，以及摄像机移动范围内有无其他障碍物。

(9)试机时遇到的特殊问题，要及时报告现场导演或通过对讲机直接与导播联系，将现场情况说明。比如拍摄区照明不足，或者导演指定的机位离拍摄对象太近而无法聚焦，镜头拉全时又无法拍到所需要的全景等。

(10)离开摄像机的时候，要拧紧支架上的转动和俯仰等的机械装置，将摄像机锁定在支架上。如果是长时间地离开摄像机，最好是将摄像机关掉，并将镜头盖盖好。

第二步：正式拍摄。拍摄大型演播室节目，通常是在正式开拍前要进行带机排练，摄像师对机器的准备调节就在这个阶段进行；但有一些小型的或常规性的演播室节目常常不经过排练，直接就进入正式拍摄，这时摄像师就要抓紧时间做以下检查和准备。

(1)戴上耳机，与导演和控制室建立联系，注意只有在必要情况下才使用对讲系统，避免不必要的讲话，在清晰地接受导演指令的同时，也应认真听取导演对其他摄像师的指令，这样才能知道其他摄像机的工作状态，使自己的镜头与其他摄像师的镜头协调起来，方便导演选择使用。

(2)开机后先检查焦点，正反方向动一动聚焦装置，直到调到最清晰为止。预调变焦后，若要移动摄像机位置，就需要再一次预调，并使整个变焦过程都保持在焦点上。

(3)拍摄移动镜头时，注意使变焦处于广角位置，并使焦点处在适中的位置，以便于镜头的平移并不至于使画面变形。移动时要将电缆线放得足够长，并注意要平稳轻捷地启动和停止摄像机支架。移动时不要妨碍其他摄像机的工作，注意不要碰着其他东西。

(4)摄像机提示灯亮，表明导演正在使用你的镜头，如果不是导演有令，这时就不要动镜头，只能在信号灯灭后，再去移动机位或预置变焦，拍摄下一个镜头。

(5)一般来说，正式拍摄时摄像师的眼睛总要盯着寻像器。如果情形允许，摄像师可以在间隙中主动去拍一些有兴趣的东西，但这种主动性是有限的，是以服从导演的调遣为前提的，因为导演是唯一综观全局的人。

(6)最好事先整理一个拍摄镜头表，记住拍摄镜头的类型和顺序，并特别地标出摄像机移动拍摄的范围和过程，以便现场拍摄时能把变焦放在广角位置上（可以用胶布在演播室地板上做上暗号，以便知道摄像机挪动的极限位置，如果不需要重新预调变焦镜头，就不要来回推拉）。如果你根据镜头表工作，那么前一个镜头一完，就可以立即开始准备下一个镜头。因为导演也许会随时用你的下一个镜头。优秀的摄像师在导演叫下一个镜头之前就已经把下一个镜头调节好了。

(7)在取下或架起摄像机时,务必先关机,以免这时的"走火镜头"出现在预监上,干扰导演的视线。

(8)遇到意外情况,如导演指导上失误,演员或现场工作人员穿帮,或一个尚未调好的镜头却被导演切换等,摄像师唯一要做的是"泰然处之",因为观众这时并不知道你的意图,当然,摄像师应该时刻警惕,尽量避免失误的发生。

第三步:结束工作。一旦拍摄完毕,摄像师的工作便告基本结束。这时摄像师的职责主要有以下几点:

(1)导演发出"一切完毕"的信号后,才可以固定机头,盖上镜头盖,询问录像师是否可以关机。

(2)锁住摄像机底座转动和俯仰控制钮,将机座降回到最低点,然后锁定机座立柱。

(3)将镜头放在完全散焦的位置,使光产生无规则反射,从而保护摄像管。

(4)摄像机、耳机、电缆分别收好放在通常的安全位置,以免受到意外损坏。

2. 摄像师的工作

他们专门负责操作摄像机。当节目需要摄像机不断变换位置时,需有一位助手帮他移动电缆,推移动车或升降车。

拍摄前,了解导演对整个摄制的要求单个摄像机的安排以及分工。

导演在摄制阶段的主要工作之一,是考虑摄像机的拍摄镜头,此时要对摄像机的拍摄、角度和运动作出决定。在试验拍摄镜头时,要清楚导演的要求是什么。如果摄像师发现拍摄、角度和运动有问题,如被摄者不突出,或者其他设备挡住摄像机升降架的通道等,应该马上告诉导演以便在彩排结束前作出必要的调整。拍摄中的取景和构图、变焦及推拉的速度的重复性是很重要的。在节目彩排时,两次拍摄或推拉时图像的大小不一致,或每次的速度不相同,会给导演带来麻烦。摄像师的拍摄重复性越好,在以后的摄制中导演要求作的纠正就越少。

摄像师很快就会发现,每个导演在处理彩排和摄制,以及摄像机的安排和选择镜头方面,都有自己的风格,熟悉导演的各种拍摄指令的具体含义很重要。例如这个导演的"中近景"可能是另一个导演的"特写"。经过一段时间后,摄像师应该很快懂得导演的意思,并按他的视觉要求来取景。摄像师可能看到了一系列很美的画面,但只有坐在控制室里的导演看到了所有的画面,并知道整个节目的画面进展安排后,才能决定取舍。摄像师必须首先完成导演安排的任务,其次可以寻找一些美的、有趣的画面。

通过彩排后,正式摄制时,摄像师的主要任务是重复彩排阶段计划好的拍摄镜头和摄像机运动。此时,已没有时间再去发现新的拍摄镜头和拍摄角度了。演员、导演和其他摄制人员也都希望按彩排时计划好的镜头进行拍摄,所以在正式摄制阶段没有人会欢迎新的拍摄镜头和角度的。如果按事先确定的镜头次序进行拍摄,那么每个摄像师在摄像机的指示灯一灭,就要自动地安排下一个拍摄镜头,这样可避免通过内部通话系统的喊话。

如果在摄制中出现了差错怎么办？电视摄制是一种复杂的工作，无论计划得多周密和排演得多熟练，还是很可能出差错的。尤其是现场直播更容易出差错，并且没有机会再重拍。作为摄像师，应该对可能发生的差错保持警惕。如导演喊错了拍摄指令，一个演员偏离了原计划，或有一台设备或一个演员出了问题，遇到这种情况，最重要的事是不要惊慌。经常在自己看来是很严重的问题，但观众可能根本就没有注意到。因为观众中没有人会有剧本，并不知道想要拍摄什么。所以如果摄像师和导演保持清醒的头脑，就可能会摆脱差错而不使观众感到出了问题。

二、演播室灯光照明

照明主要是为电视摄像机提供适度的照明度，产生画面造型，表达情绪和气氛。灯光照明在演播室电视节目制作过程中起着越来越大的作用，灯的类型也越来越多。

1. 电视灯光的六个基本的作用

(1) 为满足电视系统的技术需要，必须有足够的灯光照明，这样才能使电视摄像机工作，并可靠地接收及还原图像。

(2) 提供三维空间的透视：电视是二维平面的屏幕，是用高和宽来再现形象的，而深度的表现，则必须通过摄像机拍摄角度和被摄物的造型、布景的设计及光线的运用来获得。正确的用光能强调被摄物的质感、形状和形式来得到深度感。

(3) 把注意力引导到场景的重要部分上：对光线和阴影的应用，能引导观众的注意力集中到所摄场景最重要的部分上。

(4) 塑造场景的意境：光线的应用，能给观众提供场景中总的意境感受。深暗和阴影会给人造成神秘、紧张的感受，明朗的场景会给人以愉快、欢乐和幻想的感受。

(5) 表现事件发生的时间：光线的应用，能表现出场景中事件发生在一天中的时间，白天、傍晚、晚上等。

(6) 形成摄制中整体的艺术结构：光线的应用，能突出画面中的各个部分，有助于导演构造形象，塑造出优美的图像。

在摄像中，光能影响被摄体再现的形状、影调、色彩、空间感以及美感、真实感。故事片的照明，现在都有写实照明风格的倾向，也就是看起来像日常生活中感受到的自然光一样，如街灯、台灯、月光或太阳等。从光线的方向来看像是模仿了场景中的某些光源，或是加强了其中的某些光线效果。所以称这种照明为有源照明。与之相反的照明风格，称为表现主义照明，讲究的是创造镜头里特殊的气氛或感觉，而不大在乎是否真实。

2. 电视照明与舞台照明的区别

舞台照明的对象是观众，电视照明的对象是摄像机，而电视屏幕是平面的，因此，三维空间的表现是电视照明的重点。人眼与摄像机的视觉特性不同，对于照明的明暗

变化范围的宽容度眼睛要远大于摄像机。舞台色光用得较多,照度较低;电视色光较少,照度较大。当然,随着高质量、低照度摄像机的出现,电视色光的使用越来越多,对照度的要求也有所降低。电视图像易加工做特技处理,如5600K色温的照明,舞台上观众看到的是白光,而摄像机使用3200K的滤色片拍出来则呈现蓝色,电视对照度的要求更严格。

3. 演播室的几种布光方法

(1)三点布光:主光、辅助光、轮廓光。

(2)多主光布光:给摄像机的各种位置都能表现出主要光源。

(3)软正面光:加强逆光的作用,整个表演区的照度比较均匀。

(4)利用侧逆光:从布光两侧来的硬光,提供主光和侧逆光,辅助光从布景的正面来。

(5)总体布光:首先根据表演区的大小、演员活动的范围和几台摄像机的机位布置基本光,使摄像机能够基本再现色彩;然后再采用三点布光;这里的三点布光是多主光、多辅助光、多轮廓光。几台摄像机机位出现的图像色调基本一致。

(6)层次布光:演播室的大型文艺节目,在较大的表演区中采用层次布光,也叫分区布光。分区布光,它分前区、中区和后区,前、中、后区的照度依次减弱,采用这种方法可以增强层次感和立体感。

4. 三点式布光

三点式布光是最基本的补光方法,它包括主光、辅助光、轮廓光,另外还有附加灯光,如眼神光、布景光、装饰光等。

(1)主光:模拟场景中的主要光源,有明确的方向性,对准被摄主体用光。为了防止影子,往往斜射,在摄像机和被摄主体之间形成一条轴线,主光的角度偏离这条轴线在水平及垂直方向均成30°~45°。主体为两人时,可使用两个聚光灯交叉投射。人物再多时,用远射大功率聚光灯。

(2)辅助光:抵消影子,与主光对称,架设在摄像机的另一侧,光比根据需要定,一般主与辅比为1:1,2:1。

(3)轮廓光:有助于勾勒主体轮廓,使之与背景分离。轮廓光沿摄光轴从人物的背后以强光投射,架设在主体后方高处,角度为60°为好,一般主与逆光比为1:1。

(4)布景光:用来照亮背景,靠明、暗差异取得远近不同的距离感。

(5)眼神光:专门用于勾划局部特征的用光方式。一般用聚焦的小灯,靠近摄像机,与眼睛等高,目的是使眼睛看起来闪闪发光。

5. 演播室照明程序

(1)初步构思与设计

导演和舞美设计师应该先画出演播室平面图,并给灯光指导一份。导演根据剧本和演播室平面图,来确定演员和摄像机的位置,灯光指导应该根据演员的位置、摄像机角度和主要的表演区域画出灯光平面图。灯光指导必须选择灯具的类型和大小,决定这些灯具在演播室的作用和位置,监督灯具的悬挂和调节,掌握光线总亮度的平衡,并提出所需要的特殊用光效果建议。在灯光平面图上纠正错误要比在演播室重新布置灯具会容易得多。灯光组里的操作人员负责爬梯子在灯架上调整灯具。灯光指导利用测光表帮助确定灯光设置。通常是用它来确保演播区域的灯光分布均匀,有时也有助于营造特殊的艺术效果。

(2)现场布光

实施现场布光一般采取由面到点、由远到近的布光顺序。首先从天幕光开始。天幕光常用天幕灯和地幕灯从正面上、下进行均匀照明,根据节目需要和场景气氛要求可以处理成各种色调。如用天幕光可以表示时间,夜景可以用深蓝色光投到天幕背景上,电视屏幕呈现夜景的气氛。如果是日景,可以在天幕上投上浅蓝色的光。如果是旭日东升的景色,天幕上部可以投上浅蓝色,天幕下边用地幕灯投上橙红色的光。其次,布置环境光,即场景四周及人物活动区域以外的背景照明。环境光的整体布光要同天幕光协调一致,根据节目内容的需要,处理好现场气氛和基调。环境光要与布景联系起来,提供与美工设计色彩基调相吻合的照明。灯光师不是电工,在照明的同时,还要通过灯光营造不同的气氛,产生不同的效果,如:灯光可以编红、绿、蓝几组灯,营造不同的气氛;电脑灯可随音乐的节奏变化,来表现节目的节奏;运用烟机产生的烟雾可以使光柱得到表现,填充画面空间,表现空间的透视效果。灯光参与置景,也是必不可少的一种手段,如:可通过色灯的变换来变换景片的颜色,用电脑灯在景上绘图,用跑灯或筒灯、排灯、反投灯的光柱直接参与置景。

表演区的布光是演播室布光的重点和难点。由于节目的内容与形式的不同,如在一场文艺晚会中,各种类型的节目编排在一起,节目的内容和情感不同,节奏的快慢、场面的大小、人物的多少各异,那么,布光也就应有差异和变化。这就要求我们对每个节目的布光进行分组编排,通过调光台存储和控制。下面介绍动态人物布光的常用方法:处在运动中的全景、中景人物的用光,可采用几盏主光灯同时照明人物,人物与人物之间采取灯光互相衔接的方法进行造型处理,几盏辅助光灯也采取这种方法分别进行辅助照明。灯光具有双重作用,主光变辅助光,辅助光变主光。还可使用大面积基本光照明,同时分小区域单独组织主光、辅助光和轮廓光照明,各小区域由基本光连接。动态人物照明常采用转换灯组的手法,原有的一组灯光渐暗,另外一组灯光渐亮,达到灯组转换的目的。还可用专用的特殊照明来跟随被摄人物,如利用追光灯一前一后可以把拍摄主体照亮。观众席的灯光往往被人忽视,与表演区相比不够亮,摄像机不可能反复变动光圈,这样会造成照度不够、无层次。为了方便现场观众观看,观众席的灯光还要时开时关。

(3)排练与摄制

在正式摄制前,演员要进行实地走位。反复排练的过程,是对布光效果的一种检

验。这时,灯光设计可以根据演员的排练,修改布光,使照明效果越来越好。进入带机排练之后,照明人员可通过监视器观察现场灯光配置后的明暗、反差和色彩,并对场景中的灯位进行适当调整;可建议导演,哪个演员走位有利于出现好的照明效果;也可帮助演员了解同照明部门配合的重要性。一些不理想的地方,如果调整灯光无能为力,就需要同舞美、音响、摄像、演员等部门进行协调处理。在彩排过程中,一切效果最终体现在画面上,照明人员应密切注视画面照明效果的变化,随时记录下需要进一步调整的问题。同时也要注意到没有参加前期排练的个别演员的照明效果。当有的演员即兴发挥走出表演区时,照明应有应急措施,最大限度去弥补。在正式录制中,照明灯光指导与灯光控制人员一同按照照明设计程序进行现场调控,随着节目的进行,实施各种照明变化。要注意场与场的灯光衔接、渐明、渐暗、效果灯控制等。电脑灯和追光要有专门的操作人员控制,操作中要注意跟光的节奏、速度和起落点。

三、演播室音响

1. 演播室音响要考虑的问题

(1)了解音响的复杂程度。采访节目的音响较简单,音乐节目的音响较复杂。

(2)决定所需话筒的种类及其安装。要了解话筒是否出现在画面内或必须在摄像范围之外?解决采用话筒的种类和安装方法。

(3)了解是否有特殊的音响采集问题。例如,了解演员会有些什么活动?是否要多人合用一只话筒?是否需要另加话筒,来覆盖演播室的其他区域?如果演员的活动较多,选用吊杆话筒或无线佩戴话筒就合适。

(4)了解是否有音乐要求。如果作现场音乐的录制,还应了解乐队的组成情况,以及导演打算把话筒放在何处?是否需要预先录音?是否需要音响返送?

(5)了解是否需要特殊的音响效果。是否需要用效果声?如果需要,是现场的,还是预先录制的?是否需要特殊的电子效果?

(6)是否需要多方面的音响。是否需要为开场片名、结尾配音乐或效果声?由谁选择音乐?为节目的开场和结尾配的音乐需要多长?是否需要录像片声音?在摄制中怎样运用这些声源?

(7)是否需要用多只话筒来采集观众的反应或讲话。

2. 前期录音

有些场合,需要预先录制某些音响段落,作为实际录制时用。常见的有三种情况:

(1)给画面配音:是指播放预先录制好的声音录音,来配节目中的视觉部分。

(2)预先录制音乐录音:有时为歌唱家提供一个现场乐队伴奏,是不切实际或不可能的。这就需要音响师用预先录制的音乐录音与现场演出相配。它的完成是提高调音台播放预先录制的音乐录音,并同时输送到演播室的扬声系统,使歌唱家能听到它。歌唱家提高现场的话筒演唱,录音师把话筒输入调音台与预先录制的音乐进行混音。

(3)对口型:是口型与声音同步的简称,是歌唱家的口型动作和预先录制好的演唱录音的精确配合。在很多情况下,现场调音难度大、安全性差,受表演形式和活动范围的限制,电视制作中不可能都由歌唱家在现场演唱,或者歌唱家的位置在舞蹈人群中时,话筒无法充分地采集这区域的声音;还有时演员是边唱边跳,歌唱的同时做有力的舞蹈动作比较困难。这样可以用预先录制的歌唱,让歌唱家现场对口型假唱。但要保证演员能听到返送的声音,需把音响返回现场,同时注意啸叫。

3. 现场直播节目中要注意的问题

(1)话筒的设置:对不同的声源要选择不同的话筒。选择话筒时,应考虑话筒采集声音的形式是否能采集到所需的声音。选好了合适的频率敏感度和合适的采集形式的话筒后,就应考虑所选话筒在摄像画面中看起来将会怎样。电视音响师在做到录制出高质量的音响的同时,还不能影响节目的视觉部分。音响师要考虑话筒的出现或位置是否遮挡了观众的视线问题。对移动声源的拾音,可采用微型话筒或悬挂电容话筒。如果有困难,也可设置两三个强指向话筒。观众席的话筒可以吊挂,来拾取观众中的掌声、反应声等。

在使用多个话筒时,要注意相位问题。必须使几只传声器同相位,否则传声器增加了,反而取得不良效果。检验传声器相位的方法很简单,若两个传声器是同相的,则这两个传声器指向同一声源时音量会明显增加;若两个传声器是反相的,则音量反而会减轻。因此,可任选一个传声器作基准,将系统中所有的传声器都与之比较,将相位不一致的在调音台上进行调整(使用调音台上的相位开关),使各个话筒的相位保持一致;也可将卡侬头上②脚与③脚的接线互换一下,便可实现相位的调整。避免产生相位问题的方法:应使两只传声器之间的距离不能小于传声器与声源之间的距离的三倍,这样传声器之间相互发出的回音干扰就会减小到最低程度;或将两只传声器头对头地放置,这样它们才能精确地在同一时间接收到信号。

声音的大小和远近:音响师可以通过调音台对话筒的音量进行调节,话筒到人物的距离变动时,只需调节一下调音台上的拨杆就行。升高或降低调音台上的拨杆,能改变声音强度,但不会改变声音的呈现。当人物离话筒越近,声音的呈现越强,接收到的声音就越饱满、丰富、亲近和清晰。当人物离话筒越远时,声音呈现就弱,接收到的音质就越干瘪、单薄、疏远和含混。压差式传声器作近距离使用时,对低频都具有提升作用,这被称为传声器的近讲效应。在录制语言时,它会使语言声音显得发闷,清晰度降低,注意调整传声器的距离,可避免或减轻近讲效应。有的传声器上装有低频切除开关,可使用它来解决这个问题。调音师可根据每个演员的音质、音高预先对话筒进行调整,使它达到最佳状态。但对于歌唱、演讲比赛等内容的节目,为了体现平等、公正的原则,可有专家监督,把选手用的话筒在调音台调到一个标准的音质、音高后,就不要再调了。

声音的混音:要考虑多个演员声音大小的平衡,可以一个一个地试音。现场乐队

的录制是最困难的。准确的录制方法是采用多只话筒对各类乐器分别录制。

要注意尽量避开墙壁等硬反射物,以及各种干扰源,如灯光调光可控硅的电磁干扰。要注意接地,达到消除噪音的目的。

(2)扬声器的设置:扬声器的设置可以根据具体情况集中或分散放置。当两组音箱距离间隔为17m以上时,必须使用延时器对送入音箱的信号进行调节,用以防止重音、回声,改善音响的清晰度,即消除不同扬声器的直达声到达听众的时间差。

(3)防止扬声器啸叫的方法:每个房间都有各自的固定共振频率(大多在低频段),在此频率上易引起啸叫。为此在扩音功放之前需接入多频段均衡器,消除由共振频率引起的啸叫。同时使用声反馈抑制器自动寻找反馈频率点并加以抑制。选用无线话筒来近距离拾音,可以较有效地增加信号电平,抑制反馈。

四、舞美布景和道具

观众对很多节目的第一印象来自布景。设计得较好的布景和场景布置一开始就能给观众传播节目的意图、基调和气氛。

1. 电视布景的要求与设计

布景必须是能为节目创造一种适当的气氛和环境,并便于摄制操作。舞美设计不仅能建立视觉形象和影响观众对节目的感受,而且还在技术方面与其他很多摄制操作有密切的关系,如灯光照明、摄像、音响和演员的演出。

电视舞美布景要符合电视摄制的要求。全部布景在舞台上是同时出现的,而在电视中可把整个布景分解成很小的块块,由导演用各种拍摄角度来创造视觉形象。所以,舞美设计师只有明白导演的整个拍摄计划,才能使背景区域从任何角度拍摄都有较好的构图和画面。舞美设计师要考虑全景、中景、特写,正面、左面、右面,不同的拍摄角度和景别的背景,并注意不要出现穿帮镜头。可以考虑用彩带等软线条参与构图,改变布景横竖硬线条的构图。舞美设计师还应该知道导演的拍摄计划,是否有特殊的拍摄角度,是否需要为复杂的摄像机运动留出更多的空间?是否安放话筒和吊杆话筒?布景设计除要为拍摄人员考虑外,还要为演员的演出考虑,如布景是否方便演员上下场,台阶、楼梯和平台的大小高度是否合适?要考虑布置多个表演区,避免节目转场时,在同一景区产生上下场的混乱;注意观众区也是表演区,也要考虑布景。布景材料一般不要选择反光材料(除非是特殊需要),否则,画面上大面积的反光会很难看。电视是二维空间的,要使场景具有立体纵深感,可以用线条的变化来增强观众的纵深感;重要的前景应该比背景的色彩更明亮和更浅,这样就能使前景变得更突出醒目和更吸引观众的视线。另外,常通过大屏幕参与布景,通过录像重放实现外景与现场的交流和切换。

沿着演播室周围常常悬挂着半圆形幕布,以产生横向极宽的感觉。幕布一般有白幕、黑幕和蓝幕。白幕可以用彩色光线"上色",产生各种各样的背景效果,用电脑灯、幻灯在幕布上可以打出各种形状，更丰富了这种变化。黑幕可以用来获得黑背景。由于背景的反射光会破坏全黑的黑背景效果，尤其在较小的演播室内要想使前景照明照不到黑背景上是很困难的，而黑丝绒幕布能吸收掉周围的光线并提高黑背景的效果。蓝幕（或绿幕）只是用来抠像的一块大型的蓝色或绿色的布。

常见的布景是各种软、硬景片，用来模仿室内外的墙。软景片使用各种布和纸，硬景片用泡沫塑料、纤维板或三合板。它们可以固定在地面上，也有的挂在墙上，上面画着背景。有些采用大幅照片作为较真实的背景效果。现在，还常会看到用布、玻璃等各种半透明的材料，可使背光通过而不露出背后的布景。

演播室常常还要做升高台，它是一种用木板制成的平台，可把布景升高，高出正常的演播室地面。它主要的作用是：①能把演员座位升高到适合于支架上摄像机操作的高度，即在拍摄演员眼部高度的操作更舒适和方便。如果让演员坐在正常的椅子上时，他们的位置就低于通常的摄像机工作高度，摄像师就会俯视他们。②能增加布景的纵深和空间，尤其拍摄场景的全景时。③可用组合的方式为舞蹈、音乐节目的摄制，创造更多层高度。

演播室地面的处理必须不影响摄像机的移动，而且看起来要美观。最常用的方法是铺地毯或橡胶面，还可以粉刷或绘制图案。色彩常选择灰白色和浅黑色。

道具包括普通的家具和用作特殊目的的物品，如播音台、座椅等。演员旋转、摇晃、活动转椅是一种最使人分心和讨厌的习惯。这不仅会造成拍摄取景的困难，而且给人看起来也很不舒服，所以演播室里大都不使用转椅。场景装饰也是布景设计中重要的一环。这些装饰物可以用来增添节目气氛，如：花瓶、衣架、台灯、电话等。还可以用画或其他物品装饰单纯的背景，使摄像机在特写镜头中表现背景质感。

随着新技术、新观念的发展变化，舞美布景也在发生变化。现代化手段不断运用于舞台，如通过机械设备的升降、转动、平移，做到布景的变换。灯光布景：国外一些节目，为了降低成本，置景简单，而注意用灯光造型，营造气氛，通过灯光的变换，实现环境的变化。如 CCTV-3 播出的《同一首歌》的布景，就多采用灯光造型。虚拟布景：数字技术已经开始为传统搭景方式提供替代途径，人们越来越多地利用计算机制作而不是实际建造场景。这种"虚拟布景"是由计算机生成的图片，拍摄时将它们置于演员身后，这样演员实际是在身边没有实景的情况下进行的。不管什么样的景，创作人员都要给予足够的重视，它是一场戏制造气氛最主要的因素。

最后还要指出的一点是：布景的制作常常考虑成本，大都采用三合板、泡沫塑料，制作比较粗糙、节俭，但搭景时一定要充分考虑它的稳固性，做到安全、牢靠，因为有的一场节目还没做完就散了架子，布景倒塌砸伤人的事情也时有发生。

2. 布景制作程序

在较大的电视台要为各种节目设计大量的布景，就须有专门的布景设计和制作人员，而在较小的摄制部门，场景设计师常常是兼职的，往往是兼作灯光指导，因为这两

种工作在很多方面是交叉进行的。

在设计布景之前,必须知道节目的有关情况,与导演谈谈他的节目构思。在此之后,布景设计师要画出草图,并充分考虑节目的整体风格及摄像师对灯光和拍摄位置的要求。布景设计要绘制出演播室平面图,它对于所有的摄制人员都是很重要的,对于布景工作人员是必不可少的;灯光师需要用它做灯光布置图;导演用它规划演员、摄像和话筒的配置。当导演同意搭景后,就要提前动工,道具、布景的制作需要比较长的时间。在布置阶段中,舞美制作人员和灯光人员要配合好,在进行各自的工作时,不要因互相妨碍而耽误时间。制景一般要在灯光人员布置之前布置好基本的布景片。因为没有布置好主要的布景,就很难做到精确的布光。当灯光可以照亮布景后,舞美设计师就应该通过演播室或控制室的监视器对整个布景和场景布置做最后的检查。检查色彩、调子、亮度和整个气氛是否正确。

五、服装、化妆

服装的色彩选择,不同的人有不同的审美能力和风格,但选择时应遵从一条原则,即避免色彩太鲜艳、太明亮或纯度太高,因为这些色彩在屏幕上还原较差。而穿色彩柔和、纯度较低的服装会更适合于电视。布景与服装的搭配要协调,不要因色彩相同或杂乱,而使演员淹没在背景中。要使场景和服装色彩之间有较好的色彩平衡,有适当的色彩对比和黑白对比。服装色彩的对比太强,如穿着白衬衫在黑背景上就会影响摄像操作。反过来太平淡的色彩对比就不能使人与背景分开。要避免穿纯白和纯黑的服装(除非非常必要),如白衬衣配一套黑西服可能会超出摄像的反差比率,摄像机重现演员真实的皮肤颜色是很困难的。假如摄像机减小白电平,演员的脸部就会变暗;假如摄像机增大黑电平,演员的脸部就会失去层次。淡蓝色、黄色或灰色的衬衫会比白色的好,有利于拍摄。另外,如果是要抠像,还要避免穿与蓝色幕布接近的蓝色,甚至带小的蓝色装饰物,都会被抠成透明的。选择服装的图案和质地时要注意两点,一是要避免图案线条过密,如小格子图案可能会产生"波纹效果";二是不要穿强反光的、发亮的服装或大量吸收光线的服装。强反光的服装会产生耀眼和损失层次,丝绒和天鹅绒由于吸收光线,所有接近暗色调的层次都会损失掉。

化妆也必须服从于电视的要求,要受限于色彩的失真、色彩的平衡和特写镜头。电视摄像机对人脸的特征和皮肤色彩的还原是不真实的。摄像机会夸张肉眼不能注意到的较小的皮肤缺点。男人的胡子在屏幕上看会更明显。摄像机还会夸张皮肤上的红、黄、绿的色调,在屏幕上产生不自然的效果。化妆的基本作用是使上镜人的屏幕视觉形象更自然,而不是指"装饰"或"角色"的化妆。电视化妆与舞台化妆不同,舞台上为了让远处的观众看清演员的脸,就需要夸张脸部特征和色彩。而电视不仅有远景,还有特写,因此,要化淡妆,保持不显眼,且录制前还要试镜。化妆还要适合摄制的灯光条件,偏高色温的灯光(较蓝)采用较暖色的化妆(较红),反之则可以需要较冷的化妆（较蓝）。注意,作化妆灯光的色温必须与摄制的灯光一致或接近。多数化妆室有两个照明系统,即 3200K 和 5600K 标准色温。角色化妆要复杂得多,是为了改变演员的外观特征,需要有较高的化妆处理艺术。如京剧脸谱、特殊造型,需要提前准备,用的时候就比较方便。发型,也要根据演员角色特点来确定发型,甚至购买合适的假发。

六、上镜人

演员对着摄像机做表演就必须考虑:①摄像机的位置在何处？②各摄像机拍摄些什么？③哪一台摄像机正在拍摄？这些可以通过摄像师、导演了解,也可以通过摄像机镜头的运动和指示灯告诉你。这样有助于得到更好的画面效果,就能使演员始终正确地对着摄像机表演。

有些节目,上屏幕的人必须直接对着摄像机说话,而导演在摄制中又要变换摄像机拍摄,要使这种变换流畅、不生硬,上屏幕的人就必须与导演配合好。首先,演员要对着要拍摄的摄像机,当演员得到切换指令时只要向下看一会,然后抬起头来看着另一台摄像机就行了。导演就在演员抬头时从一台摄像机切换到另一台摄像机。当这一操作完成得很准确时,这种切换能在画面上显得非常自然。在摄制中发现自己是对着没有拍摄的摄像机说话时,只要眼睛向下看,用眼角找到亮着指示灯的摄像机,再抬起眼睛看着它。

在拍摄特写镜头时,上镜人不要大幅度地扭动脑袋或身体。特写镜头跟随快速的活动很困难。在特写镜头中演示较小的物体时,要握稳并注意反光和角度,以便给摄像机更好的视角。演员在做活动之前,要判断摄像机是否对着自己？摄像机是否可以拍到自己的表演？例如:演员演完后不要马上离开,以便镜头转场。当确认镜头没有拍摄自己时,也可以放松一下。但并不等于你不表演时,就可以随随便便,因为这时摄像机镜头可能还有你的存在。例如:在某片中,男女两个播音员在主持新闻节目,男播音员播完后,女播音员开始播音,男播音员认为在往常情况下,镜头会是女播音员一个人的画面,男播音员在一旁做鬼脸,由于导播的失误,用的是两个人的镜头,结果使男播音员出尽洋相。

另外,在这里还要特别提出,电视在照明、舞美、化妆和表演中与舞台有许多的不同。有些电视台在制作节目时,这些人员是临时的或兼职的,他们大部分有舞台经验,而没有电视经验,可能会造成一些错乱,这就要求导演事前必须加以说明。

七、演播室电视直播程序

我们就综艺节目来谈一谈演播室电视直播的具体工作。

1. 演播室的准备工作

包括:摄像机准备、灯光、音响、舞美置景、化妆、服装、通话联络、技术保障、安全保障、节目准备等。

●摄像机：需要多少台摄像机？何处需要？放置位置，是否有物体挡住摄像机的视线？是否移动摄像机？地面是否平滑？活动范围有多大？是否需要升降臂（拍摄的画面动感强烈，可展示场面）？检查摄像机工作是否正常？

布置机位，进行分工。为每台摄像机编号，为了帮助记忆，可按逆时针方向编号，1号机在左边，最后一台摄像机在最右边，并且导播台上也要从左向右连接1、2、3号摄像机。

●灯光：进入摄像机的视角灯光是否足够高？灯光色温是否相同？是否有备用灯管、接线盒？是否散热？是否安全？正式摄制之前，要长时间大功率试灯，以免出现意外。

●音响：需要多少话筒？是用固定话筒、手持话筒、无线话筒还是吊杆话筒？是否需要前期录音？是否需要音响资料？

●舞美置景：了解节目，设计布景草图。是否有观众参与？是否需要多个表演区？是否设置主持台？是否制作特殊道具？灯光、音响等是否对布景有特殊要求？道具、布景的制作需要较长的时间，要提前制作。

●化妆、服装：准备好节目所需的服装以及各种化妆品，搞清楚是普通化妆还是特殊化妆？演员自己化，还是需要请化妆师？

●通话联络：导演必须通过通话系统指挥、调度全体工作人员，协调工作。准备好可能用到的各种通话系统，如专用对讲系统、电话、移动电话、扬声系统、对讲机、干扰反馈系统等。

●技术保障：摄像、音响、联络、电源连接线的铺设要安全、可靠。导播系统要进行调试，使摄像机的相位、色彩、亮度统一；录像机能够正常录放，备有足够的录像带，直播还要准备演播室与播控中心的传送，以及发射、微波与卫星上连，并尽可能准备备份系统，以便主设备发生故障后及时更换。在演播室、候播室、音响室、灯光控制台布置监视器。

●安全保障：为使节目顺利录播，还要考虑消防、电力、空调、交通、现场秩序等方面的安全保障工作。

●节目准备：给每个工作人员都发一份节目程序表，让他们了解情况，有情况互相通气。否则，可能会出错。同时，还要考虑意外情况的发生，准备相应的对策。

节目主持人在其主持现场直播节目时，常常遇到意外突发性的情况，这时，必须及时、得体地处理和补救，一是影响节目的质量，二是损害本人的形象和声誉。在这方面，中央电视台的杨澜曾有过亲身体验。1991年9月19日晚，杨澜应邀主持在广州举行的第九届大众电视"金鸡奖"颁奖文艺晚会。她在谢幕退场时，不小心被台阶绊倒，场内一片哗然，只见杨澜一跃而起，笑容可掬地说道："真是人有失足，马有失蹄呀，我刚才的狮子滚绣球节目滚得还不够熟练吧？看来这次演出的台阶不那么好下哩，但台上的节目是很精彩的，不信，你们瞧他们。"话音刚落，全场观众对她机敏的反应报以热烈掌声。

此外,还要做好解说词、歌词、字幕、录像资料、外景插播,说明内容的文字性字幕、音乐、音响等准备工作。

2. 排练

排练也叫走场,是一种定位阶段,能帮助摄制人员和上镜人很快和很容易地了解电视和表演的要求。上镜人可以感受一下新环境,如果演员第一次进入布景,可以在布景中走一圈,熟悉一下台阶、道具,了解所走的路线和在何处有些什么物件。演出人员走场,全体摄制人员到场,导播边看边记,如此排练,使导播将拍摄计划更加完善,如摄像机如何移动,什么地方进行什么切换,什么地方用什么特技效果等,在拍摄计划上做出注释,如特写、全景、推拉、摇移等。摄制人员能发现可能妨碍摄像机和话筒活动的问题。处理走位,也就是确定演员的站位,以及什么时候该移动到什么地方。演员走位之所以需要精心安排,是为了让摄像机能够从最佳角度拍摄到他的动作。比如上镜人的站位偏台、走出灯光区、不好构图等,导演常常会根据拍摄、灯光和音响的需要在地面上贴上胶布,表示演员应该站立的地方。演员应该准确找到这些标记,并不让观众看出来。在有些低调布光的场景中,演员只有恰好站在所需的位置上才能得到恰好的照明。

演播室排练要在很短的时间里完成非常多的事,导演必须确定拍摄的次序,综合所有的摄制因素,同时还要评判技术问题和艺术问题。

3. 带机排练

演出人员、技术制作人员集合后,确定位置,助导进行说明,演员如何站位,摄像师、灯光师等从自身的立场提出最后的意见,修改并决定如何做。演员不需要把每个细节都表演出来,只需要大致过一遍自己的走位和台词,这样工作人员就可以选取拍摄角度、精调灯光以及确定话筒的最佳位置。

导演要确定每台摄像机的镜头、角度和位置。由于导演在带机拍摄进行中,常常要停下来纠正错误,排练处于进行一会儿停一会儿的状态,试验拍摄镜头尤其对于演员可能是冗长乏味和翻来覆去的。导演应该告诉摄像师各自负责拍摄的内容。例如,拍摄一个小品,可以告诉中间的2号机拍摄中全景,同时告诉1号机和3号机进行交叉拍摄两个演员。

所有制作设备工作起来后,摄像师在拍摄位置试镜头,熟悉机位、对象、景别、运动的分工,根据演员的走动,练习调节跟拍的速度、焦点的变化。技术人员调整视频、音频信号,检查连接线等是否安全,在摄制区域内不会产生潜在的麻烦,用胶带粘牢。照明师按照设计好的布光图进行布光调整,录音师布置话筒,调试音质。字幕员检查字幕是否有错,以及上字节奏。

演员试镜、化妆、服装、道具、场地、试音,找镜头感觉。演员要有镜头感,有时需要导演指导。导演应该让演员知道每台摄像机的位置在何处,采集演员声音的吊杆话筒

安置得有多远,以及他们应该怎样配合等。当让演员按预先的计划进行表演时,经常会发现有些设想是行不通的,并需要修改,例如:舞台太小,需要裁减部分舞蹈演员。

音响师要有效地利用所规定的时间来布置话筒,检查连接线接头,调好音量和音响平衡是极其重要的。在布置阶段,音响师不仅要监督音响工作人员的工作,还必须正确地接通输入,在调音台上做好个拨杆的标记,监听所有的录音带、唱片和盒带,并检查所有的现场输入,包括录像机的声音的音量。演播室内所有话筒连接线,都应该整齐地沿着布景铺设。布置吊杆话筒的位置时,不仅要考虑音响问题,还应照顾到导演和灯光指导的需要。现场扩音系统的音量要由导演来确定。既不能太小,否则会影响导演、演员和观众的监听效果;也不能太大,否则可能会影响内部通话,干扰摄制人员,甚至会出现话筒的啸叫。音响师面前必须有一台监视器监看节目图像,这对音响师正确及时处理声音与图像的同步是很重要的。

带机彩排时,道具、布景、服装及化妆和整体效果各方面都可能出现差错,找出问题记下来,随后召开协调会议加以解决。

4. 彩排

彩排是实际摄制前的最后一次排练。如果不进行从头到尾、完整的彩排,摄制中就会出现一些本来可以解决而没有解决的问题。实际上,彩排就是要播出的节目。一般并不是所有节目都有彩排的,但是对于即兴的和无剧本的节目,也有可能对节目的某些段落进行彩排,或组织一次技术彩排。这时有两种形式的彩排,一种是专门针对演员的,一种则牵涉到演员和工作人员的配合。

彩排还应该包括灯光、音响、字幕和录像片的插入。演员都要着装、化妆,和正式摄制一样。在现场录播节目中,可以把彩排录制的节目表现好的部分剪接在正式摄制的节目中,以弥补正式摄制的不足而成为更好的节目。当然,要注意的是演员穿的服装、布景、灯光等必须与正式录制时一致。

5. 现场录制播出

正式播出或录制,应注意控制开始、结束时间。在节目进行过程中,可以安排一台流动机位适当拍摄一些备份镜头。有时播出前5分钟还没有做完工作,不要太紧张,一些问题可以做应急处理来克服。

摄制人员是节目的闯入者,不要太显眼,尽量避免摄像机进入镜头,演员和工作人员无表演时,不要出现在舞台上或两侧,以免进入镜头。有时还要准备一些替补节目,以便直播时出现意外情况后顶上去。有时还要裁减部分节目,保证节目准时结束。这些都需要演员的理解和配合。现场秩序:观众和演员一样必须提前到场。节目录制前宣布现场纪律,所有人员关掉手机、BB机;不要在现场随意走动,尤其是摄像机前,以免影响节目的摄制;观众也是演员,要注意形象,有时也要参与表演,如随着歌声摇动、鼓掌;现场要有领掌的,精彩处带领观众一起鼓掌。舞台工作:舞台监督要负责催场。一个节目在演出,下一个节目必须在台口候场,再下一个节目在台后准备。演员、道具的上下场要有序、迅速,以免影响节目的进展。话筒的使用:要有专人负责,给话筒做好标记,避免话筒没有打开,或者演员用错话筒;对没有话筒使用经验的人,还要告诉他应该注意什么;为了防止话筒产生啸叫,有时还要限制演员的活动范围。

6. 收尾工作

结束后要互相鼓励,提出建议性意见,感谢每个人的努力,以便今后合作得更好。把所有设备都收拾起来,注意清理现场,注意安全,避免隐患。

演播室电视直播是一个复杂的过程,是一项集体工作。制播过程中的各个工序是紧密联系的,配合、衔接的好坏,不仅影响到节目质量,甚至关系到节目的成败。因此,摄制人员要熟悉各个工序,协调配合,互相尊重,根据节目内容、节目规模,具体问题具体分析,使制播的工序更加合理、安全、高质量、高效率地完成制播工作。

第三节 现场节目摄制

当电视摄制在演播室外进行时,就叫现场摄制。现场摄制可以分为两类:一类不是为拍摄电视专门安排的事件,如体育比赛、各种节日庆典、重大新闻事件等,另一类是电视台安排拍摄的节目,适合在演播室外摄制的,如自然风光、历史遗迹等。但现场摄制,不具有演播室提供的便利,在现场室内或室外很难得到较好的灯光效果和高质量的音响;在室外拍摄还会受到天气、非摄制人员配合等问题的制约,例如,下雨会耽搁拍摄,在闹市区拍摄需要交警帮助控制交通和旁观者。但由于在现场摄制可以观察事件或使事件置于真实的场景中,因此现场摄制应用范围越来越广。奥运会通过卫星转播可将比赛实况传向世界各地,而且还可对不同场地的多项比赛进行转播。

一、现场摄制(实况转播)系统

1. 电子新闻采访

用 ENG 设备,既可作事件的录制,也可作直播传送。许多 ENG 转播车都装配一台微波传送机,能很容易建立远距离的现场与电视台之间的传送连接。还有一种卫星新闻采访,由卫星直播发送或从遥远的现场到电视台发送录制好的 ENG 信号。卫星新闻转播车(SNG)可以把直播或录制好的 ENG 信号上连到卫星上。卫星新闻转播车用于大型和特别有价值的新闻事件,如美国有线新闻网 CNN 在 1991 年海湾战争中对战争现场的直播就是采用这种方式。

2. 电子现场摄制

电子现场摄制既采用了 ENG 技术又采用了演播室技术,既借用了 ENG 的机动性和灵活性,也借用了演播室摄制的质量控制。在 EFP 中用多台摄像机或多台一体机拍摄时,所有这些摄像机都可在分开的位置上同时拍摄同一事件。有些大型的现场摄制采用两台或更多的摄像机通过电缆连接到切换台上,类似于演播室的多机摄制。

3. EFP 设备

大型转播车装有自己的标准设备。如果没有转播车，EFP 设备不是固定的套装，所以在去现场前要仔细核对所需的物件，并列出设备清单。需要列出的物件可多可少，这取决于 EFP 的复杂程度。下面以三讯道为例列出设备清单。

- 摄像机：摄像机三台、寻像器三台、摄像机控制器（CCU）三套、摄像电缆三条、变聚焦控制系统三套、三脚架三套、三脚架托板、雨罩等；
- 导播台：切换台一台、数字特技台一台、字幕机一台；
- 录像机和录像带：录像机三台、编辑控制器一台、录像带若干盘；
- 监视设备：监视器五台、波形示波器、矢量示波器；
- 音响：多只话筒、话筒支架和吊杆、调音台一台、录音机一台、现场音箱一套、功放一台、监听音箱一套；
- 电源：发电机、交直流整流器、电源接线板、电池等；
- 电缆线和连接插头：多条视频、音频电缆，以及相应的连接头；
- 灯光：便携式灯具、灯架、灯泡、反光板等；
- 内部联络：通话耳机四套、对讲机；
- 其他：小型微波发射机、机架等。

4. 电视转播车

以上 EFP 设备通常是全部装在一辆特制的专门客车上，叫做电视转播车。该车有完善的电源供给、信号处理、音响系统、通讯联络等设备。现场使用时，以转播车为中心，将摄像机移到车外合适位置，用电缆相连。

电视转播车是演播室控制室的浓缩，具有紧凑的演播室控制室和设备室，因使用目的的不同而配备各异。如图 7-4 所示，包括下列几个部分：

- 节目控制：装有预看和主监视器、特技切换台、字幕机和各种内部联络系统（专线、扬声器和复杂的干扰反馈系统）。
- 音响控制：调音台、卡座录音机和 DAT，监听音箱和内部联络系统。
- 图像录制：装有几台高质量的录像机以及数字式录制工具，可以作普通的录制、立刻回放，以及播放慢动作和静止画面形式。
- 技术中心：摄像机控制器、主监视器、输入输出转换器、发电机和信号传送设备（微波或卫星传送）。

电视转播车可根据需要确定规模，然后选择汽车底盘和车体设计。转播车的车顶往往要架设摄像机升降云台、微波或卫星上连装置，车体四轮有液压支脚。车内可分制作区和控制区，音响室可放在车内或车外，车厢内配有空调。电视转播车一般配有发电机、配电盘和稳压供电系统。如果当地有足够的三相四线制电源供应，转播车可接当地的电源。

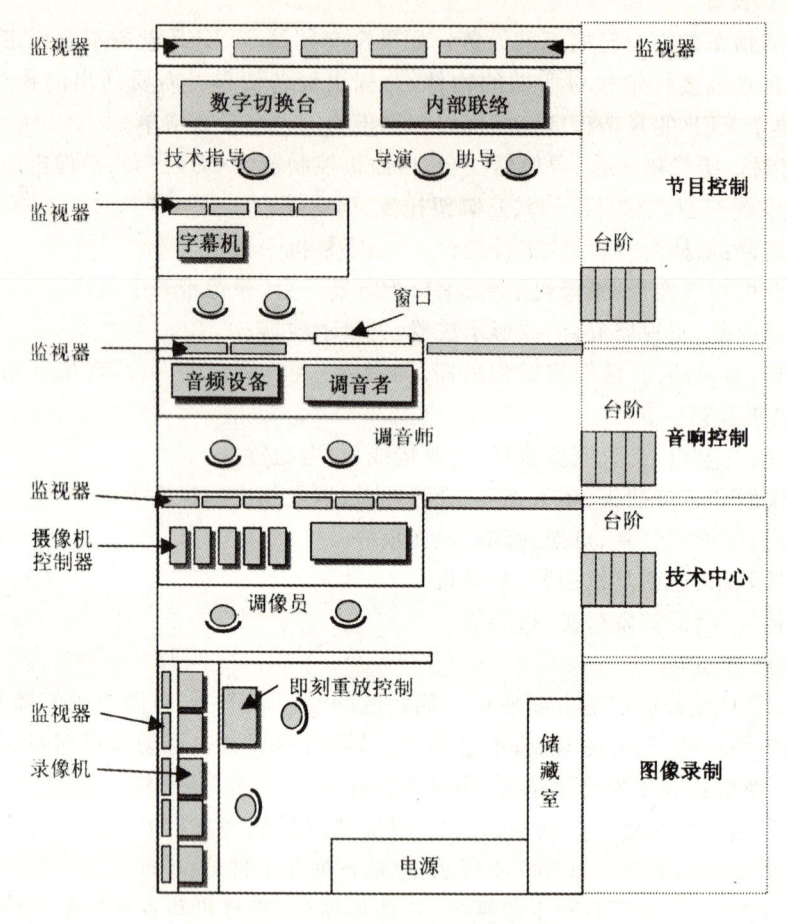

图 7-4 电视转播车布局图

5. 实况转播系统

实况转播系统的概念远不止一辆转播车。它利用一辆或多辆转播车及卫星、微波、光缆、同轴电缆传输,实现台外节目的现场制作,可一级或多级切换,一地或多地共同完成。可以制作文艺、专题、体育、会议等节目。

二、现场节目制作

现场节目制作与演播室节目制作有许多相似之处,但也有很大的区别。下面我们对现场节目制作应该注意的问题作一个简单的描述。

摄制的程序:导演要仔细勘察选定的外景地,以确保拍摄顺利进行。如果在室外拍摄或在室内利用自然光拍摄,导演应该在拍摄前一天的同一时间去现场查看,这样,如果发现问题(如阳光方向或阴影的改变)就可以事先有所准备。查看现场时还要注

意许多因素,例如:转播车停在什么位置,机位设在哪里,灯光怎么打,传声器怎么布置,电力负荷是否足够,怎么布线,周围有没有噪声干扰,有没有物体遮挡拍摄角度等。同时,要画出布置图,并注明现场情况。

1. 前期准备

●摄像机:哪里可以架设摄像机,摄像机需要什么器材(三脚架、滑轨、吊臂或平台),需要什么特殊镜头(广角镜、鱼眼镜、高倍长焦镜头等),有无物体遮挡摄像机的拍摄角度,如何解决?是否需要摄像机平台?高度多少?摄像机的活动范围有多大?是否能用电缆连接(否则用无线摄像机)?

●照明:在何处用什么灯光?灯具的悬挂是否方便?是否需要灯架?灯具是否会进入镜头?室内和室外光混合使用时色温如何解决?在背景中的窗户是否会引起光线问题?太阳光的变化带来的影响如何解决?如何避免不必要的阴影?

●声音:现场有无音响安排?是否需要音响反送回现场?周围有无噪声干扰(室外拍摄注意风的杂音,话筒要带有防风罩)?如何布置话筒,需要什么传声器及辅助器材?如何走线,需要多少音频电缆?如果使用有线话筒,话筒线是否影响上镜人的活动?

●电力:现场电源设施、负荷是否足够?是否需要准备发电机?电力来源是否能够保障,是否有备用电源?需要多长多粗的电源线,电源插座是否安全牢靠?

●其他:哪里停转播车(考虑安全,不影响交通,离现场和电源尽可能近,怎样走线短)?如果作现场直播,是否有较好的微波或卫星上连?通信设施是否齐备?现场秩序、安全,与有关部门(电力、消防、交通、公安等)是否取得联系?交通、食宿是否安排妥当?设备、场地有无专人负责等?

2. 拍摄

进行室外拍摄要充分利用阳光的每一段时间,还要注意长时间拍摄过程中,光线的变化,以便随着光线的色温、光强、方向的变化做适当的调整。要为不正常的天气做准备并采取相应的措施。现场事件、摄制人员往往是事件的闯入者,因此,不要使摄制太显眼,以免影响事件参与人以及事件本身的真实性和自然性。

在开始实际录制前,应该先让演员与摄制人员先作一次走场,以提高实际录制效率。有的重大事件等内容的节目不可能走场,也需要摄制人员模拟排演一次,以便在录制前发现问题,及时解决。

在实际录制前,先将各台摄像机白平衡调节好。摄像机尽可能装在三脚架上,保持摄像机的平稳,避免摄像机移动。如果需要摄像机运动,可以采用轨道车、斯泰尼康摄像机避震器等辅助设备。录制时,要注意各种环境噪声干扰录制。

拍摄完成后,在现场监视器上回放一下看是否完好。如果发现严重的问题,在离开现场之前,还可以做些重拍。在录像带上做好记号并写好场记。

3. 清理场地

节目摄制完毕，要将拍摄阶段布置的现场全部清除。关闭电源，将各种电缆绕在收线盘上，把各种设备、配件全部装箱，清点设备清单。

4. 后期制作

如果需要后期重新编辑或修改所拍节目，在编辑时不要直接在素材带上进行，首先要做备份，以免造成对素材的破坏。在后期制作处理中，要注意节目时间和空间的连续性，对有问题的部分通过重拍镜头、空镜头加以弥补。同时，还要注意演员的口型、动作要与语言、音乐、音响对得上。

第四节 电视导播

电视节目制作的核心人物是电视导演或电视导播。导演与导播在地位作用上相同，但从制作上讲有区别：导演工作是事先制作，能够干涉演员或干涉节目的过程，而导播则是现场制作，具备即时制作的特性，他不能打断或干涉正在进行着的事件或节目。只能运用电视的表现手段去反映它、表达它。这不仅仅要充分地利用镜头所产生的视觉效果及画面转换的内涵，而且同时应注意音响效果及各种辅助视觉因素，来表达节目内容的主题，如：构图、灯光、选择角度、强调面部表情、语言、形体、音乐、现场感和大小道具等。若不能充分发挥这些因素，则节目不会成功。导播就是创造节目的整体视觉和听觉的最后表现。导播必须精通传播工具（了解电视、精通画面语言），具有创造力和艺术功底及应变力。

导演必须在摄像机开始运转之前做好场面调度的一切安排，可以是在前期，也可以是在拍摄阶段（开拍前最后一分钟的走位或灯光调整）。实际上，所谓场面调度就是摄像机开拍前通过寻像器可以看到的情形，也就是某一场戏在摄像机前的表演方式。场面调度包括导演对灯光、布景、道具、化妆、服装和走位等的控制。一旦导演完成了场面调度的设计，注意力便转移到如何才能最完美地将其捕捉到镜头中。这时候，导演和摄影师必须设想出若干种构图方案并从中加以选择。场面调度牵涉到场景中有多少内容会被摄入镜头。摄像机能强制观众看导演想要观众去看的事物。

一、导播在摄制中的工作

筹建摄制组，选择志同道合、素质修养好的摄像师。

1. 设计演播室摄制平面图

平面图是从布景顶上的俯视、按比例绘制的。导播可根据演播室摄制平面图安排拍摄镜头、演员的表演和摄制设备的位置。

导播应仔细地观察演播室平面图所显示的演播室布局，在注意研究画面布景布局的同时，还要注意画面外的摄制区域，因为摄像机和附加设备以及摄制人员在摄制中

必须要有足够的活动空间。可以粗略地标出在何处安放主要的设备,如摄像机、话筒、监视器等。如果节目中需要非常远的全景镜头,布景的位置要能使摄像机向后拉。在摄像机主要作横向运动的摄制中,要使布景的位置有最大的横向活动空间。多数情况,摄像机拍摄特写镜头并不困难,而常常成问题的是最大视角的获得,因为当把变焦镜头缩到最短的焦距,以及把摄像机后移到可能达到的最远位置时,在镜头的视角内还不能包括所需的景物,就成了严重的拍摄问题了。因此,我们要充分利用摄像机镜头的视角(广角镜)、演播室的长度来解决。

利用演播室平面图构思演员的表演,让演员在正确的地点、正确的时间与拍摄相呼应,以免把演员安排在摄像机不易拍摄的位置上。在构思拍摄镜头时,有几个要点应记住:要尽可能遵守轴线、交叉拍摄规律,并为演播室内来回搬运摄像机留有足够的时间。作演员表演和拍摄计划时,要考虑轴线规律,以免因疏忽而改变屏幕的方向或造成混乱的跳跃切换。通常拍摄演员时,较正面位置的拍摄是讨人喜欢的,侧面镜头很少会使人满意,因为观众只能看到演员脸部的一小部分,而看不到大部分的表情和表演,如图 7-5(a)所示。为了能正面拍摄,应尽量采用交叉拍摄如图 7-5(b)。另外,在安排机位时,要考虑流动机位拍摄镜头之间的间隔,摄像机需经常从一个位置搬到另一位置。导播应确切地估计出摄像师为安排下一个镜头所需的时间间隔。摄像机应尽量做短距离的移动,以便尽快获得下一个镜头。

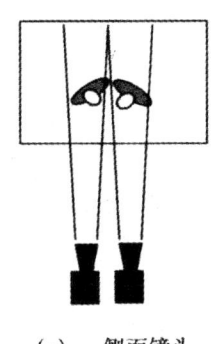

(a) 侧面镜头　　　　(b) 交叉拍摄

图 7-5

2. 导播的现场工作

导播的现场工作是要进行机位调度。

准备程序:①通过对讲呼叫摄制组内需要对导演的指令做出反应的每个成员,询问他们是否已准备好。②询问现场负责人是否准备好,并告知谁是接受开始指令的人,那台摄像机首先拍摄。③宣布播出前还有多长时间。④再次提醒每个人注意第一个指令。⑤检查录像是否准备好,摄像和音响是否准备好。

切换:准确地发布口令,叫镜头、切换、加上字幕、声音效果、背景音乐、特技画面。

导播要同时进行以下几项工作：①观看监视器：导播至少要监视两三台摄像机的监视器画面，随时选择最佳画面，把握节目的重点。可以在预监上检查画面，及时发现节目的失误，如欠佳应及时补救。通过监视对摄像师下达指令。所选画面在主监上呈现，是播出画面。仔细观察监视器，常常会出现非常有趣的镜头或突发事件，及时切入，但也不要作无意义的切换或有损于事件的镜头切换。②观看分镜头本或摄制提纲：全部记住不太可能，提示性，可以即兴发挥。③注意控制开始、结束时间。④注意声音问题：监听声音，作出判断，给调音师指令使音响效果配合良好。⑤下达制作指令：双向通话系统，但谈话往往是单向的，导播讲、摄像师听，导播所受干扰很小，有利于顺利制作。有时，也需要摄像反映现场情况作出回答，提示导播。指令必须明确、清晰，使用通用的术语。通常在现场噪音较大，摄像师和摄制人员可能听不清。把耳机话筒靠近嘴，关闭摄制人员的耳机话筒，以免外部声音进入内部联络系统，干扰通话。⑥随时应付各种突发的情况。出现差错，保持镇静。如演员出现差错，可通过镜头遮掩，不要沉思于怎样避免而忽视后续节目。

一旦播出后，漏掉了拍摄的重要部分播出是不能终止的，所以要尽可能了解事件。如果是录播，还可以在节目录制过程中，安排流动机位（摄录一体机，不与导播台连接），录制现场空镜头和节目内容，拍一些特殊角度的镜头，在后期制作时替换现场错误镜头，丰富节目内容。

二、导播的艺术切换

在多台摄像机的现场直播节目中，电视导播主要的工作不是告诉摄像师做什么，而是根据一排排监视器上显示的各图像源选择最佳镜头。实际上，导播从事的是编辑工作。不过，导播选择镜头，即在摄制之中进行编辑而不是在摄制之后。从一个图像源切换到另一个图像源或者在节目进行之中用什么其他转换方式加入图像源，这就称为切换或即刻切换。不像后期编辑可以有时间深思熟虑地决定采用哪些镜头和在何处及用什么转换方式连接两个镜头，切换需要即刻作出决定。切换的艺术原则与后期编辑是相同的。然而，所采用的技术有很大区别：主要的编辑工具是视频切换台；导播的切换最关键的是要熟悉节目，镜头到位；导播时镜头调度连接流畅，切换点准确，富有节奏感，能完整地表达主题和创作意图。

1. 摄像镜头的要求

戏剧舞台，观众可以注视舞台的任何部分。但电视观众只能完全依靠导演和摄像师所组织和塑造的摄制镜头，来观看摄像机镜头前所发生的活动。导演的基本责任是选择不同的拍摄方法和拍摄角度来表现节目。这就要求摄像师把握好取景和构图。

在决定怎样拍摄一景物时，有很多方面需要考虑，归纳起来主要有如下两个方面：①显示给观众需要看到的东西；②显示给观众想要看到的东西。这两条原则似乎太笼统，但在摄制中，牢记这两条就能避免出错。然而，也有一些场合，为了某种特殊效果

可能要违背这一原则,例如,拍摄一凶杀案,观众可能想要看到凶手的脸,但导演想留一段时间作悬念以增加神秘感,而让观众只看到凶手的背影。

导演必须选择用广角还是特写,用主观角度,还是移动镜头,让观众从最佳角度、最佳距离和最佳视点收看每一个镜头画面。避免越轴拍摄,如体育比赛、队列,常把摄像机放在一侧;如果需要越轴拍摄,可通过特写、全景等场景转换。利用摄像摇臂俯拍,有利于表现场面;通过演员的背影与观众的关系构图,来表现交流,同时也起到多方位、多角度展示现场的作用。注意镜头的运动,演员移动中的构图,可通过跟拍、摇拍来实现使演员始终处于镜头的中心位置,但要注意速度,不要一会超前一会落后。根据机位的布置,演员的走位要有限制,节目要便于画面表现,不仅正面机位好构图,还要考虑侧面机位。拍摄镜头的好坏,布景、服装、照明、化妆等起着至关重要的作用。

2. 切换的要求

切换与电视画面编辑的原则是一致的,但也有它的特殊性。切换工作包括互相联系的三个因素:①镜头的对列(顺序):让观众先看到什么后看到什么;节目的开始,一般通过远景介绍环境。每一个节目的开场,镜头要渐渐接近主体,由远到近;如演员的出场可以通过远景—全景—近景—特写镜头的镜头顺序,让观众逐渐看清楚演员的容貌。在节目进行中最好不要连续使用拉出镜头,这样会给观众造成一种泄气的感觉,而应多用推上的镜头,使观众的注意力不断地集中。节目结束,镜头渐渐远离主体,由近到远。②镜头的定时(长度、节奏):每个镜头的长度不宜过长,也不宜过短,要根据镜头的容量,既要让观众看清楚,又不要使观众因镜头过长而分散注意力。注意节奏感,切换要随音乐的缓急变化而变换,并在音乐的段落处切换,如歌曲的切点往往放在一句话的开始和结尾。③镜头的转换:可以通过切换(硬切)、渐隐渐显、叠化(软切)、划像等特技。促成切换的因素可以是动作、音乐、对话、不同场地等;软切使观众不感到生硬、突然,更见流畅性。运动镜头之间的叠化如行云流水,过渡更自然,常常被采用。叠化的暂停形成叠画,屏幕上出现画面的重叠,合理安置好前后两个画面,使它们互为补充;如两个镜头作叠画,特写表现表情,全景表现环境;划像用于吸引观众注意画面过渡,提醒观众两者间的区别和转换。屏幕分割(多画屏)用于同时报道两个或多个事情,或同时报道同一事件的不同侧面。两个不同的场景或题材,可以用飞像等数字特技来转场。

导播选择镜头时,首先要到位,谁发言镜头给谁。有时需要反应镜头(观众,听者的镜头),如小品,注意与观众的交流,给观众笑、鼓掌等反应镜头;歌伴舞,不能只顾歌手,也要充分表现伴舞,但要突出歌手,注意歌手与伴舞间的切换,构图要注意伴舞对主体的陪衬,通过伴舞作为前景、背景陪衬,音乐过门部分可通过舞蹈表现;舞蹈节目,要有场面的展示,同时要有细节的特写。节目间的切换,可通过特写、空镜头、观众转场,避免演员不必要的表情,避免场上人员上下场的混乱;主持人串接时,如果背景乱,镜头给特写。切换过程中有时难免出错,出错以后,有时候不要急于改正,让人感觉到你错了,要在不知不觉中调整,如镜头构图不好,平稳调整;镜头没有主体,慢慢移到主体。

电视观众只能看到导演想让他们看到的那一部分。导演让观众看到什么和看不到什么是同样重要的。有时为了造成一定的悬念,吸引观众的注意力,镜头可由看不清楚或看不到主体,逐渐接近主体。法国电影《朋友的妻子》大量采用了调动观众兴趣的拍摄手法:镜头一,背影—剪影—侧脸—全景—半脸—近景;镜头二,裸露的小腿—移动逐渐看到全身;镜头三,用书等物遮挡脸,然后移开书。给观众造成悬念:镜头一,海边鲨鱼伤人,只看到被伤的人,以及鲨鱼的鳍等影子,并不让你看到它,使观众产生一种好奇且要看下去的欲望,想知道是个什么东西;镜头二,一个人被杀,只看到这个人脸色惊恐,发抖的手,脖子被拧住,脚离开地面,从楼上摔下,掉在地面上死去,但并没有看到凶手,只看到手,想知道究竟谁杀的人?导播过程中,如果出现计划外的场面,根据情况,不要一味地转移视线,可能这才是最精彩的一幕,如一部美国电影《银行家》中的片断,女主持人在直播一条"碎尸案"的新闻时,抑制不住自己的愤慨,发表了自己的看法,这是计划外的内容,直播后受到了好评。

三、导演的术语

在摄制中所有的设备都必须由摄制人员来操纵。导演与摄制人员应该相互尊重。导演应该了解每一个摄制人员,尽量使他们发挥各自的长处,要安排最好的摄像师去拍摄最困难的镜头,不要让没有经验的摄像师去完成他不能胜任的摄制工作。

导演的语言必须准确而具体,必须让所有的摄制人员都懂。导演的术语服从于习惯和变化,虽然基本的语言是极其标准的,但在导演间也会有不同,并且随技术有相应的发展,没有必要刻意去背指令,只要掌握风格,说话到位、明确、简单即可。否则,不准确的指令会引起一大堆严重的错误。这就是说:①指令要精确,应该说"一号机男主持特写",而不说"下一个镜头男主持特写";②指令要精练,应该说"男主持开讲",而不说"告诉男主持开讲";③指令要具体,应该说"一号机男主持特写",而不说"一号机特写"。

以号码与摄像师说话,先叫摄像机号然后再给指令,把一个镜头切出后,马上告诉另一台摄像机下一步做什么,不要等到最后才说,要给摄像师调整的时间。切出前尽可能先说"准备",摄像师马上会把稳镜头。不要过早给准备的指令,否则操作人员到准备开始的时候又走开了(尤其流动机位扛在肩上不可能长时间保持)。记住已在播出的摄像机号,不要再呼叫它,以免拍摄造成混乱。指令要准确、精练、具体,使摄像师了解镜头的具体含义。摄像师在节目摄制中,只有在必须时才说话。要养成好的习惯,不要多说话,甚至闲聊,以免漏掉重要指令。准备结束前,要给现场导演指令。

下面举例说明导播指令:

● 指挥开始镜头:"开录像机,准备拍摄,5、4、3、2、1、开始,观众准备,准备鼓掌,鼓

掌,准备软切2号机。"

●形象指令:头上空间或上摇,下摇,置于中间或左摇,右摇,变焦推进或紧缩,变焦拉出或放松,左移,右移,左弧,右弧,推进,后拉,支架升起或吊下,支架下降或吊上。

●顺序指令:2号准备—2号开拍,准备渐显1号—开显,准备3号横划—开划,准备淡入1号—淡入1号,准备黑—变黑,准备交叉淡入2号—交叉淡入,准备2号带—开始2号带,准备字幕—开始字幕,准备变换页数—变换。

●特效指令:准备1号叠2号—叠,准备去除叠(或1号)—去除叠(或1号),准备缩小—缩小,准备圆形划2号机代替1号机—划,准备效果2、1—划。

第八章 数字影视节目制作

第一节 数字影视节目制作概述

一、数字视频信号

数字视频标准中最基本的参数是扫描格式,主要包括图像在时间和空间上的抽样参数,即每行的像素数、每秒的帧数以及隔行扫描或逐行扫描。

把任何一幅图像划分成许多大小相等而明暗、色调不等的最小单元,这些最小单元按一定的顺序排列起来即可构成原来的图像。这种构成视频画面的最小单元称为像素。

1. 图像分辨率

图像在计算机中的度量单位都是"像素数(pixels)",图像的分辨率是指图像水平方向和垂直方向的像素个数。例如,720×576 的图像分辨率是指满屏情况下,水平方向有 720 个像素,垂直方向有 576 个像素个数。高分辨率的图像固然能增强图像的细节,但同时也会使图像文件变大。

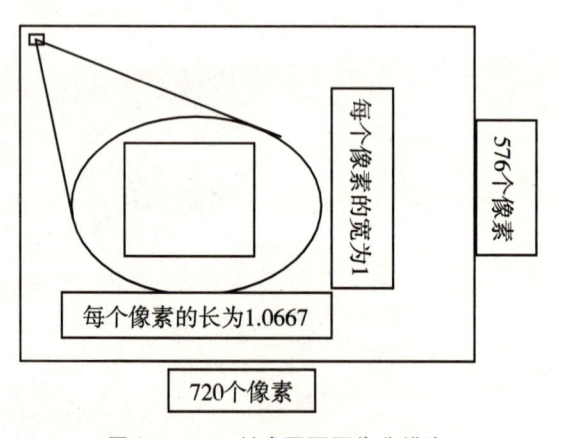

图 8-1 PAL 制式画面图像分辨率

PAL 制式画面图像分辨率如图 8-1 所示,PAL 制式画面大小是 768×576,但我们经常看到制作软件中的选择是 720×576,实际上是一回事。这是因为 720×576 单位是像素的个数;而 768×576 单位是单个像素的单位长度。PAL 电视画面的长宽比是 4∶3,单个像素宽度设为单位 1,单个像素的长度约等于 1.067,所以每个像素的长

宽比为1.067，这就是我们常说的像素比。如此，1.067×720＝768，1×576＝576，这就是长度了。

我们使用After Effects7.0(简称AE)时，有内置的PAL尺寸，就是PAL D1/DV方形像素，768×576；PAL D1/DV(1.067长方形像素)，720×576(见图8-2)。

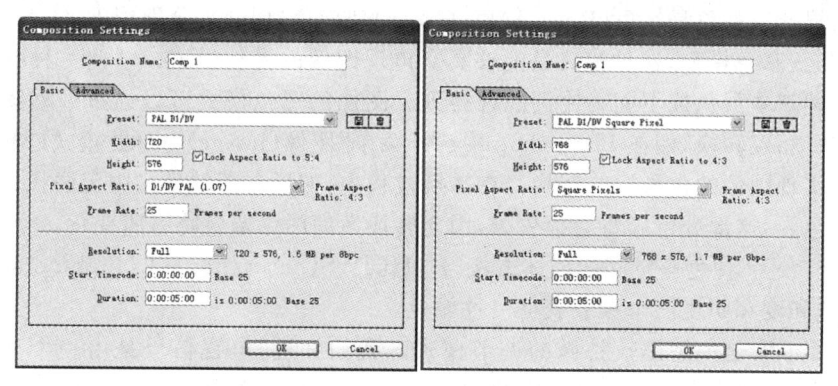

图8-2 After Effects7.0合成窗口标清设置

目前，我国在制作过程中采用的高清格式(见图8-3)主要有三种显示分辨率格式，分别是：720P(1280×720，逐行)、1080i(1920×1080，隔行)和1080P(1920×1080，逐行)，其中P代表英文单词Progressive(逐行)，而i则是Interlaced(隔行)的意思。目前，高清视频的分辨率主要是1280×720和1920×1080，一般采取以下方式表示：1080/50i，1080表示分辨率为1920×1080，50表示每秒播放50场，i表示为隔行扫描；720/30p对应的分辨率为1280×720，每秒播放30帧，逐行扫描。

2003年9月30日，由佳能、夏普、索尼、JVC四大厂商推出的一种使用在数码摄像机上的高清标准HDV。HDV标准的目的是为了能开发准专业小型高清摄像机和家用便携式高清摄像机，使高清能够在更广的范围内普及。根据HDV制式，有两种类型的高清晰录制体系。第一种为720p逐行扫描，另一种体系为1080i隔行扫描。

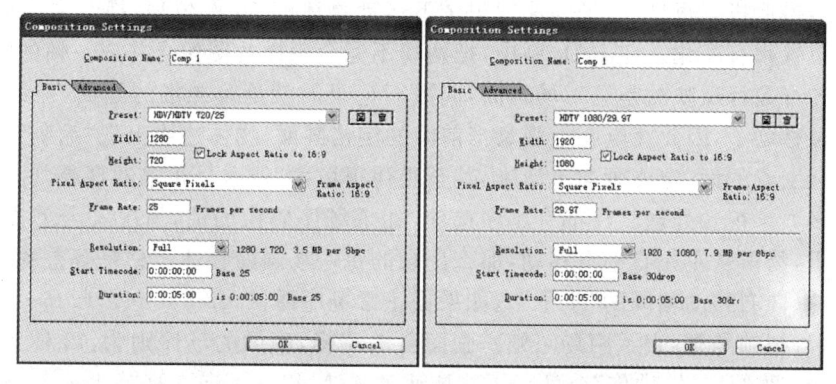

图8-3 After Effects7.0合成窗口高清设置

2. 色彩模式

在类似于 After Effects 这样的数字图像处理软件中的色彩模式主要包括：RGB、HSL、YC_rC_b 等彩色模式，它们的作用都是相似的，主要是对画面整体的色彩倾向、饱和度和基本亮度等进行调整。

电视的三基色是红色（Red）、绿色（Green）和蓝色（Blue），分别用 R、G、B 表示，简称 RGB 三基色模型，这种模式是能够真实再现图像的最佳模式。任何一种颜色都可以用三种基本颜色按不同的比例混合得到。图像的彩色模式可以通过数字图像处理软件进行相互转换，如在 Photoshop 中选择菜单"图像（Image）"中的"模式（Mode）"命令即可实现图像的色彩模式转换。在转换过程中，如果在新的模式中无法找到与之相对应的色彩，这部分色彩将会损失掉，因此转换后的图像颜色将有所变化。

HSL 是一种色彩空间的描述方法，H（Hue）、S（Saturation）、L（Lightness）即通过色相、饱和度和明度三个参数表征一种颜色。

Y、C_r、C_b 是一种比较特殊的调节模式。我们知道，电视信号是由一个亮度信号（Y）和两个色差信号（C_r、C_b）组成的，在 PAL 制电视上称为 YUV。这种调节模式是通过控制亮度和红蓝两种色差来调节画面色彩的。计算机一般会以 RGB 空间来存储和显示画面，但有些设备（比如宽泰）是以 YUV 空间来存储的。YUV 存储的好处是避免了色彩空间转换给画面带来的损失。所以在这类的设备上进行调色时调色师往往喜欢选择用 YUV 方式。

通常视频信号量化深度为 8bit。现在一些高档设备制作高质量的影像时，采用 10bit 的图像采样值，如果按照三原色计算，三个单色通道相加为 30bit，计 10 亿色，显示数量是 24bit 的 64 倍。10bit 高质量的图像质量在高精度的合成制作中起着很大作用，对精确的抠像、调色很重要。

二、电脑中视频的帧和场问题

对静止图像来说，每场、每帧的画面也是一样的。运动图像的视频帧就有些微妙了，首先，摄像机以每秒 50 场的速度记录下运动物体的 50 次位移，换言之，物体在每一场的位置都有变化。在 PAL 制中，把两场不完全一样的图像合并成一帧的时候，如果该帧的奇数行反映的是第一场画面，偶数行记录的就是第二场的画面，但第二场的物体已经移动了，因此在电脑上观察当前帧的定格画面，物体边缘出现"毛刺"现象，如果在电视上看的话，定格画面不清晰，甚至晃得很厉害，但这是正常的现象。

许多数字视频处理软件都有场序选项，如果场序搞错的话，情况又会怎样呢？假设镜头里，物体从左往右平滑移动，那么记录的每一场画面物体位移是等差的，而且都是同向的（向右移动相同的"步子"），如果按正常场序播：f1 f2 / f3 f4 / f5 f6……（这里用"/"符号把帧隔开，表示两场一帧），画面自然流畅，颠倒的场序则为：f2 f1 / f4 f3 / f6 f5……，我们以"慢动作"分解一下物体运动轨迹，f2→f1 向左移"1 步"，f1→f4 向右

移"2步",f4→f3向左移"1步"……如此下去,物体忽左忽右,尽管最后也是移动到镜头右边,但看起来就有跳动的感觉,而且运动速度越快("步子"越大),跳动越明显,这种现象就是反场现象。相对静止的虽然不那么明显,但绝对不能忽视场的存在。

DV 视频导入电脑时,出现锯齿是场的问题。两场的错位就出现锯齿。所以在电脑里观察会有锯齿,在电视上就没有了。有些人在合成时简单地把场去掉,最后的情况一半的场被抽掉了,50 场的图像实际上只有 25 场的信息,本来物体每场都有位移,现在是每隔两场才有移动,画面运动不平滑了。

注意:只有拍摄、录制的素材才会有场,电脑做的没有。图片、电脑等做的素材不需要解释。电脑看不要场,电视播出要带场输出。

三、数字图像格式

在大多数情况下,生成文件的数据量和图像精度是一对矛盾,精度越高,数据量越大。以标清的 PAL 制式为例,8bit 的无压缩视频的数据量为:

数据量/秒=720×576(图像尺寸)×3(RGB 三个通道)×25(帧频)/1024/1024
=29.66MB

如果小于这个数据量,就一定是有压缩的。压缩又分两种:

无损压缩,这种压缩方式的原理是将颜色和灰度相同的点压缩记忆以节省存储的空间,并且压缩过的文件仍然能够毫无损失地还原成原来的文件,就像 zip、rar 等文件,并且数据量是不固定的。对于视频文件,它的适应面比较小,通常只适用于三维运算的含有大面积单色(比如黑色或蓝色的背景)的图像,有时可以不失真地将每秒近 30MB 的图像压缩到几十 KB,但对于绝大多数拍摄的无压缩画面,用无损压缩不仅没有减少数据量,有时反而会略微增加。

有损压缩,它的原理是把颜色相近的点进行转换,转变成颜色相同的点进行记忆以节省空间。显而易见,压缩后的图像已经不能还原到原始的文件,所以这种压缩是有损失的,比如 jpg、mpg 等文件。

在选择图像存储格式之前,首先要问一下自己存储这个图像的目的、使用对象。如果是高质量广告或片头的中间片或最终输出,那你几乎别无选择,只能选择无压缩。如果仅仅是给客户审片,那可以选择 mpg 或 mpg2 等有损压缩的模式。

日常生活中接触较多的 VCD、DVD 这些都是影像文件。影像文件不仅包含了大量图像信息,同时还容纳大量音频信息。计算机处理的数字信息是以文件的形式存储的,图像文件有各自的类型,不同的类型就构成了不同的文件格式,要保存图像,首先要选择好图像文件格式。目前,在数字图像处理软件中静止图像格式 BMP、TIFF、TGA、PCX、GIF、JPEG 等,还有动态图像格式 AVI、MOV、MPEG、RM、WMV 等,在存储图像数据时到底使用什么样的存储格式,应该根据实际需要对具体的图像进行具体选择。

1. AVI 格式

AVI 是我们影视制作过程中最常用的一种数字影像格式。它有一个专业的名字,叫做音频视频交错(Audio Video Interleaved)格式。它是由 Microsoft 公司开发的一种数字音频与视频文件格式。AVI 格式允许视频和音频交错在一起同步播放,但 AVI 文件没有限定压缩标准,即 AVI 文件格式不具有兼容性。不同压缩标准生成的 AVI 文件,就必须使用相应的解压缩算法才能将之播放出来。我们常常可以在网络上、多媒体光盘上发现它的踪影,一般用于保存电影、电视等各种影像信息。常用的 AVI 播放驱动程序,主要有 Microsoft Video for Windows 以及 Intel 公司的 Indeo Video,等等。

2. MOV 格式(QuickTime)

QuickTime 格式是 Apple 公司开发的一种音频、视频文件格式。QuickTime 用于保存音频和视频信息,现在它被包括 Apple Mac OS、Microsoft Windows 95/98/NT 在内的所有主流电脑平台支持。QuickTime 因具有跨平台、存储空间要求小等技术特点,得到业界的广泛认可,目前已成为数字媒体软件技术领域的事实上的工业标准。

3. MPEG/MPG/DAT 格式

VCD 光盘压缩就是采用 MPEG 这种文件格式。MPEG 是运动图像压缩算法的国际标准,现已被几乎所有的计算机平台共同支持。MPEG 采用有损压缩方法减少运动图像中的冗余信息从而达到高压缩比的目的,当然这些是在保证影像质量的基础上进行的。MPEG 压缩标准是针对运动图像而设计的,其基本方法是:在单位时间内采集并保存第一帧信息,然后只存储其余帧相对第一帧发生变化的部分,从而达到压缩的目的。MPEG 的平均压缩比为 50:1,最高可达 200:1,压缩效率之高由此可见一斑。同时图像和音响的质量也非常好,并且在微机上有统一的标准格式,兼容性相当好。MPEG 标准包括 MPEG 视频、MPEG 音频和 MPEG 系统(视频、音频同步)三个部分,MP3 音频文件就是 MPEG 音频的一个典型应用,而 Video CD(VCD)、Super VCD(SVCD)、DVD(Digital Versatile Disk)则是全面采用 MPEG 技术所产生出来的新型消费类电子产品。

4. 流式视频格式(Streaming Video Format)

目前,很多视频数据要求通过 Internet 来进行实时传输。视频文件的体积往往比较大,而现有的网络带宽却往往比较"狭窄"。客观因素限制了视频数据的实时传输和实时播放,于是一种新型的流式视频(Streaming Video)格式应运而生了。这种流式视频采用一种"边传边播"的方法,即先从服务器上下载一部分视频文件,形成视频流缓冲区后实时播放,同时继续下载,为接下来的播放做好准备。这种"边传边播"的方法避免了用户必须等待整个文件从 Internet 上全部下载完毕才能观看的缺点。

到目前为止,Internet 上使用较多的流式视频格式主要包括以下三种。

(1)RM(Real Media)格式

RM 格式是 RealNetworks 公司开发的一种新型流式视频文件格式,它包括:RealAudio、RealVideo 和 RealFlash。RealAudio 用来传输接近 CD 音质的音频数据,RealVideo 用来传输连续视频数据,而 RealFlash 则是 RealNetworks 公司与 Macromedia 公司新近合作推出的一种高压缩比的动画格式。RealMedia 可以根据网络数据传输速率的不同制定了不同的压缩比率,从而实现在低速率的广域网上进行影像数据的实时传送和实时播放。这里我们主要介绍 RealVideo,它除了可以以普通的视频文件形式播放之外,还可以与 RealServer 服务器相配合,首先由 RealEncoder 负责将已有的视频文件实时转换成 RealMedia 格式,RealServer 则负责广播 RealMedia 视频文件。在数据传输过程中可以边下载边由 RealPlayer 播放视频影像,而不必像大多数视频文件那样,必须先下载然后才能播放。目前,Internet 上已有不少网站利用 RealVideo 技术进行重大事件的实况转播。

(2)MOV 文件格式(QuickTime)

MOV 也可以作为一种流文件格式。QuickTime 能够通过 Internet 提供实时的数字化信息流、工作流与文件回放功能,为了适应这一网络多媒体应用,QuickTime 为多种流行的浏览器软件提供了相应的 QuickTime Viewer 插件(Plug-in),能够在浏览器中实现多媒体数据的实时回放。该插件的"快速启动(Fast Start)"功能,可以令用户几乎能在发出请求的同时便收看到第一帧视频画面,而且,该插件可以在视频数据下载的同时就开始播放视频图像,用户不需要等到全部下载完毕就能进行欣赏。此外,QuickTime 还提供了自动速率选择功能,当用户通过调用插件来播放 QuickTime 多媒体文件时,能够自己选择不同的连接速率下载并播放影像,当然,不同的速率对应着不同的图像质量。此外,QuickTime 还采用了一种称为 QuickTime VR 的虚拟现实(VR,Virtual Reality)技术,用户只需通过鼠标或键盘,就可以观察某一地点周围 360 度的景象,或者从空间任何角度观察某一物体。

(3)ASF(Advanced Streaming Format)格式

Microsoft 公司推出的 Advanced Streaming Format(ASF,高级流格式),也是一个在 Internet 上实时传播多媒体的技术标准。ASF 的主要优点包括:本地或网络回放、可扩充的媒体类型、部件下载以及扩展性等。ASF 应用的主要部件是 NetShow 服务器和 NetShow 播放器。有独立的编码器将媒体信息编译成 ASF 流,然后发送到 NetShow 服务器,再由 NetShow 服务器将 ASF 流发送给网络上的所有 NetShow 播放器,从而实现单路广播或多路广播。这和 Real 系统的实时转播则是大同小异。

WMV(Windows Media Video)格式是微软推出的一种流媒体格式,它是在"同门"的 ASF 格式升级延伸来的。在同等视频质量下,WMV 格式的体积非常小,因此很适合在网上播放和传输。WMV 文件一般同时包含视频和音频部分。视频部分使用 Windows Media Video 编码,音频部分使用 Windows Media Audio 编码。

第二节　数字合成概述

一、什么是合成（Composition）

合成技术是影视特技的一种，实际上，影像合成是影视剧制作中占最大比例的部分。它是指将多种原素材混合成单一复合画面的处理过程。早期的影视合成技术主要是在胶片、磁带的拍摄过程以及胶片洗印过程中实现的。传统的光学方式进行影像合成，制作费时费力，而且有很多的局限性，合成的影像越多，画面质量越差。

所谓数字合成技术则是相对于传统合成技术而言，主要运用先进计算机图像学的原理和方法，将多种原素材（原素材数字化）采集到计算机，并用计算机将其混合成单一复合图像，然后输出到磁带或胶片上。合成可以使用静帧照片、视频以及电影序列、计算机生成图像、手绘图像等，它们通常作为合成的基本成分。在合成完成后，观众不会意识到哪部分是合成元素，哪部分是源图像。

现在，由于数字技术的应用，数字合成技术的出现，数字合成可以以较少的劳动、较低的资金完成制作、影像合成质量和特殊效果等都使画面的表现力得到很大的提高。在电影、电视剧、节目包装的制作中，合成工作变得越来越重要。

合成的五个主要功能模块：

1. 色彩校正

调整画面颜色，使画面或画面中的合成元素的色彩统一、协调或者达到某种艺术效果。

2. 键控抠像

使用色彩信息或者亮度信息使图像透明或者半透明，从而达到合并前景和背景的目的。

3. 跟踪与稳定

通过使用像素识别技术，自动执行图像的跟踪和稳定功能。为画面不同合成元素获得一致的运动而进行的解算。

4. 特效

特殊的效果，包括烟火等自然现象的模拟、光效以及图像像素化效果，等等。

5. 3D合成

指使用3D动画系统来完成整个画面或画面中合成元素。在早期的数字影视制作软件中，合成、特技、矢量绘图和剪辑等功能合为一体。随着影视后期编辑数字化的进一步发展，需要独立的高质量的合成与特效软件，对画面进行更加精细的处理。以 Adobe 公司的软件为例，虽然 Premiere 和 After Effects 两个软件都可以剪辑和合成画面，但 Premiere 更多的是用来剪辑，而 After Effects 软件的合成功能更加强大。

二、抠像(Keying)

在影视制作中,由于需要表现特殊的环境或年代,而在实际拍摄无法获得的情况下,很多时候会采用抠像技术,把前景的人物表演和简单场景在纯色背景中拍摄,然后再利用抠像工具去除背景,合成到微缩、虚拟背景或者其他影视素材中,从而达到理想的视觉效果。

进行合成时,我们经常需要将不同的对象合成到一个场景中去。我们可以使用 Alpha 通道来完成合成工作。但是,在实际工作中,能够用 Alpha 通道合成的影片少之又少。因为我们的摄像机是无法产生 Alpha 通道的。

抠蓝(或绿)以及复杂场景抠像是高级合成中最为重要的一个部分。复杂场景抠像常用的手法有逐帧擦除、多层色键抠像、Difference Matte、动态 Mask 跟踪、轮廓抠像、通道叠加等。现今还没有任何一种方法是万能的,每种方法都有其优点和缺陷。

1. 抠像的基本原理

一般情况下,我们选择蓝色或绿色背景进行前期拍摄。演员在蓝背景或绿背景前进行表演。然后我们将拍摄的素材数字化,并且使用键控技术,将背景颜色透明,产生一个 Alpha 通道识别图像中的透明度信息。然后与电脑制作的场景或者其他场景素材进行叠加合成。

用过非编或者切换台的都知道,实现这种抠像,有个叫做色度键(Chroma Keying)的工具。这个工具可以对前景画面指定一个颜色范围,并把这个颜色范围之内的像素透明,相应的 Alpha 通道值设为 0;在这个范围之外的像素不透明,相应的 Alpha 通道值设为 1。同时,它还允许设定一个过渡颜色的范围,在这个范围之内,Alpha 通道将在 0~1 之间,也就是半透明。一般这种半透明部分出现在前景物体的边缘、影子、烟雾、运动模糊等地方,而这类半透明对于后期合成是非常重要的,最后画面的真实度和柔和过渡都是依赖这些部分来体现的。

2. 抠像为什么用蓝色或绿色?

抠像是基于颜色来提取前景通道的,因此从理论上讲,只要背景所用的颜色在前景中不存在,就可以使用任何颜色来做背景。但我们一般都使用蓝背景或者绿背景,这是因为人身体的自然颜色中不包含这两种色彩,用它们做背景不会和前景人物混在一起;而且这两种颜色又是电视三原色中的色彩,也比较方便处理。因此,绿背景和蓝背景都可以根据需要选择使用。

我们常见的欧美国家使用绿背景较多,是因为很多欧美人的眼睛是蓝色的。欧洲人皮肤白且红,与绿色不靠。而中国人用蓝背景较多,因为中国人是黄皮肤,黄色和蓝色是补色,容易分离肤色,背景反光的蓝叠加黄色,肤色形成好看的白色。如果用绿屏,黄色与绿色是邻近色,不容易分离。而且背景反光的绿色如果和黄色叠加,肤色形成难看的菜色。在胶片拍摄的时候，现场多选择绿色作为抠像的背景，原因和胶片本身有关系，这里就不展开论述了。

3. 抠像过程中要注意的问题

随着抠像技术的发展，这种合成制作手段也越来越多地应用于实际成片中。由于是一个需要前期拍摄和后期制作相互协作的制作方法，因此前期拍摄素材的质量好坏将直接影响后面的抠像工作是否能顺利完成。对于任何抠像软件都可以说：前期的拍摄已经决定了抠像制作是否成功。那要获得较好的抠像素材，前期拍摄一般可以遵循以下三个方面进行调整：

(1) 素材质量的好坏直接关系到抠像效果

在将拍摄的素材进行数字化时，要尽可能地保持素材的质量。有可能的情况下，最好使用无损压缩。因为细微的颜色损失将会导致键控效果的巨大差异。

(2) 布光对于抠像素材是至关重要的

在前期拍摄时，光线要足够亮，空间要够大，否则背景反光。尽可能地拉开前景拍摄人物和背景墙面（布料）的距离，目的是让背景的颜色尽可能少地反射到前景上，减少颜色的干扰。背景的纯色布料或墙面均匀布光，并保持背景亮度。其目的是让背景在记录设备上保持一致的饱和度和较高的亮度，方便后期抠像。

(3) 要确保拍摄素材最好的色彩还原度

在使用抠像背景时，最好使用标准的纯蓝色（PANTONE2735）或者纯绿色（PANTON354）色键漆（或幕布）。世界上有许多专业生产键控设备的厂商，可以提供键控色漆。

有时抠像并不能很顺利地完成，那么就要根据遇到的情况做出相应的处理。素材由于前期拍摄不足，使用的蓝布有皱纹，并且灯光不足，布光不均，人物边缘有蓝色反光。这些都是抠像的难点，传统的抠像方式在这里就无能为力了。而且使用传统的抠像方式最大的问题就是人物边缘特别是头发部分有明显闪烁，很难处理。因此需要做出相应的处理措施：

① 背景幕布的皱纹与杂点问题：以 Remove Grain 柔化皱纹与杂点，使幕布背景色调相对接近，为下面的抠像减小难度；

② 穿帮镜头的处理：抠像主体之外的灯具、杂物等穿帮，可以用 MASK 遮罩来去除；

③ 抠像边缘的处理：抠像后，经常会出现人物边缘有蓝边，播放时会有闪烁。为了消除蓝边，加入 Matte Choker 等特效收缩、柔化边缘，使人物边上的黑边得到很好地控制，并且减少闪烁；

④ 蓝色的抑制：抠像完毕后，人物的边缘或透明物上，有时会有蓝色反光或透光，可以加入 Spill Suppressor 色彩抑制器来抑制蓝色（或绿色）；也可以通过局部调色的

方式来调整残留下来的蓝色(或绿色)，使它与主体、周围环境协调。

⑤抠像后前后景的匹配：在抠像过程中，我们还需要做很多工作，如前后景色调的匹配、光线的匹配、画面运动的匹配，等等。

通常情况下，抠像步骤是先抠像，然后对画面再进行降躁、调色处理，使前后景画面色调统一。

我们经常还会碰到需要把三维软件生成的元素和实际拍摄的素材进行合成的问题。前期拍摄可以通过 Motion Control 设备实现这种功能。Motion Control 是完全由计算机控制的，摄像师可以通过电脑精确控制摄像机的运动，同时电脑就记录下了摄像机的所有属性，包括焦距和运动轨迹，这样电脑就可以控制摇臂和轨道无数次的精确回放刚才记录的摄像机运动。然后把现场记录的摄像机轨迹通过电脑导出到其他三维软件的虚拟摄像机，使生成的虚拟三维场景与实拍的物体实现运动匹配。

现在，还可以通过 Boujue 等摄像机反求软件，根据已经拍摄完成的画面的运动，实现摄像机轨迹的反求，然后把摄像机轨迹通过电脑导出到三维软件中，实现三维场景的同步运动。

4. 用动画 Mask 遮罩来抠像

合成主要是通过抠像来实现的，也可以利用动画遮罩来完成没有良好抠像条件素材的合成。一些摄像机拍摄的画面没有单一的蓝色、绿色背景，这时我们可以利用图像合成处理软件中的手动动画遮罩功能绘制一个遮罩图。遮罩的形状、方位可以随着时间的变化而发生变化。为复杂的图像合成提供良好的辅助合成功能。

注意：Mask 主要用于静态图片，动态遮罩要逐帧调节遮罩，很麻烦，费时费力，但很有效，好莱坞《透明人》等影片中，有的画面就是这样处理的。

三、调色(Color Correction)

对大多数初学者来说，图像的色彩是非常难以掌握的。"调"是主观的，"色"是客观的。调色既是主观艺术创作，又是客观技术技巧。在调色过程中，处理好主观和客观、艺术和技术之间的关系，是调色成败的关键。

1. 色彩基础

色彩是视觉艺术形式美的一个要素，色彩的感觉是一般美感中最大众化的形式。色彩和光线有密切的联系。色彩的本质是波长不同的光，有光才有色，影视中的色彩是经过三原色光的混合形成的。合成方法采用加色效应，红、绿、蓝三原色光等量相加呈现白色。不等量则形成各种色彩。色彩由明度、色调(色相)、色饱和度(又称为彩度或色纯度、色度)三要素构成。明度是色中的光度，即明暗程度；色调是呈现于光谱中的色的种类；饱和度由一定色调的色中灰色的含量来决定，完全不含灰色的称为饱和。饱和度是指色彩的鲜艳程度和纯粹程度，饱和度越高，色彩越鲜艳。

色彩在影视中的作用不仅仅在于色彩的存在使得影视对现实的再现更为真实、准确,而且,不同的色彩具有不同的心理反映,可以起到不同的审美效果。对现实世界色彩的再现可以是原色再现,很多时候也运用非原色再现。有意识地运用色彩的审美效果,可以更好地表现主题和思想,抒发感情。

白色:快乐、清晰、纯洁、干净;
黑色:静寂、悲哀、绝望、恐怖、罪恶、严肃、死亡;
灰色:平凡、温和、忏悔、中立;
红色:喜悦、热情、急、暴力、火焰、太阳、血、力量、愤怒、积极;
橙色:嫉妒、虚伪、活泼、乐天;
黄色:金、贵重、智慧、希望、发展;
绿色:大地、和平、遥远、健康、生长;
蓝色:诚实、阴郁、海洋、悠久、广大、消极、平静、雅致;
紫色:高贵、庄重、华丽、神秘、不安。

对色彩的感觉有一定普遍性,但又因为时代差异、民族文化差异、地域差异、性格差异、宗教信仰的不同而有所区别。在影视制作的过程中要考虑色彩所面对对象的差异。

2. 调色的目的和原则

影视创作人员都有一个很朴素的愿望,希望自己的作品漂亮。在学调色的过程中,对色彩的把握和运用能力是很重要的;调色技术并不是很高端的,懂了基本原理,主要是怎么灵活应用。

大家都知道,磁带摄像机和电影胶片机的差别,磁带机拍出来的东西往往没有胶片机拍出来的素材饱和度强,色彩宽容度也不够,也就是大家通常会感觉到的画面色彩发闷、不透。大家也知道磁带和胶片的价格差别,毕竟胶片不是每条片子都用得起的,于是大家热衷的调色更多的是想把磁带拍的东西调出胶片效果,好让作品看起来更漂亮一些。其实,拍过的胶片同样都是要后期调色的,我们最后看到的效果并非就是胶片本身的颜色,偏冷偏暖同样是根据片子的内容和主题、情绪、意境后期做出来的。所以色彩的把握应该取决于个人对片子整体的感觉,并非一定要有什么固定的程式来遵守。

调色可以分为两类:一类叫校色,一类叫调色;这两类总是伴随着出现的;调色又可以分为一级调色(对画面整体进行调色)和二级调色(对画面局部进行调色)。

图像校色是指对色彩失真图像进行的复原性处理。由于前期拍摄的影像由于受天气、光线各种原因偏色或色彩不理想;硬件原因,比如 DV 偏色、摄像机宽容度等因素的影响,都需要进行色彩校正。

校色的目的是为了图像的效果更接近真实世界中的场景,复原真实场景的色彩

影调。

调色的目的可以归纳为以下7条：

①达到一定的艺术效果，表达主题内容，表现气氛，表意象征；

②表现空间，不同的色调表现不同的空间；

③在合成过程中，使合成元素色彩和谐统一；

④在剪辑过程中，使前后镜头色调统一，衔接流畅自然；

⑤为了突出画面的重点，利用明暗、色彩反差、改变构图等方面都具有作用；

⑥美化、修补画面；

⑦老电影、水墨、版画、油画等风格化效果的实现。

国际上有许多导演很会运用色彩来辅助故事的叙述，日本导演黑泽明就是一位色彩大师，《黑泽明之梦》是黑泽明最具感染力及风格之作，他透过八个色彩鲜明的梦境，探讨战争的代价，带出人类应该和谐相处的讯息。

《辛特勒的名单》的色彩采用凝重、深刻的黑白画面，黑与白冷峻的对比让人感到别样的震撼。"二战"结束了，电影画面也随之变成彩色，虔诚拜祭者衣着也各有其色，希特勒墓地傍绿草如茵，大地充满生机。片中穿红色衣服的小女孩出现了两次，场景都是黑白的，只有她穿的衣服是红色的，特别显眼、突出。那一点红，在黑白里那么突兀刺眼，以彩色突出就是为了强调这种象征意义。红色象征一种生命力，小女孩是纯洁无辜的象征，导演觉得即使在最绝望的时刻，希望总是存在的。

中国导演张艺谋在电影《英雄》中色彩运用很奇特，用不同色彩来表达不同内容，形式感很强；《英雄》由五大颜色构成：白、蓝、红、绿、黑。红、绿、蓝这三种色彩带来了无限想象的空间，白色和黑色的运用则是将影片中真实的故事情节展现出来。剧本编剧王斌认为，这个色彩创意至少有三个意义：第一，用颜色来讲述了三个不同的故事；第二，由于有了色彩上的时代分隔，使观众在理解故事情节上减轻了压力；第三，可确立很独特的电影风格。

香港的王家卫在《东邪西毒》里也用光影和色彩让人体验到了一种似幻似真的视觉享受。片中运用了土耳其黄、棕黄、湖蓝、青柠蓝、水晶紫、靛紫、豆绿、墨绿、山茶白、桃红、枣红、朱红、石榴红、胭脂红等一系列流淌的暖色，营造出一种层次分明、富有动感和节奏感的视觉音乐。

根据导演对片子感觉的把握来决定整个片子的色彩基调，一个片子在整体色调上应该有个基本的统一，不同的影片会根据影片的主题和风格确定不同的色彩基调。在现在的影视节目制作过程中，蓝色经常用作电影中背景的主观色彩，它几乎被使用得泛滥了。蓝色是永恒的颜色，忧郁、明快、天空、自由……

画面的色彩在拍摄阶段已经基本成型，但色彩的组合可以使色彩的表现力更为丰富。而且，在电脑编辑普及的今天，在后期制作阶段，对色彩还可以做一些调整。因此,对色彩的表现能力以及色彩组合的规律要有明确的认识。

3. 色彩应用的一般规则

①根据内容和主题,确立整个节目画面的基本色调,从整体上将人们的情绪和感受带到预期的意境中;

②整体色彩一般应该尽量简洁、单纯,又要注意形成色彩的重音,以助于主题内容的突出;

③色彩运用的风格和作品的风格要一致;

④镜头之间色彩的搭配要根据所传递视觉信息的要求来确定;

● 相对色:在色轮上直接相对的两种颜色,对比强烈,色反差大,搭配在一起显得鲜明、艳丽;

● 相关色:在色轮上左右相邻或相互靠近的颜色,对比弱,色反差小,组成画面柔和、自然;

⑤剪辑时要考虑色彩的位置和面积的匹配。

4. 调色分析

在影视画面的调色中强调:"远景调环境,近景调肤色。",从生活经验的角度讲,光照环境下的物体其高光部分(被光线照射到的部分)会偏暖一些,而没有受到光线照射的阴影部分就会偏冷一些。美术绘画又告诉我们一条宝贵的经验,离我们越远的物体越偏冷,可分辨的层次越少;离我们越近的物体越偏暖,可分辨的层次越多。画面的冷暖对比,可以进一步拉开各个景别物体的画面层次。

(1)画面本身的调色分析

调色主要是对同一部影片中的画面色调进行客观技术与主观艺术层面上的调节。

①客观技术层面主要体现为电影电视色彩还原的相应技术指标参数的校准。

➢ 色彩校正(图 8-4)

图 8-4　色彩校正(彩图见正文后附图)

➢ 影调校正（图 8-5）

图 8-5　影调校正（彩图见正文后附图）

②主观艺术层面主要是指影片整体风格、影调、情绪等因素对视觉色彩的调整。

➢ 影片主题表现（图 8-6）

2007 年，冯小刚导演的电影《集结号》，色彩表现出色，前半段战争期画面色彩深层严肃，有些场面更是血腥残酷，使用灰暗、压抑、惨烈的主色调，质感上有颗粒感。类似于《拯救大兵瑞恩》的画面。

图 8-6　影片主题表现——电影《集结号》画面色彩

➢ 风格化——负片反冲效果

负片（普通胶卷）用正片（反转胶卷）的冲洗工艺冲洗叫做负片反冲。

近年有摄影师别出心裁地用负片 C-41 工艺来处理 E-6 工艺的反转片，结果产生出一种很怪的颜色来，这种色彩正符合另类一族摄影师的创作要求，于是反转负冲便成为摄影界的一种时尚。使红色面积收缩，即保持了人物的正常肤色，也突现了暗部的蓝、绿色，这正是反转负冲的主要特征，然后针对 R、G、B 通道，分别进行色阶矫正，并且增加图像整体的饱和度和对比度，最终效果如图 8-7。

反转负冲的色彩看起来红中有青、蓝中有黄，它们的彩色产生把基色与补色同时显示出来，有类似高色温与低色温同时存在的拍摄效果。所以，反转负冲的影像色彩效果怪异而富有新意的感觉。

图 8-7　风格化——负片反冲效果(彩图见正文后附图)

➢ 风格化——水墨画效果(图 8-8)

图 8-8　风格化——水墨画效果(彩图见正文后附图)

➢ 柔化、降噪(图 8-9)

图 8-9　柔化、降噪(彩图见正文后附图)

(2)色彩匹配分析

①剪辑中,前后镜头色彩、影调、光线、清晰度经常不匹配,所以为了剪辑的流畅,使前后镜头的影调和谐,需要调色前后两个镜头色彩影调保持一致,如图 8-10 的原素材;可以让前后两个镜头都调节成接近真实的色彩影调(见图 8-11),也可以将两个镜头统一调节成你喜欢的色调(图 8-12)。

> 剪辑镜头色彩匹配（彩图 8-10、11、12 见正文后附图）

图 8-10　原素材

图 8-11　调色方案一

图 8-12　调色方案二

②由于在一个合成镜头中，前后景色彩基调不统一，各合成画面元素之间的颜色、反差、质感等方面经常不匹配，因此需要对各元素进行不同程度的色彩匹配，以便形成统一的画面风格和质感。

➢ 合成镜头彩色匹配

图 8-13 抠像合成后的调色(彩图见正文后附图)

(3)局部调色分析

局部调色,可以利用选色工具,选画面中的一个或多个色彩区域,进行调色处理;也可以利用抠像工具来选取颜色区域进行调色;还可以使用 Mask 遮罩来选择调色范围,进行色彩、影调的改变。

注意:AE 里的选区是动态的,要随着画面的运动发生相应的变化,选色和抠像都是针对色彩的画面运动,选取不会变化,所以选区是运动的。但 Mask 是静态的,有时要根据画面的运动,做出相应的运动遮罩来适应,比较麻烦。

➢ 修补美化(图 8-14)

图 8-14 替换天空(彩图见正文后附图)

➤ 调节肤色（图 8-15）

图 8-15　调节肤色白净细腻（彩图见正文后附图）

➤ MASK 突出主体（图 8-16）

虽然画面主体已经比较突出了，但是从画面结构的角度来说视点还是有一些散。我们将通过画 MASK 的方法使画面中心更加集中，重点更加突出。从美学的角度讲，我们需要根据不同的画面构图，调整 MASK 的形状和位置。

图 8-16　MASK 遮罩改变影调突出主题（彩图见正文后附图）

四、文字特效（Text Effect）

1. 文字的作用

字体设计似乎一直以来都是在中文的设计界最弱的一环，相对来说，中文的设计要比英文的设计难很多。字体设计部分是所有设计的基础。

影视节目中的字体，其实承担着很重要的作用。从某种意义上来说，它比图形更重要，因为它比图形传达的信息要多得多。大家比较关注的都在画面，可能忽视了字体方面的考量和研究。

早期我们的电视字幕简单，主要起的作用是传递信息。我们在80年代经常看到的广告，就主要是电话、地址等一堆文字信息。不管多丑，只要大、显眼就行。文字只是用来传递信息是远远不够的，还要做得漂亮，这样才能把信息更好地传递出去。字幕作为画面的构成元素，必须精心设计。

文字字体代表不同个性，魏碑古朴、行书飘逸，等等。不能乱用字体，很多广告和片头的字体不是字库里面调用的，而是用Illustrator等矢量设计软件自己设计的。我们除了要处理好文本字体，还要对文本框或流、文字疏密程度、段落等进行处理。

2. 文字的运动

影视是运动的艺术，如何让文字漂亮地动起来，也是传递出信息的重要手段。屏幕上动的东西更会引起你的注意。

从80年代MTV频道的一系列M字片头开始，动态设计才真正进入视觉化的时代，大量电视频道的诞生使得主流的影视创作越来越注重所谓瞬间的影响力。动态媒体中的字体设计，是四维的设计，它并不仅仅局限于屏幕的纵坐标和横坐标，和所有平面化的设计一样，动态媒体中的设计也是可以有深度的设计。而动态本身，却为设计带来了时间的概念。

Hillman Curtis，作为致力于网络动态设计的先锋和引领者，说过一句名言："动，就是信息！"动，是有延续性的概念，这里，视觉的聚焦点，不仅仅由构图上的重心、视觉上的深度来决定，还要由时间上的演变来决定。而这样的视觉感受，更接近人的真实视觉习惯。

Adobe After Effects7.0中对文字的动画效果大大增强，可以基于每个字符做文字动画特效。为我们设计动态字幕提供了更多可能。

第三节　After Effects合成软件的操作流程

Adobe After Effects是一个基于层的软件，其基本概念很容易理解和掌握。After Effects有着很好的开放性，有众多第三方插件能够快速方便地帮我们完成画面特效的制作与合成。下面，我们以应用比较广泛的合成软件After Effects7.0为例，介绍一下数字特技合成的操作流程。

After Effects7.0的主要面板包括project面板、Composition面板、Timeline面板、Time Control面板和Effects面板等，标准布局构成如图8-17。

图 8-17　After Effects7.0 的面板标准布局

一、素材导入(Project)

Project 面板(图 8-18)是导入和管理素材的窗口。

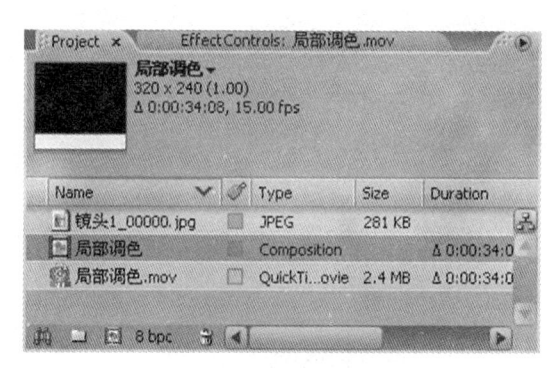

图 8-18　Project 面板

1. 导入素材的方法(见图 8-19)

①通过菜单 File/Import/File,寻找素材路径,打开素材;

②在 project 面板的空白处双击左键,寻找素材路径,打开素材;

③在 project 面板的空白处点击右键,Import/File,寻找素材路径,打开素材。

图 8-19　Import File 窗口

注意:JPEG、TGA 等序列文件导入时,要勾选 JPEG、TGA Sequence。

带层导入(见图 8-20):导入 Photoshop 中带层的图像 PSD 文件时,想带分层处理,Import As 选项,改 footage 为 composition cropped layers 或 composition(虽然分层,但锁定,不能分开处理)。

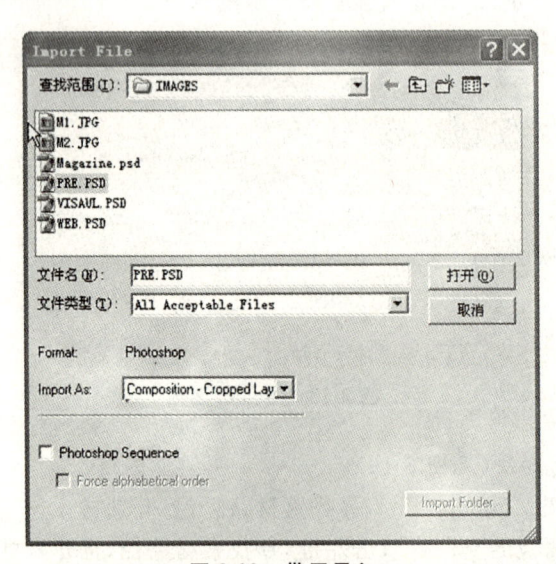

图 8-20　带层导入

2. 解释素材(Interpret footage)

解释场：File/Interpret footage/mail……/fields and pulldown 为 Upper Field First(上场优先)或 Lower Field First(下场优先,见图 8-21)(一般 DV 素材是下场优先,设置上场还是下场,与采集素材时的采集卡有关系。如果反了,出现反场,判断选择是否正确,就看是否有反场现象。)

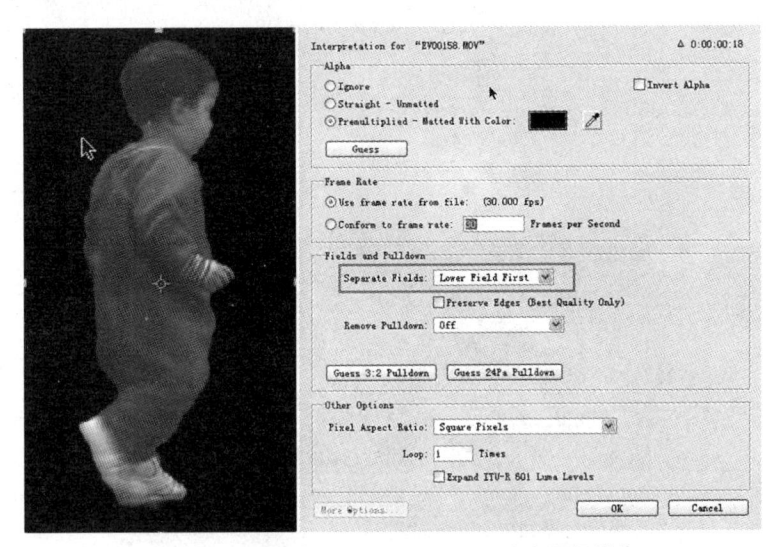

图 8-21　解释素材(Interpret footage)为下场优先

File/Interpret footage/mail……/fields and pulldown 为 off(去场),出现锯齿现象(见图 8-22)。

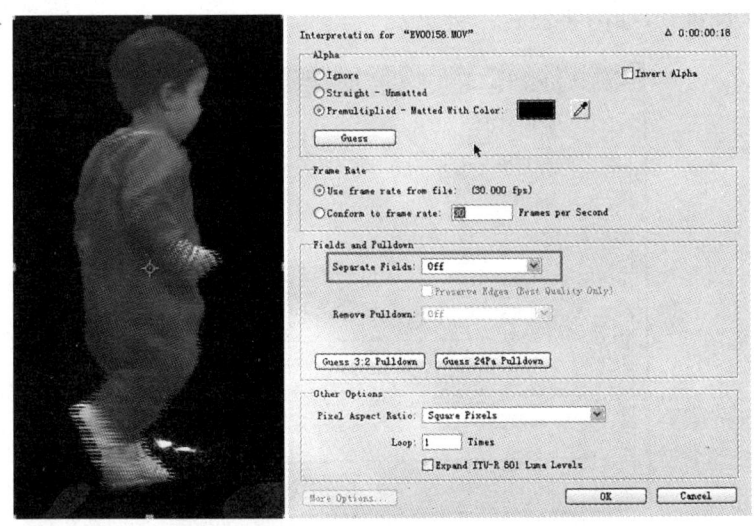

图 8-22　解释素材(Interpret footage)为去场

另外,根据不同的素材要求,还可以对 Alpha 通道、Pixel Aspect Ratio(像素宽高比)以及 Loop(素材循环播放次数)等进行解释。

二、新建合成(Composition)

Composition 窗口是显示合成图像的窗口(见图 8-23)。

图 8-23　Composition 窗口

新建合成的方法:

①通过菜单 Composition/New Composition/Composition Settings,设定合成的参数,然后 OK 确认(如图 8-24);

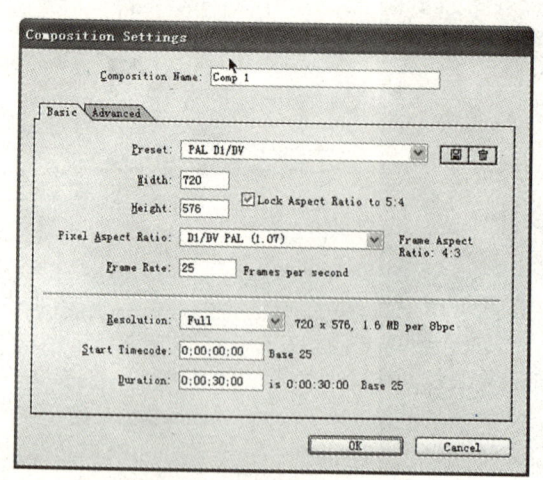

图 8-24　新建合成窗口设置

②在 project 面板的最下端点击 图标,弹出 Composition Settings,设置参数完成 ;

③选中素材按住左键,然后拖动到 图标上,然后释放左键,将生成一个与选中素材一样大小的合成窗口。

Composition Settings 的设置,根据不同的用途可以作出选择,如果节目是在国内的电视台用,一般选择 PAL D1/DV,图像像素为 720×576,像素的宽高比为 1.07,帧速率为 25Hz。

注意,键盘上 Caps Lock(大写锁定)在大写状态时,合成窗口画面会显示不出来。

三、素材添加到时间线(Time line)

1. 素材添加到时间线上的方法

①将素材直接拖动到时间线上,在拖动过程中,可以选择素材在时间线上的位置;

②将素材直接拖动到合成窗口中,在拖动过程中,可以选择素材所在合成窗口中的位置;

③按住 Alt 键,双击素材,打开 Footage(脚本窗口),然后设置出点和入点,用插入编辑或覆盖编辑添加到时间线上(如图 8-25)。

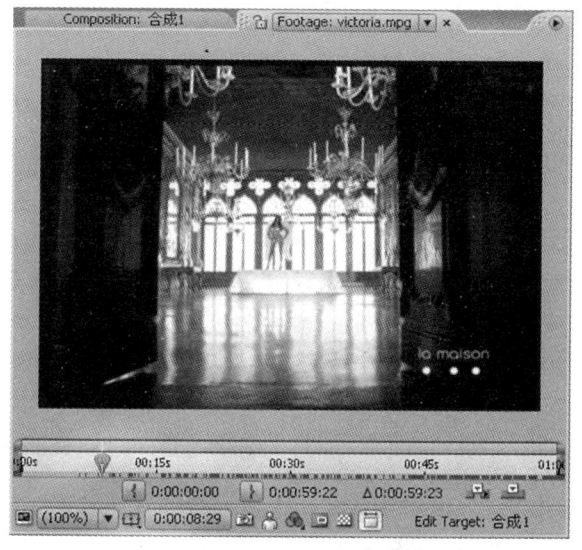

图 8-25　Footage(脚本窗口)

层的基本变化属性(如图 8-26):时间线上的每个素材层都有五个基本变化属性: Anchor Point(轴心点)、Position(位置)、Scale(缩放)、Rotation(旋转)、Opacity(透明度)。

快捷键：用 Ctrl＋A 可以选中全部时间线上的层；用键盘上"1"左面的"～"键，可以对选中层进行收起和展开操作；按键盘上的 A、P、S、R、T 键，分别是展开轴心点、位置、缩放、旋转、透明度的快捷键。

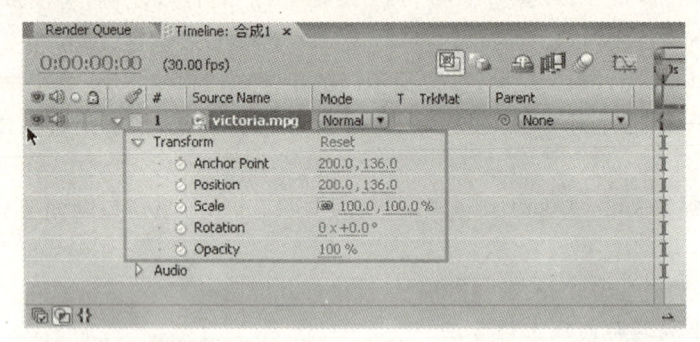

图 8-26　层的基本变化属性（Transform）（彩图见正文后附图）

动画可以分为关键帧动画和逐格动画两种。美术片是一格格绘制，拍摄下来，连续播放形成的动画，是逐格动画；AE 中的动画形成是通过设置关键帧，通过两个关键帧之间的差异形成画面的变化的，这就是关键帧动画。

2．关键帧（Keyframe）设置（如图 8-27）

五个基本变化属性都可以设置关键帧，并形成动画。将时间标尺放置在准备设置关键帧的时间位置上，按下属性前的关键帧记录器图标，就可以产生一个关键帧，然后，再改变时间标尺的位置，根据你希望的参数变化，设置新的属性参数，会在当前时间当前属性上产生新的关键帧，依此类推，可以设置很多个关键帧。

每次设置一个属性的第一个关键帧时，是通过按下关键帧记录器图标来实现的，但在设置这个属性的第二个关键帧时，就要通过改变参数，自动生成关键帧。而不能再去按下关键帧记录器图标了，这样关键帧记录器图标会弹起，反而取消了这个属性的所有关键帧。

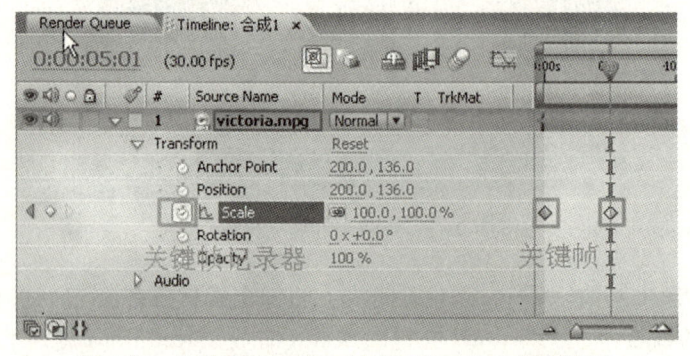

图 8-27　关键帧（Keyframe）设置（彩图见正文后附图）

例如，图8-27中在00s的时间位置上，设置Scale（缩放）参数为0%，按下关键帧记录器，在05s改变缩放参数为100%。这样就形成了0s～5s的时间段该图层从小到大的放大运动。

四、给图层添加特效(Effect)滤镜

特效滤镜在AE中有非常重要的作用，AE软件自身已经拥有大量的滤镜，再加上第三方软件厂商提供的各种插件，提供给制作者丰富的创作手段。下面以抠像滤镜举例说明使用的方法和流程。

1. 给图层赋予滤镜的方法

①在时间线上，选中某个图层，选择菜单Effect中的各项滤镜命令即可；

②在时间线上，在某个图层上点击鼠标右键，然后在弹出的菜单中选择Effect中的各项滤镜命令即可；

③使用菜单Window/Effect&Presets，如图8-28，从Effect&Presets窗口分类中选中需要的特效滤镜，然后拖拽到时间线窗口中的某个图层上即可。

图8-28　Effect & Presets 窗口

2. 使用滤镜完成抠像

①在时间线上，添加前景和背景两个图层（图8-29）；选中时间线上的前景图层，通过菜单Effect/Keying/Linear Color Key命令，添加线性色键滤镜。

图8-29　前景　　背景

②在 Effect Controls 面板中,改变 Match Color 选项 Using *RGB* 为 Using Chroma,用 Key Color 吸管选取前景图像中要抠掉的蓝色背景,然后仔细调节 Matching Tolerance 和 Matching Softness 两个参数,直到蓝色背景抠掉,人物部分被完全保留为止(如图 8-30,彩图见正文后附图),改变 View 选项为 Matte Only,可以看到 Alpha 通道中,白色部分是不透明的,黑色部分是透明的,灰色部分是半透明的。

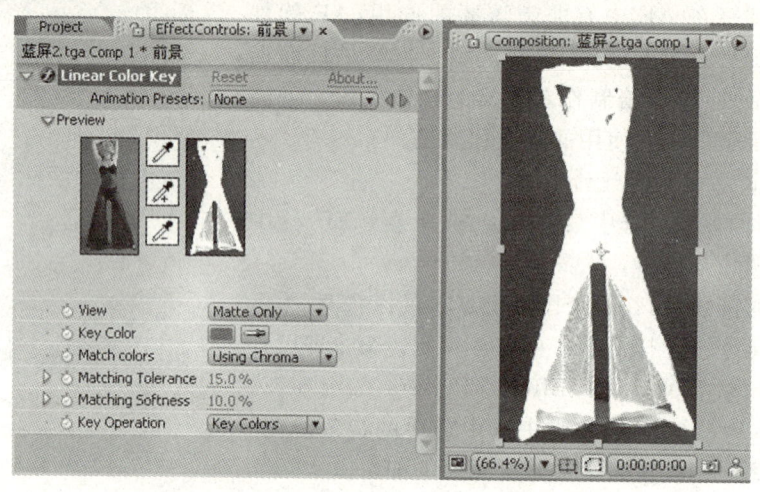

图 8-30　Linear Color Key 抠像　Alpha 通道

③将 View 选项改回到 Final Output,结果如图 8-31(彩图见正文后附图)所示。

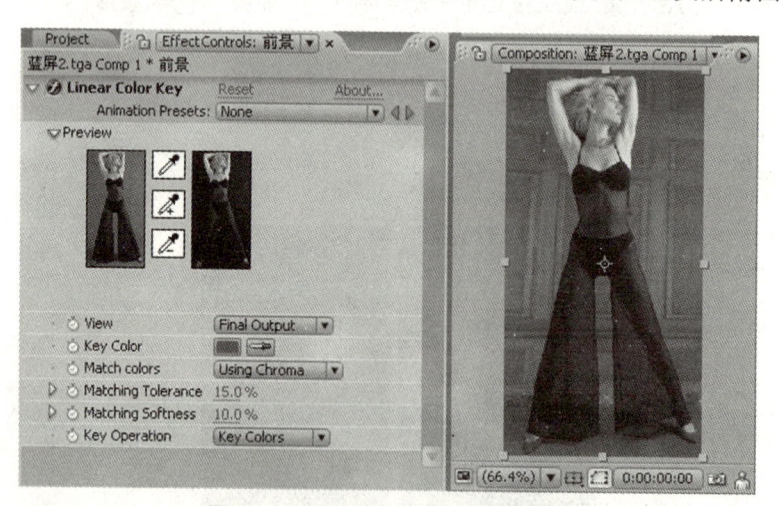

图 8-31　Linear Color Key 抠像结果

④添加 Effect/Keying/Spill Suppressor 滤镜,用来抑制前景中人身上的蓝色反光和蓝色边缘。

⑤添加 Effect/Color Correction/Color Link 滤镜（使人物色彩与背景色彩联接，进行前景和背景的色彩匹配），勾选 Stencil Original Alpha，Source Layer 选择背景层，Blending Mode 改为 Soft Light；如图 8-32（彩图见正文后附图）所示，这样给前景叠加了一个背景的色彩基调。

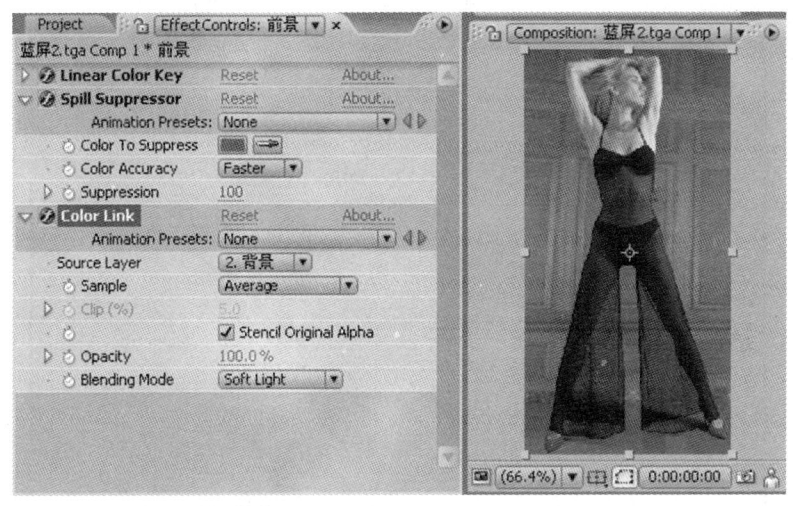

图 8-32　抠像后色彩校正结果

五、生成影片（Make Movie）

AE 可以将合成文件渲染输出成视频文件、音频文件或者序列图片等。输出的方式有两种：一种是通过菜单 File/Export 命令直接输出；另一种是通过菜单 Composition/Make movie，将一个或多个项目添加到 Render Queue 中，进行逐一的批量渲染（图 8-33）。

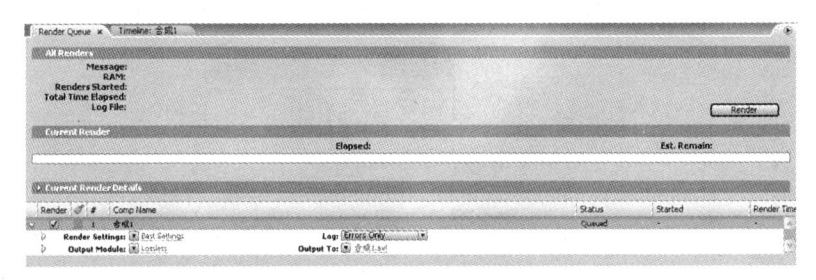

图 8-33　Render Queue 渲染面板

菜单 Composition/Make movie 命令，打开 Render Queue 渲染面板。有三个设置，即 Render Settings（渲染属性设置）、Output Module（输出模式、格式和解码等）、Output To（输出路径和文件名）。

Render setting(图 8-34):Quality(层质量)设置可选择 Best(最好)、Draft(粗略)或 wireframe(线框模式),Resolution(像素采样质量)可选择 Full(完全)、Half(一半)、Third(三分之一)和 Quarter(四分之一)质量。Field Render(图 8-35)根据需要选择 Off、Upper Field First 或 Lower Field First。

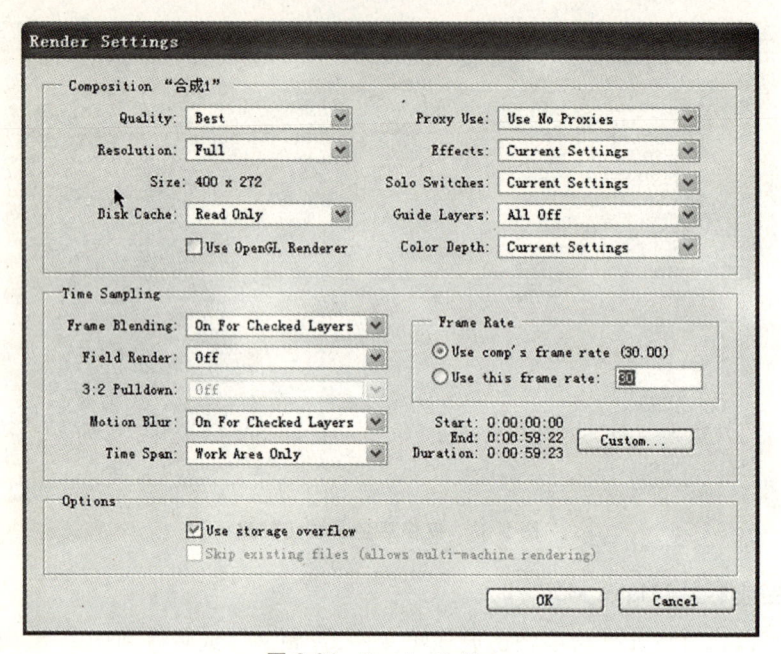

图 8-34 Render Settings

图 8-35 Field Render

Output module setting(图 8-36)主要是设定输出的格式和编码方式。Format 可选各种输出格式。按下 Format options,进入 Video Compression 窗口(图 8-37),还可以根据不同的压缩格式,调节压缩质量,设定压缩格式。压缩格式和你电脑里装的播放器和编码器多少有关,装得越多,支持格式越多。现在流行的 .avi 编解码方式有 Dixv、Xvid、Mpeg-4 等。

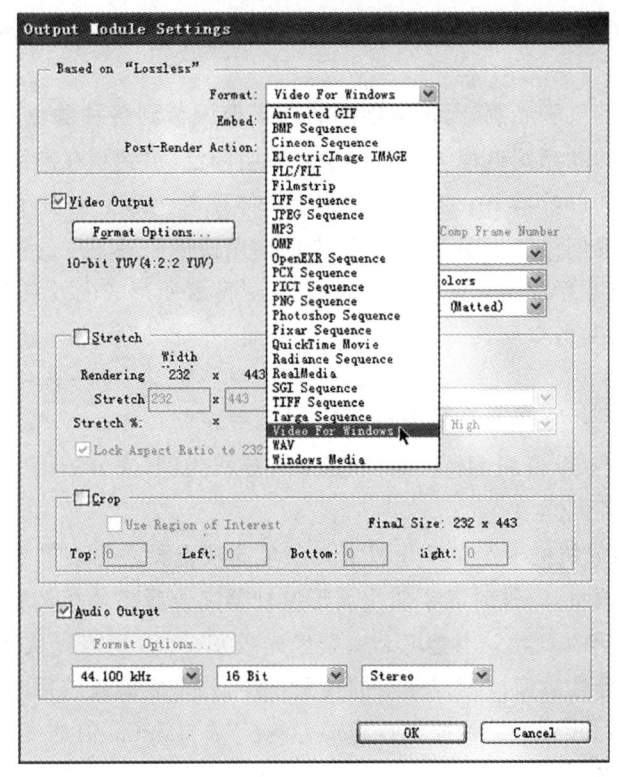

图 8-36　Output Module setting

图 8-37　Video Compression 窗口

第四节　前期拍摄与后期合成对画面的色彩控制

说到对画面的色彩控制，无论从前期的白平衡调节到各种滤色镜的使用，从传统电影工艺流程中的配光到电视画面制作中的后期调色，再到现在高清数字电影制作中的 DI(数字中间片 Digital Intermediate)都无不体现着色彩控制对于一部成功作品的重要意义。在影视创作过程中，我们可以在前期用摄像机菜单中的参数调整达到你想要的效果，也可以在后期用合成软件进行调节，但两者所形成的效果并不完全相同，而且，在实际应用中又各有所长。

一、数字摄像机菜单调整对画面的色彩控制

下面我们以 Sony 公司 HDW-F900 摄录一体机为例，来分析一下如何通过菜单调节进行画面色彩控制。

Sony 高清摄像机的五个菜单里，Paint 菜单比较重要。此菜单中的项目主要用来进行详细的图像调整，调整时需要使用波形监视器来监看摄像机的输出波形。HDW-F900 里 Paint 的第一页第一项是 Flare，杂散光校正功能，把因光从三棱镜到 CCD 过程中产生反射而导致影像模糊或变灰的现象压抑，打开后能像胶片一样获得较纯的黑位。下一项是 Gamma，主要是控制直线部分的反应，Gamma 值如果降低一点，彩色的浓度就会加强一点。Blk Gamma 主要是控制暗部的颜色和层次，这是电影胶片所无法做到的。另一重要工具是 Knee，控制及延伸高光部分。Wht Clip 让我们控制最亮的部分，主要针对电视播出信号亮度的超标控制。Detail 指轮廓，是为电视画面增强信号的电子线路，使你感觉增加一点虚假的锐利度。最后一项，Matrix 是很重要的调色参数。

1. 影调控制

摄像机伽玛特性的调整实际上就是如何更有效地利用 CCD 和输出电平资源的问题：用黑伽玛调整暗部特性；用伽玛调整中部特性；用拐点和斜率调整高亮度部分特性（如图 8-38）。

适度的调整黑电平(Black Level)，日外戏时设置在 -10~-15 左右，夜戏或日内戏时，设置在 0~-4 左右，当然，设置参数要根据剧情具体要求而定。

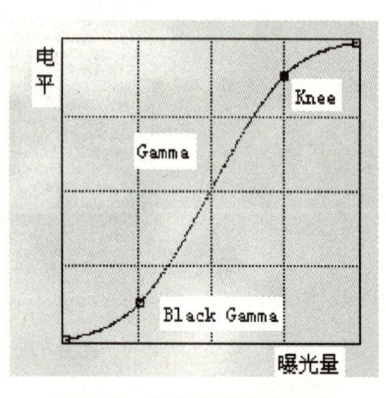

图 8-38　摄像机的特性曲线

调整黑伽玛(Black Gamma)，适当降低一些黑伽玛电平，实现暗部区域的局部影调压缩，增加暗部的表现力。这样的设定可以保证暗部足够的层次(如图8-39，彩图见正文后附图)。

正常处理　　　　　　　　　Blk Gamma 处理

图 8-39

调整 Gamma 电平到-20～-50 之间，将中灰影调的过渡放得平缓，以丰富直线区域的色饱和度和层次。对于 Gamma 曲线的调整，有几种不同的 Gamma 曲线类型可供选择，但他们除了在灰阶过渡上表现不同之外，在色彩还原上也有不同，因此在选择了合适的灰度过渡后，是需要针对相应的色彩还原作调整。这种工作可以在 Matrix 或 Multi Matrix 调整电路当中完成。

高对比度的情况下，同时保持亮部和暗部的细节。对于高光部分，适当的调整拐点 Knee(增加)和斜率 Slope(减少)，同时，依据画面要求调整白切割电平，可以扩大影调的范围，尽可能多地容纳更多的高光细节和层次。

通过以上的调整，可以将画面的影调调整到与电影效果极为相近的程度。尤其在画面的黑电平、暗部和灰部过渡部分，与电影画面相差无几。高光部分的差别还是比较明显的，但如果在摄像机上使用电影镜头，效果会有明显的改善。

2. 色彩控制

对于画面的色彩控制，一方面可以通过使用手动色温控制来替代电影滤色片的使用。另一方面，使用 Matrix 或 Multi Matrix 功能调整画面色调，达到色彩的准确还原。应用 Paint 功能，可根据导演创意的需要在现场调整彩色电平，而应用色温控制器，可以调出所需要的色温。此外，可以应用电子方法改变图像的全彩色平衡，使图像更"暖"些或者更"冷"些。

RGB 通道伽玛平衡功能，改变伽玛平衡就能够改变中间色调的彩色平衡，同时不会影响黑白平衡。

调整黑伽玛值，对需要拍摄的阴影中的景物进行色彩微调。这有助于展现图像黑色部分中的细节，而同时不会影响中间色调，绝对黑电平也保持不变。

高亮度区处理:TruEye™功能可在高亮度区大大地改善信号处理能力,保证逼真地彩色还原(如图 8-40,彩图见正文后附图)。

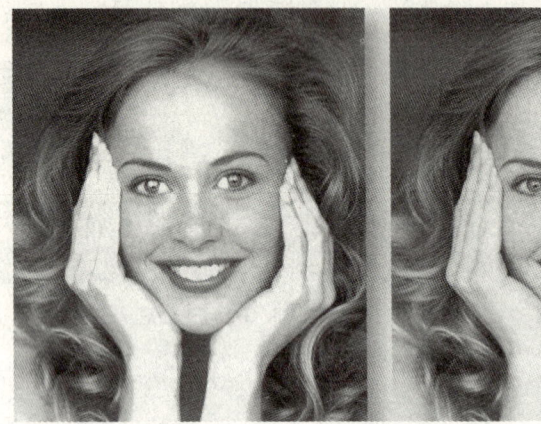

拐点饱和度(KNEE SAT)OFF　　　拐点饱和度(KNEE SAT)ON

图 8-40

Multi Matrix 多区彩色矩阵功能,通过对选择的颜色进行增减或替换,能够进行独特而创新的再处理。应用该功能,可以选择特定的一种颜色,改变其色度和饱和度,从而为进行创作提供了可能性。与后期制作中的二级色彩校正特技处理相似(如图 8-41,彩图见正文后附图)。

通过矩阵调整色彩相位　　　通过矩阵调整色彩饱和度

图 8-41

3. 清晰度——图像锐度

从目前高清拍摄的情况来看,普遍有焦点不实的感觉,这其中有镜头跟焦点的原因;另外一个重要因素就是对 Detail 功能不够了解。高清摄像机在出厂推荐设置时画面发灰、发闷、不透亮,在景深比较大的时候,感觉所有画面都清楚,又都不清楚,这时如果拿这种没做校正的影像放映,人眼普遍会觉得焦点不实。如果拍摄时开启 Detail 功能,画面就会清晰起来。当然 Detail 的功能并非一定打开,也并非值越大越好。关掉 Detail 功能,可以获得柔和自然的电影效果。如果我们想拍胶片的感觉,首先要把

Detail 关掉,它完全是一种虚假的电子增益,把亮度和暗度两个反差很大的色块,中间加一个线框,令我们视觉上觉得更清晰。

肤色细节调整(Skin Dtl),通过选用特定的色调,控制不同物体的肤色。当摄制一个具有强烈感情色彩的人物,创造性地改变或软化他们的面部表情,而其他场景需要保持平常氛围时,这种功能特别有用。在所选择的区域内,可以增强细节,当然也可以软化。Skin Dtl 是一个有趣的线路,通过它我们可以选择三种不同的颜色,控制某一种颜色的锐利度,它可以使你所拍的环境不变,艳丽的程度不变,只是你选择人的皮肤肤色,或者是其他任何你指定的颜色变得比较柔和顺眼。

拍不同的场景、不同的用途,都会按实际创意选择不同的参数,所以没有一个绝对的数值,也没有一个绝对的选择。

二、合成软件 After Effects 对画面色彩的控制

1. 调节特效

合成软件 After Effects 菜单 Effects/Adjust Effects 中有三个最重要的调色工具 Levels、Curves 和 Hue/Saturation。当然还有 Brightness&Contrast(亮度和对比度)、Channel Mixer(通道混合)、Color Balance(色彩平衡)等特效。

(1)Levels(色阶)的应用

我们知道,8bit 空间一共有 $2^8=256$ 个灰度阶。8bit 的 256 阶灰度刚好对应 Levels 中的 0~255 数值,基本上是肉眼分辨力的下限,稍大范围的调整也许会对画面造成不可逆的伤害。而 16bit 就不一样了,有 $2^{16}=65536$ 个灰度阶。在实际的制作中,16bit 经过灰度阶调整的画面不会让观众觉得有什么不舒服的地方。所以在 After Effects 里调色时我们建议使用 16bit 色彩深度。

Levels 可以调整图像的高亮、中间色及暗部的颜色级别,同时改变 Gamma 校正曲线,通过调节 Gamma 值可以改变灰度色中间范围的亮度值。主要用于基本影像质量的调整,如图 8-42 所示。直方图显示暗调、中间调和高光的总体分布,以帮助你确定需要进行的色调校正。

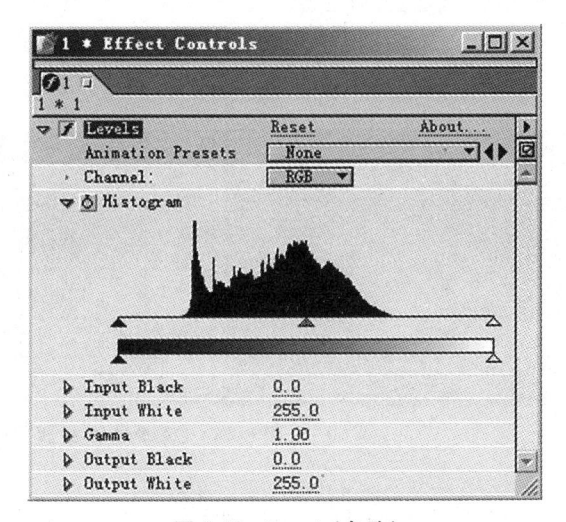

图 8-42 Levels(色阶)

通过图像的直方图图 8-43(彩图见正文后附图),可以看出图像是否有足够的细节。直方图中数值的范围越大,细节越丰富。缺少足够细节的图像即使可以校正,也很难处理。过多的色彩校正也可能会造成像素值损失和细节太少。

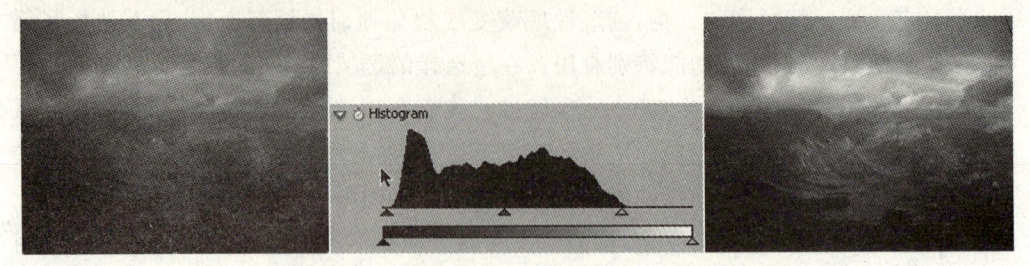

图 8-43　原图,直方图的调整,调整后的图像

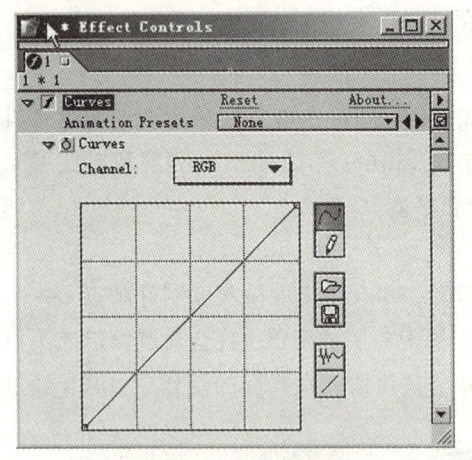

图 8-44　Curves(曲线)

(2)Curves(曲线)的应用

Curves 可以对图像的 R、G、B 通道进行控制以及调节图像色调范围。而且可以用 0~255 的灰阶来调节任何点的色彩。使用曲线进行颜色校正可以获得更大的自由度。你可以添加控制点到曲线上的任何一个位置,作出更精确的调整,如图 8-44 所示。X 轴为输入值,Y 轴为输出值,Gamma＝输入值/输出值。

我们看到图 8-45(彩图见正文后附图)中的调节方法就是常说的"S"形曲线。它让画面的亮部更亮,暗部更暗,能很好地拉开画面的层次。

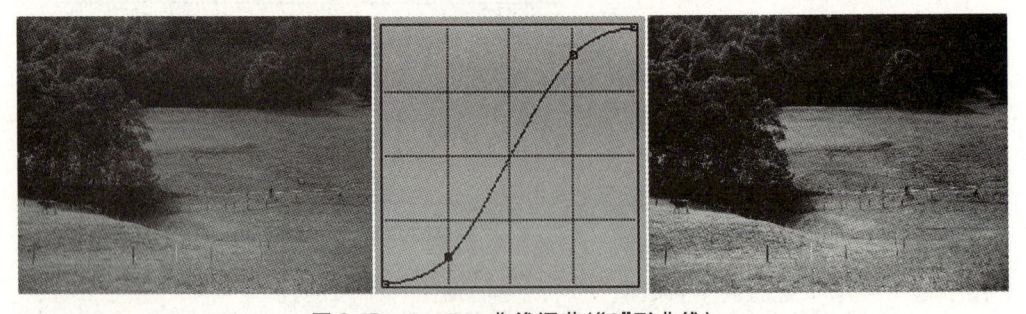

图 8-45　GAMMA 曲线调节("S"形曲线)

（3）Hue/Saturation（色调和饱和度）的应用

Hue/Saturation 可以调整色调、饱和度以及明度的色彩平衡。并可实现二级色彩校正，如图 8-46 所示（彩图见正文后附图）。

Channal range 是把色相环拉成了直线。在局部调色时，不是用选取区域，而是选择色彩范围，改变颜色。图 8-47（彩图见正文后附图），选择红色区域，两个竖杠是主体色，竖杠到三角形之间是容差值或羽化值。注意，如果不能很好地选择选区，可以先把饱和度和亮度调到最大，使选中区域与未选中区域反差拉大，以便观看；选好区域后，再恢复到需要调节的位置。

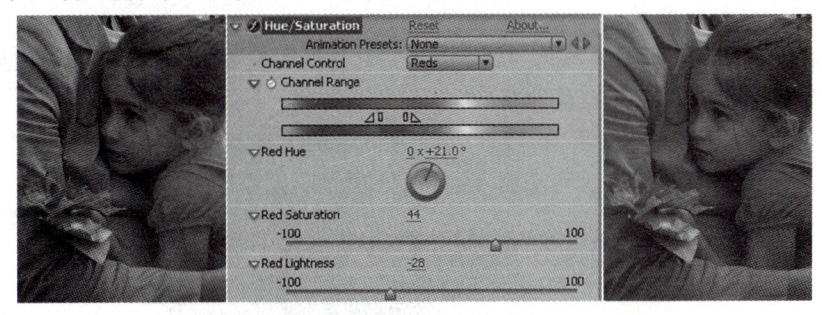

Hue/Saturation（色调和饱和度）　　色相环拉成直线

图 8-46

图 8-47　原图，调整红色区域，调整后的图像

Color balance 通过 R、G、B 通道对图像进行调节，分别调整颜色在阴影、中间色和高亮部分的值，如图 8-48 所示。Highlights，Midtones 和 Shadows 是按照画面中各个像素的亮度不同划分的三个亮度区域。

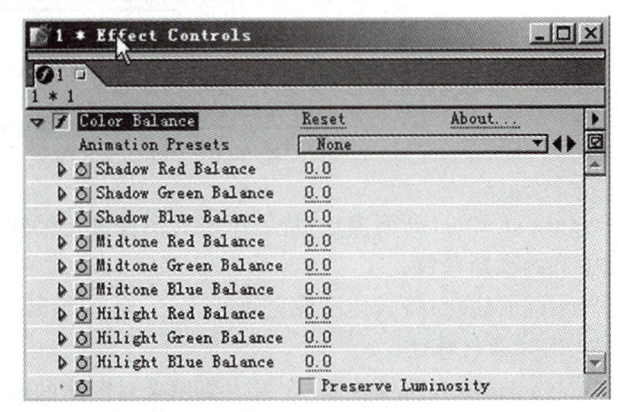

图 8-48　Color balance

Channel mixer 特效可以使用当前颜色通道的混合值来修改彩色通道,可以产生出灰阶图或其他色调的图,如图 8-49 所示。

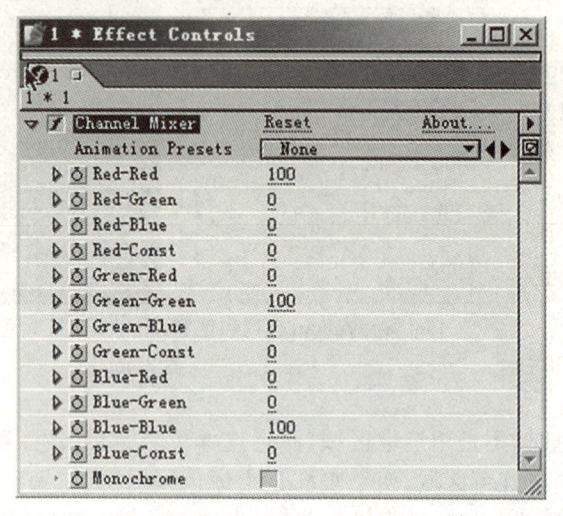

图 8-49　Channel mixer

2. 模糊与锐化特效

Blur&sharpen(模糊和锐化)特效可以对图像进行模糊或清晰化处理。还可以利用该效果模仿摄像机变焦及其他特效。

Directional Blur(方向模糊)特效可以为指定的方向进行模糊特效。例如用此特效表现出非水平和垂直的运动模糊,还可以处理光影模糊的效果,如图 8-50 所示。

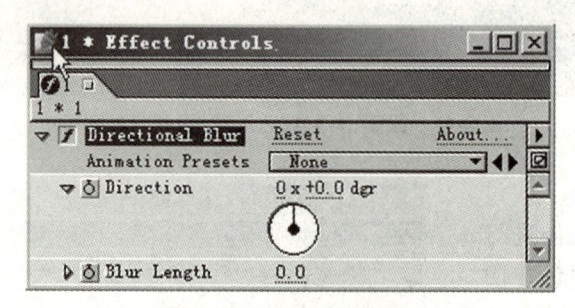

图 8-50　Directional Blur

Gaussian blur(高斯模糊)特效可以对图像进行模糊,并且可以在水平和垂直方向上做柔和的高斯模糊。

Sharpen(锐化)特效使图像更清晰化。

3. 图像控制特效

Image control(图像控制)效果主要用来对图像的颜色进行调整。

Change color(转换颜色)特效用于改变图像中的某种颜色区域的色调饱和度和亮度。可以通过制定某一个基色和设置相似值来确定区域,如图 8-51 所示。

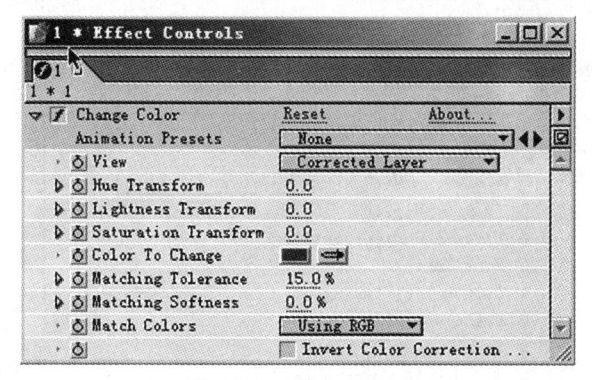

图 8-51　Change color

Gamma/pedestal/gain(伽玛/基色/增益)用来调整每个 RGB 独立通道的还原曲线值,这样可以分别对某种颜色进行输出曲线控制,如图 8-52 所示。

图 8-52　Gamma/pedestal/gain

Gamma 改变的是画面的中部亮度而将最亮和最黑点锁定住。所以提高 Gamma 值其实是提高了画面的整体亮度,中间亮度变化最大,越靠近两极亮度变化越小。

Pedestal 值的调节是将曲线作了平移。

Gain 改变的是曲线的斜率,亮部很多层次被亮截止而且画面的整体亮度被提起来了。但是最黑点的亮度依然不变。

4. 降噪特效

noise&grain(噪波与颗粒)特效可以为图像增加噪波,同时也可以去除图像中的噪波颗粒。

Remove grain(移除颗粒)特效可以通过取样去除图像中的噪波或颗粒,从而柔化画面,达到肤色以及画面的美化效果,如图 8-53 所示。

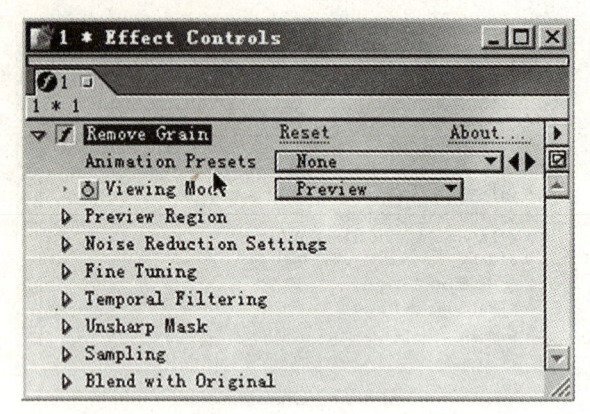

图 8-53 Remove grain

当然,后期制作中还有很多方法和手段可以对画面进行色彩和影调的控制,这里就不一一列举。

三、正确处理前期拍摄与后期调色中画面色彩控制的关系

在制作过程中,有些画面处理前期调节了,后期很难恢复;有些前期没调节好,后期很难弥补;有些前期很难调节,后期实现起来却很容易;这就要求我们能正确处理好前后期画面色彩控制的关系,以便达到最理想的效果。

1. 后期难以弥补的画面,前期一定要处理好

前期拍摄的画面必须尽可能地保留画面的层次(如果不能兼顾亮部和暗部的情况下,也必须注意保留拍摄主体的层次),在这样的前提下,我们在后期可以通过调节 Level 或 Curse 很好地控制画面的暗部、亮部和中间影调。

我们知道,模拟时代的摄像机其信噪比并不高,如果画面拍得有些偏暗,到了后期制作中把整体亮度(Gamma)提高的话,就会造成噪点的提高,人眼可能就会觉得有些不能接受。所以模拟时代我们在拍摄画面时追求的是曝光正常。高清摄像机的信噪比大大提高,所以即使画面拍得有些偏暗,到了后期制作时我们适当地提高画面的整体亮度也不会让人觉得因为信噪比降低而不能接受。在高清中细节量随曝光量的增加而减少,亮部还原能力很差,但暗部的还原率是非常强的,利用这个特点,我们在前期拍摄时可以适当地调整光圈,让整体亮度偏暗一些来保护更多的亮部层次。但是,如果高清的画面曝光过度的话,就会有非常大的问题,亮部就会损耗,而且这个损耗是不能还原的。如果我们能够按照高清的特性,透过调整摄像机内的电子线路把反差控制在一个可以承受的范围内,高清录像机记录下来的图像就

能达到高质量的画质。

Flare,杂散光校正功能,需要打开。前期如果不处理,导致影像模糊或变灰的现象,后期很难恢复。但如果要拍摄光斑效果,就需要关闭该功能。

Knee,控制及延伸高光部分。如果反差很大的场景,拍摄时打开,反差不大的时候关掉它。

2. 前期完成后,后期无法再复原的图像,前期处理要慎重,最好留给后期再处理

Detail 轮廓,打开后使你感觉增加一点虚假的锐利度,前期一般不要打开,后期可以通过调节 Sharp 锐度来达到,如果前期打开了,后期很难恢复正常。

Detail 的使用要掌握以下几个原则:

①后期转胶片的,关闭 Detail;

②后期要进行抠像处理的,关闭 Detail;

③有条件做后期的,前期拍摄关闭 Detail,影像在后期做 Sharp。

Detail 的值越大,噪波越大,因此要适度使用。

3. 前期可以处理,后期也可以处理的画面,尽量前期先处理好,后期再来弥补

有些虽然前后期都可以对画面进行处理,但往往处理的结果是不同的,而且有些后期的处理会带来画面的损失。如果后期没条件、没时间处理的,也要前期处理。比如我们拍摄新闻、专题片等题材,后期不可能有太多的时间和精力来做到每个画面的精细调色,所以前期就要处理好。

摄像机菜单中的 Gamma、Black Gamma、Matrix,后期调色也可以通过 Curves 曲线等特效滤镜来调节。

Wht Clip 拍摄时控制最高、最亮的部分,主要针对播出信号亮度的超标控制,后期可以通过 Effect/Video/Broadcast Colors 来完成。

景深可以通过前期控制光圈、摄距、焦距来控制,也可以通过后期二级局部调色来控制选区,然后对选取进行模糊(Blur),达到小景深的效果处理。

动态模糊,可以通过前期调节快门速度来控制,也可以通过后期的运动模糊来实现。

4. 前期处理不了的,后期可以处理的画面,后期处理

有时,前期拍摄场景反差太大,不可能同时保留暗部和亮部的细节,比如,我们经常拍来的天空没有层次了,我们可以通过后期来合成一个层次丰富的天空。

还有前期拍摄时,画面中有一些不可避免的,但我们又不希望看到的穿帮,我们可以通过后期的抠像(Key)、遮罩(Mask)以及蒙板绘画(Matte Painting)等手段来去除或替换。

总之,后期对前期来说是锦上添花的事情,而不是查漏补缺的。就是说前期拍摄时,尽量进行完美的画面控制,留下的不足我们再通过后期来弥补,不能确定的画面风格留给后期来处理。

四、画面的色彩监控

1. 视频信号的上屏

所谓上屏，就是把你使用的编辑软件的视频信号输出到电视机或者电视监视器上观看。电视节目播出最终是在电视机上，所以必须以电视机或者电视专业监视器为准，来监看画面的色彩和影调。电脑是逐行扫描，电视是隔行扫描，电脑上看电视画面有交错锯齿，但是同样画面到电视上一点问题没有。电脑显示器的显示方法和电视完全不同，你在电脑上看见的画面根本不等于在电视上看见的画面，所以不能用电脑显示器作为标准，只能作为参考。

一般专业的非线性编辑卡都能实现上屏，用它的视频输出接到电视机或者电视监视器上，来监视视频信号的输出。但是上屏需要硬件支持，同时也需要软件支持。不是所有视频编辑合成软件都能上屏，有的还需要安装插件的方法来实现。

使用 1394 卡，通过 DV 摄像机的内部转换电路来输出视频信号，或者用带有视频输出的显示卡，也可以实现上屏。但视频信号质量不能保证，只能用于非专业的影像制作。

2. 监视器（Monitors）

专业监视器是行业标准，和印刷行业的标准色卡是一样的。在标准监视器上调整好的画面可以保证在大多数电视机上的良好还原。没有标准监视器，那么从技术角度来说，你的生产设备就只能是业余标准。表 8-1 列出了专业监视器与电视机的区别。

表 8-1　专业监视器和电视机的区别

对比	电视机	专业监视器
价格	便宜	昂贵
色彩差异	100 台电视机就有 100 种色彩，误差很大	专业监视器相同型号色彩偏差极小，只要通过验证的机器，色彩就是标准的
相同屏幕尺寸下清晰度对比	底，一般电视机 300 线左右	高，正常都能达到 450 线
色温	9300K	6500k（很多彩监 6500K，9300K 可调）
色彩还原	看起来偏蓝，比真实色彩艳丽，人的肤色和实际效果相差很大	看起来偏黄，实际上色彩准确，和真实色彩接近，人物肤色还原准确

(1) 监视器在整个制作流程中的作用

首先,简单介绍一下监视器的概念。从产品设计来说,监视器很像电视机,但是从所起的作用来看,它跟家用的电视机是完全不同的。家用电视实际上是用来欣赏电视节目的,所以它要显示出更亮丽和更鲜艳的颜色。但是,监视器是用来评价一个信号的好坏,或者一个信号的质量。因此,监视器要十分精确、非常可靠、非常可信。不管是高清的监视器还是标清的监视器,它的任务都是一样,要把原始的信号忠实地重放出来,微小的错误都能够在监视器上看出来。实际上,监视器类似于一个测量仪器,测量信号的好坏。尽管监视器的作用是呈现信号的真实情况,但是大家都有经验,同一个信号源所发出来的信号,在电视墙上的多个监视器重放,可能有不同的结果。如果你面对多个监视器有不同色调的时候,就会出问题。

(2) 监视器颜色日常的调整

即使监视器符合所有的广播电视标准,有非常高的精度,如果没经过恰当的调整,仍然不能准确地呈现出图像。基本上有两类的调整,一个是有关色度、亮度和对比度的调整,另一个是色温的调整,也就是偏置和增益的调整。让我们先看颜色的调整。

为了调整颜色,我们首先要输入彩条信号,大家可以从图 8-54(彩图见正文后附图)看到每一路信号的图形,蓝信号是分布在四个条里,在标准的 75% 彩条里,相应的蓝信号在这几条里的幅度是完全一致的。监视器上一般都有一个只看蓝色的按键,我们按下去以后,只有蓝色的信号在屏幕上显示出来,因此我们只需要调整色度,使相应的亮度区域一致就可以了。用这种方法,可以使监视器能比较准确地重放出原始的颜色。

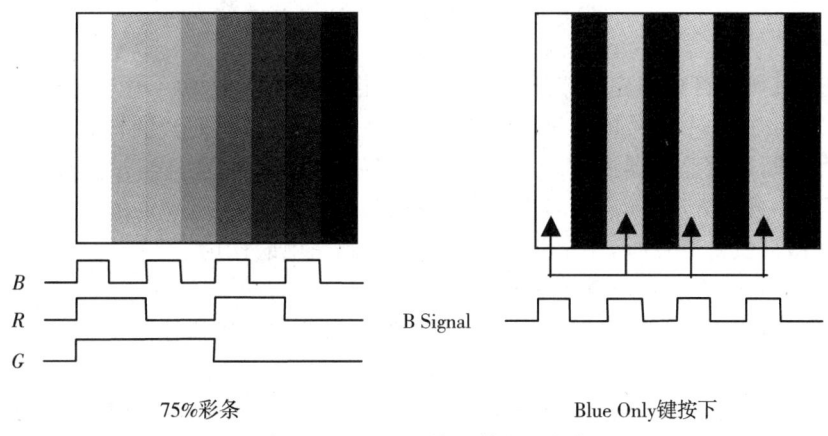

图 8-54 用 Blue Only 键调整监视器色度

有关亮度和对比度的调整,图 8-55(彩图见正文后附图)显示出我们在调整亮度和对比度的时候,不同信号的真正影响。亮度调整是让我们作黑电平调整、对比度调整才使我们将亮度层次拉开。我们调整亮度电平时,信号是向垂直方向整体移动。如果我们不正确地调整亮度,可能在亮的区或比较暗的区,信号发生混叠,细节分不出来。相反,如果我们把对比度放大或缩小,暗部的基点是不动的。

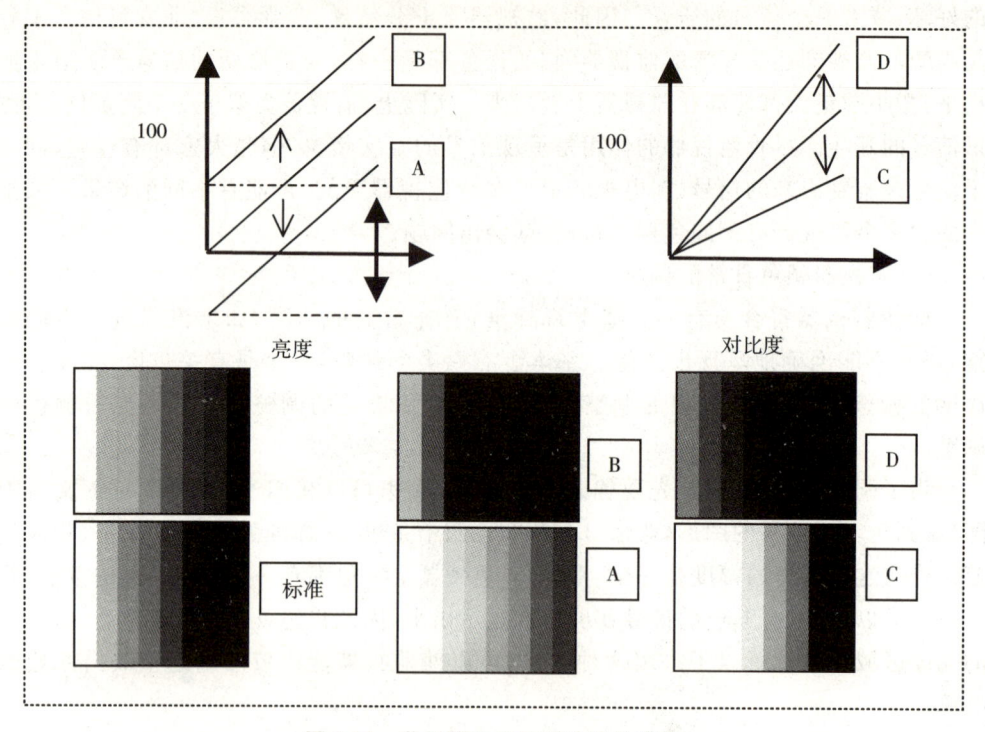

图 8-55 监视器亮度和对比度的调整

如果监视器符合相应的广播电视标准,不管是哪个厂家、哪一个大小的监视器,它们放在一起,同一个信号的显示结果应该是一样的。这就是所说的视频制作标准的图像,只有眼睛通过监视器才可以鉴别所需的图像,因此监视器是制作过程中非常重要的一部分。另一方面,随着信号质量越来越高,监视器也显得越来越重要了。请务必记住:在做高质量节目时,一定要注意监视器在制作中的作用。

3. AE 软件中的电视信号超标控制

调色后,我们有时要将对调整后的画面做一个整体的指标控制。

(1)Broadcast color(广播级颜色)特效

Video(视频)特效中包含的 Broadcast color(广播级颜色)特效用于校正广播级的颜色和亮度,以便图像在电视中进行精确的播放,而不至于超标(超出电视信号发射带宽的限制),如图 8-56 所示。

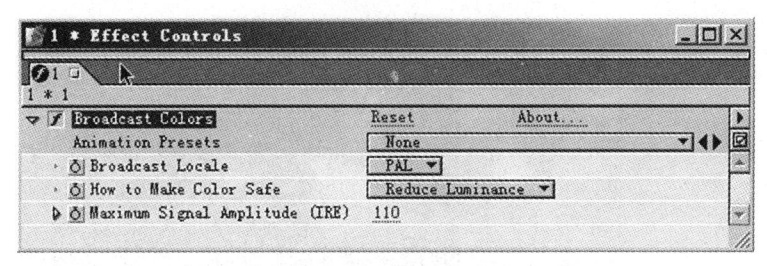

图 8-56　Broadcast color(广播级颜色)特效

一般110％电平是电视信号的最大值点,也就是说高于110％电平的部分全部被截止。而我们的原始画面中高于110％电平的部分主要是考虑到后期制作的方便而动态范围适当地放宽了一些。但是经过指标控制后要播出的画面其叠加了色度信号后的指标最大值不得超过110％电平。

(2)After Effects 的波形示波器

以调色插件 ViviClip Video Filters 中的波形和矢量示波器为例:

波形示波器(Waveform)是用来监看画面的亮度和对比度的(如图 8-57,彩图见正文后附图)。

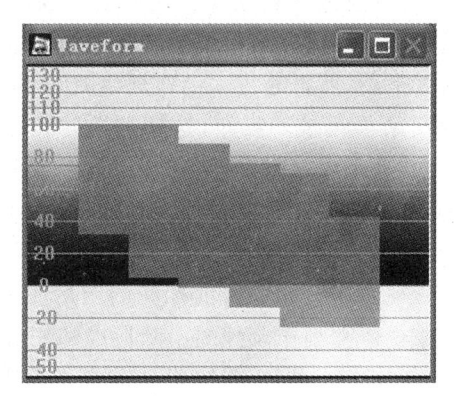

图 8-57　彩条信号的波形示波器

(3)After Effects 中的矢量示波器

矢量示波器是用来监看画面中色彩的色相位和饱和度的(如图 8-58)。

左图是调色插件 ViviClip Video Filters 中的矢量示波器的彩条图,右图是标准矢量示波器的信号图。矢量示波器顺时针方向的标准色相位为红(103.4 度)、品红(60.7 度)、蓝(347.1 度)、青(283.4 度)、绿(240.7 度)、黄(167.1 度)。示波器上显示的画面中的点离中心点越远说明某颜色饱和度越高。我们看见六种标准色相位都有一个"田"符号。该符号的中心点表示该色相位饱和度的最大值点,超过该点外说明色度超标。矢量示波器是我们判断画面大面积色彩倾向以及色彩饱和度的重要工具。

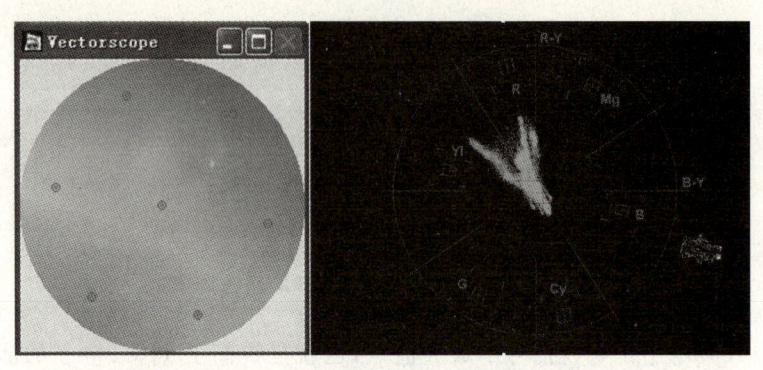

图 8-58　彩条信号的矢量示波器(彩图见正文后附图)

第五节　数字影视制作中存在的一些问题

目前,我国数字虚拟影像制作的行业规范和制作流程都还没有形成,还需进一步改进和完善,使其更加合理化。在我国影视制作行业中,技术、艺术都能很好地掌握,而且前后期制作都很了解的专业人员也很少。尤其是现在的很多 CG 爱好者和从业人员对影视的基础知识缺乏了解,没有学习过传统影视制作过程中视听语言的规律以及传统真实影像的特点,对摄影、剪辑等艺术创作规律缺乏了解。因此,在前后期制作过程中,造成顾此失彼的现象很严重。当然,这样的人才也很难得,也很难培养。但是,也不是不能解决的,国外进入数字制作行业的人,很多人是拿到技术和艺术两个方面的学位的。我们也可以在侧重一方面培养的同时,加强另一方面的培养。随着数字影视制作技术的不断发展,国外影视制作公司的纷纷进入,我们要形成一定的竞争能力,就必须关注整个数字影视制作行业中目前存在的前后脱节问题,促进我国数字影视制作行业不断发展,行业规范和制作流程的不断形成和完善。

随着国外数字影视制作技术的兴起,我国影视业也纷纷跟风,一时间数码制作成了电影、电视连续剧中的热门。但是,在影视制作行业中,存在很多观念上的错误。一种错误观念在于很多导演、摄影师认为后期制作是为前期拍摄"查漏补缺"的,而实际上,后期制作应该是为前期拍摄"锦上添花"的。制作过程中漏洞百出,前后期不协调的现象比比皆是。比如,前期拍摄的素材要在后期做抠像合成,而素材本身拍摄时没有达到抠像的技术条件,造成抠像效果不尽如人意。为了节省成本,赶工期往往应付过去就算了,影片质量严重受损。还有一种错误观念在于过分强调三维动画、数字特效的作用,不管什么题材、什么内容,一味使用三维动画、数字特效制作。而制作出的数字虚拟影像不能很好地去为所要表现的主题服务。随着数字影视制作技术的不断发展,我们制作出的数字虚拟影像中人物的动作和表情会越来越惟妙惟肖。但是,我

不相信数字人物能代替真实人进行复杂感情的表演，脸部复杂表情的流露，以及眼睛作为人类心灵窗户难以言表的体现。一个优秀演员丰富的面部表情所传达的信息是虚拟影像难以实现的。但是，虚拟影像以及虚拟人物也确实有它的优势所在。因此，我们在数字影视制作过程中，要充分研究数字虚拟影像的特点和优劣，扬长避短。在这些方面，国外比我们起步早，已经形成了一套较为完善的制作规范，我们应该积极研究借鉴，形成一套适合我国数字影视制作的规范和工艺流程。

下面介绍如何将传统真实影像创作中的一些观念应用到数字虚拟影像中去，以及如何做到它们的合理匹配。

在这里强调的传统真实影像是指摄影机、摄像机拍摄的影像，数字虚拟影像指的是电脑生成的图形图像或通过电脑制作的数字特效合成影像。传统真实影像是真实的，是在我们现实生活中可以看到或者可以实现的影像。数字虚拟影像是虚假的，是通过电脑产生的或通过电脑特技合成的影像。

我们在数字虚拟影像创作过程中，常常要把摄影（像）机拍摄的真实影像与电脑制作的虚拟影像进行合成。前期拍摄素材在数字特技合成技术中的匹配问题是要引起我们足够重视的，这种匹配包括画面的影调、色彩、光线、运动、位置、透视关系以及表演等方面。如果不注意它们的匹配，就会出现前后两张皮的问题。如果这些方面都去注意了，而且做到位了，那么，我们合成的虚拟影像才有可能让观众看得更真实，更可信。

在三维虚拟影像制作中，合理应用传统摄影、剪辑、音响效果技术及其观念，是我们应该刻意去注意的一个问题，也是不可回避的一个问题。我们知道，在三维动画制作过程中，除了建模、材质等工艺过程以外，还有灯光、摄像机的建立与设置，以及摄像机镜头切换等问题。我们也要为虚拟场景布置灯光、设置机位、选择景别、镜头焦距以及摄像机的运动，并通过剪辑或层与层的过渡来组接镜头，串接影片产生节奏，还要为制作完成的影像配上可信的真实音响、音乐，使其更加感觉熟悉和可信。这些问题其实都是传统影视创作技术手段在数字化虚拟影像中的应用，它们的创作规律都是相同的。当然，由于虚拟影像制作手段的特殊性，也会有许多不同之处。我们在传统摄影中，由于受到空间的限制，摄影机以及灯光的摆放位置和运动是受到一些限制的，比如，灯具位置不当会穿帮，摄像机做各种复杂的运动，甚至破墙而出就不太可能，而在虚拟场景中这些却轻而易举。

我们还应该重点关注的就是数字虚拟影像的逼真性研究。就本质而言，CG仍然是讲故事的一种手段，它所具有的高度的、无所不能的"仿真性"（再现性）使我们这些讲故事的人有了更多的想象和创作空间。"仿真"不是狭义的仿真，它必须是能够作用于观众，让观众相信自己看到的影像，进而入戏的。

2004年1月4日，"勇气号"在火星表面的古谢夫环形山区域成功登陆。伴随着登陆成功的喜讯传遍全球的是一段全CG动画，这是以电影纪录片的方式，展示了火星探测计划中所使用的技术;同时也为全球关注火星探测项目的人们奉上了一场精彩的CG"实况转播"。这部令世人瞩目的CG动画的作者Daniel Maas说:"我的绘画功底其实很差,我最大的长处在于摄像机角度的设置和镜头的剪辑,这就是因为我看了太多电影的缘故。"在这个项目中,Daniel面临的最大挑战是如何以精确而生动的镜头让观者信以为"真",甚至达到让火箭技术专家也满意的程度。关键在于高分辨力的数字模型,以及获取地球、火星的精确地理环境数据。他的动画如好莱坞般的场面调度,为了使计算机生成的图像更可信,Daniel还通过多种方法来营造电影胶片的效果。整段视频是以电影制式——每秒24帧来渲染和编辑的。此外,添加的电影效果包括相机抖动、镜头光斑和胶片颗粒,这些有意的画质降格有效去除了计算机渲染产生的生硬感(见图8-59)。

图 8-59

我看完这个片子,认为影片让人感觉真实还有一个很重要的原因,就是他充分利用了大气透视关系的特点,使得场景更加真实可信。以前的影像主要来源于摄影机、摄像机,现在来源于电脑制作的数字虚拟影像越来越多。但是,现在做三维的很多CG爱好者一味追求的是建模、材质的逼真性,但很少有人会注意到几何透视、大气透视规律,这就造成虚拟影像不真实的效果。

透视所研究的是在某确定视点用人眼观察(或用摄影镜头、画笔等再现)客观景物时,在人眼视觉(或所摄照片、所绘图画)中,各不同物距之物体(或影像、图形)的轮廓形状、立体形态、体积大小、相互比例、彼此间距以及影调、色调等,与其客观实际情况(如各物体的真实形态、真实远近空间位置等)间的相互关系。

人眼观看景物时存在着下述规律:

①线条透视规律(又称几何透视规律):近大远小、近高远矮、近宽远窄、近粗远细、

近厚远薄、近深远浅（指纵深方向）、近疏远密、近散远聚、俯视时近低远高（近处物体在画面中的位置偏低，远处物体在画面中的位置偏高）、俯视时近高远低的视觉现象。

②大气透视规律（又称影调透视规律）：近实远虚（近处景物轮廓和层次清晰，远处景物轮廓和层次稍模糊，而远处景物中又以暗部层次的损失为多）、近暗远亮、近浓远淡、近艳远素、近处景物明暗反差大、色对比强烈、色调丰富、色彩饱和、鲜艳，远处景物明暗反差小、色对比微弱、色调贫乏、色彩不饱和、平淡的视觉现象。

当然，我们也可以反其道而行之，抛开逼近传统真实影像真实性的原则，制作出不同于传统真实影像，传统手段不可能实现的影像效果，达到我们想象中的意境，来进行艺术创作，体现数字影像的优越性。

2004年春节，中央电视台科教频道播出的大型系列纪录片《复活的军团》，探寻秦始皇兵马俑之谜，其独特的历史解读视角、宏大的场景、真实入微的细节，引起了很大的轰动和赞誉。但里面几个CG镜头显得突兀而且幼稚。这种题材原本是CG最有用武之地的。导演金铁木说："这是一次经典的失败案例。无论从内容还是从成本考虑，《复活的军团》这种战争题材的纪录片都是最需要CG的。宏大的战争场面，如果CG用好了，我用一千个演员就能制造出十万大军的气势，这在影像方面就会发生质的变化的。首先我自己不懂，当时只知道要什么效果，但我不知道这些效果有没有可能实现，要怎样才能实现。另一方面，我们那个摄制组的CG技术人员也不够专业，他们没有足够的技术实力和经验来帮助我实现我要的效果。"

在数字影视制作过程中，建立合理的前后期统筹安排的工艺流程，是最终实现数字影视制作效果的关键。制片方和导演必须有足够的意识去了解和学习CG技术。而CG制作公司和制作人员也要主动提出自己的观点和想法，为导演提出建设性的设计方案，作为制作人员不仅要懂CG技术，更要懂视听语言在虚拟影像制作中的应用。前期策划、拍摄过程中，导演、摄像要了解后期制作工艺，视觉效果监督提出并绘制最终镜头效果的预生成图或预生成影像，提出最终合成影像对前期拍摄素材的要求。后期制作人员尽早介入前期拍摄，甚至策划、编剧过程中。后期制作过程中，要根据影片风格、内容，来采用相应的表现形式。最终使前后期制作界限模糊化，使数字影像达到完美、和谐的统一，达到相得益彰的效果。

第九章　电视节目专题制作

第一节　电视新闻节目制作

一、电视新闻报道方式

电视新闻可分为影像新闻、口播新闻、图片新闻和字幕新闻等几种方式。

影像新闻：是电视新闻中最常用的报道方式。要求记者在现场迅速判断、抢拍能反映事物本质，有新闻价值的生动鲜明的形象。在后期制作中，注意联接的逻辑性、连贯性，运用特技手法，对跳画面进行弥补，以达到最佳的视觉效果。

口播新闻：是以播音员出图像播报文字新闻稿的方式报道新闻事实。口播新闻常运用抠像等特技手段，配以照片、图表、地图、实物、标题字幕和活动背景资料形象等，使口播新闻进一步体现了电视的特色。在制作口播节目或采访时，尽量不要采用完全的讲稿，因为当上镜人阅读讲稿时就只能偶尔看一下镜头，这样就会影响上镜人的眼睛与观众交流。然而，有时播音员记不下稿子，或被采访人不能做到无稿准确、流畅表达时，可以采用提示卡、提词器或其他提示工具，对于不熟悉使用提示卡或提示器的被采访人，就应早点提供给他们做练习。注意提示卡或提示器一般情况下要放在摄像机镜头前的位置，以防上镜人的眼睛斜视。

图片新闻：是在后期剪辑中，把有联系、合乎逻辑的图片组合起来，来弥补缺乏新闻现场摄像画面的不足，扩大新闻报道面。

字幕新闻：是用字幕机在电视屏幕上打出字幕，以最简洁的文字，向观众传播最新的新闻信息。在电视节目播出中，每当有重要新闻需要及时传播，又不中断正常的节目播出时，常用字幕处理。以简练的文字打出字幕，在画面下方以向上下滚动或左右移动出现。

二、现场报道

现场报道，颇受观众的青睐。许多政治意义重大、时效性强的题材，采用现场报道形式播出后，产生了较好的效果。它的优势在于：时效快、可视性强、可信性强、参与感强，声画结合、互相补充。现场报道缩短了采录与播出时间上的差距，增强了时效性，报道及时，使观众的关注程度也就增强了。

现场报道一般由记者的现场采访、现场观察、画外音解说几部分组成。现场解说，不仅能更多地传递信息，更主要的是可以和同期声一起反映事件的进程。现场采访指

记者与新闻事件当事人、知情人和目击者的采访交谈,是最能活跃气氛,使人信服的一部分。画外音解说,是现场报道的补充部分。可分为两种,一种是记者现场解说中插入新闻资料的部分,另一种是现场画面或记者观察的画面,配画外解说。固然,后期制作可以弥补前期拍摄的一些不足,但现场报道较之其他形式后期制作的灵活度要小得多,因为声音和画面不易分离,事件过后,新闻现场已经消失,补拍补录已不可能,前期的失误便很难挽回。

现场报道在表现形式上,力求有现场感、纪实感与参与感。手法上采取现场抓拍、抢拍,甚至偷拍,画面不加修饰,给人以真实的美感。在编辑手法上尽量少用解说词,大量使用同期声,必须交代的背景材料采用打字幕的方法,用这些手段发挥电视传媒的特有优势,实现画面、语言、音响三元素的综合效果。

三、电视新闻直播

时效是新闻的第一生命。在电子技术日益发展的今天,传统的"画面加解说"式的简单剪辑依然被大量采用,采拍人员及技术手段综合调动运用的积极性难以体现,许多鲜活的新闻在不知不觉中淹没了声息。电视新闻直播,大大提高了节目的时效性。重大新闻事件更多地采用现场直播传送,使采访、报道与传播同步化。电视新闻直播有两种,一是重大事件的新闻现场报道的直播,二是新闻节目演播室里的新闻直播。

电视新闻节目直播时,导播需考虑的要点:

(1)要使每个人都知道节目的开始时间、编排程序、出现混乱会导致错误的播出。

(2)指定专人负责字幕、图表,检查字幕是否有错。

(3)用正式的节目串联单对照录像片,检查录像的次序是否正确。

(4)事先了解后面的主要事件,并准备几个备用的录像片,以替换出现意外问题的录像片,如现场信号出问题或录像卡片或断片等。

(5)电视新闻播出的时间是很严格的。意外的新闻事件会立即改变原先计划好的播出,所以要做到又快又准确地算出所有节目段落的时间、运行时间、节目时间和结束时间。

在新闻直播中,演播室导演要给播音员(主持人)提示时间,以便播音员掌握播出时间。导演可以运用干涉反馈机(IFB),一种不显眼的由播音员佩戴的耳机,导演只要在控制室中按一下键钮就能与播音员直接说话了,即使在播出中也能说话,但运用干涉反馈机要十分谨慎,由于播音员在播音的同时听另一个指挥的声音是很困难的。

四、电视新闻节目制作

精品的创作,需要经过采访、选题、拍摄、解说、编辑、制作诸多环节。有了好的主题,如果没有好的构思、好的角度、好的内容、好的制作,仍不会成为精品,就如红花还需绿叶衬一样。有时往往因为一道小工序,如字幕的构图、字体、节奏运用不当,也会破坏整个片子的整体情调。

1. 前期拍摄

重视拍好画面,用镜头语言说话。要使镜头语言成为观众所能理解和接受的语言,就要求记者在构图、布光、镜头运用、画面组接等方面下工夫。电视新闻画面必须做到真实,不能为了构图的美丽和场面的壮观,把在日常生活中从来没有或根本不可能在一起的人和物集中在一块儿,也不应指令被拍摄对象表演他们从来没有,也不应该那样做的动作,而应该使新闻摄像成为现实生活的写照。要使电视新闻画面充满表现力,按照构图的原则,每个画面都要有一个中心,要有特别吸引观众目光的一个点,不管一个镜头有多少人和物,总应有一个主体或一个群体中心。对于主题需要的,观众想要多看的画面,要重点拍摄。

我国文艺界的泰斗夏衍先生说过,采访摄影关键是"挑、等、抢"三个字。"挑"就是挑选能反映本质的事物、动作、表情、言语;"等"就是要善于等待,拿着摄像机,等待最好的一瞬间才按电钮;"抢"就是把那种感人的带有典型性的情景出现达到的刹那,迅速记录下来。要想拍到真实、生动、感人的镜头,要求记者多采用抓拍,即挑、等、抢的拍摄方法。抓拍的镜头可能会出现光线不理想、构图不完整,甚至镜头摇晃等缺陷,这些比起它的真实、生动形象,算不了是什么缺点。例如,在记者跟随干警抓捕罪犯的过程中,记者采用不间断开机拍摄,虽然画面构图残缺,甚至镜头被遮挡,一片漆黑,但正是由于有这些摇摆的运动画面和现场背景声的存在,才保持了电视画面声音空间的真实感,才使新闻充满魅力。在后期制作中,对这一过程的叙述也未加一句解说词,采用长镜头再现过程本身,尽管同样有画面构图残缺甚至个别调焦不清、现场声杂乱的缺点,但也正是这一切完全传递了当时现场本身特有的信息,因而使报道更加真实可信,也就更加突出了报道主题。

2. 后期剪接

后期剪接,必须深刻体会本片的基调,根据片子的基调,选择最能说明主题的镜头,尤其将细节镜头用活、用好。记者拍到好的镜头,还需要讲求编辑技巧。因为电视新闻短,场景变化多,所以它的剪接要"切"得巧妙。它的句型应以跳跃型句子为主,而由特写到全景,或由全景到特写,两极景别的跳跃。电视新闻画面结构和写文章一样,要讲求句法,要有段落、有层次、有过渡、有开头、有结尾,做到自然流畅,不使人产生风马牛不相及的感觉。电视新闻不同于其他电视节目,据统计,目前每条电视新闻平均只有七八个镜头。电视新闻的导语画面,也就是一条新闻开头的画面,就必须引导观众尽快进入,准确理解新闻内容。所以,要把最能表达、说明、展现新闻主题的画面内容安排在开头。

3. 特技与字幕的运用

特技手段作为一种特殊的画面语言,在电视镜头的组接和画面语言的表现方面也越来越多地被采用。记者、编辑选用一些淡入淡出、叠化、翻页、划像、定格等特技手段,来弥补画面语言的不足。如山西电视台《"老井"已不再是那个"老井"》这条新闻,

后期编辑时,在片子开始是太行山,记者开车行进的镜头上叠加了地图,使观众随着电视新闻的解说、画面、地图,直观地了解了记者拍摄这条新闻采访地的方位。有时为了弥补镜头与镜头组接过程中跳的问题,大多数编辑采用淡入淡出的特技手段,使画面语言自然、流畅。不过,特技手段在电视新闻中运用恰当,会提高电视新闻的整体效果,给人留下美好印象。反之,则会有画蛇添足之感。

电视新闻的特技编辑不同于电视广告或其他艺术片的特技处理,电视新闻的特技编辑最初的功能主要用于连接一般编辑手法无法连接的镜头,而后才延伸出现在的许多功能。在电视新闻中,特技必须服从新闻真实性、纪实性这一要求,服从或服务于新闻主题,应该坚持"非用不可的用,可用可不用的不用"这个原则。例如,1992年优秀电视新闻中《北京二环路改造工程通车》一片中,编辑使用大段叠化等特技手法,有效地表现出北京二环路的宏伟场面,烘托了主题。有专家曾说,该片之所以在强手如林的好新闻中获奖,很大程度上得益于特技的处理。山西台《大寨人走出虎头山》这条新闻,在后期制作中,技术人员根据编辑意图,大胆使用电视特技手段,如叠画、字幕、运用历史资料等,既增加了信息量,增强了可视性、说服力,又烘托了主题,衬托了主题深度,获1992年度中国电视奖一等奖。飘动的字幕介绍、新颖的图表、简短镜头的组接,具有信息量大、表现方法灵活的特点,看后印象很深。在事情发展到一定阶段,采用定格的方式,并且在定格画面上加以文字性的评议,使瞬间的情感撞击得到宣泄和延续。

4. 解说词与同期声

电视新闻以画面为基础,强调应用镜头语言,但绝不否定、低估文字解说的表现力。在电视节目中,文字解说与画面的关系也同声音与画面的关系一样,叫"声画合一"。文字解说与画面的"合一",不是指文字解说对画面的简单重复、图解。解说文字与画面的"合一"应当起到开掘画面内涵的作用,即以文字深化画面。播音员配音是片子的最后一关,由于播音员一般不出去采访,所以为了把握片子的基调,播音员必须反复看片子、看稿子,找到感觉、准确定位,不能随心所欲、任意发挥。

同期声是指在拍摄人物讲话时,在现场录下的讲话声和背景声。同期声对纪实性节目的创作尤为重要,因为声画合一的同期声代表完整的现实真实,虽然讲话人的声音未必标准纯正,但是这恰恰是电视纪实美学特征的体现。

同期声有以下几方面的作用:①同期声可以表达观点;②同期声具有增强新闻真实感、现场感的作用;③同期声具有权威证词的作用;④同期声可以塑造人物;⑤同期声具有交代新闻事实发生的背景和气氛的作用;⑥同期声可以增强画面的运动感、速度感;⑦同期声可以作为解说词贯穿全片。

ENG的使用,使录像、录音一次完成,极为方便,为同期声的大量运用提供了良好的条件。于是,中央台的《焦点访谈》、《东方时空》等节目大量运用同期声,使电视新闻产生了从未有过的纪实效应。在电视新闻中能用同期声的要尽量用同期声,应该把画面加解说的新闻,减少到最低限度。

第二节 电视专题节目制作

电视专题节目的题材非常广泛,包括新闻时政专题、纪实性专题、文艺专题、人物专题、风土人情、文化生活、科技、卫生、体育等内容。

一、电视栏目

电视节目栏目化,是电视编播工作走向成熟的标志之一。从宏观上看,栏目化意味着时间的合理分割与有机结合。电视台每周每日播出的节目系统,正是由诸多定期、定点、定量和定位的专栏所构成。电视专栏节目在制作时就应更加注意对事件的广度和深度进行报道。对被摄体所做的拍摄与编辑就要比其他动态类节目的拍摄和编辑更加"透彻"。

杂志型是栏目构成的一种方式。在表达方式上,可以运用现场纪实、专访、座谈、口播、编后述评、热线电话、绘画、动画多种体裁,灵活多变,达到杂志的统一。

在栏目制作过程中,要明确栏目的外显特征,如栏目名称、栏目标识、片头、宣传语、字幕方式、特定音乐、话筒标志、演播室布置、主持人风格等。在众多的传媒中,电视使用的传播符号最多,除了图像、声音以外,特技、字幕、照片、色彩、灯光、人物服装,包括主持人的表情、手势动作都是传播符号。

电视栏目的后期合成通常包括:栏目头、主持人串接、字幕特技等方面的内容。栏目头通常是电视栏目中最重要的包装部分。在当前的电视栏目中一般都有一个大栏目片头,若干个小栏目片头。我们在平时制作电视栏目时经常会将大栏目头重复使用。这样一方面可以强化观众对该栏目的认识程度;另一方面它又可以作为栏目的隔断使用,对调整栏目节奏可以起到一定作用。主持人串接式主持是当前电视栏目中较流行的一种串接方式。在一个整体的电视栏目中,主持人像个"导游"又像个"评论员",这样有助于节目的收视。另外,在电视栏目串接的过程中,主持人可以通过自身的外观形象、内在气质、个性化语言去吸引观众成为本栏目的观众。

在节目的制作过程中,我们要根据观众的心理特点来制作节目。少年儿童的心理特点是最容易注意色彩、字幕、特技的变化。在欣赏节目过程中,孩子们绝对不会满足于一般的镜头剪接和呆板的情节记录,他们喜欢新、喜欢奇,喜欢色彩斑斓的画面,变化莫测的特技。科技短片符合观众收视心理,短小精炼。一部科技专题片如果篇幅过长、知识点太多,容易使观众产生疲劳感,注意力下降,影响收视效果。

在电视栏目合成的过程中,大量使用了特技和字幕。其中,特技的使用可以增强个体画面的视觉效果,增加电视栏目的观赏性。在电视专栏节目中大量使用字幕有以下两条功能:①对画面中的一部分内容起强调作用,改善一部分画面的原有"语言"形式。②对一些采访或一部分重点内容起提示作用。

电视字幕在节目中起着补充、说明、强调画面内容及解说词的功效,在外宣节目中尤其面对存在语言障碍的观众,恰到好处地运用字幕,能解释、说明节目内容,扩大信息量。运用图表,可以让观众一目了然。

二、电视纪录片

电视纪录片是电视节目中一个独立的片种,是具有相对完整性和独立性的节目形式。它自成结构,可以独立播出,也可以作为专栏节目的一部分在栏目里播出。

电视纪录片在记录事物的过程中,更多注意的是时间和空间的连续性,是追寻着事物发展的脉络、轨迹进行跟踪拍摄。纪录片常常采用长期跟踪、连续采访、同步记录的伴随式取材方式,以保证事物的时空运动关系的完整和同步记录的真实。它常常采用长镜头,捕捉一个个场景中能够表现作者立意的画面、同期声和现场效果声。对纪录片来讲,短镜头的运用仍是不可少的。在纪录片中长短镜头各有各的功能。短镜头可以大大压缩事物发展过程中时间的长度和空间的距离,而长镜头则可运用镜头内部的蒙太奇,真实、自然、浓缩地表现能够体现立意的内容。拍摄这样的长镜头,需要摄像师对整个片子的创作意图有深刻的参与意识。摄像师对创作意图领会得越深,对长镜头的运用就会越自如,镜头的表现力也就越强。拍摄长镜头,在特别关注镜头流畅和表现力的同时,同样需要尽可能注意镜头的构图和规范。在运用镜头摇、移、跟,追寻事物焦点的时候,有时会出现通常称为"毛边"的不规范镜头。由于它的真实感比较强,对于这种镜头的运用,常被称为"毛边艺术"。纪录片《望长城》严格地遵循了纪实主义创作方法,运用长镜头加同期声的拍摄方法,片中的主持人跟随长城遗迹走,摄像机又跟在主持人身后走。这种"追踪再追踪"的拍摄,以及仿佛不加修饰和控制的现场抓取、发现的方式是纪录片创作常用的。

在实践中,许多创作者并不理解声音与画面之间的关系,以为摄像就是拍摄图像,所以,拍摄时不开话筒,这样记录下来的对象已不是事物的运动状态,而只是它的形象了,摄像的纪录功能在这里已大大地打了折扣。镜头的组接要通过画外音或字幕保持时间和空间的连续性。现场同期效果声音,是纪实性纪录片不可或缺的组成部分。尽管在专题片中现场采访也常常被采用,但它只处于辅助性地位,作者只是为了体现真实。由于同期效果声的大量运用,不但大大加强了纪录片的纪实性、现场感和真实感,而且可以使片中的画外音解说减少到最低限度。电视作为一门综合艺术,画面、同期声和解说等视听要素,不论是在电视专题片中还是在电视纪录片中,都是创作人员在考虑片子的构思和结构时必须同时兼顾的重要因素。

声音的运用在纪录片的创作中十分重要,它由三部分组成:解说词、音乐和同期效果声。解说词在节目中起着介绍时代背景、叙述事态发展、阐述作者的观点等作用。它可以说明、补充画面内容,引导人们想像、联想,更深地表达主题的功效。应尽量做到简洁明了、浅显平实。方言在后期制作要加上字幕,使观众一目了然。纪录片中音乐的运用是表达事件发展和人物情绪的最好手段,它的运用原则上应当是音乐服从于内容,而不能服从于画面。在实际操作中,音乐的运用可能是音乐专家们为该片创作的乐曲,也可能是从其他音乐作品中选择借用过来的。前者能与内容密切吻合,充分调动观众的视听感觉,达到渲染和烘托气氛,增强纪录片艺术欣赏性的目的。后者效果略逊于前者,却是创作中常用的手段。同期效果声在纪录片中的作用是解说词和音乐所不能代替的。首先,它能表达现场拍摄时的环境气氛和现场效果,可以塑造被拍摄人物的性格,营造某种情绪的意境。其次,它能将观众由被动旁观的位置变为主动参与的位置,可以引起观众强烈的思想共鸣,产生身临其境的感觉。因此,同期效果声在纪录片的创作中被广泛地采用。在录制同期声时,为消除被采访者的紧张感,话筒离得比较远,有时则采用挑竿话筒。无线话筒是搞纪录片的重要工具。它有独到的好处,尤其用于隐蔽偷拍,一个人带上无线话筒,混入人群,随意聊天,摄像机远远地架在几百米之处,用长焦距镜头拍摄,声画并茂,真实自然。

电视纪录片的节奏形成有诸多方面的因素,但主要的因素可分为叙述性节奏和造型性节奏。①叙述性节奏:根据片中人物情节或事件发展的变化形成对观众情绪的变化。②造型性节奏:运用电视艺术或技术手段反映内容的节奏变化。例如,摄像机运动的速度,后期编辑过程中镜头组接、特技使用以及音响处理、变化技巧等诸多因素形成的节奏。

纪录片的节奏对于观众来说是一种情绪的感受。但节奏的变化必须以吸引观众的兴趣和引起观众的感情共鸣为目的,否则将是毫无意义的。在实际运用中,叙述性节奏和造型性节奏往往是相互结合起来使用的。

题目问题:题目要鲜明简练吸引人。俗话说:眼睛是心灵的窗口,题目可以说是选题的眼睛。一个好的节目应该有吸引人的题目,因为它是观众的第一印象。所以,题目一定要简练、鲜明,使人一看就懂。如:《雕塑家刘焕章》、《摩梭人》、《山村婚礼》,这些生动、形象的题目,增强了宣传效果。

三、电视专题片

电视专题片往往比较注重画面的可视性。增强画面的可视性从表现形式上来说,一方面是在前期拍摄中追求画面构图的美感,让观众看起来觉得"好看";另一方面是要在后期制作中讲究编辑的技巧,使连续运动的图像衔接得流畅自然。还要注重特技手段来丰富、强化画面的表现空间,增强观众的收视兴趣。在《毛泽东》一片中,结尾用几十张主席不同历史时期的照片快速翻动,然后将书盖上的特技形式作为结束,使人们可以对主席一生的功过进行各自的评说留下余地和空间。

电视专题片的前期拍摄或镜头资料的选择和运用,注意较多的是镜头画面对说明主题的典型意义和画面的形式美,即构图、用光等造型艺术效果。在许多专题片的拍摄中,除了注意抓住能够把事物关系交代清楚的全景、中景及某些特写镜头外,对于能

够交代事物细节和情绪的中近景、近景,特别是特写镜头往往重视不够。推、拉、摇镜头运用较多,跟和移的纪实手法很少使用。为了获得能够说明主题的镜头画面,组织拍摄或重演的情况常有发生。不论是记者自己直接拍摄的镜头,还是选用别人拍摄的资料镜头,往往以概括力较强、能直接说明主题的为主,对生动具体表现事物细节的镜头,常常被视为"繁琐"而被忽视。

烘托主题的音乐,专题片的音乐需根据所报道的内容中的每段情节都有所不同,比如悲和欢、憎与恨以及镜头编辑的快慢节奏等,因此音乐的运用必须随着画面、解说的情节节奏恰如其分地出现在观众的视听之间,音乐在整个电视片中起着深化感情、渲染气氛的效果。

在现实的电视屏幕上,专题片手法与纪实手法并用,介于两者之间的电视片并不少见。

第三节 电视现场节目制作

一、综艺节目

综艺节目是一种采访、音乐、歌舞和相声节目的大杂烩。这类节目一般采用不完整剧本或完全没有剧本的摄制,只靠非常准确地表明各段落的内容和时间的提纲。导演利用提纲作指导,设法事先设计出拍摄镜头。通常,复杂的节目在摄制前都要经过排演的。

对于采访、讲话这类节目的摄制,大多数导演都有一套摄制的方法。例如,用三台摄像机摄制,中间一台摄像机用来拍摄专题节目参与人的全景镜头,边上两台摄像机用来交叉拍摄参与节目的人。导演确定了基本的拍摄方式后,在摄制中就主要靠摄像师能动地拍摄各种镜头了。

现在电视文艺舞台上看到的表演不是简单的舞台、剧场的搬家,而是比剧场丰富得多的再创作。

1. 歌曲节目

(1)字幕强调:在两段歌词的中间或两遍演唱的中间插入或叠进画外音或文字性的字幕语言,表示演唱者对观众的祝福或表述自己的心愿。它可以烘托演唱者的情绪,沟通表演者与观众的情感,丰富电视画面的含量。

(2)叠加历史资料镜头:在歌曲演唱的同时,插播或叠加历史资料镜头,使节目的内涵更为丰富,可视性更强,但资料一定要符合歌词内容或歌词意境。

(3)两种艺术形式的叠画:以歌唱为主,叠入另外的艺术表演,用特技画面传达信息、活跃画面的动态。比如歌伴舞,演唱与时装表演等。

(4)内外景叠画:有些歌曲的内容有情节性,为了加深观众对歌曲内容的理解,采用内外景结合的手法,艺术地表现这种情节性。

2. 音乐节目

要避免把乐队重要的组成部分安排在摄像机不易拍到的场景上。当了解了要演奏的具体乐曲后,要反复多次地细听这个乐曲,直到构思出准备给观众观看的形象。必须根据布置来计划镜头,而布置要与演奏相适应。此外,在摄制音乐节目前,要检查一下内部联络系统的音量,因为音乐的演奏常常是很响的,它的音量往往会压倒较弱的内部联络系统,而使摄像师无法听清楚导演的指令。

导演在前期应准备一张现场草图,并根据它决定摄像机和话筒的位置,画出现场摄制的布置图。

图9-1是一台大型文艺晚会的机位布置图。晚会转播系统共使用了七台摄像机,其中:1号机重点拍摄主持人;2号机作为全景机位也加上广角镜头;3、4号机为摇臂摄像机,并加装了广角镜头;5、6号机为流动机位,加装了斯泰尼康摄像机避震器和广角镜头;7号机为远景机位,通过加长的视频电缆接入系统中。特殊摄像装置的使用,加上机位的合理布置,可以增强晚会电视画面的艺术效果,使摄取的图像视角更宽,范围更广,冲击力更强,特别是摇臂摄像机的使用,使晚会宏大的场面、雄伟的气势,艺术地再现在电视画面上。

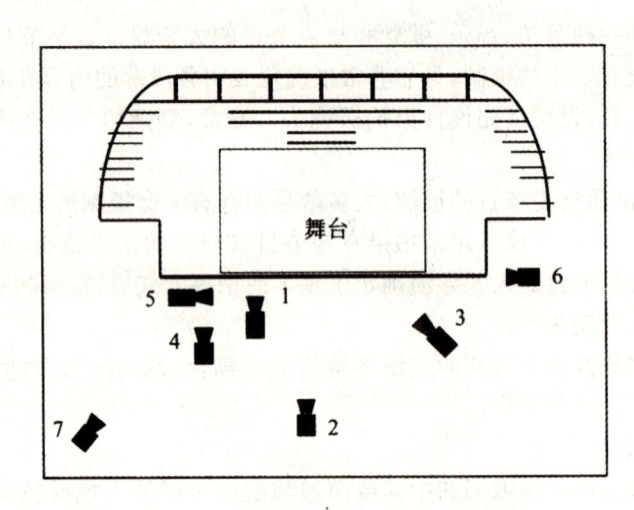

图9-1 大型文艺晚会的机位布置图

二、体育节目

拍摄足球、篮球、排球的体育节目,各台都有一套标准的模式。体育节目的导演必须非常熟悉比赛的规则;熟悉具体参加比赛的球队或运动员;还必须了解参加比赛运动员的比赛风格,在各种情况下,运动员会做出什么反应,谁是杰出的运动员以及围绕比赛可能出现的花絮。只有了解了这些情况后,才能摄制好快速多变的比赛。体育节目的导演比其他节目更加依赖于摄制人员。导演根本没有时间来指挥每个镜头的拍

摄,全体摄像师都必须全力以赴。

图 9-2 是足球比赛拍摄的图像和音响要求布置图。4 台摄像机,1 号机在高处的支架上,中线的左边;2 号机在高处的支架上,中线的右边;3 号机在场边活动;4 号机为任意位置,在球门后或在场边作活动摄像。5 只话筒,1 只全向性话筒装在支架上采集观众的声音;4 只超指向话筒置于场边。

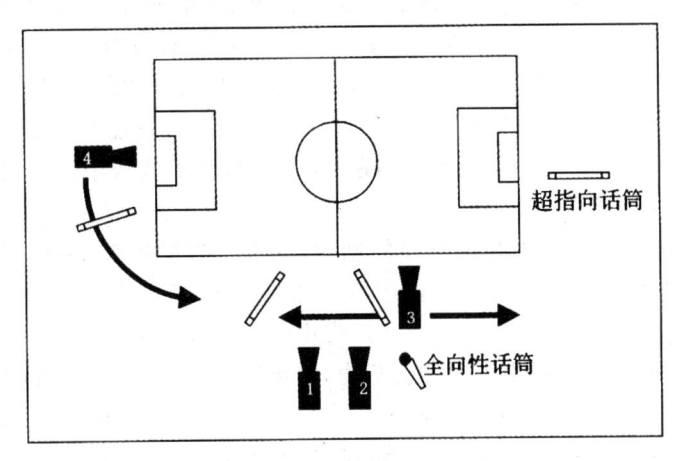

图 9-2　足球比赛的摄制布置

图 9-3 是篮球比赛拍摄的图像和音响要求布置图。4 台摄像机,1 号机在高处的支架上,中线的左边;2 号机在高处的支架上,中线的右边;3 号、4 号机在篮球架后(在箭头所示区域活动)。6 只话筒,1 只全向性话筒装在支架上采集观众的声音;2 只全指向性话筒(或抛物面话筒)装在支架上采集观众的声音;2 只超指向话筒各在两篮球架后采集比赛的声音;1 只超指向话筒在中心区。

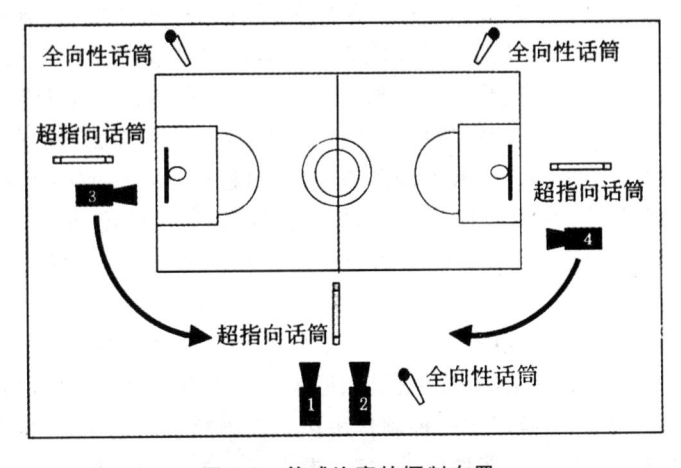

图 9-3　篮球比赛的摄制布置

第四节 电视广告与片头制作

在市场经济大环境下,节目便是商品,是商品就要有品牌意识。要树形象、立品牌,就得有精良的节目制作。

节目片头是节目的门面,要求简洁醒目。它包括:画面构图设计、画面节奏设计、特技设计、色彩设计和字幕设计等。其中需要多工种合作,可以借用绘画、雕塑、摄影、电视、音乐、实物等多种媒介造成一种多维的、强烈的、新颖的艺术氛围。从总体要求上,一个好的片头需要细腻的运动感觉、准确的节奏、简洁而富于意味的画面,同时构成运动的视觉美。片头的时间一般控制在30~40秒钟比较合适,太短使观众感到急促,太长又使观众感到冗长。

一则好的电视广告首先必须有好的创意,找准广告的定位,再进行精良的制作。电视广告制作是将技术手段与艺术技巧相融合的过程,在总体设计和画面表现上,要注意为产品塑造一个好的形象。在产品广告中经常加入人物和情节,是为了使广告富于戏剧性,情节能有效地吸引观众的注意力,强化记忆。广告必须做到短小精悍,每一个镜头从内容到形式都应该是精彩的。广告片的每一个镜头都必须经过精心设计、精心拍摄。在镜头的选择和排列上,一般应把精彩的镜头放在广告片之首,广告片最初的几个镜头十分重要,应有吸引力、悬念或趣味性,从心理和视觉上抓住观众,赢得观众,这是广告片成功的第一步。

字幕在电视广告的内容表达和画面构成中是一个十分活跃的元素。它的主要用途表现为:①呈现商品的品牌名称;②不失时机地打出广告片中值得强调、解释和说明的内容;③参与画面的构图。

字幕的调动、运用和形式,应力求活泼多样、千变万化,切忌死板、单调。字数的多少、字体字型的设计、字体颜色的选择、一组字构成什么样的图形、字分布在画面的什么位置、字幕如何进入屏幕等都是可变因素。字幕的形式应尽量与广告内容、画面协调,相互依托,相得益彰,以免给观众带来"附加"感。运用特技字幕来强化字幕的视觉冲击力和艺术感染力。字幕的背景可以选择自然景物、单色彩底、线形图案以及光线流动、闪烁的画面等。字幕所形成的线条或形状,可以根据产品的特性来改变,如波浪形、S形、C形字幕排列,可以表现化妆品的轻柔、温馨,饮品的流动。光影在字幕上的变化,可以体现出一种流动感、节奏感和韵律感。在字幕上加上边框,有明显的装饰意味。

电子特技与动画提供了超现实的、不受实际景物束缚和限制的广告制作。广告片中经常借助高速摄影、低速摄影、逐格摄影、停机再拍以及倒放,达到独特的艺术效果。电脑动画是电视广告运用最多的一种制作手段。动画角色的运用,有助于推销与儿童有关的商品;动画能形象地解释抽象的道理,揭露产品的内部结构和成分,直观地再现

肉眼看不见的微观变化；动画适合表现真人实景不宜表现的题材；许多广告不是单纯运用动画，而是将动画与真人实景相结合，有效地增强了动画结构的真实感和可信性。特技的运用主要在于渲染烘托某种情绪，夸大表现产品的功能和效果，借助产品营造某种气氛，调动观众的好奇心，增加观众的欣赏兴趣，强化画面的视觉冲击力，从而给观众留下深刻的记忆。在制作特技时，特技的形式应与产品的功能、特性相结合；纯技巧展示要有一定的趣味性和诱惑力。

电视广告的声音包括广告词、音响效果、音乐及歌曲。广告语在电视广告中起着重要的作用，它是广告创意的体现、主题的凝结，是广告画面的补充和深化。好的广告词能给人留下深刻的印象，久久不忘。音响效果声是极富表现力和感染力的声音元素，它能很好地配合画面，完成对内容的强调或夸张。以品牌名称作歌词，反复歌唱，使人不知不觉唱会广告歌，商品品牌深深印入人们的脑海，并广泛流传。广告中的音乐陪衬也是必不可少的。一支与广告情绪相吻合的乐曲，能有效地渲染气氛，烘托情绪。

参考书目

[1] 张歌东编著:《数字化影视制作技术》,北京广播学院出版社;
[2] 颜志刚著:《摄影技艺教程》,复旦大学出版社;
[3] 刘怀林、郭国胜编著:《数字非线性编辑技术》,中国广播电视出版社;
[4] 孟群编著:《电视节目制作技术》,中国广播电视出版社;
[5] 任远编著:《电视演播室制作》,中国广播电视出版社;
[6] [美]Herbert Zettl著,张一心、姜绍禹译:《电视节目制作手册》,中国水利水电出版社;
[7] [美]艾伦-伍赞尔:《电视节目制作的管理》,北京广播学院出版社;
[8] 施克孝、于宝富著:《彩色电视照明原理与布光技巧》,北京农业大学出版社;
[9] 黄亚安编著:《电视编辑》,复旦大学出版社;
[10] 李平云:《电视节目制作》,山西科学教育出版社;
[11] 王明臣、王倩编著:《数字电视与高清晰度电视》,中国广播电视出版社;
[12] 张琦、易正之、韩广兴编著:《摄、录、编技术与节目制作》,光明日报出版社;
[13] 潘宗福等编著:《摄像机、录像机的使用与维护》,新时代出版社;
[14] 徐梅林、王绥祥编著:《彩色电视摄像机与录像机》,复旦大学出版社;
[15] 杨盈昀等编著:《电视节目制作与多媒体技术》,中国广播电视出版社;
[16] 田永锷主编:《专业摄像机原理·使用·维修》,中国广播电视出版社;
[17] [美]林恩-格罗斯、拉里-沃德著:《电影和电视制作》,华夏出版社;
[18] 李念芦编著:《影视技术概论》,中国电影出版社;
[19] 李兴国、田敬改著:《电视照明》,中国广播电视出版社。

图 8-4　色彩校正

图 8-5　影调校正

图 8-7　风格化——负片反冲效果

图 8-8　风格化——水墨画效果

（附　图）

图 8-10　原素材

图 8-11　调色方案一

图 8-12　调色方案二

图 8-9　柔化、降噪

（附　图）

图 8-13　抠像合成后的调色

图 8-14　替换天空

图 8-15　调节肤色白净细腻

（附　图）

· 4 ·

图 8-16
MASK 遮罩改变影调突出主题

图 8-26
层的基本变化属性（Transform）

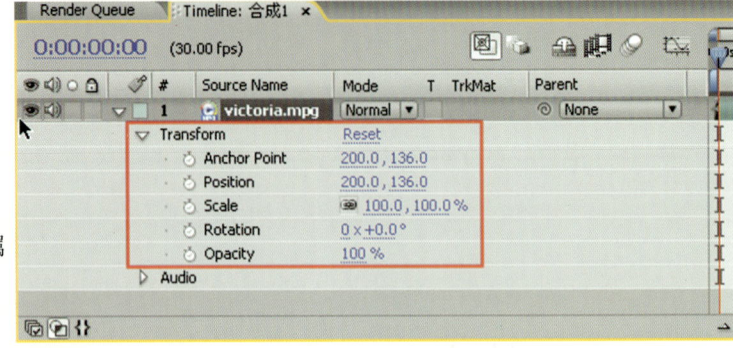

图 8-27
关键帧（Keyframe）设置

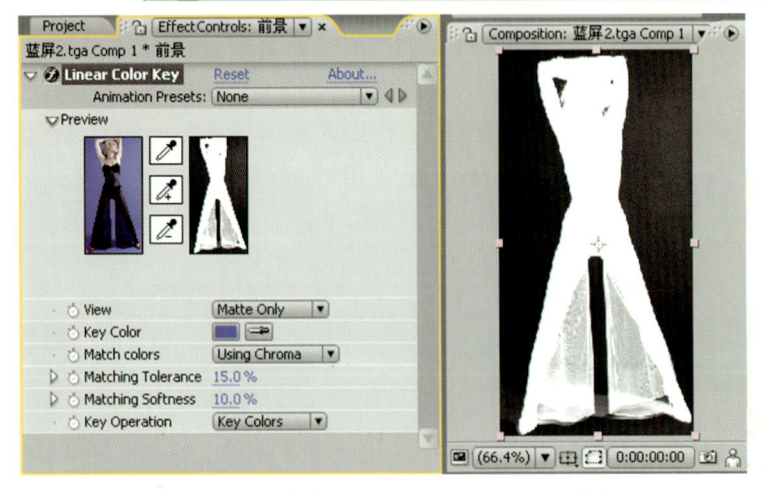

Linear Color Key 抠像   Alpha 通道

图 8-30

（附　图）

图 8-31　Linear Color Key 抠像结果

图 8-32　抠像后色彩校正结果

正常处理　　　　　　　　　　　　Blk Gamma 处理

图 8-39

（附　图）

拐点饱和度(KNEE SAT)OFF　　　拐点饱和度(KNEE SAT)ON

图 8-40

通过矩阵调整色彩相位　　　通过矩阵调整色彩饱和度

图 8-41

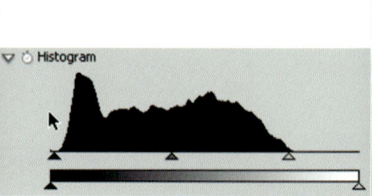

图 8-43　原图,直方图的调整,调整后的图像

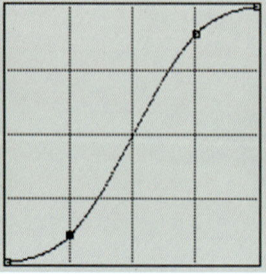

图 8-45　GAMMA 曲线调节("S"形曲线)

（附　图）

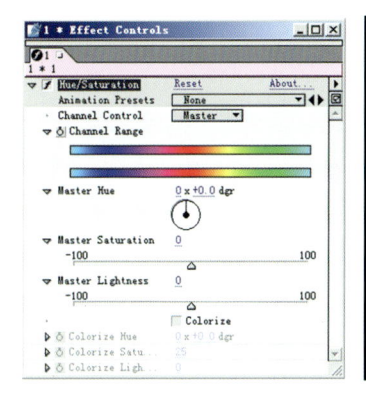

Hue/Saturation(色调和饱和度)　　　　色相环拉成直线

图 8-46

75%彩条　　　　　　　　　　Blue Only键按下

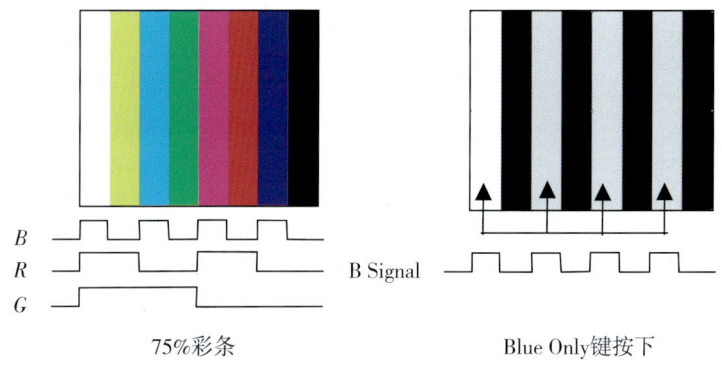

图 8-54　用 Blue Only 键调整监视器色度

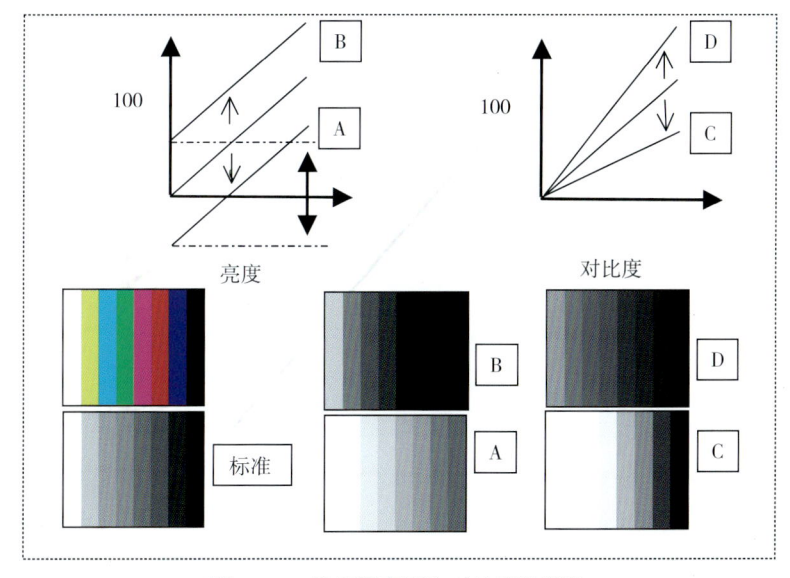

亮度　　　　　　　　　　对比度

标准

图 8-55　监视器亮度和对比度的调整

（附　图）

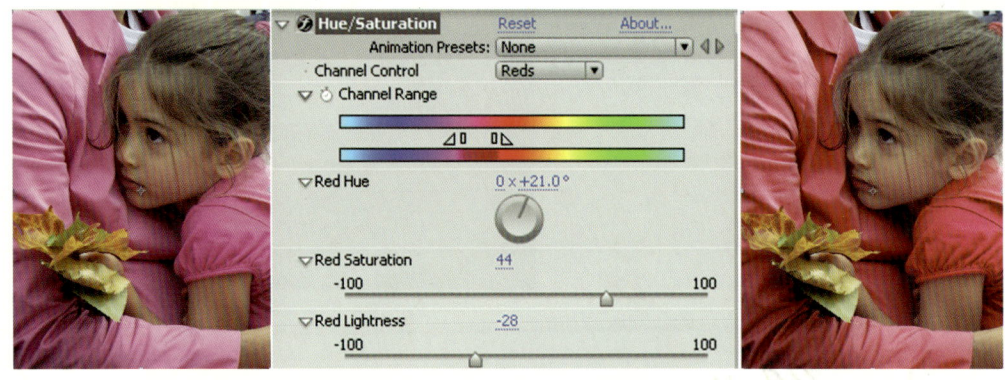

图 8-47　原图,调整红色区域,调整后的图像

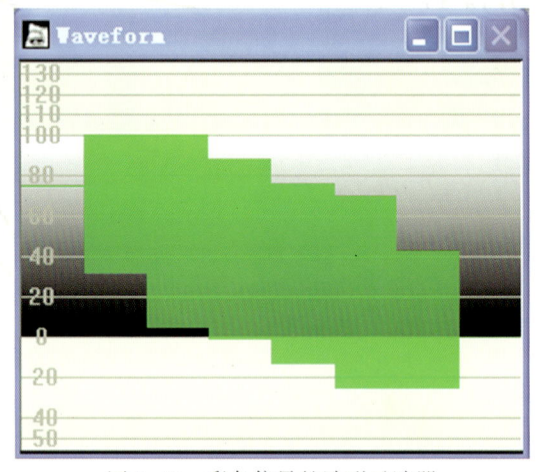

图 8-57　彩条信号的波形示波器

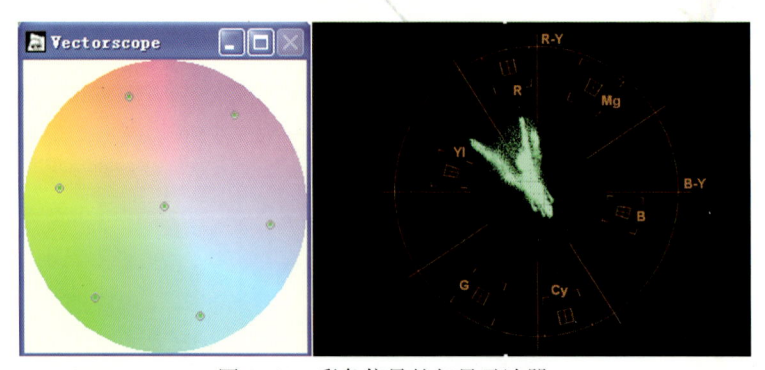

图 8-58　彩条信号的矢量示波器

（附　图）